认知殡葬　学习殡葬　研究殡葬　指导殡葬

殡葬法治建设概论

章　林　杨宝祥　编著

中国社会出版社

图书在版编目（CIP）数据

殡葬法治建设概论／章林，杨宝祥编著．—北京：中国社会出版社，2013.2

ISBN 978－7－5087－4273－1

Ⅰ.①殡…　Ⅱ.①章…　②杨…　Ⅲ.①葬礼—服务业—法律—研究—中国　Ⅳ.①D922.182.14

中国版本图书馆 CIP 数据核字（2013）第 004965 号

书　　名：殡葬法治建设概论

编 著 者：章　林　杨宝祥

责任编辑：张　杰

出版发行：中国社会出版社　**邮政编码**：100032

通联方法：北京市西城区二龙路甲 33 号新龙大厦

编辑室：（010）66016392

网　　址：www.shcbs.com.cn

经　　销：各地新华书店

印刷装订：中国电影出版社印刷厂

开　　本：170mm×240mm　1/16

印　　张：26.5

字　　数：470 千字

版　　次：2013 年 3 月第 1 版

印　　次：2013 年 8 月第 2 次印刷

定　　价：62.00 元

前　言

殡葬作为人类社会活动的一个重要组成部分，对文明进步与社会发展有着不可忽视的作用。随着社会主义市场经济体制的完善和殡葬事业的发展，殡葬管理工作遇到了一些新情况和新问题，如何在全面落实科学发展观、构建社会主义和谐社会的新时期，从构建生态文明社会的高度，以法治的理念来重新定位殡葬改革和管理，把生态文明的全新理念融入新时期殡葬改革和管理中来，充分尊重中国传统文化的殡葬观念和习俗，继承发扬殡葬改革和管理的经验，顺应社会管理、公共服务、生态文明发展大趋势，破解殡葬改革和管理深层次的矛盾，确立一个既由政府强力推进又有全民自觉参与，既实现殡葬改革确定的社会效益又充分体现对逝者和殡葬活动者人文关怀的殡葬管理和改革新理念，成为以生态文明为主要特征的新时期提出的新要求。

我国是一个历史悠久的多民族国家，不同民族、多种文化的交织使得几千年遗留下来的殡葬陋习成为困扰当今殡葬事业的一大难题。加之当前我国处于社会转型期，殡葬所涉及的多种经济利益与社会公益性矛盾使得当前的殡葬管理、殡葬服务等存在诸多问题。当前我国的殡葬法律法规存在着一定的不足：内容比较简单，原则需要加以补充细化。随着社会的发展，其越来越难以适应当前变化的趋势，各地制定的地方性法规所涉及的殡葬方面的条款界定也较为混乱。如何在我国殡葬法律体系架构中做到既尊重历史传统和现实国情，又在宪法等相关法律的框架内规范地界定殡葬相关者的权利与义务、殡葬管理的相关机构及其职能、殡葬服务的标准和规范；如何选择科学合理的法律模式，构建完备统一的法律体系，制定普遍有效的法律规则，确立公平正义的司法制度，依靠依法行政的法治政府，来提高殡葬管理、推进殡葬改革、塑造和谐社会，这些成为当前亟待解决的问题。

本书紧紧围绕高职高专高素质技能型人才的培养目标，坚持创新、改革的精神，体现新的课程体系、新的教学内容和教学方法，以提高学生整体素质为基础，以职业能力为本位，兼顾知识教育、技能教育和参考教育，力求贴近高等职业教育教学实践，更好地体现出高等教育知识性与职业性相结合的特色。本书作为北京社会管理职业学院的校本讲义，在现代殡仪技术与管理专业连续试用三年，在教学过程中广泛征求意见，经多次修改完善而定稿。本书以社会主义法治建设为切入点，从和谐社会背景下殡葬法治建设的必要性入手，介绍了殡葬法的基本概念，分析了殡葬法律体系建设的不足，确定了殡葬立法的体系架构和殡葬法律体系建设的主要对策，全面系统地说明了殡葬法治建设的理论与实践。其主要内容包括：殡葬法律体系建设、殡葬设施规划管理与市场准入制度、殡葬环境保护法治建设、殡葬服务市场法律制度、殡葬标准化体系建设、殡葬法律责任、殡葬法治建设。本书不仅能够帮助读者概括地了解和掌握殡葬法学的知识体系，而且有助于读者树立殡葬法治建设的观念，更有利于科学指导殡葬改革、管理、服务与殡葬活动，实现殡葬与人类和自然环境的和谐。

本书充分体现了殡葬法学的系统性和知识结构的特点，通过这些精心的安排，力求形成“先进、简明、适用、通俗”的高职高专精品教材特色。本书不仅可以作为高职院校现代殡仪技术与管理专业基础课程的教材，也可以作为社会管理和服务类非殡葬专业的选修课程，还可以供从事民政管理、殡葬服务与管理等工作的人员参考使用，用于殡葬服务与管理机构员工的培训和自学，从而不断提高自身素质，共同培育适应社会主义和谐社会建设的殡葬服务队伍，推动殡葬方式改革和殡葬业管理体制、经营机制改革，不断满足公众日益提高的现代文明殡葬服务需求。

本书的编写和出版得到北京八宝山天元殡仪服务中心的大力支持，在此致谢！

书中难免有不妥、不善、不全之处，恳请广大读者批评指正！

杨宝祥　章　林

2012 年秋・北京

目　录

第一章　殡葬法律体系建设

【学习目标】通过本章的学习，你应能够：

1. 掌握殡葬法的基本概念；
2. 熟悉殡葬法律关系的基本概念；
3. 了解我国殡葬法律体系建设的对策。

【核心概念】殡葬法；殡葬法律关系；殡葬法律体系

【导入案例】

唐京公司灵塔格位买卖纠纷系列案①

1994 年 7 月，台湾商人刘某出资 5000 万港元，由广东省惠阳市沙田镇企业发展公司提供场地，成立惠阳唐京灵塔园开发有限公司，经营灵塔园景观区及提供相应配套服务。在沙田镇水库刀背岭处建设具有主塔、吉祥楼、如意楼、富贵楼等 28 处景区及道路、绿化、电脑管理中心和其他配套设施的灵塔园区，建成存放骨灰的灵塔格位 6 万多个。1996 年 4 月 10 日，经民政部民事批〔1996〕23 号文批准对外营业，经惠阳市物价局批准，每个灵塔格位的销售价格为 3600 元至 2 万元。1996 年 6 月以后，经国家工商行政管理总局批准，唐京公司分别在广州、深圳、汕头等市设立分支机构，并领取了营业执照。唐京公司在对外销售灵塔位的过程中采用刊登广告、开设课堂讲课、在刊物上发表文章等多种方式，极力宣传购买灵塔格位是一种新的投资方式，可以自由买卖、转让和赠予，并可从中赚取高额利润。

1997 年，广东省民政厅根据有关部门的反映，向民政部提交《关于对惠阳市唐京灵塔园跨地域销售灵塔位的情况报告》。1997 年 5 月 29 日，民政部《对跨地域销售灵塔位处理意见的函》（民事函〔1997〕97 号）指出：唐京公

① 《南方时报》，2001 年 11 月 13 日。

司在异地设立办事处或销售点必须经异地民政部门批准；唐京灵塔园的骨灰格位不能当作一般商品进行交易，购买者不得私自转让、买卖和赠予；立即通知唐京灵塔停止预售骨灰格位的活动。此禁令震动了众多“投资者”，在与唐京公司交涉未果后，他们纷纷起诉到惠阳市人民法院。

2000 年惠州中院对 118 宗唐京上诉案作出终审判决：唐京公司具有对外销售灵塔格位的资格，但骨灰格位是国家特别管理的特殊设施，唐京公司在销售过程中采取不正当的宣传方式误导客户，导致在社会上形成炒买炒卖灵塔格位的现象，应予以制止。以民政部民事函〔1997〕97 号文为界，在此之前无“三证”（即火化证明、死亡证明、购买者本人签署的身后火化同意书）买卖灵塔格位行为，若为自用一律有效，之后无“三证”的买卖行为一律无效。

第一节　殡葬法概述

一、法与法学相关知识

（一）法及其内涵

1. 法的词源

古代的法字是“灋”，由“氵、廌、去”三部分组成。“氵”，平坦之如水，喻示法像水一样平。“廌”（音 zhì），据说是一种独角神兽，又叫獬豸，性中正，辨是非，在审判时被触者即被认为败诉或有罪，所以“击之，从去”。东汉许慎《说文解字》解析：“灋，刑也。平之如水，从水；廌，所以触不直者去之，从去。”此兽似羊非羊，似牛非牛，似鹿非鹿，也有人说它同麒麟相像，头上长着独角，锋利无比，俗称独角兽。獬豸有甄别罪与非罪的本能，有罪则触，无罪则不触，见人争斗时，用它的一只角向无理、有罪的一方触去，是非曲直，立见分晓，这就是中国古代的神明裁判。“去”是对不公正行为的惩罚，一说判决把罪人从所在的部落、氏族中驱逐出去，于水上漂去（古代之流刑）；一说交由神明判决，由神兽“触不直者去之”。《说文解字》这一解释有三点值得注意：一是在商周时代，法和刑是通用的；二是法从古代起就有公平的象征意义，“水”不但有平整、正直的意思，而且有“裁判”的功能性含义，把罪者置于水上，随流漂去，有驱逐的意思；三是古代法具有神明裁判的特点。

古代文献中称法为刑，法与刑通用。如夏朝之禹刑、商朝之汤刑、周朝之吕刑，春秋战国时期有刑书、刑鼎、竹刑。魏相李悝集诸国刑典，造《法经》六篇，改刑为法。“刑，常也，法也。”“法，刑也。”这里的“刑”出于井田，含有模范、秩序之意。因此，以刑释法，表明模范遵守法律（秩序）。刑，又指刑罚。《盐铁论》：“法者，刑罚也，所以禁暴止奸也。”

在古代文献中，“法”除与刑通用外，在秦汉时期，改“法”为“律”，二字已同义。据我国《尔雅·释诂》记载，在秦汉时期，“法”与“律”二字已同义，都有常规、均布、划一的语义。据《说文解字》解释，“律，均布也”。“均布”是古代调音律的工具，把“律”解释为“均布”，说明“律”有规范人们行为的作用，是普遍的、人人遵守的规范。《唐律疏议》明确指出：“法亦律也，故谓之律。”而把“法”和“律”连用作为独立合成词，却是在清末民初由日本输入。

2. 法的定义

广义的法是指所有与规制和约束有关的现象和规则，既包括由国家机关制定的实定法，又包括自然法意义上的理想之法、应然之法，团体组织中的规则也可以被称为法，如党纪、行纪、厂规，甚至还有民间所称的“家法”等。狭义的法是与法律相对照的，专指自然法，即社会中的价值观念及永恒的、普遍有效的正义原则和道德公理。

3. 法的实现

法的实现是指法的要求在社会生活中被转化为现实。法的实现与法的实施、法的实效不同。法的实施侧重于强调法的要求向现实转化的过程；法的实效侧重于强调这种转化的实际结果；法的实现则是两者的统一，用于分析法的实施的具体过程及实际结果与法的内在要求之间的关系。例如，人民法院审理案件并宣布判决意见，是实施法律的行为；判决书中的判决意见和结果是法的实效问题，即有关法律是否得到执行及有关人员的具体法律责任是否依法得到确定；而判决结果转化为当事人的行为，法的要求被落实，才是法的实现。法的实现是将法的实施的过程性与法的实效的结果性相结合的一个概念。法的实现是人与自然、社会的关系由自发转向自觉的重要标志和手段。

（1）法的实现过程。法是通过合法行为实现的，大体经过以下过程：

一是法律规范的确定阶段。法在成文化之后，国家意志借助于高度概括和抽象的规范形式得以表达时，法律规范的对象是一般的人和事，具有抽象性。法建立的是一种普遍的预期，表达的是国家对一定行为的一般要求。

二是法律事实的出现阶段。法律事实是能够引起法律关系产生、变更和消灭的行为或事件，是法律的一般规定转化为人的具体行为的又一前提因素。当法律所规定的一般情况出现在具体的人或组织的行为中时，该规定才可能得到具体运用，进入实施阶段。

三是法律关系的形成阶段。在这一阶段，由于法律事实的出现，法律规范关于权利义务的一般规定转化为具体的或比较具体的当事人之间的行为要求，成为当事人之间的具体权利义务关系，权利主体的权利义务明确化、特定化。

四是法定权利义务的实现阶段。在该阶段，法律关系主体通过积极行使权利和履行义务的行为，将法律的一般规定变为自身的具体行动，从而使法律得以实现。

在法的实现过程中，国家虽然没有直接介入各个环节和全过程，但是，它始终作为一种积极的力量对法的实现起着保障作用。因此，法律实现的整个过程，一方面是社会关系主体或公共参与的过程，另一方面也是国家意志的贯彻过程。

（2）法的实现形式。法的实现形式就是法的要求转化为社会生活的现实的具体方式。由于法律调整的复杂多样，法的实现形式也多种多样，但法的实现的基本形式主要有以下三种：

一是以法的实现是否通过双方具体化的法律关系为标准，分为通过双方具体化的法律关系的法的实现和不通过双方具体化的法律关系的法的实现。通过双方具体化的法律关系的法的实现，指必须在一定的主体之间建立具体法律联系，法律规范才能实现的形式。不通过双方具体化的法律关系的法的实现，指不必在具体主体间建立具体法律联系，规范可直接通过一方行为转化为现实的法的实现形式。

二是以法律规范逻辑结构因素为标准，分为处理的实现和制裁的实现。处理的实现是指调整性规范中权利义务规定的实现，它形成调整性的法律关系，反映的是法律运作的常态。制裁的实现是指保护性规范中法律责任的实现，它形成保护性法律关系，反映的是法律运作出现病态并得到矫正。

三是以法的规范是否需要国家干预才能实现为标准，分为法的遵守和法的适用。法的遵守指国家机关及其工作人员、政党、社会团体、企事业单位和公民自觉按照法律规范的要求进行活动，把法的要求变为自己的行为，形成现实的社会关系。法的适用指国家机关及其公职人员、社会团体和公民实现法律规范的活动。在中国，法的适用通常指司法适用，即国家机关及其公职人员依照其职权范围把法律规范应用于具体事项的活动，特指拥有司法权的机关及司法人员依照法定方式把法律规范应用于具体案件的活动。

（二）法律的内涵

在现代汉语中，法、法律两词基本上可以互换，但随着语境的不同也存在着广义和狭义的区分。法律是社会生活的规范，它随着社会生活的需要而产生，又随着社会生活的变迁而变迁。社会意识和社会组织的不断变动，使得法律和制度也随之不断演进。因此，各个时代都产生了各具时代特点的法律。

在世界历史的发展中，法制的建立是与工业化、现代化相互交织并相互促进的。随着封建社会内部资本主义经济成分的产生和发展，封建制度逐渐成为生产力发展的障碍。现代国家产生以后，为了防止社会向封建专制的倒退，为了维护社会经济和社会生活的稳定与发展，依法治国开始成为一个普遍的原则，把法律在社会生活中的作用提到了很高的地位。资产阶级思想家认为，法制原则是全部国家制度和社会制度的基础，国家机关的一切活动都应以法律为依据，不能超出法律所规定的范围。这一原则还要求在法律面前人人平等，国家必须用法律来治理，人人都应在法律之下依法办事，不允许任何人凌驾于法律之上而不遵守法律。特别是20世纪以来，法律与社会的接触面迅速扩展，并且大规模地向社会结构的各个层次渗透，社会生活的各个领域都先后运用法律这一手段来调节各种社会关系，一批批新兴的法律部门不断涌现，法律的调节手段和调节技术也在不断更新。社会生活的变化要求促进法律的形式合理化和功能普遍化，从而使法律有可能在新的范围内施加影响。可以说，现代国家的发展正是在法律的保护和促进下得以实现的。

广义的法律是指法律的整体，即由国家制定的规范性法律文件的总和，包括作为根本法的宪法、全国人民代表大会及其常务委员会制定的法律、国务院制定的行政法规、地方国家权力机关制定的地方性法规、国务院各部委制定的行政规章、省级人民政府制定的地方性规章等，甚至也包括由国家认可的惯例、习惯、判例、法理等。狭义的法律是指拥有立法权的国家机关根据法定权限依照法定程序所制定的规范性法律文件，即由全国人民代表大会及其常务委员会制定的法律。在我国法学辞书中或一些法学著述中，通常又把广义的“法律”称之为“法”，而将狭义的“法律”仍称为“法律”。

（三）法律的特征

相对于法律的一般特征，法的基本特征是其本身所固有的、确定的东西，是使法成为法并区别于其他社会现象的深层规定性。法律的基本特征可以归纳为以下五个方面：

1. 调整人们行为的社会规范

法律的调整对象是人的行为和社会关系，是通过对人的行为的调控，进而调整人的社会关系而实现社会控制和调整。人的行为是法律存在和发挥功效的前提，法律针对行为而设立并调整人的行为。社会规范是调整人与人之间、人与社会之间社会关系的准则，其以一定的社会关系为内容，以一定的原则、规则、原理为形式，目的是为人定位，维护一定的社会秩序。社会规范种类繁多，形式多样，比如，道德规范是通过思想控制来调整和控制社会关系的，政治规范是通过组织控制或舆论控制来完成社会调整的，这些规范共同促进了社会秩序的形成。法是一种具有独特性质的社会规范，它通过法律方式对人的行为进行调控，进而调控人的社会关系，这尤其不同于通过思想来调控社会的道德规范和宗教教义。

2. 经由国家制定的社会规范

国家创制法律主要体现为制定、认可、解释三种方式：法的制定是指国家机关通过立法活动产生新规范，即拥有立法创制权的国家机关根据法定权限，依照法定程序制定法的活动，法律创制的结果是规范性法律文件；法的认可是国家对既存的行为规范予以承认，赋予其法律效力，即国家赋予事先存在的习惯、经验、道德、宗教、习俗、礼仪等社会规范以法律效力或者以承认或签订国际条约的方式赋予国际法规范以国内法的效力；法律解释是指拥有法定权限的国家机关对现存的法律规范、规则的说明。法律的创制不是仅仅通过认可和制定，在某些情况下法律被认可或被制定以后还有一个再度创造的过程，这就是解释。法律解释特别是法定解释，如立法解释和司法解释，本身就是法律，具有法律效力。

法律是由国家创制的，具有国家意志性、国家范围的有效性和国家强制力等特点，这些特点是法律区别于其他社会规范的重要特征。首先，只有经过国家制定或认可的统治阶级意志才是国家意志。法律的内容从本质上说是统治阶级意志，从形式上说是国家意志。法律尽管是统治阶级意志的体现，但它还必须上升为国家意志，必须以国家的名义制定出来。其次，法律需要在全国范围内实施。法律的适用范围是以国家主权为界域的，这是法律区别于以血缘关系为范围的原始习惯的重要特征。法律是一种凌驾于社会之上的力量，要求以国家名义来制定和颁布。这说明法律对全体社会成员、全体公民具有普遍约束力。最后，法律的实施是以国家强制力为保证的。法律的强制力是法律权威性的重要来源之一，国家强制力直接保证了法律可执行的效力。

3. 规定人们权益的社会规范

作为一种特殊的社会规范，法是以规定人们权利和义务为主要内容的。

法律通过规定人们的权利和义务来分配利益，影响人们的动机和行为，进而影响社会关系。法律调控人们的社会关系，就是通过人们在一定关系中的权利和义务的配置而实现的。没有合理的权利和义务的配置，没有正当的权利和义务的运作机制，人们不可能真正获得和平、和谐、安宁、幸福。通过义务对行为和社会关系进行调整的规范很早以前就出现了，如传统的道德规范和宗教教义，但它们往往不承认人们追求利益的正当性，只提倡个人对社会的责任和义务。在现代社会的众多社会规范中，只有法律是通过授予权利和设定义务的双向规定来影响人们的意识并调节有意识的活动。

法律上的权利和义务是相对应的范畴，一个表征利益，一个表征负担；一个是主动的，一个是被动的，它们是两个互相排斥的对立面；如果把权利看成正数，那么义务便是负数；义务是权利的范围和界限，权利是义务的范围和界限。权利和义务以其特有的利益导向或惩罚机制作用于人的行为，并且可以诱使利己动机转化为合法行为并产生有利于社会的后果。一般说来，凡是法律规定人们可以如此行为的，就是授予人们进行某种行为的权利；凡是法律规定人们应该做的或禁止做的行为，就是人们应该承担的法律义务。权利和义务在结构、功能、数量等方面具有内在的关联性。在社会生活中，法律上的权利和义务存在着对应的关系，有什么样的权利就有什么样的义务，有什么样的义务就有什么样的权利，没有无义务的权利，也没有无权利的义务。

4. 国家保障实施的社会规范

国家强制力是指国家暴力、暴力工具，主要包括监狱、警察、军队、法院等。在一定的社会历史阶段，国家强制力对于维护国家与社会的安定秩序以及促进国家与社会的健康发展都具有重要作用。对于法律的实施来说，需要国家强制力作为保证。一个国家、一个社会如果没有强制力作为保证，是无法真正形成良好的社会秩序的，法律条文就会变成一纸空文。法律作为一种社会规范、一种社会控制方式是以国家强制力为支撑的，国家强制力保证了法律的社会功能和作用。法律存在的必备条件是，国家主权者可以合法地使用物质强制。

当然，国家暴力在实现法律目标上是受到限制的。首先，国家强制力不等于纯粹的暴力，而是以“法定”的强制措施和制裁措施为依据的。其次，国家强制力具有潜在性和间接性，这种强制性只在人们违反法律时才会降临行为人身上，是法律发挥威力和功效的最后一道防线，只有在其他力量和方式贯彻法律都已经失效的情况下才能考虑动用国家强制力。再次，国家强制力并不意味着法律实施过程的任何时刻都需要直接运用强制手段，当人们自觉遵守法律时，法律的强制力并不显露出来，这时国家暴力只是间接地起作用。最后，国家强制力并不是保证法律实现实施的唯一力量和手段，它只是法律实施实现的必要条件之一，法律的实施还依靠诸如道德、纪律、经济、文化、舆论等方面的因素。在现代社会，法律会出现强制力日益弱化的趋势。

国家强制力虽然是法律的重要特征之一，但是，我们应当避免把法律与强权、与赤裸裸的暴力等同起来的错误认识。首先，我们不可脱离法律正义性去强调国家强制力。如果一个国家的法律远远偏离了正义，仅仅把维护社会秩序的期望寄托在暴力上，那么，在这个国家中，由于缺乏人们的内心认同，法律失去正当性，这样的法律其实已经死亡，国家权力则变成了恐怖的根源。其次，强制性是从法律的整体上来看的，并非所有法律都具有强制性，授权性法律规范就不具强制性。再次，虽然法律的实施离不开国家强制这个后盾，但是，实现法律的要素是多元的，例如道德、功利、舆论、信仰等，强制力只是重要的条件之一。最后，在现代法治国家中，对于大多数人所从事的大多数社会行为而言，强制力并不实际出现，只是在背后作为一种威慑力而存在。只有对那些实际上违反了规范的人，强制力才可能出现。

5. 程序保障实施的社会规范

所谓程序是指从事法律行为作出某种决定的过程、方式和关系，其中，过程是时间概念，方式是空间概念，关系是与主体相关的概念。法律是通过合法主体在法定时间与法定空间上依据法定步骤和方式而实施的，这就是法律的程序性特征。法律的实施虽然是以国家强制力为保证的，但它是由专门的机关依照法定程序执行的。

纵观法律史，法律的强制实施都或多或少是通过程序进行的。古代法也十分重视程序以保证法律的实施，只不过这种程序的出发点、正当标准与现代法的程序有区别罢了。近现代法律只是对法的程序标准加以正当化，使法律实施的方式更科学、更富有理性和公正性。在现代法治国家中，当国家对个人或组织作出法律决定时，无论是民事性、刑事性还是行政性决定，都必须满足法律的程序性规定，否则这些决定本身就是非法的。

二、殡葬法的基本概念

（一）殡葬法的定义

殡葬作为一种社会现象，是同社会制度分不开的。随着全球人口不断增长、环境日益恶化，遗体的处理直接关系到生者的生存环境。各个国家和地区都非常重视殡葬活动的规范化，其中法律制度在规范殡葬活动中发挥着至关重要的作用。我国现阶段各项法律制度正日趋完善，在我国构建社会主义和谐社会进程中，加强殡葬法律制度的研究并完善殡葬法律规范是历史的必然。

现代殡葬活动不再是旧有的主要依靠乡规民约、习惯来规范，而是更多地渗透进国家意志，通过国家的法律来进行规范。纵观各国和地区，已形成了较为完备的殡葬法律体系。例如，制定殡葬法规较早的日本，1884 年即制定了有关墓地以及埋葬的管制规定，1948 年 6 月 1 日开始实施的《有关坟墓、埋葬的法律》已经经过十几次修订，与其相配套的法规是 1948 年卫生环境省法令第 24 号《有关坟墓、埋葬的法律实施细则》。法国虽然没有一部专门的殡葬法，但其有关殡葬服务的法律规范由一系列法律（如法国民法典、乡镇法典等）的相关条款以及专项法规（如政府颁布的有关殡葬服务的不同内容的政令）、规章和规范性文件及技术标准综合组成。美国关于殡葬服务与管理的法律法规既存在于联邦立法，也是州立法的重要组成部分，一般不是以专门的单项法律形式出现，而是作为行政法典、健康卫生法典或其他某个综合法典的一部分内容出现，基本上属于行政法门类的范畴。加拿大的安大略省关于殡葬管理的法律体系由《殡葬工作者和公司设立法案》《公墓法案》《验尸官法案》三个法案和根据这三个法案制定的 200 多项法规规章构成。

殡葬法律制度是规范殡葬活动的法律规范的总称。殡葬活动范围很广，具体包括殡葬设施的建设、殡葬服务、遗体处理、骨灰处理、殡葬行业市场准入、殡葬行业监管等制度。殡葬是特殊的行业，关系到伦理道德、环境保护、公共利益。所以在对殡葬活动的监管中，既要维护死者及其亲属的正当利益，又要充分认识到这种活动的社会效应。

我国的国情决定了殡葬法律制度在社会主义和谐社会的构建中应当发挥积极的作用。中国是世界上老年人口最多的国家，自 1999 年我国步入老龄化社会以来，人口老龄化加速发展，并日益呈现老年人口基数大、增长快，高龄化、空巢化趋势明显，需要照料的失能、半失能老人数量剧增等态势。第六次全国人口普查结果显示，我国 60 岁及以上老年人口已达 1.78 亿，占总人口的 13.26%，其中 65 岁及以上人口 1.18 亿，占总人口的 8.9%。据预测，到 2020 年，老年人口将达到 2.4 亿，占总人口的 16% 以上；到 2050 年，老年人口将达到 4 亿，占总人口的 25% 以上。因人口老龄化所导致的死亡人口上升问题，将对我国的殡葬管理体制以及殡葬服务体系产生巨大的影响。社会问题的出现需要通过一定的社会规范来进行调整，法律的普适性、公开性、引导性、制约性和激励性决定了通过法律的调整将会使中国面对社会变革的适应性更强。

（二）殡葬法的特征

从国际范围看来，各个国家和地区的法律无外乎两种，即按照法律的历史渊源可以分为英美法系和大陆法系。英美法系国家如美国、加拿大、英国等，大陆法系国家如德国、法国、俄罗斯、荷兰、日本等。英美法系的法律源于英国的普通法以及进一步发展出来弥补普通法不足的平衡法，法律的表现形式是不成文的，主要通过法官的判例来确定，故又称为“法官造法”。而大陆法系的法律主要的是成文法，制定法律的机关不是法官而是专门的立法机构。鸦片战争之前，中国的法律制度是典型的封建法律，民刑不分，以刑为主。我国现在的法律，从表现形式上来看与大陆法系更加接近。

从殡葬法律制度角度来看，这两个法系的殡葬法在体例和内容上都有很大差异。英美法系国家的殡葬法规一般由若干个法律（法案）和根据这些法律（法案）制定的众多专项规章共同组成，往往不分章节，几百甚至上千条款一气呵成。大陆法系国家在殡葬立法中通常在总则部分规定殡葬活动的一般原则，然后再根据这些原则展开，按照章节顺序作出具体规定。

不同法系的国家之间，同一法系不同国家之间，虽然在法规内容上存在差别，但从殡葬法来考察，仍有其共同的特点：

1. 内容广泛综合翔实

国外殡葬法规不仅涉及殡葬从业人员、殡葬服务经营主体、殡葬设施建设、殡葬设备标准、殡葬服务经营管理规则、殡葬服务对象（包括死者遗体及其亲属）、违法行为处罚措施和救济途径等极其广泛的内容，而且对每个方面都作出了具体翔实的规定，操作性很强。

与我国殡葬法规仅限于行政法范畴不同，内容上体现法律门类的综合性是国外殡葬法规的一个显著特点。国外殡葬法规不仅有行政审批许可、监督检查、违法处罚等行政法、刑法等公法意义上的规定，还有殡葬合同、风险保证基金、金融信托等民法、经济法等私法意义上的规定；不仅有许可标准与条件、当事人权利义务等大量实体法规定，而且有听证、申诉等大量程序法方面的规定。

2. 强调政府监管职责

与西方发达国家在其他经济领域实行事后认可制度不同，各国和地区都在殡葬法规中确立了全面、完善的“事先许可”制度。无论是一具遗体在成为合格的殡葬对象之前，一个人在从事殡葬工作之前，还是法人在经营殡葬设施或提供殡葬服务之前，都需要事先取得有关许可，其原因在于殡葬是对人类遗体这一特殊物体的彻底的、最终的、不可逆转的处置，是人类活动中极为特殊的社会活动。殡葬过程中出现的任何差错或过失，事后都难以有效矫正或弥补。采取全方位、全过程的“事先许可”制度，不仅能有效地防范各种道德和社会风险，而且能保证殡葬服务这一不同于其他商业服务的特殊行业保持较高的起点和专业水准。

3. 重视维护公共利益

重视维护公共利益是国外殡葬法规的一个鲜明特点。殡葬服务业无论是属于纯粹的商业服务业，还是公共服务的一部分，殡葬设施无论是经营性质还是公益性质，法律都对从业者和经营者以及政府主管机关作出相应的具体要求，其出发点和目的是保护消费者权益，促进公平竞争，促进行业进步与发展，保护公共安全和公众利益，保护环境和公共资源，等等。

加拿大安大略省的殡葬服务理事会的主要目标是依法履行职责并由此为公共利益服务、保护公共利益。德国勃兰登堡州的殡葬法规也将不得危害公共安全作为殡葬行业的基本准则。日本的法规规定，殡葬设施的建设管理和殡葬活动必须从公共卫生和公共福利方面考虑。此外，在殡葬设施的选址兴建、殡葬许可的授予条件等具体规定中，公共利益都是其中重要的考虑因素。对公共利益的维护还具体体现在各国和地区殡葬法对环境保护的重视、对公共安全卫生和公共健康的高度关注、对避免殡葬过程可能造成的污染的详细规定等许多方面。

4. 强调尊重死者尊严

殡葬活动的影响往往波及人类情感的最深处，殡葬习俗往往是一个民族文化传承的结晶。国外殡葬法规普遍强调对死者尊严的维护和对社会公众习俗的保护。德国殡葬法明确规定了“体面地殡葬死亡人员是一项公共责任”的基本原则，同时，明确要求在殡葬过程中不得损害死者的尊严和公众的风俗习惯。日本殡葬法规定，殡葬设施的建设管理和殡葬活动必须符合国民对宗教的感情需要。俄罗斯联邦殡葬法规定“保障按照死者生前的意愿及其亲属的愿望殡葬死者”。

5. 保护公众消费权益

“消费者”是任何人在社会中的基本身份之一。重视对消费者权利的保护是西方发达国家法律制度的一个基本特点，殡葬法规也不例外。根据加拿大安大略省《殡葬工作者与殡葬设施法案》和《公墓法案》的有关规定，直接履行这方面监督管理职责的部门是政府任命的殡葬服务理事会。这两个法案中规定的在一些场合与注册官一样享有广泛监督管理权力的，还有按照《消费者和商业关系部法案》以及《消费者与公司服务部法案》的要求指定的主管官员，这充分体现了保护消费者利益的立法目的。

确保消费者的权利，也是国外殡葬法律设立生前预约殡葬服务合同制度时考虑的主要因素。国外殡葬法律一般都规定了作为殡葬服务需求方的消费者所享有的广泛权利和殡葬服务提供方所应承担的基本义务，同时还提供了行政、司法等多种救济途径，确保消费者在合法利益受到侵害时能获得补偿。

6. 规范殡葬法律文书

国外法规中规定殡葬需要办理和出具的法律证明文件（如死亡登记等）及合同文书种类齐全，都由法规明文规定，而且统一印制，统一格式和文本。普遍建立的殡葬档案制度，对注册许可、违规处罚、墓地安葬记录、殡葬合同、火化记录、死亡证明书等各类业务档案的内容、保管主体与保管期限、为公众提供查询服务等都作了详细的规定。法律文书的规范和统一，殡葬档案管理制度的建立健全，不仅能有效地保证殡葬活动的每一个环节准确无误、依法进行，而且通过准确记录殡葬活动的整个过程，为殡葬事务管理提供有力的保障。

（三）殡葬法的性质

1. 公法私法的划分

传统大陆法系将法律划分为公法和私法。关于公、私法划分的理论研究肇始于古罗马时期。自乌尔比安开始，经历了古罗马的繁荣、中世纪的黑暗和资本主义自由时期的鼎盛。这种法律的划分，在成文法系国家一直被作为对法律规则的一种基础性的分类。目前，关于公、私法划分的标准最具代表性的学说主要有五种：罗马法学者乌尔比安所倡导的以法的目的作为划分标准的“利益说”，德国学者耶利内克提出的以法律关系主体是否代表国家或某种公共权力作为划分标准的“主体说或权力说”，德国学者拉邦德所主张的以法律关系的性质的差异作为划分标准的“意思说”，瑞士法学家伯克哈特的以是否具有强制力作为划分标准的“强行法说”，英国法学家哈特的将法律区分为内部规则与外部规则并以此作为划分标准的“规则说”①。

公法和私法的划分只是对法律本身进行的归类，其主要目的是在法律制定过程中寻找到正确的定位和目标。当一部法律的制定和实施旨在限制国家权力，充分尊重民众社会私法权利的自治，强化个人责任的话，那么这部法律就应当定位为私法。相反，当一部法律的制定和实施主要目的是实现国家对社会生活的干预和调控，强化国家责任的话，那么这部法律就应当定位为公法。现代宪政体制下，更加强调对国家公权力的限制，以及对社会私权利

① 顾爱平：《论公法与私法的划分及其在我国法治建设中的定位》，载《江苏社会科学》2005 年第 4 期。

的尊重。在这样的宪政背景下，一部公法虽然强调国家对社会生活的干预和管理，但这种管理和干预应当是有限的，也应当是规范的。因此在现代法律体制下，公法的内容很多体现为规范政府行为，通过合法的政府行为实现对社会整体的调控和管理。这种对政府行为进行规范的法律表现形式并没有改变该法律的公法性质，只不过是通过规范的政府行为，而不是肆意的政府行为来管理社会。

法律的公私法划分是从宏观上对一部法律的把握，而对法律关系的划分则是微观把握。法律关系是法律规范的内容，在一部公法性质的法律中，并不排除私法性质的法律关系、法律规范的存在。例如诉讼法是传统意义上的公法，但在民事诉讼中允许当事人和解，这种法律规范或者法律原则并没有改变民事诉讼法公法的性质，因为这部诉讼法的宗旨是为了通过国家公权力的介入解决社会纠纷，避免私力救济可能带来的社会动荡。

殡葬活动是人们对去世亲友进行遗体处理和悼念的行为。从形式上来看，这种行为只不过是个人行为。但殡葬活动一直以来得到了社会公众的普遍关注。因为人都有生老病死，殡葬活动与其说是为死者而办的，还不如说是对生者的意义更大，体现了人们对自身死亡后得到亲友或公众尊重的预期。另外，在现今整个世界资源日益紧张的环境下，殡葬活动过度的开展很可能出现死人同活人争土地、争资源的现象。殡葬活动具有明显的社会效应。每一个人开展殡葬活动（主要包括殡、葬、祭），都不再是单纯的个人行为，而是同整个社会产生直接的联系。殡葬活动的这种公共性决定了该活动不能完全遵从私人的意愿，而是存在政府参与的空间。国家参与殡葬活动的目的就在于规范私人的殡葬行为，限制公民私自开展不正当的殡葬活动。

殡葬法定位为公法，并不意味着殡葬法律规范中没有私法的因素。在我国市场经济不断发展的形势下，殡葬服务行业逐步走向市场化已经成为不争的事实。在殡葬服务行业市场化的过程中，就不可避免地存在私的关系，最典型的就是殡葬经营者同殡葬消费者之间的合同法律关系。经营者和消费者是平等的法律关系主体。但这种私的关系仅仅是在殡葬法宏观体系下的微观领域，这种微观的私的规范并不能否定宏观的公法性质。

2. 法律部门的划分

法律部门的划分属于法学及思想意识即上层建筑范畴。社会关系经由立法者、司法者通过法学家的主观意志对社会关系及其法律调整的折射，从而塑造出一国和地区的法律体系和法律部门划分[①]。法律部门是对一个国家全部

① 史际春：《经济法·法律部门划分的主客观统一》，载《中外法学》1998 年 3 期。

法律进行的归纳分类，不同的法律部门共同构成一国和地区的法律体系。按照调整对象的不同可以将法律划分为不同的法律部门。法律的调整对象从总体上说是社会关系。社会关系纷繁复杂，能够成为法律调整对象的社会关系仅仅是全部社会关系的一部分。法律的体系及其部门划分，正是法学家对法分门别类进行研究，以利于立法、司法和学术研究的结果。这也是立法者和司法者的间接需要，借此更为准确地理解现实需要及自身主观需要，得以便捷、有效地立法和适用法律。

依据法学学者的通说，我国的法律可以具体划分为宪法、民法、刑法、行政法、诉讼法、经济法等多个法律部门。这些法律部门的分离，基本得到法学界的普遍认同。当然，在我国现在的法律体系中，存在很多法律部门交叉重叠的现象，甚至有些法是否具有独立的法律部门地位存在争议。是否能够作为独立的法律部门存在，主要应当看这类法的调整对象是否具有特殊性，是否其他的法律部门的调整对象无法将之涵盖。

法律部门划分的依据是调整对象，是社会关系。因此我们在分析殡葬法的性质时，应当把着眼点放在殡葬法的调整对象上，考察的重点是殡葬社会关系能否成为独立于其他法律部门调整的关系，这是决定殡葬法能否成为独立法律部门的关键。法律是调整人与人之间社会关系的社会规范。人类的文明可以大致分为生存文明和死亡文明，其中生存文明占到全部人类文明的绝大部分内容。由于人们普遍具有“好生恶死”的心理，人类将绝大多数的精神和物质资源投入到如何提高生存质量当中去，死亡文明在某种程度上被忽视了。从一国和地区的法律体系来看，绝大多数的法律规范是围绕人类的生存和发展来进行规制的，只有殡葬法是围绕死亡或死亡文明来进行规制的。殡葬社会关系是在人死亡后，围绕如何处理遗体、如何表达哀思、如何节约资源等问题产生的。因此，殡葬社会关系同其他社会关系又存在本质上的差别，调整殡葬社会关系的殡葬法也同其他的法律部门存在本质的差别，具有独立的法律部门地位。

（四）殡葬法的作用

殡葬法的作用在于调整关系。殡葬法的调整对象是殡葬法律关系，即相关主体在殡葬活动中形成的，需要法律调整的社会关系。法律调整范围主要是指法律调整和规范的社会关系。我国现行的殡葬立法主要是以《殡葬管理条例》为中心的由行政法规、地方性法规、部门规章、地方政府规章构成的规范体系。《殡葬管理条例》主要调整的范围有实行火葬和土葬的原则与标准，殡葬管理和执法主体，殡葬设施管理（包括殡葬区域规划的审批、殡葬设施的审批，公墓管理），殡葬服务机构和服务人员的要求，遗体处理和丧事活动管理（包括遗体运输、遗体安葬、技术处理、火化要求、丧事活动规制等），殡葬设备和殡葬用品管理（包括遗体处理、运输、存储设备，殡葬用品的管理及相关标准，殡葬用品的制造和销售的限制）以及相应的法律责任。

1. 调整殡葬管理主体与殡葬经营主体的关系

这类关系主要是指殡葬管理机构依法对开展殡葬业务的公民、法人或其他组织的经营活动进行的管理，主要涉及开展殡葬业务应具备的基本条件及进入殡葬市场的程序，殡葬经营者提供殡葬商品或服务的质量标准，殡葬经营者的经营规范和竞争规则，对殡葬经营者的监督和违规查处，接受殡葬经营机构对其管理行为的监督等。

2. 调整殡葬管理主体与殡葬活动主体的关系

这类关系主要是指殡葬管理机构依法对开展或参与治丧活动的公民、法人或其他组织进行的管理，主要涉及遗体（含特殊遗体）的处理方式，骨灰的处理方式，悼念活动的形式和内容，各项殡葬救助及惠民政策的制定和实施，依法处理公民、法人或其他组织对殡葬机构服务质量的投诉，对违法开展治丧活动的查处，接受殡葬活动者对其管理行为的监督等。

3. 调整殡葬经营主体与殡葬活动主体的关系

殡葬经营主体与殡葬活动主体之间是平等的关系，一般情况下受到合同法的调整和约束。即殡葬经营主体按照殡葬活动主体的要求，提供殡葬服务，殡葬活动主体支付相应的对价，双方产生的纠纷根据合同法的有关规定和消费者权益保护法的有关规定处理。但是，两者之间并不是单纯的合同关系。殡葬服务分为基本殡葬服务和延伸殡葬服务。基本服务主要包括遗体接运（含抬尸、消毒）、存放（含冷藏）、火化、骨灰寄存等服务。延伸服务是指在基本服务以外、供群众选择的特殊服务项目，包括遗体整容、遗体防腐、吊唁设施及设备租赁等①。由于国家倡导各地实施殡葬惠民政策，鼓励各地免除基本殡葬服务费用，因此殡葬经营主体在为殡葬活动主体提供基本殡葬服务时不要求殡葬活动主体支付对价。此外，公办殡葬服务机构还承担着传播殡葬文化、宣传殡葬政策、推行殡葬改革、倡导移风易俗的社会职责，在履行这些职责的过程中，殡葬经营主体和殡葬活动主体之间也不是合同关系。

4. 调整殡葬管理主体与其他行政主体的关系

殡葬工作涉及多个部门，要与多个部门进行相关的合作。在殡葬建设用

① 国家发展改革委、民政部2012年《关于进一步加强殡葬服务收费管理有关问题的指导意见》。

地方面，需要国土资源部门的合作；在殡葬环境保护方面，需要环境保护部门的合作；在国际运尸方面，需要检验检疫和海关部门的合作；在殡葬卫生防疫方面，需要卫生部门的合作；在殡葬从业人员的职业技能鉴定方面，需要人力资源和社会保障部门的合作；在无名尸的处理方面，需要公安部门的合作；在少数民族殡葬规范方面，需要国家民族事务管理部门的合作；在殡葬产品的质量鉴定方面，需要质量技术监督部门的合作；在殡葬建筑设计规范的制定和执行方面，需要建设部门的合作①。因此，要积极探索殡葬部门与其他相关部门合作的方式，理顺殡葬部门与其他相关部门的关系，科学划分执法权限，提高殡葬市场监管效率。

5. 调整殡葬管理主体与相关社会组织的关系

这类关系主要是指殡葬管理机构与殡葬行业协会及红白理事会等社会组织之间的关系。殡葬行业协会要了解和反映殡葬服务机构、从业人员和公众的要求，向殡葬管理主体提出殡葬行业改革、发展的建议，协助殡葬管理主体实施殡葬行业的行政许可，落实各项惠民政策等。红白理事会要按照国家有关殡葬政策和法规，在遗体接运、防腐、整容、遗体告别、火化、骨灰处理等方面为本地居民提供便民服务，协助符合条件的本地居民享受各项殡葬惠民待遇，帮助居民妥善处理丧葬事宜，切实减轻居民丧葬负担。同时，充分发挥其在公众中的组织、管理、监督作用，通过公众自我管理、自我教育、自我服务，破除丧葬陋习，树立移风易俗殡葬新风。引导公众树立科学殡葬理念，采用环保葬法，促进生态文明。殡葬管理主体一方面要充分发挥殡葬行业协会和红白理事会的作用，另一方面对殡葬行业协会和红白理事会的活动依法进行指导和监督。

用法律调整殡葬领域，关键是法律调整社会关系和行为的边界界定。法律调整的范围涉及立法权限、立法政策裁量以及考虑法律内容本身的结构完整性、科学性的问题。殡葬领域涉及殡葬用地的规划和利用原则、殡葬环境保护、殡葬服务行业及其人员的许可和管理、殡葬权利和限制以及行政授权、地方授权都应当由法律来解决。在确定调整范围的过程中，还要考虑到行政许可法、行政处罚法、土地管理法等法律的规定。对于需要执行殡葬法律而且需要根据地方的具体情况才能确定的事项，如关于具体的殡葬区域的规划、殡葬服务执行的具体服务标准、殡葬领域具体执法等问题，可以由地方立法。

---

① 肖成龙：《关于成立全国殡葬标准化技术委员会的建议》，中华人民共和国国家发展和改革委员会网站 http：//www. sdpc. gov. cn/yjzx/yjzx_ detail1. jsp？SitcId = 4&comId = 1995 。

三、殡葬立法及其构架

（一）立法的概念及其机制

1. 立法的概念

立法是由特定的主体，依据一定职权和程序，运用一定技术，制定、认可和变动法这种特定规范的活动。

立法一词早见于中外古代典籍。《商君·修权》有“立法明分”的言论。《史记·律书》有“王者制事立法”的说法。《汉书·刑法志》有“立法设刑”的记录。在《商君·更法》《汉书·艺文志》和荀悦的《汉纪》、刘勰的《新论》、庾信的《羽调曲》中，有诸如“各当时而立法”“观象立法”“立法施教”“立法所以静乱”的文句。在古西方，立法一词的使用更远远多于古代中国。在外国，早就有了诸如公元前 24 世纪西亚的《萨麦法典》，公元前 22 世纪乌尔第三王朝的《乌尔纳姆法典》，公元前 20 世纪亚述王朝的《亚述法典》，公元前 18 世纪巴比伦王朝的《汉穆拉比法典》；在中国，自秦汉以至明清，历代封建王朝都有自己的体系庞大的成文法典。中外历史上这些法典，不是基于上帝、自然或理性的赐予才降临人类社会，而是人类的创造物。这种创造就是立法，这种创造的过程就是立法的过程。

在立法产生的初始阶段，立法主要采用认可的形式，习惯法便是以认可某些习惯使其具有法的效力和作用的形式而表现出来的立法结果。在立法产生的完成阶段，即在完全意义上的立法最终形成阶段，立法亦有采用认可形式的，但主要是采用制定形式，成文法便是以制定形式表现出来的立法结果。可见，认可某些习惯使其具有法的效力和作用而由习惯变为法——习惯法，在立法产生的历史过程中位居初级阶段。制定成文法而使法以规范化形式表现出来，在立法产生的历史过程中位居高级阶段。

2. 立法的发展

立法产生后便向前发展着，发展过程中呈现出一系列带有普遍性、规律性的现象。

立法经历了由专制向民主转变、由野蛮向文明转变的发展历程。古代多数国家的立法是专制立法。近代以来各国和地区立法逐渐走向民主和文明，人民参与立法的程度，精英人物和立法家在立法中发挥作用的程度，比以往有很大的进步；肉刑之类的立法不复存在，人道主义在立法中日渐得到体现，一般都不存在野蛮、残酷的立法内容。

立法目的和作用经历了由治民、治国逐渐向为民、为国转变的发展历程，经历了由维护特权向规定权利平等转变的发展历程，经历了由追求理性、正义向既追求理性、正义又追求利益、秩序转变的发展历程。古代多数国家的立法以治民、治国为其目的和作用所在，中国先秦法家提出的以法治国的主张，中国封建立法用以维护“家天下”的目的，都反映了这一点。近代以来的立法在注重“治”的同时，向“治”和“保”并重并逐渐以“保”为重点转变，这个“保”就是维护范围日益广泛的公民权利。古代多数国家的立法特别注重维护特权等级、特权阶层的种种特权。近代以来，各国和地区立法一般多注意规定人们的平等权，平等原则逐渐成为近代立法的一大原则。在这些转变过程中，也发生着价值取向的变化：在立法中注意把追求理性、正义与追求利益、秩序结合起来。

立法制度经历了或正经历着日渐走向正规、完备、法制化的发展历程，立法过程经历了或正经历着逐渐走向较为周密、完整的发展历程。古代立法制度鲜有正规、完备和法制化的，立法过程中君主的决策作用尤为突出。近代以来，立法制度逐渐走上健全的轨道，立法主体的设置，立法权的确立和行使，立法运作的展开，立法中各种关系的处理，逐渐由无序走向有序，由随意和不完整走向确定和完整，由非法制化走向法制化。当今世界，大多数国家都在宪法、宪法性法律中（有的国家还制定专门的立法法），对立法作出种种规定。

立法技术经历了日渐科学的发展历程，立法调整经历了由简单向复杂演变的发展历程，经历了由盲目走向自觉、由被动走向主动、由体系零乱走向体系完整的发展历程。古代立法虽然也产生了罗马法和中国唐律这样一些立法技术高明的法律，但从总体看，近代以来的立法技术比之古代立法技术要进步得多。现今的法律、法规比之古代的法律、法规，其结构普遍更合理，语言文字普遍更明确、准确、精当，其规范化、系统化、协调化的程度普遍更高。古代立法形式少而简单，近代以来的立法形式多而复杂。古代立法产生的法的体系，部门少而比较简单，近代立法产生的法的体系，部门多而日渐复杂。

立法在平衡与不平衡相交替的过程中向前发展着。自有立法产生以来，无论就世界范围或就一国范围来说，每隔一定时期，一般都会出现一个立法高潮。高潮来临之际，世界各国立法或一国各方面的立法，一则总会受潮流所影响、所涌动；再则受潮流所影响、所涌动的程度往往又有鲜明的区别。

3. 立法的机制

（1）立法制度。立法制度是立法活动、立法过程所须遵循的各种实体性准则的总称，是国家法制的重要组成部分。立法制度是国家法制整体中前提性、基础性的组成部分。没有好的立法制度，便难有好的法律、法规、规章和其他规范性文件，因而再好的执法、司法制度也不能发挥应有的作用，实现法治或建设现代法治国家便没有起码的条件。

立法制度的状况是国家法制状况的更直接、更明显的标志。从结构的角度看，有没有健全的立法制度，直接反映出一国和地区法制健全与否。从民主的角度看，立法权是否属于人民，立法机关是否由民意产生，立法程序或立法过程是否民主、是否有透明度，都直接和明显地反映出一国和地区法制的民主化程度。从特色的角度看，立法机关所立之法在国家法的渊源体系中居于何种地位，其他国家机关对法的渊源的作用程度，是当今民法法系与普通法法系各具特色的一个重要分野。

立法制度有成文和不成文两种形式。成文立法制度是以法的形式确定的立法活动、立法过程所须遵循的各种准则。不成文立法制度是立法活动、立法过程实际上所须遵循但并没有以法的形式确定的各种准则。一国立法制度成文化的程度与该国整个法制和法治的发达程度一般成正比。现代立法制度主要是成文制度，许多国家不仅在宪法和宪法性法律中对立法制度作出规定，还有关于立法制度的专门立法。现时中国立法制度处于走向完善的发展过程中，宪法对立法制度作出了原则规定，立法法对中国现行立法制度的有关方面作出了较为具体的规定。

现代立法制度主要由立法体制、立法主体、立法权、法运作、立法监督等相关制度构成，其中立法体制，尤其是立法权限划分体制，是更具大局性的制度。

（2）立法体制。立法体制是关于立法权、立法权运行和立法权载体诸方面的体系和制度所构成的有机整体。其核心是有关立法权限的体系和制度。立法体制是静态和动态的统一，立法权限的划分是立法体制中的静态内容；立法权的行使是立法体制中的动态内容；作为立法权载体的立法主体的建置和活动，则是立法体制中兼有静态和动态两种状态的内容。

立法体制由三要素构成。一是立法权限的体系和制度，包括立法权的归属、立法权的性质、立法权的种类和构成、立法权的范围、立法权的限制、各种立法权之间的关系、立法权在国家权力体系中的地位和作用、立法权与其他国家权力的关系等方面的体系和制度。二是立法权的运行体系和制度，包括立法权的运行原则、运行过程、运行方式等方面的体系和制度。三是立法权的载体体系和制度，包括行使立法权的立法主体或机构的建置、组织原则、活动形式、活动程序等方面的体系和制度。

立法权的运行体系和制度的含义与通常所说的立法程序不同。后者指行使立法权的国家机关在立法活动中所须遵循的有关提案、审议、表决、通过法案和公布规范性法律文件的法定步骤和方法。前者除包括这些内容外，还包括行使立法权的国家机关在提案前和公布后的所有立法活动中所须遵循的法定的和非法定的步骤和方法，以及所须遵循的原则。例如，在进行立法预测、立法规划、立法决策、立法解释、立法信息反馈、法的汇编和编纂过程中所有与立法权的运行有关的步骤、方法和原则。除包括行使立法权的国家机关所须遵循的步骤、方法和原则外，还包括不行使立法权但却担负立法工作或参与立法工作的机构在立法活动中应当遵循的步骤、方法和原则。

立法权的载体体系和制度的含义与通常所说的立法机关的体系和制度不同。后者指专门制定和变动规范性法律文件的立法机关，或虽非专门立法机关但却行使立法权的国家机关的体系和制度。前者除包括这些内容外，还包括上述国家机关中受命完成立法任务的工作机构和其他不行使立法权但参与立法活动的工作机构的体系和制度。

这三方面的体系和制度构成的有机整体，即为立法体制。在这个体制中，立法权限是基础和核心，立法权的运行和立法权的载体是基于立法权限而产生和存在的，并成为立法体制的组成部分。

立法体制是多样化的。以立法权的归属和立法机关的设置来说：当立法权掌握在以民主、法治原则为基础的政权机关之手时，这种立法体制是民主立法体制；当立法权掌握在君主一人之手或法西斯独裁者一人之手时，这种立法体制是专制或独裁立法体制；当立法权由一个政权机关甚至一个人掌握时，这种立法体制是单一的立法体制；当立法权由两个或两个以上的政权机关共同掌握时，这种立法体制是复合的立法体制；当立法权虽然属于一个机关，但另外的机关对立法权也有相当制约作用时，这种立法体制则是制衡的立法体制。而所有这些立法体制，如果按立法权和立法机关是属于中央专有还是分别属于中央和地方来划分，又可以分为一级立法体制和两级立法体制。在立法权专属中央、不存在中央立法与地方立法的区分情况下，可以称其为一级立法体制；如果中央和地方都可以立法，这种立法体制可以称其为两级立法体制。

一国采用何种立法体制，主要原因不在于人们的主观爱好，而取决于客观因素。立法体制如同整个立法一样，是历史的范畴、国情的概念。当今世界已不存在君主专制制度，由君主一人掌握立法权的立法体制早已消失，代之而起的是以一系列民主、法治原则为基础的民主立法体制。但由于国情不同，今日各国立法体制仍有许多差别，有些国家的立法体制之间还大相径庭。各国的立法权一般都是掌握在议会，各国的议会制度也不相同。三权分立的国家，议会单独掌握立法权。议会除了具有立法权外，通常都具有运用税款的权力。两院制的议会制度国家，一般下院掌握最根本的赋税权，能以否决政府财政预算的方式控制税款的运用。中华人民共和国的全国人民代表大会不仅是立法机构，而且是最高权力机构，掌握任命行政长官（总理和司法长官）的权力，但不单独掌握全部立法权，行政机构（政府）也有部分立法权，在一定范围内可以单独颁布具有法律效力的规章。中国现行立法体制是中央统一领导和一定程度分权的，多级并存、多类结合的立法权限划分体制。中国立法包括全国人大及其常委会立法、国务院及其部门立法、一般地方立法、民族自治地方立法、经济特区和特别行政区立法。

（二）我国立法的发展趋势

1978 年年底召开的中国共产党十一届三中全会，把发扬社会主义民主、加强社会主义法制提上日程。中国立法揭开新的一页，进入历史的新阶段。

1. 立法体制朝着完善化的方向屡有改进

首先，立法权限划分体制渐趋完善。1979 年地方组织法揭开中国立法体制改革的序幕，规定省级人大及其常委会享有地方性法规制定权。1982 年宪法肯定了 1979 年地方组织法的改革成果，并从多方面推进了这一改革，确定全国人大及其常委会共同行使国家立法权，国务院制定行政法规，国务院所属部委发布规章，民族自治地方制定自治条例和单行条例。1982 年和 1986 年两次修改地方组织法，把地方性法规的制定权逐渐扩大到省级政府所在地的市和经国务院批准的较大的市的人大及其常委会，并规定同级政府可以制定规章。这期间全国人大及其常委会还多次授权国务院和有关地方制定单行法规。现已形成了一个由国家立法权、行政法规立法权、地方性法规立法权、自治条例和单行条例立法权、规章立法权、授权立法权、特别行政区立法权所构成的，一个较先前体制有重大发展的新的立法权限划分体制。这是一个中央统一领导和一定程度分权的，多级并存多类结合的立法权限划分体制。

其次，立法主体设置体制有重大进步。一是人大常委会建设得到加强。全国人大常委会同全国人大共同行使国家立法权。全国人大的各专门委员会在全国人大闭会期间受常委会的领导。县级以上人大均设立常委会。从中央到地方的各级人大常委会组成人员都不得担负行政机关、审判机关和检察机关的职务，人大常委会委员逐步实行专职化。二是人大的专门委员会和办事机构逐步设立。全国人大迄今已设立 9 个专门委员会，并能根据需要设立其他专门委员会，在全国人大及其常委会领导下，研究、审议和拟订有关议案。省、自治区、直辖市、自治州、设区的市的人大根据需要，也可以设立若干专门委员会，这些专门委员会在本级人大及其常委会领导下，研究、审议和拟订有关议案。从中央到地方各级人大常委会逐步建立了有关办事机构。国务院和地方政府的法制机构也逐步建立起来。它们在立法过程中发挥着日益重要的作用。

再次，立法权运行体制逐步得到发展。全国人大及其常委会都设置了议事规则。地方人大及其常委会的议事规则也纷纷产生。专门规定法律、法规、规章以及其他规范性法律文件的制定权如何行使或法律、法规、规章以及其他规范性法律文件如何制定的立法不断产生和完善。随着立法法的出台，中国立法权运行体制在这部宪法性法律中获得相当程度的总结和确认。

最后，公民有序参与立法已成为现实。公民参与立法首先是有法律依据的，民主立法、立法为民、以人为本，是法律体系形成中的宝贵经验，依法参与是前提。法律的本质是人民共同意志的表达，公民的思想、意志、要求、愿望是法律之源。每个公民都有知情权、参与权、表达权、监督权，都有权来表达自己的意志，法律就是把大家共同的意志概括出来，保证公民有序参与。

2. 颇具规模的特色的法的体系正在形成

这一阶段法的体系的发展有如下基本特点：第一，在总体上呈直线上升的趋势，稳定地、较快地、较大规模地发展着。每年都有一大批法律、法规、规章产生。这些法律、法规、规章所调整的范围已相当广泛，社会生活的各个主要方面或基本方面已在不同程度上有法可依。第二，部门法增多，产生了一些原来没有的部门法，形成了一个包括宪法、行政法、民商法、经济法、社会法、刑法、程序法等基本部门法和其他一些法的集群在内的较为完整的法的体系。一些新兴的部门法在法的体系中逐渐占据了重要的地位。第三，整个法的体系有了一个较先前宪法更好的新宪法为核心和基础，绝大多数部门法有了重要法律。第四，整个法的体系建设都以适应改革开放和和谐社会建设的需要为重点，与保障和促进经济建设和经济体制改革以及生态文明建设的顺利进行联系起来。

在建设社会主义市场经济体制作为经济体制改革的目标模式确定后，建设市场经济法的体系的战略任务被提上日程。为此，八届全国人大以来，中国立法着力于社会主义市场经济法的体系框架的构建，尤其是注意要制定和完善：第一，规范市场主体的法，用以保障市场主体的权利和明确它们的义务；第二，调整市场主体关系、维护公平竞争的法，用以确认市场交换关系中必须遵循的原则，规范市场主体的竞争行为，维护市场秩序；第三，改善和加强宏观调控、促进经济协调发展的法，用以抑制市场自身的弱点和消极因素；第四，建立和健全社会保障制度方面的法，用以针对市场竞争造成的破产、失业等问题，给予相应的社会救济，减少社会震动，维护社会稳定。

3. 立法制度和立法技术亟待改进和完善

中国立法制度建设所获取的成就也是显著的。但迄今中国立法制度距离健全的状况仍然有较远的距离：现行立法制度尚不完整，许多立法活动尚无成文立法制度可以遵循，它们只能遵循惯例、领导者或其他有关方面的意愿以及随机性因素；既有的立法制度还存在弊病、漏洞或其他欠缺，使一些立法活动难以全然按照这些制度办理，立法法注意了总结自己的成功经验，而对借鉴国外可资借鉴的经验以使中国特色与世界大势科学结合还注意无多；有关因素如政党、政府、重要人物、重大事件、重要变故等，多少年来总是对中国立法发生直接的重大的影响，在许多情况下，这种影响的作用事实上大于或抵消着成文立法制度的作用。中国立法要走向法制化、民主化、科学化，要与国际立法制度的主流接轨，要与自身成文法传统相衔接，要避免立法中有过多的不确定因素、或然性因素甚至“黑箱”因素发生不应有的作用，需要转变这种状况，需要进一步完善立法制度。

立法技术对立法质量以至整个立法的科学化、现代化，有非常直接和重大的影响，是立法者无可回避的议题。立法问题可分属于立法理论、立法制度、立法技术三大范畴。没有哪个国家不注重立法技术而使立法质量获得保障。古代罗马法、中国的唐律、法国的民法典，还有世界上许多重要法典，之所以能对历史投下巨大的影子，很重要的一个原因就在于它们都是当时法律中技术更为高明的佼佼者。然而中国的立法技术至今未能赢得立法者的青睐。法的体系建设存在不完备、不配套、不协调、不统一的弊病需要消除；民商法、经济法、行政法的关系需要理顺；法的内部结构、外部形式需要完善；法的规范需要具体、严谨、具有可操作性；立法创意、决策、预测、规划、起草、制定、修改、补充、废止、解释，都需要讲究方略、实现科学化；立法的条件和法的依据，立法的方式、步骤和要求，法的整理、汇编和编纂，以及立法的其他许多环节，都需要给予重视，采取有效措施，使其科学化、系统化。

总之，在构建和谐社会的新时期，应努力加强立法工作。在立法思路方面，应从数量型立法向质量型立法转变，不仅要考察立法的数量，更要关注立法的质量和实效；在立法内容方面，要高度重视新形势下政治、经济、社会、文化以及环境生态建设对完善法律体系提出的新要求，高度重视公众对完善法律体系提出的体现民意、维护民权、保障民利的新期待，高度重视国家“十二五”规划对加强立法工作提出的新任务，进一步加强民主政治领域的立法，不断完善保障公民基本权利和自由方面的法律制度；在立法程序方面，应当根据民主立法和科学立法的原则，进一步健全和完善有关立法规划、立法草案、公民立法参与、立法审议、立法表决、立法公布、立法会期、立法开会、立法公开、立法旁听、立法听证、立法调查和询问、立法备案审查、立法标准、立法评估、法律清理等方面的程序和制度，不断提高法律体系的立法质量和立法水平。

（三）殡葬立法的基本原则

殡葬立法的基本原则是对殡葬立法、司法和殡葬活动具有普遍指导意义和约束功能的基本行为准则。殡葬法规要体现“四个有利于”：一是有利于政府对殡葬行业的监控和管理，二是有利于先进文化在殡葬活动中的传承，三是有利于大多数公众的利益，四是有利于殡葬行业自身的可持续发展。

1. 促进生态文明的原则

任何法规都是对人们的行为活动加以制约的，即示以规矩以求方圆。殡葬法律法规则是对人们殡葬活动加以规范制约的。但制约又是为了达到一定目的的，在制约规范中又包含着倡导，具有导向性。我国《殡葬管理条例》体现了这种制约与倡导的辩证统一。《殡葬管理条例》大力倡导社会主义精神文明，积极推进殡葬改革，旗帜鲜明，是促进社会主义精神文明不可或缺的手段之一。

殡葬活动很大程度上受到意识层面（文化层面）的影响。殡葬文化的传承性决定了即使在新中国成立60多年后，落后的殡葬文化仍然对现今的很多人尤其是偏远落后地区人们的思想产生着极大的影响。我国一直以来非常重视殡葬活动中的精神文明建设，《殡葬管理条例》的第一条就开宗明义地规定：“为了加强殡葬管理，推进殡葬改革，促进社会主义精神文明建设，制定本条例。”改土葬为火葬，厚养薄葬，丧事新办，是对传统生死观和殡葬陋俗的最大的冲击。因此，树立科学的生态文明观和殡葬观，是搞好殡葬改革、移风易俗的前提和关键。在构建社会主义和谐社会的新时期，应当把“精神文明”的内涵扩大到“生态文明”层面。

2. 实现持续发展的原则

《殡葬管理条例》第二条规定：“殡葬管理的方针是：积极地、有步骤地实行火葬，改革土葬，节约殡葬用地，革除丧葬陋俗，提倡文明节俭办丧事。”第四条规定：“人口稠密、耕地较少、交通方便的地区，应当实行火葬。”结合该条例的其他规定构成了“实行火葬、节约殡葬用地”的原则。这个殡葬改革方针的着眼点正在于可持续发展，“实行火葬”是手段，“节约殡葬用地”是目的。随着中国经济的迅速发展，资源紧缺日益成为遏制国家经济发展的瓶颈。但中国的传统殡葬观念同现代可持续发展观念严重背离甚至发生严重的冲突。“入土为安”是中国人难以磨灭的殡葬观念，然而，土地是人类赖以生存的基础，我国人多地少，自然资源匮乏，若对土葬不加限制，任其规模愈来愈大，对土地的侵蚀势必日趋严重。针对殡葬对土地资源的侵占与浪费，我国从新中国成立伊始就逐步开展殡葬改革，主张推行火葬、改革土葬。

3. 强化政府监管的原则

《殡葬管理条例》作为规定殡葬管理的行政法规，突出体现了国家监管原则。《殡葬管理条例》第三条规定：“国务院民政部门负责全国的殡葬管理工作。县级以上地方人民政府民政部门负责本行政区域内的殡葬管理工作。”殡葬活动具有鲜明的社会性，这就决定了国家需要对殡葬活动加强监管，尤其是殡葬活动中涉及公益和民生的事项必须坚持国家监管。根据我国现行的《殡葬管理条例》，政府对殡葬活动的监管范围广泛，包括了殡葬设施的管理、遗体处理和丧事活动的监管等方面。殡葬业作为一个特殊行业，通过法律法规实施国家监管成为必要。最基本的殡葬服务，包括火化服务、骨灰存放和公墓的安葬等，涉及公共利益的事项必须继续强化国家监管。这就要求严格依照法律、法规进行监管，分清行政权力干预的范围和服务机构自主经营的范围，依法正确使用许可权、处罚权。政府要做到不缺位（该政府管的一定要管好）、不越位（不该政府管的一定不要管）、不扰民，严格按照行政许可法、行政处罚法的规定，对殡葬领域的事项进行监督和管理。正是由于通过政府部门依据有关法律法规实施强有力的监管，才有效遏制了殡葬服务业中种种违规现象和损害公众利益的事件。

4. 环保卫生安全的原则

我国在制定《殡葬管理条例》时，主要关注的是“节约土地”。在构建和谐社会的新时期，“保护环境、推进可持续发展”已成为殡葬立法基本原则与核心价值，是殡葬立法、执法的总原则。遗体的处理涉及社会公众重大的公共利益即公共卫生安全问题，如何保障遗体在运输、存放、火化、安葬等环节符合卫生安全的要求，是大多数国家法律介入殡葬领域的原因之一，大多数国家的殡葬立法也充分体现了该原则。

5. 保障人格尊严的原则

由于殡葬立法涉及逝者、逝者亲属最基本的心理需求和人格尊严，涉及人性最根本之处，也涉及社会的公序良俗，因此，殡葬法应坚持保障人格尊严的原则，满足人生最后一刻对于生命尊严、人生永恒的需求，同时使逝者亲人从丧亲的打击中摆脱出来。这也是殡葬立法与其他立法的不同之处。

6. 适当灵活变通的原则

法律、法规具有刚性的一面，即对任何组织、任何个人一视同仁，体现出法律法规的公平公正。但另一方面，我们在制定殡葬法律法规时，又不能不从我国具体的历史、人文、国情的实际出发，既不能生搬硬套国外的殡葬法律法规，也不能对我国各地区、各民族以简单的条文对纷繁复杂的各种殡葬活动进行规范，设为准绳，应体现出法规必要的柔性、灵活性。

一是因地制宜。我国幅员辽阔，经济发展很不平衡，不同地区形成了不同的葬式和殡葬活动习俗。殡葬法律法规并非把这些不同的殡葬活动纳入同一模式，而是因地制宜，区别对待。《殡葬管理条例》第四条规定："人口稠密、耕地较少、交通方便的地区，应当实行火葬；暂不具备条件实行火葬的地区，允许土葬。实行火葬和允许土葬的地区，由省、自治区、直辖市人民政府划定，并由本级人民政府民政部门报国务院民政部门备案。"我国殡葬改革的近期目标并不是一味地强行推行火葬，对于不具备火葬条件的地区，可以改革土葬逐步推行火葬。

二是因人而异。殡葬活动受思想意识的影响，它既是死者人身权的延续，又是死者名誉权的表征，体现了死者生前的人际关系及各种社会关系。殡葬活动还是参与殡葬活动的人的各种社会关系的折射，是人们基本权益的特定表现。因此，为尊重特定人群的基本权益，保障国家安定团结，我国的殡葬法对不同的对象实行不同的政策规定。"因人而异"主要针对的是少数民族和华侨。对于少数民族和华侨，殡葬制度在不违背殡葬法规总体政策思路的前提下，设定了一些变通性的规定。

对于少数民族的殡葬活动，《殡葬管理条例》第六条规定："尊重少数民族的丧葬习俗；自愿改革丧葬习俗的，他人不得干涉。"1999 年 6 月 10 日，民政部、国家民委、卫生部就《殡葬管理条例》中尊重少数民族的丧葬习俗规定的解释（民事发〔1999〕17 号）明确：在殡葬管理中要尊重少数民族保持或者改革自己丧葬习俗的自由；在火葬区，对回、维吾尔、哈萨克、柯尔克孜、乌孜别克、塔吉克、塔塔尔、撒拉、东乡和保安等 10 个少数民族的土葬习俗应予以尊重，不要强迫他们实行火葬；自愿实行火葬的，他人不得干涉。

对于华侨的殡葬活动，民政部、国务院侨务办等多个部门多次发文进行规范，提出过一定的变通措施。民政部、侨务办 1984 年 5 月 28 日联合下发《关于华侨去世后回国安葬问题的通知》（民〔1984〕第 20 号），为了满足广大爱国侨胞落叶归根的愿望，加强祖国和海外华侨的联系，争取华侨第二代、第三代进一步心向祖国，根据国家殡葬改革政策，对华侨去世后回国安葬问题作出了相应规定。民政部社会福利和社会事务司于 1998 年 9 月 22 日给外交部的《关于华侨遗体运回国安葬有关事宜的复函》（民福事字〔1998〕第9号）明确：华侨在国外去世后要求将遗体运回国内安葬，应根据其祖籍地具体情况分别处理。

7. 符合市场经济的原则

随着殡葬改革的推进，殡葬行业部分领域的市场化已经被提上议事日程。殡葬服务的市场化与国家对殡葬活动的监管两者之间可以协调，殡葬服务的市场化并不意味着国家对殡葬活动不加干涉。即使像美国这样殡葬服务市场化程度非常高的国家，对殡葬服务的监管也是非常严格的，尤其是殡葬行业的准入制度非常健全和严格。例如殡葬服务的许可制度，申请人需依照法定程序，向管理机构提出经营殡葬服务的请求并根据法律规定提供相关的材料，在管理机构审核批准取得许可证后，申请人方可经营殡葬服务业务，殡葬行业从业人员必须具有专业知识和相应的职业资格。符合市场经济的原则也是《殡葬管理条例》等相关法规修订时应遵循的原则。随着殡葬行业的垄断被打破，各种民间资本和社会力量陆续进入殡葬行业，延伸殡葬服务领域的市场化逐步形成。殡葬法应顺应这一趋势，根据市场经济的要求进行制度设计，为各类殡葬经营者提供公开、公平、公正的竞争环境。同时，殡葬管理主体应按照市场经济的要求，转变监管模式，变主管型监管为中立型监管，变行政本位为市场本位，实现市场监管与公共服务的有效衔接，引导殡葬市场健康发展。

【案例1－1】

违规火化遗体，殡仪馆应承担侵权赔偿责任①

【案情】

吴云、吴华与吴林（1927年出生）系同胞姐妹。吴林与丈夫高文婚后无子女，高善文于1997年前后去世。1983年，苏达（1943年出生）因租用吴林邻居吴长才的房屋与吴林相识。吴林认苏达为其干儿子。2003年年底，吴林在村里的房屋面临拆迁，便要求住到苏达家，苏达同意。2004年4月1日，吴林因房屋被拆迁而与区拆迁办公室签订了《拆迁安置协议》一份，协议约定吴林回迁安置房位于某小区A幢506室与202室，面积合计为193.43平方米。同年5月6日，吴林与苏达在法律服务所签订了《赠与书》一份，并由该所进行了鉴

① http://www.jsfy.gov.cn/alpx/msal/200611/0718669.html。

证。《赠与书》载明：(1) 赠与人吴林（丈夫高善文、父母双亡、无子女）将其所有的坐落在某小区二套房屋产权和土地使用权同时赠与苏达所有，并且当场移交原被拆迁房屋土地使用证和拆迁安置协议等相关资料给受赠人苏达所有，无任何附加条件。(2) 受赠与人苏达自愿接受吴林的房产，并对吴林年迈后给予养老送终。2005 年 5 月上旬，吴林生病。5 月 15 日零点后，苏达发现吴林死亡，于当夜两三点钟通知吴林原邻居帮助操办后事。凌晨四五点钟，苏达到社区居委会开具吴林死亡证明，因吴林户籍不在当地未果，后苏达去吴林原在村里开具死亡证明，途中因区殡仪馆火化不要死亡证明而返回。早晨 6 时左右，苏达将吴林遗体送到区殡仪馆火化，苏达在火化申请单中与死者关系一栏填写“母子”。火化后，苏林为吴林买了棺材和墓地，对吴林进行了安葬。2006 年 4 月 12 日，吴云、吴华在区人民法院起诉苏达、区殡仪馆，要求两被告公开赔礼道歉，并赔偿精神损害抚慰金 50000 元。审理过程中，吴云、吴华撤回对区殡仪馆的起诉。后经人民法院调解，苏达自愿补偿原告吴云、吴华 20000 元。

2006 年 5 月 15 日，吴云、吴华又到区人民法院起诉，认为殡仪馆工作人员在不通知死者亲属的情况下，也不认真审查必要的证明材料，违反了相关规定，就给予火化，致使吴林死亡真实原因不能查明，也让她们不能瞻仰吴林的遗容。侵犯了死者亲属对遗体享有的管理权、处分权、吊唁权。现要求殡仪馆公开赔礼道歉，并赔偿其精神损害赔偿金 20000 元。

区殡仪馆辩称，原告诉称的吊唁权，没有法律依据。本案中的苏达与吴林是民间风俗上的母子关系，并且双方也签订了赠与协议，约定由苏达负责吴林的养老送终义务。而两原告并没有对吴林尽赡养义务，也不具有对吴林的丧事处理权。2006 年 4 月 5 日，两原告就本案同一事实，向区人民法院诉讼，要求被告与苏达连带赔偿其精神损失。在诉讼中，两原告主动撤回对被告的诉讼请求，并与苏达达成调解协议，由苏达赔偿两原告 20000 元的精神损害赔偿。所以，两原告已不再具有诉讼的权利。被告在没有死亡证明情况下火化遗体，即使存在违规情形，也是违反行政规章，与原告主张的民事侵权没有法律上的关联性。综上，请求驳回两原告的诉讼请求。

【审判】

区人民法院经审理认为，吴林在认苏达为其干儿子时，苏达已经成年，双方不存在收养关系，所以苏达在火化申请单中书写与死者关系为“母子”的行为，不符合法律规定，其行为不具有法律效力。《殡葬管理条例》第十三条规定，火化遗体必须凭公安机关或者国务院卫生行政部门规定的医疗机构出具的死亡证明。被告违反行政法规火化吴林遗体，其行为已直接导致两原告不能行使亲属权，即无法对吴林进行吊唁和表达哀思，造成吴云、吴华的精神痛苦。故被告的违法行为与原告所受的精神痛苦存在因果关系，对此被告应负有精神损害赔偿责任。鉴于苏达已经对两原告进行了补偿，酌情确定被告赔偿两原告的精神损害抚慰金为5000元。由于被告的侵权行为，仅是侵犯了两原告所享有的亲属权，精神损害抚慰金已经作为原告精神损害的抚慰形式，故原告要求被告赔礼道歉的请求，没有法律依据，不予支持。尽管吴林已死亡，两原告在法院对被告的撤回起诉，仅是对其起诉权利的处分，而不是对实体权利的放弃，在该案中，苏达给付原告方的20000元，仅是补偿款，而不是赔偿款，所以两原告仍然享有对被告诉讼请求权利。

2006年8月24日，区人民法院依照《中华人民共和国民法通则》第一百零六条第二款、最高人民法院《关于确定民事侵权精神损害赔偿责任若干问题的规定》第三条第（三）项的规定，判决：被告区殡仪馆于本判决生效后十日内赔偿原告吴云霞、吴文华精神损害抚慰金5000元；驳回原告吴云、吴华的其他诉讼请求。

【评析】

本案例是一起因自然人死亡后，围绕遗体的处理而产生纠纷的案件，案件的争议主要涉及以下法律问题：

一是原告主张的吊唁权应受法律保护。关于吊唁权，我国民法通则对此没有明确的规定。但立法没有明确规定的，并不表示该项权利不受法律保护。原告主张的吊唁权属于人身权的一种。根据民法理论，人身权包含人格权和身份权两部分。而亲属权是身份权的一部分。亲属权是除去配偶关系和亲子关系以外的其他近亲属之间的身份权，也就是除了配偶和父母与未成年子女之外的其他近亲属之间的权利义务关系。这种权利义务关系标志的是这些近亲属之间的身份地位以及相互之间的权利义务关系。亲属权应该包括尊敬权、帮助体谅权、抚养权、吊唁权等内容。对这些权利的民法保护，根据民事法律适用的原则，有法律依法律，没有法律依民事习惯。正如本案中原告主张的所谓吊唁权，法律虽然没有明确规定予以保护。但按照我国民间的善良风俗习惯，人死亡后，近亲属瞻仰死者的遗容、参加火化及悼念等是其应尽的义务，更是其享有的权利。对其作为近亲属的吊唁权的剥夺，既违反了中国的善良风俗和社会公德，也会让其精神遭受巨大的痛苦。故本案中，原告主张的吊唁权是为法律所保护的。

二是苏达与吴林签订的《赠与书》不能使原告的吊唁权丧失。本案中，吴林与苏达于2004年5月6日签订了《赠与书》，当中约定受赠与人苏达自愿接受吴林的房产，并对吴林年迈后给予养老送终。这一赠与合同是有效合同。从合同的当事人的权利义务来说，苏达根据合同享有吴林房产的所有权，并有义务为吴林养老送终。该《赠与书》约定由苏达对吴林给予养老送终主要是强调苏达的义务，并不是排除作为吴林的亲属有权瞻仰吴林遗容、对其进行祭奠。因为两原告的吊唁权是基于吴林妹妹身份而产生的亲属权，只有在吴林生前明确表示不要原告参与处理其后事的情况下，原告才不享有这一权利。故本案中原告的吊唁权不因《赠与书》的签订而丧失。

三是殡仪馆应承担侵权责任，本案中，殡仪馆的行为侵犯了原告的亲属权。理由是：

被告的行为违反了法律规定。国务院《殡葬管理条例》第十三条规定，火化遗体必须凭公安机关或者国务院卫生行政部门规定的医疗机构出具的死亡证明。本案中，被告殡仪馆在苏达未出示死亡证明，且未出具亲属关系证明的情况下为吴林的遗体进行火化有违法律规定。

原告的损害事实客观存在。两原告作为和吴林居住在同一城市，由于没有参与办理吴林的丧事并对吴林进行吊唁，在正常情况下，作为吴林的妹妹，其精神上所受到的损害是显而易见的。

被告主观上有过错。《殡葬管理条例》规定了火化遗体必须要出具死亡证明，而本案中被告在既没有死亡证明，又没有核实苏达与吴林是否为母子关系的情况下，应当能够预见火化吴林的遗体的行为可能带来的后果，即无法鉴定吴林的死亡原因，且死者亲属可能会因此丧失吊唁的权利。

被告火化遗体的行为与原告损害后果之间有因果关系。本案中，原告精神受到损害这一结果是两个原因结合而形成的。一个原因是苏达在吴林死亡后没有及时通知原告便将遗体火化，另外一个原因是殡仪馆在苏达没有出具死亡证明的情况下将遗体火化。故殡仪馆和苏达对原告构成共同侵权。本案中原告以殡仪馆为被告提起诉讼并无不当。

四是苏达在另一案件中向原告补偿 20000 元并不能免除被告的赔偿责任。2006 年 4 月 5 日，两原告就本案同一事实，曾向区人民法院诉讼，要求被告与苏达连带赔偿其精神损失。在诉讼中，两原告主动撤回对殡仪馆的起诉，并与苏达达成调解协议，由苏达补偿两原告 20000 元的精神损害赔偿。这一事实不能认定为原告对实体权利的放弃。因为原告仅是撤回对殡仪馆的起诉，并没有放弃对殡仪馆的诉讼请求。况且苏达所支付的 20000 元双方约定是“补偿款”，而非赔偿款。故殡仪馆在本案中仍然要承担法律责任。本案最终判决被告赔偿原告 5000 元精神抚慰金，而没有全部支持原告 20000 元的诉讼请求，也是考虑到了苏达已经补偿原告 20000 元的因素。

（四）殡葬立法的体系架构

殡葬立法目标的达成主要是通过规范殡葬行为来完成的。如果殡葬行为得不到合理的国家法律等法律规范，殡葬立法的目标就难以实现。因此，殡葬国家立法应当围绕殡葬行为规制来展开，主要包括以下内容：

1. 殡葬管理机制体制

殡葬管理体制是规定中央政府、地方政府、相关部门、社会组织在殡葬管理与服务方面的职责权限及其相互关系的准则。《殡葬管理条例》已明确国务院民政部门主管全国的殡葬管理工作，县级以上地方各级人民政府民政部门主管本行政区域内的殡葬管理工作。在此基础上，应进一步明确各相关部门在殡葬改革、殡葬管理、殡葬服务、殡葬价格和殡葬用品生产销售等方面的工作职责，形成政府领导、民政协调、各部门齐抓共管的管理体制。民政部门主要承担推进殡葬改革、加强殡葬管理、监督殡葬服务等方面的职能，协调配合有关部门制止乱埋乱葬，加强市场监管。从有利于殡葬改革和政府有效监管出发，积极推行政事分开、管办分离。各级民政行政机关要逐步与经营性公墓和其他殡葬服务企业脱钩。今后，民政行政机关不再作为发起人或投资人，参与经营性公墓和其他殡葬服务企业的建设经营，机关工作人员不得在经营性公墓和其他殡葬服务企业任职或兼职，不得以任何形式从中获取利益。殡葬管理事业单位要切实履行殡葬管理职能，认真开展殡葬执法，不得从事殡葬经营活动，不应向殡葬服务单位和企业收取任何管理费用，在人、财、物等方面逐步与殡葬服务单位和企业脱钩。殡葬服务事业单位要将基本殡葬服务和选择性殡葬服务项目逐步分离，选择性殡葬服务项目实行市场化运作。对社会资本建设的具有基本殡葬服务功能的殡仪馆，可以采取政府购买方式，转为殡葬服务事业单位。

2. 殡葬设施规划管理

殡葬设施是为了进行殡葬改革、殡葬管理、殡葬服务等与殡葬相关的工作，满足人们殡葬活动需要而建立的机构、系统、组织、建筑等①。殡葬设施规划管理制度主要规定殡葬设施规划审批权限及程序。《殡葬管理条例》已明确：省、自治区、直辖市人民政府民政部门应当根据本行政区域的殡葬工作规划和殡葬需要，提出殡仪馆、火葬场、骨灰堂、公墓、殡仪服务站等殡葬设施的数量、布局规划，报本级人民政府审批。同时规定了建设各类殡葬设施的审批权限和程序，并就公墓的审批和选址等作出了规定。在此基础上，应建立和强化政府对殡葬事业的投入机制，完善殡葬服务设施，形成覆盖城

---

① 杨宝祥，章林：《殡葬学概论》，中国社会出版社，2011 年版。

乡居民的殡葬服务网络。更新改造落后火化设施设备，满足人民群众基本殡葬需求。鉴于公墓是现阶段处理骨灰或遗体的一种过渡形式，不是我国殡葬改革的发展方向，应进一步强化公墓建设经营的审批管理，从严审批经营性公墓。未依法办理农用地转用和土地征收手续的，不得许可建设经营性公墓。公益性骨灰存放设施完善的地区，要认真研究经营性公墓控制机制，除纳入规划的外，原则上不再许可建设经营性公墓或扩大既有公墓占地面积。积极发展城乡公益性骨灰存放设施，加大投入和建设力度，满足公众骨灰安放需要。

3. 遗体骨灰处理制度

根据《殡葬管理条例》的规定，目前我国的遗体处理方式有三种：一是遗体土葬，即遗体不火化而入殓后葬入土壤中的殡葬方式；二是遗体火化，即遗体火化后对骨灰进行处理的殡葬方式；三是为尊重少数民族丧葬习俗，允许少数民族公民（自然人）根据民族传统采取的遗体处理方式。这种类型化的立法模式，虽然总体上对遗体处理规定比较明确，但是由于受到传统殡葬文化的影响和现代殡葬技术的制约，基于此种类型的殡葬国家立法难以平复不同意见，执法遭遇越来越大的困扰，并导致现有《殡葬管理条例》以及《民政部关于进一步深化殡葬改革促进殡葬事业科学发展的指导意见》的正当性不断受到越来越多、越来越强烈的质疑，这也是《殡葬管理条例》修订草案难以出台的重要原因。遗体火化还是不火化是目前困扰殡葬立法的争议最大的问题，但是对于遗体处理行为进行规范是十分必要的，是殡葬国家立法中无法回避的问题。在殡葬法律体系建设过程中应对科学技术因素进行深入论证，对各种效益因素进行详细的核算、考量，设计出在现有技术条件下，对环境保护、良好生态影响最小，又充分尊重殡葬文化传统的遗体处理方式及其标准，并将其作为遗体处理的国家法规范。

骨灰是遗体火化后的遗存。目前被普遍接受的骨灰处理方式是安葬，个别地方“装棺二次葬”现象还十分严重，与节约资源、保护环境的时代精神不符，也违背殡葬改革的方向。今后殡葬立法应强化骨灰管理，推行骨灰安葬备案制，同时积极推广树葬、草坪葬等节地葬法，鼓励倡导深埋、撒散、海葬等不保留骨灰方式，实现骨灰处理多样化，降低占地安葬比例，推动生态殡葬。

4. 殡葬服务管理制度

殡葬服务可划分为基本殡葬服务和延伸殡葬服务。基本殡葬服务只能由公办殡葬服务机构提供，收费标准由各地价格主管部门会同有关部门在成本监审或成本调查的基础上，按照非营利原则，根据财政补贴情况从严核定，并适时调整。与基本服务密切相关的延伸服务实行市场化运作，由政府组织制定殡葬服务市场准入条件、服务标准、竞争规则，并加强监管。

殡葬服务机构使用的殡葬设备、销售的殡葬用品应符合殡葬法规的有关规定。《殡葬管理条例》规定："火化机、运尸车、尸体冷藏柜等殡葬设备，必须符合国家规定的技术标准。禁止制造、销售不符合国家技术标准的殡葬设备。""禁止在实行火葬的地区出售棺材等土葬用品。"在此基础上，应进一步明确实施殡葬科技攻关，推广环保殡葬产品，特别是节能减排殡葬设备和可降解骨灰盒、棺柩。加强对殡葬设施、产品、服务等技术标准的研究和制定，建立健全监督机制。加强环境监测、治理与评价，实行环境质量认证制度。

殡葬服务机构的从业人员应具有相应的职业资格。职业资格是对从事某一职业所必备的学识、技术和能力的基本要求，反映了劳动者为适应职业劳动需要而运用特定的知识、技术和技能的能力。随着科技的发展和社会文明程度的提高，公众对殡葬服务提出了越来越高的要求，要求遗体处理综合运用生态学、环境学、卫生学原理，实现全程无污染、无公害的安全控制。为提升殡葬从业人员素质，提高殡葬服务水平，殡葬行业从2008年起开展了殡仪服务员、遗体接运工、遗体防腐师、遗体整容师、遗体火化师、墓地管理员六个职业的技能鉴定工作，实行了国家职业资格证书制度。在殡葬立法过程中应以法规的形式明确开展殡葬从业人员职业培训、考核、鉴定，探索建立殡葬从业人员资格准入制度，加强殡葬人才队伍建设，提高殡葬从业人员的整体素质和能力。

公墓经营者要依法经营，按照属地管理原则服从监管。严禁炒买炒卖，除可向夫妻健在一方、高龄老人、危重病人预售（租）确保自用外，公墓经营者必须严格凭死亡证明或火化证明出售（租）墓穴或骨灰存放格位，不得出售（租）超面积、豪华墓穴，不得炒买炒卖墓穴或骨灰存放格位。要规范墓穴续租，研究公墓使用年限，提高公墓容积率，加大殡葬用地的循环利用。

5. 殡葬活动管理制度

随着社会的发展和多元文化的传播，公众的殡葬活动呈现出个性化的趋势。民主法治社会要求政府尽可能减少对公民行为的干涉，但公民的殡葬活动还是应当遵循基本的行为准则。《殡葬管理条例》只规定："办理丧事活动，不得妨害公共秩序、危害公共安全，不得侵害他人的合法权益。"最大限度地保障了公民行使殡葬权利的自由，提出了殡葬活动的底线。在殡葬立法过程中要紧紧依靠公众，充分相信公众，广泛发动公众，认识和把握殡葬传统文化的历史意义和现实价值，积极探索和推广能够满足公众缅怀先人、慎终追远的愿望和需求，与当代社会相适应、与现代文明相协调的殡葬习俗和文化形式，大力倡导殡葬新观念、新风尚，弘扬先进殡葬文化，提倡文明节俭办丧事，引导公众破除丧葬陋俗，树立殡葬改革新风。充分培育、挖掘和保护公众中蕴藏的主动实行殡葬改革的愿望和要求，不断增强公众参与殡葬改革的自觉性。

6. 殡葬救助保障制度

殡葬事务属基本民生范畴，理应纳入社会保障体系。2009 年民政部《关于进一步深化殡葬改革促进殡葬事业科学发展的指导意见》（民发〔2009〕170 号）明确要求各地结合实际，积极争取政府出台惠民殡葬政策，加快建立和完善殡葬救助保障制度。对生前生活特别困难的人员，由政府免除遗体接运、存放、火化和骨灰寄存等基本殡葬服务费用。按照保基本、广覆盖、可持续的原则，有条件的地区，可从重点救助对象起步，逐步扩展到向辖区所有居民提供免费基本殡葬服务，实行政府埋单。对节地葬法或不保留骨灰的，以及土葬改革区自愿火化的，实行政府奖励、补贴，建立起覆盖城乡居民的多层次殡葬救助保障体系。据不完全统计，目前惠民殡葬政策已在全国 14 个省 110 个地级市 457 个县实施，覆盖 5.2 亿人口①。在殡葬立法中应完善殡葬救助保障制度，明确保障对象、保障标准、保障措施、责任主体及经费来源，加强政策法规之间的协调整合、衔接配套、细化实化，形成可操作性强的殡葬救助保障制度。

第二节　殡葬法律关系

一、殡葬法律关系概述

（一）殡葬法律关系的含义

法律关系是法学研究的基本概念。每一个人在社会中生存都会与其他人发生这样或那样的关系，这导致人与人之间形成了纷繁复杂的社会关系。只要社会存在并不断发展，人与人之间的社会关系就是无法穷尽的。人类的社会关系状态经常发生动态性变化，有时处于协调状态，有时处于不协调状态，需要人们采取各种方法加以调整规范，以使原有关系得以维持和发展。

作为调整和规范人类社会关系的手段，法律同道德等其他手段相比具有两个鲜明特点：一是有限性。法律作为国家统治阶级意志的反映，会在复杂

① 数据来源：2012 年全国民政工作会议，http：//www. mca. gov. cn。

的社会关系当中选出一部分进行调整，形成法律关系。也就是说，并不是所有的社会关系都会纳入法律调整的范围，仅仅是那些被统治阶级认为对维护本阶级利益相关的那部分才会以法律的形式加以规范。二是严厉性。法律规范调整人们的关系是所有方式中最严厉、最严格的，任何其他调整社会关系的手段都不能与之相比。

法律关系是法律在调整人们行为的过程中形成的特殊的权利和义务关系。或者说，法律关系是指被法律规范所调整的权利与义务关系。法律关系有三个本质特征：一是法律关系是以法律规范为前提的社会关系。没有法律规范的存在，也就不可能形成与之相应的法律关系。二是法律关系是以权利义务为内容的社会关系。这种权利义务关系是明确的、固定的权利义务关系，既可以由法律明确规定，也可以由法律授权当事人在法律的范围内自行约定。三是法律关系是以国家强制力作为保障手段的社会关系。当法律关系受到破坏时，国家会动用强制力进行矫正或恢复。

殡葬法律关系是指人们在殡葬活动中形成的，需要法律调整的社会关系。对于人们的殡葬活动而言，由此所发生的所有社会关系并不一定都会在国家法律层面上反映出来，只有那些国家认为需要用法律规范的社会关系才会上升为法律关系。在我国封建社会中，统治阶级为维护本阶级的利益曾经四次禁止火葬。因为“佛教东渐”所引起的中原“火葬之仪”严重违背了儒家传统的纲常礼教，危及统治阶级的利益。这时殡葬方式就从原来的一般社会关系上升为法律关系。而关于土葬的程序、要求等并没有纳入国家法律的规范，对这些社会关系起调整作用的主要是民间殡葬习俗。

认识殡葬法律关系的本质特征，对我国现阶段的殡葬改革意义重大。在殡葬改革过程中，我们坚持“实行火葬，改革土葬”这个方向。但反映到法律规范层面上，哪些社会关系需要运用法律来调整，哪些社会关系可以利用乡规民俗来解决，则是我们在制定殡葬法律规范时应当慎重考虑的问题。

（二）殡葬法律关系的类型

根据殡葬法律关系主体之间的关系和地位，可以将殡葬法律关系划分为殡葬管理法律关系和殡葬协作法律关系。

殡葬管理法律关系指的是在法律关系中，主体之间的地位是不平等的，存在着管理与被管理、指导与被指导等关系。从殡葬活动公的一面来看，殡葬活动可能影响到其他社会成员的生活质量，如噪音污染、水体污染、资源浪费等社会问题，这就需要国家公权力的介入。政府作为社会公众的代言人对殡葬活动进行协调与管理，以保证有限的社会资源的合理利用。殡葬用地管理、殡葬设施管理、殡葬行业准入许可、殡葬相关标准的制定、殡葬执法等都应当属于殡葬管理法律关系。这就应当遵循国家意志的规则，行政相对人应当服从行政机关的管理。

殡葬协作关系指的是在法律关系中，主体之间的地位是平等的协作关系，双方的活动遵循市场规律，实行意思自治和责任自负。从殡葬活动私的一面看，殡葬服务机构提供的服务，包括遗体运输、遗体整容、殡仪服务、祭奠服务等。此时，殡葬服务机构同享受服务的主体之间是平等的合同关系。在这种性质的关系中，国家的法律或者行政机关应当减少介入，充分尊重当事人的意思自治。政府应当遵循市场规律，逐渐退出这个领域，从“运动员”和“裁判员”的双重角色变为真正公平独立的“裁判员”。殡葬服务的市场化，正是有利于充分体现并实现这种双方当事人之间的殡葬协作关系。

（三）殡葬法律关系的要素

法律关系的要素，又称为法律关系的构成，指的是法律关系的内部结构。我国法学界长期以来占主导地位的观点是认为法律关系的要素包括三个方面，即法律关系的主体、法律关系的客体和法律关系的内容。其中，主体为权利义务之归属者，客体为权利义务之所附，即主体所拥有的权利、义务所指的对象。而主体之间凭借客体以彼此联系，联系之内容即为权利义务。

殡葬法律关系虽然类型并不统一，但作为法律关系的具体形态之一，殡葬法律关系同样具备主体、客体和内容三个要素。殡葬法律关系虽然具有自身的特殊性，但它在对殡葬关系进行调整的过程中，应当遵循法学的基本原则和理论。

深入剖析殡葬法律关系的三要素，有利于法律实践过程中解决殡葬法律问题。尤其在我国殡葬法律规范并不完善的现实中，殡葬秩序的维护有的时候无法照搬法规条文的内容，甚至法规条文并没有涉及这些问题，这时运用法理学的知识解决问题能够起到弥补的作用，同时又避免了同其他法律部门规定之间的矛盾，将会促进我国法律体系内部的协调。

二、殡葬法律关系主体

法律关系主体是法律关系的参加者，即在法律关系中一定权利的享有者和一定义务的承担者。殡葬法律关系的主体即在殡葬法律关系中享有权利和承担义务的自然人和组织，包括国家、机构和组织以及公民（自然人）。

（一）殡葬法律关系主体的资格

主体资格涉及自然主体、社会主体、法律主体三个概念。自然主体即自然意义上的主体，它范围广泛，从自然界的动物到社会中的人都可以被称为主体。社会主体的范畴将自然界的动物排除在外，它是发生社会关系时，运用一般社会关系调整手段进行调控的主体。它的范围相对缩小。但作为法律意义上的主体，已带有法律的色彩，同自然意义上的主体有根本不同。

由于法律关系是经过法律调整的社会关系，作为法律关系的主体就应当是经过法律调整的社会主体。因此，只有那些经过法律调整的社会主体才能够上升为法律主体。作为法律关系的主体应当具备一定的资格条件，这种资格条件就是有权利能力和行为能力。

1. 权利能力

一个主体只有具备法律认可的权利能力，才有可能参与法律关系，行使法律权利承担法律义务。主体的权利能力问题从根本上来说源于国家法律的认可，这种认可充分体现了法律阶级性的本质。当然，法律对主体权利能力的认可并不是毫无依据的，其主要依据是该主体是否适于享有权利义务的社会存在。这种说法看似抽象，实际上体现了法律关系主体范畴的历史发展脉络。法律关系主体的范畴经历了从自然人主体到认可法人主体的历史过程。法人作为法律关系主体，是随着法人这种社会存在在社会发展中承担的社会使命的加强而得到上层建筑认可的。基于权利能力的认识，法律的主体可以归结为“人”，包括自然人、法人和国家，只要这些法律关系主体参与到殡葬法律关系中来，就可以成为殡葬法律关系的主体。

作为殡葬法律关系主体的自然人从出生即享有权利能力，直至死亡其权利能力不能被剥夺。作为法人的殡葬主体，由于不是当然的法律关系主体，因此其权利能力受到范围上的限制，具体表现在性质限制、法律限制和目的限制。法人权利能力性质限制指的是凡以自然人的天然性质为前提而为自然人专属的权利和义务，法人无法承担，如自然人可以享有人身权，而法人无法享有。法律限制指的是法律对法人活动范围作出的法定限制，称为行为能力的限制。目的限制指的是法人在其章程规定的范围内享有权利能力。国家作为法律关系主体，其权利能力同样受到限制，这种限制主要体现在国家权力的行使以法律的明确规定为准则，法律规范之外的范畴不属于国家参与的领域。

2. 行为能力

法律关系主体参与法律活动的另外一个条件是“行为能力”。行为能力是指权利能力者能够独立实施法律行为，独立承担法律后果（包括权利和义务）的资格。

一个主体具备了权利能力并不意味着其就可以随意参与任何法律关系，

有些主体虽然具备权利能力但并不具备行为能力，同样不能参与法律关系。这是因为法律关系主体的权利能力和行为能力并非总是一致的。法人与自然人在这方面就有所不同。法人的行为能力范围同其权利能力的范围相一致，但自然人其权利能力与其行为能力并不完全一致。因此探讨行为能力对法律关系主体的限制条件，主要着眼于自然人主体。

殡葬协作法律关系更多情况下属于民事法律关系。民事法律行为能力的限制具体体现在自然人开展民事法律行为的能力上。当行为能力欠缺者（包括限制行为能力人和无行为能力人）超过其行为能力开展活动时，其法律后果将会受到影响。自然人的行为能力分三种情况：完全行为能力、限制行为能力、无行为能力。《中华人民共和国民法通则》规定：18 周岁以上的公民是成年人，具有完全民事行为能力，可以独立进行民事活动，是完全民事行为能力人。16 周岁以上不满 18 周岁的公民，以自己的劳动收入为主要生活来源的，视为完全民事行为能力人。10 周岁以上的未成年人是限制民事行为能力人，可以进行与他的年龄、智力相适应的民事活动；其他民事活动由他的法定代理人代理，或者征得他的法定代理人的同意。不满 10 周岁的未成年人是无民事行为能力人，由他的法定代理人代理民事活动。不能辨认自己行为的精神病患者是无民事行为能力人，由他的法定代理人代理民事活动。不能完全辨认自己行为的精神病患者是限制民事行为能力人，可以进行与他的精神健康状况相适应的民事活动；其他民事活动由他的法定代理人代理，或者征得他的法定代理人的同意。

（二）殡葬法律关系主体的内容

1. 公民

公民又称自然人，既指中国公民，也指居住在中国境内或在境内活动的外国公民和无国籍人。自然人作为殡葬法律关系主体应具备民事权利能力和民事行为能力。

民事权利能力是民事主体独立实施民事法律行为的资格。自然人的民事权利能力始于出生，终于死亡。具有民事权利能力，是自然人获得参与民事活动的资格，但能不能运用这一资格，还受自然人的理智、认识能力等主观条件的制约。也就是说，理智不健全的权利能力者，若任其独立参与民事活动，可能会损害自己，也可能会损害别人。所以，有民事权利能力者，不一定就有民事行为能力，两者确认的标准不同。

民事行为能力是民事主体独立地以自己的行为为自己或他人取得民事权利和承担民事义务的能力。具体到殡葬法律关系主体，完全民事行为能力的自然人可以开展所有的殡葬法律行为，独自享受法律行为所创设的权利以及承担义务。对于限制行为能力人和无民事行为能力人来说，其参与殡葬法律关系将会受到限制。如一名 14 周岁的未成年人同殡葬服务机构签订殡葬服务合同，由于该人属于限制行为能力人，不能独自开展合同行为，因此这种合同属于效力待定的合同，需要他的监护人事后追认。

2. 法人

法人主要包括三类：一是国家机关，如民政部门作为殡葬工作的主管部门成为殡葬管理法律关系中的一方主体；二是各种企事业组织和在中国领域内设立的中外合资经营企业、中外合作经营企业和外资企业，如各类殡葬服务机构既是殡葬管理法律关系中的主体，又是殡葬协作法律关系的主体；三是各政党和社会团体，如殡葬行业协会、红白理事会等都可以成为各类殡葬法律关系中的主体。

法人作为殡葬法律关系主体同样需具备权利能力和行为能力，法人的行为能力范围同其权利能力的范围相一致。法人由于是法律拟制的人格，其权利能力受到范围上的限制。

无论个人或者社会组织，在从事社会活动时，总要和其他个人或社会组织发生联系，这便构成了一般社会关系。参与该活动的这些个人或者社会组织便是这一社会关系的主体。如果该活动中出现需要运用法律手段调整的情况，那么这种关系就变成法律关系，双方当事人就成为法律关系的主体。如一方侵害了另一方的利益，另一方可以要求赔偿物质或精神损失等等。

【导入案例评析】

在本章导入案例“唐京公司灵塔格位买卖纠纷系列案”中，根据国务院有关规定，民政部门是殡葬管理工作的主管部门，有权对殡葬设施进行管理和监督。据此，民政部门下发的有关文件对唐京公司销售灵塔格位的行为具有约束力，但唐京公司并未按文执行。因此，在民政部民事函〔1997〕97 号文件下发后，唐京公司对无“三证”购买者的销售行为应为无效民事行为。此前，由于有关规定不够明确，可以界定为客户购买适当数量范围以内的灵塔格位为自用，超出适当数量则应认定为非法炒卖行为而无效。合同被确认无效后，唐京公司收取购买人的灵塔格位款的本金应退还给购买者。对于购买者的利息损失因其自身也存在一定过错则应自负。“唐京公司灵塔格位买卖纠纷系列案”原本是殡葬行业中的格位营销活动，属于殡葬业一般的社会关系。但由于唐京公司在格位营销中的违规违法行为，必须诉诸法律来加以规范和调整，使这一关系转换成为殡葬法律关系。显然，构成这一殡葬法律关系的唐京灵塔园开发有限公司以及众多灵塔格位的购买者，他们便是这一特定殡葬法律关系的主体。

3. 国家

在特殊情况下，国家可以作为一个整体成为法律关系主体。如，当公民或组织的殡葬行为触犯刑法，构成犯罪时，国家作为一方主体，同违法者之间形成刑事法律关系。国家作为法律关系主体，其权利能力同样受到限制，这种限制主要体现在国家权力的行使以法律的明确规定为准则，法律规范之外的范畴不属于国家参与的领域。

【案例1－2】

亲属抬棺挤断手指——殡仪馆赔偿案

【案情】

2005年10月2日下午，高某到市殡仪馆为其伯母送葬。当送葬的灵车到殡仪馆大厅门口，高某听到有人喊帮抬一下棺材时，便主动上前帮助抬棺材。当高某刚伸手摸到棺材底部时，殡仪馆工作人员将棺材从车子上突然拖出，使高某的手指被挤压在棺材底部与灵车边的结合处。高某受伤后当即到市中医院治疗，医生诊断高某右手食指末节挫裂伤，并于几日后做了去除末节剩余指骨截肢手术。高某手术和休息期间，殡仪馆的工作人员黄某和陈某到医院及高某家中看望。后高某诉至法院，要求殡仪馆赔偿损失并评残。2006年3月，市第三人民医院司法鉴定所作出法医学鉴定书，鉴定结论为高某构成十级伤残。

【审判】

法院审理认为，殡仪馆是从事遗体火化工作的单位，遗体卸车是殡仪馆工作人员的职责，殡仪馆应对遗体装卸、遗体火化工作的安全负责。高某亲属的遗体在殡仪馆处火化，高某在其亲属遗体卸车时义务帮助卸车不慎被压断右手食指末节，做了截肢手术并被评为十级伤残的事实存在。虽然高某未能证明是殡仪馆工作人员叫其帮忙抬棺材的，但工作人员亦未对其帮忙行为表示拒绝，故对高某的受伤负有过错。据此，法院依法作出判决：判决被告市殡仪馆赔偿原告高某医疗费、误工费、残疾人生活补助费等费用共计2.66万元。

【评析】

这是一起在殡葬服务机构里发生的人身损害赔偿案。殡葬服务机构及其工作人员应该根据合同约定和法定义务履行自己的职责。本案所涉及的遗体装卸、遗体火化工作就是殡仪馆的合同义务。而对服务过程中的安全负责就是殡仪馆的法定义务，是不必特别约定也应承担的义务。对服务过程中因设备缺陷等不安全因素给服务对象或殡葬服务消费者带来的人身、财产、精神损失，应承担民事责任。案例 1-2 中，高某与市殡仪馆原本并无什么关系可言。但由于高某在为其伯母送葬过程中，因殡仪馆的过失（没有拒绝高某帮忙）造成高某手指十级伤残。高某为求得合理赔偿，诉诸法院，于是高某与殡仪馆之间形成了殡葬法律关系，且双方成为这一特定法律关系的主体。

（三）殡葬法律关系主体的分类

殡葬活动内容丰富，殡葬法律关系的类型也是多种多样。殡葬法律关系主体根据不同的标准可以作出不同的分类：

1. 民事主体、行政主体、刑事主体

这是根据殡葬法律关系的性质不同划分的。以平等的身份参与民事活动，享有民事权利承担民事义务的主体称为民事主体。如殡葬服务合同的双方当事人。存在管理与被管理、服从与被服从的隶属关系的主体称为行政主体。如民政部门对殡葬服务机构开展监管活动或者行政执法活动中所形成的关系。刑事主体指的是当事人的行为触犯刑法的规定，构成犯罪，在当事人同国家之间所形成的刑事法律关系中的地位。

2. 监管主体、服务主体、消费主体

这是根据不同主体在殡葬法律关系中所处的地位划分的。殡葬监管主体指的是在殡葬法律关系中处于管理的地位，对相对方实行行政监管的主体，主要体现的是民政部门。殡葬服务主体指的是为对方当事人提供殡葬服务、取得相应价款的主体，包括殡仪馆、火葬场以及其他各种殡葬服务机构。殡葬消费主体指的是在殡葬法律关系中处于接受服务的地位，享受对方提供的殡葬服务同时支付一定价款的主体。

3. 权利主体、权力主体、义务主体

这是根据主体在殡葬法律关系中享有权利和承担义务的不同划分的。在殡葬法律关系中享有殡葬权利的主体是权利主体。承担国家监管职责行使国家权力的机关是权力主体。承担殡葬义务，包括公义务和私义务的主体为义务主体。

三、殡葬法律关系客体

法律关系的客体，即法律关系的标的，是法律关系主体权利义务共同指向的对象，也是人们之间成立法律关系的基础。

在某一个特定的法律关系中，主体之间特定的权利义务的确定、实现和履行都必须依托于一定的对象，不能凭空产生。客体是同主体相对应的概念，是主体行使权利、履行义务的对象。法律关系客体具有重要的法律意义。人们基于对不同性质的外部世界即客体的控制、作用而成立了不同的权利类型，法律更是依客体的性质将权利和法律关系进行了更加系统化、规范化的划分，并在此基础上依据不同的权利类型进行具体的规范，以期更好地调整人与人之间不同的权利义务关系，实现法律制约的目的。

法学理论界对于客体的内涵并没有太大的分歧，对客体认识分歧较大的是客体的范围。对于法律关系客体范围的观点归纳起来可以分为两派：一是认为根据法律关系的种类不同，客体有不同的类型。一般包括物、行为、智力成果等物质利益和与人身不可分离的非物质利益。另外一种观点认为客体的范围应当是一个统一的概念，以便同法律关系的统一概念相一致。有人认为客体是“体现一定物质利益的行为”，有人认为客体是某些特定的利益，还有人认为客体是法律确定和调整的社会关系。

根据学术界的通说，法律关系的客体是一个开放的领域，只要物质利益和非物质利益成为法律规范调整的对象，就应当成为权利义务的客体。殡葬法律关系具体可以分为管理型的和协作型的，这两类法律关系的本质区别使得其客体也应存在差异。

本章导入案例中，唐京公司因违规销售灵塔格位，众多人不知情，因受误导购买了灵塔格位作为“投资”以望增值。民政部民事函〔1997〕97 号文件发出后，灵塔格位不得随意转让，唐京公司与购买人之间的灵塔格位买卖行为无效，众多购买者势必要向唐京公司退还格位，并向唐京公司索回付款。这时，使唐京公司和购买者共同指向同一标的：要不要退款。因此，退款与否便是这一殡葬法律关系的客体。它既是权利人指向的标的，也是义务人指向的标的，所以说它是权利义务共同指向的对象。在案例 1－2 中，高某与市殡仪馆之间既已形成殡葬法律关系，就必然面对同一问题：要不要给予高某以伤残赔偿，这便是殡葬法律关系的客体。

就殡葬管理法律关系来说，其性质属于行政法律关系。殡葬管理法律关系当中权力人是政府机关，义务人是行政相对人。权利和义务指向的对象，即客体应当是社会公共秩序，特别是殡葬公共秩序。权力的行使以维护社会公共秩序的稳定和殡葬文明为对象，义务的履行也同样以此为对象。

就殡葬协作法律关系来说，其性质属于平等的民事主体之间的协作关系，当事人之间形成的是民事法律关系。因为殡葬协作法律关系基本上是当事人之间商品交易或服务交易的关系，体现的是流通。经过当事人之间的协作形成的主要是债权债务关系，而债权债务法律关系的客体就是行为。具体来说，殡葬设施买卖合同中，确定的法律关系客体应当是按照合同约定交付合格殡葬设施或其他殡葬商品以及按照合同约定交付价款的行为。殡葬服务合同中，包括遗体运输、殡仪服务、遗体整容、遗体火化等，其法律关系的客体也是行为，是提供殡葬服务的行为以及交付相应价款的行为。

四、殡葬法律关系内容

法律关系的内容，是指法律关系主体所享有的权利和承担的义务，即法律权利和法律义务。

（一）殡葬法律关系的殡葬权利和殡葬义务

1. 殡葬权利

人们对权利的认识，随着社会历史的发展而不断变化。不同时期有不同的内容。综合来看，对于权利本质的学说可以分为三种：一种是德国罗马法学者温德夏特（Bernhard Windscheid）所倡导的意思说。他认为权利的本质是意思的自由，权利是个人意思所能自由活动或所能自由支配的范围。第二种学说是德国学者鲁道夫·冯·耶林（Rudolph Von Jhering）所倡导的利益说，认为权利的本质是法律所保护的利益，凡依法律归属于个人的利益无论精神的或者物质的，即为权利。第三种学说是德国学者梅克尔（Merkel）所倡导的法力说，即认为权利的本质是由法律所赋予的一种力量。凭借此种力量，既可以支配标的物，也可以支配他人。依照学术界的通说，权利是法律关系主体可以作为或可以不作为的自由或者说可能性，义务则是法律规定的对法律关系主体必须作出一定行为或不得作出一定行为的约束。权利义务作为法律关系的内容，是法律关系的核心要素，也是法律关系存在的根据或意义所在。殡葬权利是指殡葬法律关系主体可以作为或者可以不作为的自由或可能性。

2. 殡葬义务

义务是加于当事人作为或者不作为之拘束。拘束就是不管义务人的主观意愿如何，都必须遵守，不得随意变更或者免除。义务是同权利（力）相对应的概念，没有无权利的义务，也没有无义务的权利。义务有法律上的义务和道德上的义务。作为法律上的义务，应当具备以下几个特征：一是义务以“不利益”为内容的法律约束力，权利（力）是一种“利益”，而作为对应的义务则是加于当事人之上的“不利益”。例如，在殡葬活动中，双方当事人由于甲方侵犯了乙方的利益，或使乙方的人身受到伤害，经调解裁定或法院判决，甲方赔偿乙方精神损害抚慰金 1 万元，甲方则有付出 1 万元的义务。二是义务不是对于负担者人格的拘束力，义务承担者的人格并没有因此而受到影响。三是义务具有法律的强制力，这是法律上的义务同道德义务的本质区别。

公义务和私义务的划分是根据义务所对应的是权利还是权力进行的。公义务指的是相对于国家公权力而言，行政相对人应当服从国家权力的行使效果。私义务主要是民事义务，即民事法律关系的当事人为满足他方利益所应实施的行为依据。

由于殡葬法律关系存在管理型法律关系和协作型法律关系，作为殡葬义务也要分为两种情况来说。在管理型法律关系中，作为一方主体的必然是国家机关，而另一方主体则是行政相对人。此时，行政机关行使的是殡葬权力，而相对人需负担遵守行政监管的义务，此项义务即是公义务。当殡葬服务机构违反法律规定，按照《殡葬管理条例》应当处以行政处罚时，民政部门行使的是行政处罚的公权力，而作为被处罚的当事人应当服从行政处罚决定，按照处罚决定的内容缴纳罚金。如果当事人认为行政处罚不适当的话，可以按照行政诉讼法或行政复议法提起行政诉讼或者行政复议。但复议或诉讼并不能中止当事人遵守处罚决定的义务，当事人应当按照行政处罚法的规定按期缴纳罚金，否则需要承担不履行义务所应承担的责任，即缴纳滞纳金。

在殡葬协作法律关系中，双方当事人的法律地位平等，不存在管理与被管理的隶属关系，此时一方当事人的权利对应的是对方的义务，即私义务。如殡葬服务机构同死者亲属签订的殡仪服务合同就是典型的殡葬协作法律关系。双方当事人之间是平等的关系，具有订立合同以及确定合同内容的自由意志。合同关系是私的关系，作为一方当事人的殡葬服务机构来说，享有合同权利，即要求对方支付价款的权利，与这一权利相对应的是相对方负有支付价款的义务。另外对于死者亲属来说，其享有的合同权利是要求对方按照合同约定提供服务，与这一权利相对应的是殡葬服务机构的义务，即按照合同约定提供相应服务。

法定义务与约定义务的划分依据的是该义务产生的来源。法定义务指的是该义务由法律直接规定产生。约定义务指的是义务的产生源于双方当事人之间的约定。

殡葬义务存在法定和约定的差别。对于殡葬公义务来说，一般应当是法定的。原因在于行政机关行使行政权力应当依照法律的规定进行，即法律有规定的才是行政机关可以做的。因此，同行政权力相对应的公义务基本属于法定义务。私义务的情况比较复杂，有的私义务属于法定义务，而有的私义务属于约定义务。如殡葬服务合同中的义务属于典型的约定义务。但同样是殡葬合同，如殡葬设备买卖合同，其中的合同义务虽然属于私义务，但作为出卖方应当保证殡葬设备符合国家规定的标准，这种义务即使没有在合同中加以明确规定，但由于《殡葬管理条例》中已明确规定，因此这种私义务就是一种法定义务。

总之，殡葬权利体现的是殡葬权利主体开展殡葬活动的自由和可能性，殡葬义务主体应当尊重殡葬权利主体的自由意志。

（二）殡葬协作法律关系中主体的权利和义务

1. 殡葬协作法律关系中主体的权利

殡葬经营者的主要权利是按照法律规定或合同约定向消费者收取价款。

在殡葬协作法律关系中，双方当事人的法律地位相当于消费者和经营者。根据《中华人民共和国消费者权益保障法》，丧事承办者，即殡葬消费者，享有以下权利：

安全保障权，是指殡葬消费者在购买、使用殡葬商品或接受殡葬服务时，所享有的保障其人身、财产安全不受损害的权利。

知悉真情权，是指殡葬消费者享有知悉其购买的殡葬商品或者接受的殡葬服务的真实情况的权利。

自主选择权，是指殡葬消费者享有自主选择殡葬商品或者殡葬服务的权利。

公平交易权，是指殡葬消费者在购买殡葬商品或者接受殡葬服务时，有权获得保障质量、价格合理、计量正确等公平交易条件，有权拒绝殡葬经营者的强制交易行为。

损害求偿权，是指殡葬消费者因购买殡葬商品或者接受殡葬服务受到人身、财产损害的，享有依法获得赔偿的权利。

求教获知权，是从知悉真情权中引申出来的一种消费者的权利。是指殡葬消费者所享有的获得有关消费和消费者权益保护方面的知识的权利。

依法结社权，是指殡葬消费者享有的依法成立维护自身合法权益的社会团体的权利。

维护尊严权，是指殡葬消费者在购买殡葬商品或者接受殡葬服务时所享有的其人格尊严、民族风俗习惯得到尊重的权利。

监督管理权，即殡葬消费者享有对殡葬商品和殡葬服务以及保护消费者权利工作进行监督的权利。

殡葬协作法律关系中主体的权利具有以下特点：

(1) 殡葬权利的获得。权利的获得是指某项权利归属于特定主体的情形。根据法学的基础理论，民事权利的取得可以通过原始取得和继受取得。原始取得指的是不以他人既存权利为前提的权利取得样态。原始取得是权利的绝对发生。继受取得是自前手权利人承受既存权利的权利取得样态。继受取得属于权利的相对发生，也称为“传来取得”。继受取得可以继续划分为转移型继受取得和创设型继受取得、概括型继受取得和特定型继受取得。转移型继受取得和创设型继受取得的不同点在于，前手的权利是否原封不动地由后手承受。如果是的话则成为转移型继受取得，如果前手权利内容变更为后手创设新权利的话，即为创设型继受取得。概括型继受取得和特定型继受取得，指的是前手的权利和义务是否一并整体转移，如果是的话即为概括型继受取得，如果仅从前手获得某项特定权利的话，即为特定型继受取得。

殡葬权利的获得方式也不外乎以上民事权利取得的途径。殡葬权利可能是一种原始取得，如寻求殡葬服务的死者亲属享有自由选择殡葬服务者的权利，他人不得非法干涉；殡葬服务主体出卖殡葬用品有依法自主定价的权利。殡葬权利也可能是转移型继受取得，如一方当事人向殡葬服务机构购买墓地的使用权，当买卖关系成立后，双方实际交付，该墓地的土地使用权即转移给购买方，权利发生了转移型继受取得。

(2) 殡葬权利的行使。权利的行使是指权利的享有者依照权利的内容和范围实施必要行为，以实现其利益。殡葬权利是民事权利的特种样态，其行使应当遵循以下原则：

一是公共利益的原则。即行使权利应当顾及而不违反公共利益。我国民法通则第七条明确规定：“民事活动应当尊重社会公德，不得损害公共利益。”殡葬活动具有极大的公共性，殡葬法律关系主体在行使殡葬权利的过程中应当首先遵循公共利益和国家的公共政策。我国《殡葬管理条例》第十四条规定：“办理丧事活动，不得妨害公共秩序、危害公共安全，不得侵害他人的合法权益。”

二是禁止滥用的原则。行使权利如果背离了权利应有的社会目的，则不能再称其为权利行使，而是一种违法行为。我国《殡葬管理条例》中贯穿一种思想，即殡葬权利的行使应当具有一定的限制，尤其强调殡葬活动是涉及社会整体文明的事项。如条例规定了殡葬设备和殡葬用品的管理，虽然殡葬服务机构享有自主经营、自主管理、自负盈亏的权利，但作为殡葬设备来说，如火化机、运尸车、遗体冷藏柜等，必须符合国家规定的技术标准，法律禁止制造、销售不符合国家技术标准的殡葬设备。可见，当殡葬服务机构在行使销售权利的时候，如果违反国家法律设定的权利的界线，那么就会受到法律的惩罚。

（3）殡葬权利的消灭。权利的消灭是指权利与其主体相分离，包括权利的绝对消灭和权利的相对消灭。前者是指权利不复存在，如标的物的灭失则导致依附该物的权利消灭。后者是指权利由前手转移给后手，这时对于前手来说发生权利的相对消灭，而对于后手来说则是权利的产生。

殡葬权利的消灭可能是绝对消灭，如殡葬用品消费掉，权利即灭失。也可能是相对消灭，如殡葬服务机构将骨灰盒销售给购买人，从服务机构的角度看，其对该骨灰盒的所有权消灭，而从购买人的角度看则是取得骨灰盒的所有权。

（4）殡葬权利的保护。权利的实现不是自发的，需要权利主体的行使、争取甚至是斗争。殡葬活动中众多的纠纷案件告诉人们，在殡葬权利的实现过程中，需要相应的保护机制或称救济机制。

人类对权利的保护经历了从自力救济到公力救济的演变。自力救济是指权利主体在法律允许的范围内，依靠自身的实力，通过实施自卫行为或者自助行为来救济自己被侵害的民事权利。自力救济是人类早期采用的权利保护方式。但从国家权力发育充分以后，自力救济逐渐被国家公力救济所代替。公力救济就是通过国家专门的暴力机构和程序，保护权利的手段。公力救济主要依赖国家的权力，通过特定的程序保证最终的救济后果是公平的。

殡葬权利的保护同样主要靠国家公权力的介入。在殡葬领域，我国的殡葬法律法规设定了相当数量的权利保护途径，这为保护我国公民在殡葬活动中的合法权益提供了基本保证。例如，我国殡葬法律法规中对殡葬业的经营和各类殡葬活动实施监管，包括事前监管、事中监管和事后惩治。从本质上说，这也是一种对殡葬权利的保护。

事前准入主要是指殡葬监管机关加强殡葬行业的市场准入审查，参加到殡葬行业中来的法律关系主体应当具备法律规定的特定条件，并报相应的国家机关进行事前审批。这就使得已经从事殡葬经营活动的企事业单位，不会因为大量经营者的涌入而陷于恶性竞争的局面，也由于进入者需具备相应条件而使殡葬消费者的权利得到保证。事中监管是指国家殡葬管理机关对殡葬服务机构的活动进行监管。事后惩治是指当殡葬管理机关在监管过程中发现有违法活动，则有权力对其加以惩罚，这些惩罚主要通过殡葬违法行为应当承担的责任（包括民事责任、行政责任和刑事责任）来体现。显然，这种监管或惩罚的直接结果是规范了其经营活动，相应地在客观上维护了社会公众特别是殡葬消费者的权利。

对法律权利最终的救济途径就是诉讼。殡葬权利的保障同样需要引入司法审查的程序，否则往往得不到根本保障。我国《殡葬管理条例》虽然没有明确规定维护殡葬权利可以适用的司法程序，但我国的民事诉讼法和行政诉讼法都可以成为殡葬权利司法救济的依据。

2. 殡葬协作法律关系中主体的义务

殡葬消费者的义务主要是按照法律规定或合同约定按时支付价款，以及对殡葬经营者履行义务提供适当的协助。在殡葬协作法律关系中，殡葬服务机构，即殡葬经营者具有以下义务：

（1）保障质量，即殡葬经营者提供殡葬商品或者殡葬服务，应当依照《中华人民共和国产品质量法》和其他有关法律、法规、标准的规定履行义务。

（2）接受监督，即殡葬经营者应当听取殡葬消费者对其提供的商品或者服务的意见。

（3）保障人身和财产安全，即殡葬经营者应当保证其提供的商品或者服务符合保障人身、财产安全的要求。

（4）提供真实信息，即殡葬经营者应当向殡葬消费者提供有关商品或者服务的真实信息，不得作引人误解的虚假宣传。对消费者就其提供的商品或者服务的质量等问题提出的询问，应当作出真实、明确的答复。经营者提供商品或服务应当明码标价，并标明其真实名称和标记。

（5）出具购货凭证或服务票据，即殡葬经营者提供商品或者服务，应当按照国家有关规定或者商业惯例向殡葬消费者出具购货凭证或服务单据。

（三）殡葬管理法律关系中主体的权利和义务

殡葬管理法律是典型的行政法律关系，在殡葬管理法律关系中，民政部门等行政机关是行政主体，享有相应的职权，承担着对殡葬服务机构的经营行为及公众的殡葬活动予以监督管理的职能。殡葬服务机构和公众是行政相对人，应服从管理部门的监督管理。

1. 殡葬管理主体的职权与职责

（1）开展行政审批。主要包括对各类殡葬设施数量、布局规划的审批权。根据我国《殡葬管理条例》第七条规定：“省、自治区、直辖市人民政府民政部门应当根据本行政区域的殡葬工作规划和殡葬需要，提出殡仪馆、火葬场、骨灰堂、公墓、殡仪服务站等殡葬设施的数量、布局规划，报本级人民政府审批。”第八条规定：“建设殡仪馆、火葬场，由县级人民政府和设区的市、自治州人民政府的民政部门提出方案，报本级人民政府审批；建设殡仪服务站、骨灰堂，由县级人民政府和设区的市、自治州人民政府的民政部门审批；建设公墓，经县级人民政府和设区的市、自治州人民政府的民政部门审核同意后，报省、自治区、直辖市人民政府民政部门审批。农村为村民设置公益性墓地，经乡级人民政府审核同意后，报县级人民政府民政部门审批。”这里的审批机关是指各级人民政府或上级人民政府的民政部门。

（2）设定相关标准。殡葬管理工作不能停留在定性的方面，还需从定量方面精确加以规定。例如，依照审批程序允许土葬，而埋葬遗体的人大量占用土地，造成土地资源浪费，那么这个审批权就名存实亡。所以对此必须规定其占用土地面积的限制和使用时间的限制。这就是与行政审批权同等重要的殡葬管理职权——殡葬标准设定权。例如，《殡葬管理条例》第十一条规定：“严格限制公墓墓穴占地面积和使用年限。按照规划允许土葬或者允许埋葬骨灰的，埋葬遗体或者埋葬骨灰的墓穴占地面积和使用年限，由省、自治区、直辖市人民政府按照节约土地、不占耕地的原则规定。”第十六条规定：“火化机、运尸车、尸体冷藏柜等殡葬设备，必须符合国家规定的技术标准。禁止制造、销售不符合国家技术标准的殡葬设备。”正是这种标准设定权，体现了殡葬权力的制约性、严格性、精确性。

（3）实施行政处罚。权力的运用是因为管理的需要，是为了达到管理目标。我国现有最高层次的殡葬管理法规是《殡葬管理条例》，充分显示殡葬权力的运用在于实现殡葬管理目标。然而，在复杂的社会环境和社会关系中，殡葬经营者、殡葬事业单位或个人，违背殡葬法规的行为屡屡发生。为此，作为殡葬权力不可或缺的一个方面，便是拥有行政处罚和实施行政强制措施的权力。《殡葬管理条例》第五章“罚则”中，规定了民政部门作为殡葬管理机关对于不同的殡葬违法行为可以处以相应的行政处罚，包括责令恢复原状、责令限期改正、罚款、没收违法所得、强制执行甚至取缔等行政处罚或者行政强制措施。

权力的行使并不是最终的目标，保障权利才是权力行使的宗旨。根据这一理念，我国一直以来提出“依法行政”的要求，行政机关在行使行政职权时应当遵循法律法规规定的程序和范围。法律没有限制的即是公民可以做的，而法律没有规定的则是国家权力不能做的。自古以来，我国就有国家权力至上的观念，家国一体的思想使得我们很容易接受“为了国家利益可以牺牲个人利益”的道德要求。然而，现代社会的发展需要的是有限的政府，即“小政府、大社会”。政府公权力的行使应当以维护公民私权利的实现为目标，两者不应当是矛盾的。在殡葬管理活动中，在殡葬管理机关行使殡葬权力时，应当时刻以法律为依据，反对蔑视权利的思想。

2. *殡葬管理相对人的权利义务*

在殡葬管理法律关系中，殡葬服务机构及开展殡葬活动的公众是作为被管理一方的行政相对人。此时，行政机关行使的是殡葬职权，而相对人需履行遵守行政监管的义务。如，当殡葬服务机构违反法律规定，按照《殡葬管理条例》应当处以行政处罚时，民政部门行使的是行政处罚的职权，而作为被处罚的当事人应当服从行政处罚决定，按照处罚决定的内容缴纳罚款。如果当事人认为行政处罚不适当的话，可以按照行政诉讼法或行政复议法提起行政诉讼或者行政复议。但复议或诉讼并不能中止当事人遵守处罚决定的义务，当事人应当按照行政处罚法的规定按期缴纳罚款，否则需要承担不履行义务所应承担的责任，即缴纳滞纳金。

殡葬管理相对人在履行服从监管义务的同时享有以下权利：

（1）陈述权，是指当事人在行政处罚等行政行为作出之前有权提出自己的意见，提出自己掌握的事实和所支持的理由和证据。

（2）申辩权，是指当事人申明自己的主张，对行政机关的指控进行辩解的权利。

（3）行政复议权，是指公民、法人或者其他组织不服行政主体作出的具体行政行为，认为行政主体的具体行政行为侵犯了其合法权益，依法向法定的行政复议机关提出复议申请，行政复议机关依法对该具体行政行为进行合法性、适当性审查，并作出行政复议决定的行政行为。

（4）行政诉讼权，是指公民、法人或者其他组织不服行政主体作出的具体行政行为，要求法院以诉讼的方式解决行政争议的权利。

第三节　殡葬法律体系建设

当前我国已经初步建立起了一套殡葬法规体系，尤其是 1997 年国务院制定和颁布的《殡葬管理条例》，在深化殡葬改革、促进殡葬事业发展过程中发挥了重要作用。但随着社会主义市场经济体制的完善和殡葬事业的发展，殡葬管理工作遇到了一些新情况和新问题，如何在全面落实科学发展观、构建社会主义和谐社会的新时期，从构建生态文明社会的高度来重新定位殡葬改革和管理，把生态文明的新理念融入新时期殡葬改革和管理中来，充分关照中国传统文化的殡葬观念和习俗，继承发扬殡葬改革和管理的经验，顺应社会管理、公共服务、生态文明发展大趋势，破解殡葬改革和管理深层次的矛盾，切实保护人类生存环境，确立一个既由政府强力推进又有全民自觉参与、既实现殡葬改革确定的社会效益又充分体现对逝者和殡葬活动者人文关怀的殡葬管理和改革新理念，成为以生态文明为主要特征的新时期对殡葬管理工作提出的新要求。

一、殡葬法律体系建设的概念

（一）殡葬法律体系及其建设

1. 法律体系及其特征

法律体系（Legal System）通常是指一个国家全部现行法律规范分类组合为不同的法律部门而形成的有机联系的统一整体，也就是根据一定标准、原则所制定的同类规范的总称。它常被用来表述不同的内容，如法系、法律规范体系、立法体系或法律渊源体系、部门法体系、法的构成要素体系甚至包括法律规范、法律运行过程及国家的法律意识、法律传统、法律职业和法律角色等在内的整个体系都可以用法律体系来进行表述。在我国最通行的说法是把法律体系理解为部门法体系，这有利于促使我国的法律向更完善化、系统化、和谐化、科学化发展。

法律体系的主要特征包括：

法律体系是一个国家的全部现行法律构成的整体。这就是说，它既不是几个国家的法律构成的整体，也不是一个地区或几个地区的法律构成的整体，而是一个主权国家的法律构成的整体；既不包括一国历史上的法律或已经失效的法律，也不包括一国将要制定的法律或尚未生效的法律，只包括现行的国内法和被本国承认的国际法。法律体系不仅是一个国家的社会、经济、政治和文化等条件和要求的综合性法律表现，而且是一个国家主权的象征和表现。

法律体系是一个由法律部门分类组合而形成的呈体系化的有机整体。“体系”一词指由若干事物构成的一个相互联系的有机整体，它和静态意义上的“系统”概念相似。法律体系作为一个“体系”，它的内部构成要素是法律部门，并且法律部门也不是七零八散地堆积在一起，而是按照一定的标准进行分类组合，呈现为一个体系化、系统化的相互联系的有机整体。这既是法律体系的客观构成，也是法律体系的一种理性化要求。

法律体系的理想化要求是门类齐全、结构严密、内在协调。门类齐全是指在一个法律体系中，在宪法的统摄下，调整不同社会关系的一些最基本的法律部门应该具备，不能有明显缺漏；结构严密是指不但在整个法律体系内部要有一个严密的结构，而且在各个法律部门内部也要形成一个从基本法律到与基本法律相配套的一系列法规、实施细则等的严密结构；内部协调是指在一个法律体系中，一切法律部门都要服从宪法并与其保持协调一致，各相关法律部门也要协调一致，即普通法与根本法相协调，程序法与实体法相协调等。

法律体系是客观法则和主观属性的有机统一。从终极意义上讲，法律体系是经济关系的反映，它必须适应于总的经济状况，因此，法律体系的形成是由客观经济规律和经济关系以及由此决定的社会政治制度和文化传统决定的：但从法律关系的形成过程来讲，它又离不开人的意志和主观能动性等作用，由此而使世界各国的法律体系呈现出不同的模式、形态等。因此，法律体系是客观法则和主观属性的有机统一。

法律体系的系统性在一定的程度上表现为法律体系的统一性。因为法律必然要以体系化的状态存在，即构成法律体系的各种法律要素之间应当是互相配合、互相支持的关系，所以法律体系的系统化特征必然要求构成法律体系的要素具有一致性和统一性。如果存在于法律体系中的法律要素（法律规范、法律制度和法律部门）之间存在大规模的相互矛盾和冲突，法律体系和法律根本无法满足社会的法律需求，根本不能实现人们对法律体系和法律的预期目标。因此，“法律体系的统一性是法的专有属性，它是由法律调整目的和任务的统一性、决定法的本质的法律原则的统一性及被调整关系体系的统一性所决定的”。法律体系的统一性表现在以下几个方面：一是贯穿于构成法律体系的各要素之中的共同的法律精神、指导思想、法律原则和概念。二是较低的效力层次的法律是相应的较高的效力层次的法律规则或原则的具体化和制度化。三是法律规范之间具有等级层次性，即纵向的等级从属关系。四是法律规范、法律部门之间的横向联系和制约。即遵守某项法律规定，同时会引起所有法律的承认和保护；违反某项法律规定，可能会招致其他法律的制裁。五是立法技术和标准，以及规范性法律文件的名称、规格的一致性。法律体系的统一性还表现在调整目的和调整任务的统一性上等等。

一个国家的现行法律规范之所以能形成统一的体系，其原因在于，所有的现行法律规范都建立在共同的经济基础之上，体现共同的阶级意志，遵循共同的指导原则，并因此具有共同的倾向，实现共同的调整目的。同时，更为根本的原因在于，法所调整的社会关系本身就是一个具有内在统一性的有机整体。各类社会关系紧密联系、相互制约和影响，这些都成为法律体系的内在统一性的内在基础。当然，法律体系的统一性往往还因为在一定区域法律文化的内在统一性。

确定一个法律体系存在与否的一个重要的标准就是法律体系能否实际满足某一地域社会生活的法律需求，即法律体系是否具有实用性。法律体系应当是一定区域内的能系统存在和运行的法律整体，即要求法律体系必须是在社会生活中实际运行的法律整体，而不是只存在于理想、观念状态中的法律整体。如果法律体系只是一种单纯规范状态，或者观念层次上的法律体系，只是一种在法律规范的矛盾与冲突中存在的思想体系，它并不能对社会发生实际的效用，从根本上讲它也就不是一种真正的能够协调统一的法律体系。因为，只有在实际的运行中，才能将相互冲突的法律规范、法律制度和法律部门等构成法律体系的要素磨合进而整合成统一的、系统化的法律体系。不具有实用性的“法律体系”只是静态的法律规范体系或者是人们因为相同的传统和运行模式归纳出来的法系，所以法律体系的实用性是区别法律体系于法系和法律规范体系的重要特征。

法律精神、法律价值和法律原则等是法律体系的内在属性，蕴含着法律的本质、价值和灵魂。法律格式、法律体例、法律文本等是法律的文字表现形式，是法律体系的载体和外在属性，标示着法律内在属性的定性、定向和定量的指向。法律的构成体系主要指由法律的格式和体例所构成的布局合理、结构完整、逻辑严密、搭配得当的表现法律形式的有机整体。

中国特色社会主义法律体系是以宪法为统帅，以法律为主干，以行政法规、地方性法规为重要组成部分，由宪法相关法、民法商法、行政法、经济法、社会法、刑法、诉讼与非诉讼程序法等多个法律部门组成的有机统一整体。中国特色社会主义法律体系，是全面落实依法治国基本方略的前提和基础，是中国发展进步的制度保障。中国特色社会主义法律体系已经形成，使国家经济建设、政治建设、文化建设、社会建设以及生态文明建设的各个方面实现有法可依。

2. 殡葬法律体系特点

殡葬法律体系是我国殡葬管理政策中具有国家强制力的部分，殡葬领域的任何单位和个人，都必须遵守。殡葬法律体系具有规范性、客观性、系统性和实用性等特征。殡葬法律体系是国家制定和认可并依靠国家强制力保证其实施的，以保障殡葬事业稳步发展为目的的行为规范的总称。殡葬法律体系是指按照一定标准将殡葬法律规范的内容分类组合，形成结构严密、形式完整的有机整体。它以宪法为最根本的依据，以殡葬法为主干，由数量众多的殡葬法律、法规、规章及其他殡葬管理规范性文件按照一定的标准、原则和功能组成的相互配合、相互补充、相互协调、相互制约的规则系统。整个规则系统组成严密，对各项殡葬活动进行严格的法律调整，最大限度地实现殡葬的安全性、有效性、经济性、合理性，以维护殡葬服务机构和公众的合法权益。

殡葬法律体系是由涉及殡葬管理的宪法性规定以及殡葬管理法律、行政法规、部门规章、地方法规和地方规章以及法律解释等一系列规范性文件构成的。由于这些规范性文件处于不同的法律效力层级，所以这种结构称为殡葬管理法律体系的纵向结构或层级结构。上下层级的规范性文件之间存在的依附与服从关系，使得殡葬法律体系保持着自身的和谐和统一。

殡葬法律体系是由一系列调整殡葬活动的行为规则组成的，这些行为规则有着内在的结构和统一性。依据殡葬管理法律规则调整的具体殡葬领域的不同，将所有殡葬法律规则进行分门别类，可以得出殡葬管理法律体系的横向结构，即整个殡葬法律体系是由总则性法律规则与分则性法律规则组成的。其中，总则性法律规则针对殡葬管理的全局性问题进行规定，而分则性法律规则分别针对殡葬领域的专门问题进行规定，并分别构成总则性法律规则体系与分则性法律规则体系。

殡葬法律体系的建立是一项高度复杂的系统工程，不仅需要运用法治的理念采取相应的设计方法，还需要管理层、殡葬服务机构、殡葬活动者都具有较强的法治意识，促使在殡葬设计、运行、管理和维护过程中更多考虑法治因素，使殡葬向法制化的轨道发展。建立殡葬法律体系在于让决策者、殡葬服务者、殡葬活动者能从战略和战术上考虑殡葬，从整体上建立系统化的约束机制和保障机制，以实现人类可持续发展的目的。

提出殡葬法律体系的基本理念并科学地分析其内涵，改变目前殡葬法律体系概念模糊不清、使用混乱并导致殡葬发展目标不明确的状况，针对我国目前殡葬改革、殡葬管理与构建社会主义和谐社会的国情，系统地论证殡葬法律体系的社会意义，运用系统论构建殡葬法律体系的框架，对实现殡葬与社会、生态、科技、文化、经济的高度协调和可持续发展具有重要的意义。

殡葬是人类社会所特有的一种社会活动，既是传承人类文明的载体，又是陈规陋俗赖以生存的土壤。法律在文明进程中起到了至关重要的作用。从过去看，它是文明的产物；从现在看，它是维系文明的一种手段；从将来看，它是促进文明的一种方式。因此殡葬法律法规必然深受社会发展、伦理道德、文化习俗、宗教信仰等现实条件的制约。我国是一个具有五千年文化的历史古国，殡葬及其相关活动延续数千年，直至今天仍然对当前的殡葬群体、殡葬组织、殡葬文化、殡葬制度产生极其深刻的影响。同时我国地区之间的经济、文化差异较大，汉、藏、回、蒙古、壮、满等多种民族文化交融，佛教、伊斯兰教、道教等不同宗教信仰并存，多种民族、不同宗教间的丧葬习俗迥异，这些都决定了单一的法律法规难以统一处理整个国家与殡葬相关的问题。

正是在尊重我国历史传统与现实情况下，1985 年国务院颁布了新中国成立后第一个殡葬管理法规——《殡葬管理暂行规定》，使我国殡葬事业进入了有法可依的时期。1997 年 7 月 11 日国务院第 60 次常务会议通过了《殡葬管理条例》，进一步推动了我国殡葬工作的法制化进程。随后，各地陆续出台了有关殡葬管理的地方性法规、细则和规范性文件，其内容涉及殡葬管理、殡葬服务、殡葬习俗和殡葬设施建设等多方面。通过多年来的努力，当前我国基本形成了以《殡葬管理条例》为中心的殡葬管理法规体系（见图 1 – 1），这一体系有力地推动了殡葬改革工作。为了完善相关法规，自 2004 年始，民政部配合国务院法制办公室修订《殡葬管理条例》。2007 年 5 月，通过互联网广泛征求社会各界意见，使得《殡葬管理条例》逐步完善。

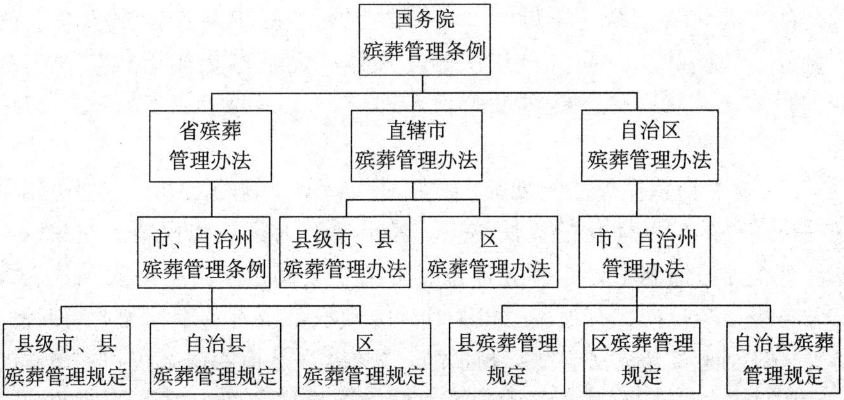

图 1 – 1　我国殡葬法规体系框架结构图

当前我国基本上建立了国家法律法规与地方法规相结合的殡葬法规体系。即在国务院《殡葬管理条例》框架内，不同地区根据本地实际情况制定相关的殡葬条例细则。例如目前在《殡葬管理条例》及相关的法规下，河南、黑龙江、浙江、新疆等省（自治区）相继出台的各类殡葬管理条例。同时一些地级市如长沙、西安、洛阳、杭州、南宁、邯郸等也出台了相应的殡葬管理办法。甚至许多县也颁布了殡葬规定，使我国殡葬法律法规形成了国家、省、市、县多级体系。

（二）殡葬法律体系模式选择

1. 我国现行立法体制

立法体制一般由三项要素构成：一是立法权限的体系和制度。包括立法权的归属、立法权的性质、立法权的种类和构成、立法权的范围、立法权的限制、各种立法权之间的关系、立法权在国家权力体系中的地位和作用、立法权与其他国家权力关系等方面的体系和制度。二是立法权的运行体系和制度。包括立法权的运行原则、运行过程、运行方式等方面的体系和制度。三是立法权的载体体系和制度。包括确立享有和行使立法权的立法主体或机构的建制、组织原则、活动形式、活动程序等方面的体系和制度。

我国是统一的法制国家，各地方经济、社会发展很不平衡。与这一国情相适应，在最高国家权力机关集中行使立法权的前提下，为了使我们的法律既能通行全国，又能适应各地不同的实际需要，宪法和立法法根据宪法确定的“在中央的统一领导下，充分发挥地方的主动性、积极性”的原则，确立了我国的统一而又分层次的立法体制，基本上属于集权为主结合分权的模式，并具有自己的鲜明特色，即“一元、两级、多层次”的结构体系。

“一元”是指依据宪法的规定，我国是实行单一制的国家，全国范围内只存在一个统一的、一体化的立法体系。最重要的国家立法权属于中央，中央立法在整个立法体制中处于领导地位。国家立法权只能由全国人民代表大会及其常务委员会行使，其他国家机关和地方政权都没有这个权力，行政法规、地方性法规均不得与宪法、法律相抵触。“两级”是指依据宪法和立法法的规定，我国立法体制分中央立法和地方立法两个立法等级。符合条件的地方国家机关可根据本行政区域的具体情况和实际需要，在不同宪法、法律、行政法规相抵触的前提下，开展地方立法。“多层次”是指根据宪法和立法法的规定，中央立法和地方立法还可以分成若干层次和类别。扼要地讲，全国人民代表大会及其常务委员会统一领导立法工作，国务院拥有相当大的立法权限，地方国家机关也行使一定的立法权限。

一是全国人民代表大会及其常务委员行使国家立法权。全国人民代表大会制定和修改刑事、民事、国家机构和其他的基本法律制度。全国人民代表大会常务委员制定和修改除应当由全国人民代表大会制定的法律以外的其他法律；在全国人民代表大会闭会期间，对全国人民代表大会制定的法律进行部分补充和修改，但是不得同该法律的基本原则相抵触。

二是中央人民政府国务院根据宪法和法律制定行政法规。国务院根据宪法和法律，规定行政措施，制定行政法规，发布决定和命令。国务院各部、委员会、中国人民银行、审计署和具有行政管理职能的直属机构，可以根据法律和国务院的行政法规、决定、命令，在本部门的权限范围内，发布命令、指示和规章。中央军事委员会根据宪法和法律，制定军事法规，发布决定和命令。中央军事委员会各部、军兵种、军区，可以根据法律和中央军事委员会的军事法规、决定、命令，在其权限范围内发布决定、命令和军事规章。

三是省、自治区、直辖市的人大及其常委会根据本行政区域的具体情况和实际需要，在不同宪法、法律、行政法规相抵触的前提下，可以制定地方性法规；较大的市（包括省、自治区人民政府所在地的市、经济特区所在地的市和经国务院批准的较大的市）的人大及其常委会根据本市的具体情况和实际需要，在不同宪法，法律、行政法规和本省、自治区的地方性法规相抵触的前提下，可以制定地方性法规，报省、自治区的人大常委会批准后施行。

四是经济特区所在地的省、市的人大及其常委会根据全国人大的授权决定，还可以制定法规，在经济特区范围内实施。

五是自治区、自治州、自治县的人大还有权依照当地民族的政治、经济和文化的特点，制定自治条例和单行条例，对法律、行政法规的规定作出变通规定。自治区的自治条例和单行条例报全国人大常委会批准后生效，自治州、自治县的自治条例和单行条例报省、自治区、直辖市的人大常委会批准后生效。

六是国务院各部、各委员会、中国人民银行、审计署和具有行政管理职能的直属机构，可以根据法律和国务院的行政法规、决定、命令，在本部门的权限范围内，制定规章。省、自治区、直辖市和较大的市的人民政府，可以根据法律、行政法规和本省、自治区、直辖市的地方性法规，制定规章。

“一元、两级、多层次”的立法体制是由我国的具体国情所决定的。首先，我国是一个实行单一制的社会主义国家，体现人民最高意志的国家最高权力机关全国人民代表大会及其常委会行使国家立法权，领导全国立法工作。其次，我国幅员辽阔，人口庞大，民族众多，各地区、各民族的经济和文化发展水平存在很大的差距，决定了不可能单靠国家立法来进行具体规划，应该给地方一定的立法权限，以求因地制宜、充分发挥地方政权的积极性。最后，我国正处于改革开放、新旧体制转换的变革时期，各种社会关系比较复杂，客观上要求国家在立法体制上既要坚持中央的统一领导，又要扩大立法的参与面，建立一个多层次的立法体制。

2. 现行殡葬法规体系

在统一而又分层次的立法体制框架下，我国建立了从中央到地方的多级殡葬法规体系，即在国务院《殡葬管理条例》框架下，不同地区根据本地实际情况制定相关的殡葬条例细则，形成了国家、省、市、县多级殡葬法规体系。

国家法律法规与地方法规相结合的这一模式，一方面由于其立法上的混乱带来了不同地区对法律法规释读的差异，国家相关法规中部分条文不具体、界定不明晰、内容不完善，地域、文化或者民俗不同，造成许多地方管理部门制定出形式多样、内容繁杂的管理办法和实施细则，使得各地在执行尺度、罚则等方面存在一定差异；另一方面由于当前的《殡葬管理条例》为行政法规，其法律效力位阶较低，对调整对象的规制和对相关责任人的惩罚较弱，加之部分地方权力机构往往从地方利益出发，为方便管理而简化条款，制定内容迥异的殡葬管理办法，使同一殡葬条文出现不同判罚，导致殡葬法律法规的内容异化。

3. 殡葬法律模式分析

我国的殡葬法律体系应与我国立法体制相契合，与我国的基本国情相适应。在我国现有的分权模式下，我国立法机关与殡葬管理主管机关之间、上下级立法机关之间、上下级殡葬管理机关之间应该严格按照自己的权限制定相应的规定，以规范殡葬行为和殡葬秩序，对于那些超越职权、违背程序制定的殡葬法律法规和条例应立即清理和废止。解决我国当前殡葬法律多级体系差异可采取两种模式，一是通过殡葬立法规范我国省、市、县多级殡葬法律体系，统一我国的殡葬管理秩序，规范殡葬管理机关的管理行为以及殡葬市场主体行为；二是补充细化国务院《殡葬管理条例》，限制地方法规的越权立法。

新时期构建殡葬法律体系要集中精力抓好以下两个环节：

一是要制定通行全国的统一的殡葬法，以专门的殡葬立法规范各省、市、县多级殡葬条例。殡葬法律法规是调整殡葬关系的行为准则，是全社会成员共同遵守的标准，其目的是为了加强殡葬管理，推进殡葬改革，促进社会主义精神文明建设，并不是仅仅为了某些地区、某个时间段、某个部门便于监管，便于完成考核而制定的。因此法律法规并不是为了制定而制定，而是为了规范而制定。法律体系中必须界定殡葬相关方的权利与义务，由立法部门出台权责明晰的殡葬法，可以赋予行政、执法部门合法正当的权力，可以明确界定各方的利益、责任和义务，行政部门也可借此规范殡葬管理的相关机构及其职能，设定殡葬服务行业的标准，等等。当前的法律体系中必须界定殡葬相关方的权利与义务，由立法部门出台权责明晰的殡葬法，可以赋予行政、执法部门合法正当的权利，可以明确界定各方的利益、责任和义务，行政部门也可借此规范殡葬管理的相关机构及其职能，设定殡葬服务行业的标准，等等。

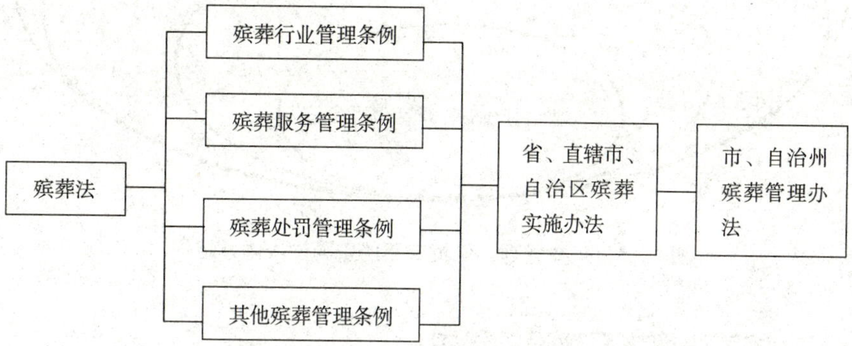

图1－2　殡葬法框架下的殡葬法律体系

二是要对我国现行的殡葬法规条例进行全方位的清理规范。进一步完善国家殡葬管理条例，以此限制地方法规的差异。由于当前国家法规条文不具体、界定不明晰、内容不完善，加之国务院《殡葬管理条例》仅仅为行政法规，必然就会给地方法规的制定带来了发挥、进一步阐释的空间，这也易于产生滥用权力的相关公共管理部门，寻求法规漏洞的殡葬服务机构。通过对国家相关殡葬法规的内容细化（尤其是罚则部分），以及增加更为详细的殡葬行业规范，明确殡葬服务机构收费标准，加强证照管理、从业资格管理，界定公益性与经营性殡葬等多个相关方面的内容，从而减少地方法规立法的程序差异、阐释发挥或者无法可依的局面，使得地方性殡葬法规只能限制在国家的殡葬管理条例之下，其内容条款只能在上一级殡葬管理条例的框架内补充、具体、细化，而不能进行进一步阐释、异化。

通过细化省级以上殡葬法律法规准则，可在一定程度上限制市、县地方殡葬法规的差异，压缩了地方权力运用空间。或者出台殡葬法律规范省、市、县多级的殡葬管理办法。从规范殡葬行为促进生态文明建设出发，摆脱管理者立法、执法者立法的思路，更多地站在公平、公正的角度上，充分体现“以人为本”的科学发展理念，促进殡葬事业科学发展。

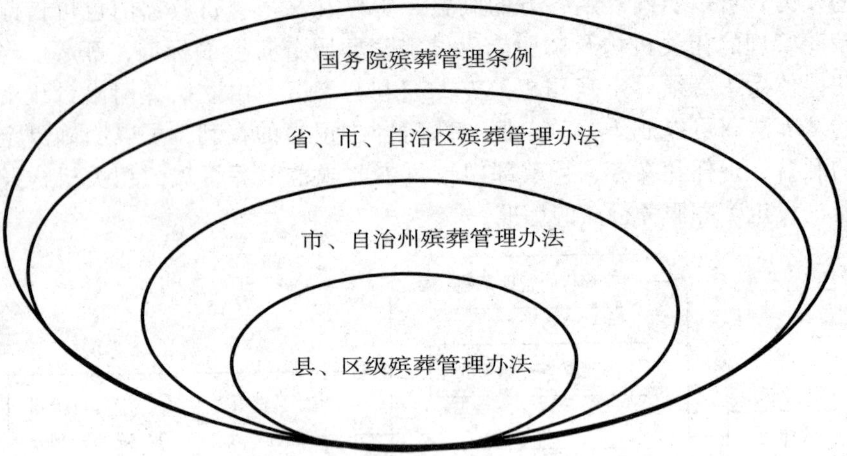

图1-3　殡葬管理条例框架下的殡葬法律体系结构

二、殡葬法律体系建设的缘由

（一）殡葬法律关系的多元性

殡葬领域的法律关系较为复杂，涉及的相应权利也具有多元化的特点。作为法律权利的“殡葬权利”是指由国家通过法律加以确认的自由意志支配的行为范围，主要是指殡葬权利人选择殡葬方式和殡葬服务以及进行殡葬活动的相应的民事活动的自由。殡葬领域还涉及其他的主体权利。如殡葬领域的企业、个体经营者的经营权，由于殡葬活动可能影响到其他社会成员的生活质量，如噪声污染、水体污染、资源浪费等社会问题，所以与这些问题相关的不特定的社会成员的相应的环境权利也属于殡葬立法涉及的权利。殡葬领域所涉及的法律关系的复杂性决定了殡葬权利的复杂性。殡葬领域的权利呈现出了公法权力和私法权利交织、个人权利与社会权利皆有的局面，这与传统的法律部门中需要规定的权利有着较明显的区别，仅仅由行政法规来规定和限制如此复杂的权利，分配相应的法律利益是不科学的。

（二）殡葬法律部门的复杂性

殡葬社会关系的复杂性，导致了殡葬领域涉及的法律部门具有复杂、繁多的特点，涉及的法律部门从公法到私法，包括行政法、经济法、民法等多个法律部门，殡葬法律关系和权利也表现为复杂性、多元性，仅仅由行政法规来协调和处理如此繁多的法律部门之间的关系是不充分的。

（三）殡葬行政立法的滞后性

法律位阶高于行政法规、行政规章和行政命令，行政立法应遵循依法行政原则，在宪法、法律的约束下进行，因而仅仅由行政法规限制公民选择殡葬方式的自由、调整殡葬领域诸多权利的力度是有限的。

三、殡葬法律体系建设的作用

（一）公众的殡葬事务关乎基本民生

当前，我国已进入全面建设小康社会的新阶段，工业化、城镇化进程加快，改革开放继续推进，经济体制、社会结构、利益格局和思想观念都在发生深刻变化。这种以社会转型形式出现的空前社会变革，一方面给我国的发展进步带来巨大活力，使我国经济社会发展呈现出一系列新的鲜明特征，并为中国特色社会主义增添了新的内容；另一方面也必然带来各种社会矛盾和问题，其中深层次的矛盾逐步显现，影响社会和谐的问题日益增多。与此同时，我国经济发展与社会发展长期不平衡，社会事业发展明显滞后，社会体制和政策不完善、社会管理水平不高等问题日益明显。在这种情况下，党中央适时提出民生战略，着力发展社会事业和解决民生问题，为经济发展和公众生产生活创造良好的环境与条件，使公众共享改革发展的成果，促进社会公平正义，增强社会创造活力，保持社会安定有序，有效推动社会主义和谐社会建设。

民生问题是人民群众最关心、最直接、最现实的利益问题，事关国家发展大计，事关人民幸福安康。“民生”一词最早出现于《左传·宣公十二年》的“民生在勤，勤则不匮”。在中国传统社会中，民生一般是指百姓的基本生计。到了20世纪20年代，孙中山给“民生”注入了新的内容，认为“民生就是人民的生活——社会的生存，国民的生计，群众的生命”[①] 并将之上升到“主义”、国家方针大政以及历史观这样一个前所未有的高度。

现代意义上的民生概念有广义和狭义之分。广义的民生是指凡是同民生有关的，包括直接相关和间接相关的事情，几乎可以延伸到经济、社会、政治、文化等领域。狭义的民生概念主要是从社会层面上着眼的。从这个角度看，民生主要指民众的基本生存和生活状态，以及民众的基本发展机会、基本发展能力和基本权益保护的状况等等。

---

① 《孙中山选集》，人民出版社，1981年版。

民生问题包括由低到高、呈现出一种递进状态的三个层面上的具体内容：

第一个层面主要指民众基本生计状态的底线。这一层面上的民生问题主要侧重民众基本的“生存状态”，即社会要保证每一个社会成员“有尊严地生存”。其具体内容包括社会救济、最低生活保障状况、基础性的社会保障、义务教育、基础性的公共卫生、基础性的住房保障等等。

第二个层面主要指民众基本的发展机会和发展能力。这一层面上的民生问题主要侧重民众基本的“生计来源”问题，考虑每一个社会成员“要有能力和机会活下去”的问题，即一个社会在满足了社会成员基本生存问题之后，就应考虑社会成员基本的发展能力和发展机会问题，以期为民众提供起码的发展平台和发展前景。其具体内容包括：促进充分就业，进行基本的职业技能培训，消除歧视问题，提供公平合理的社会流动渠道，以及与之相关的基本权益保护问题（如劳动权、财产权、社会事务参与权），等等。

第三个层面主要指民众基本生存线以上的社会福利状况。这一层面上的民生问题主要侧重民众基本的“生活质量”问题，即当一个社会解决了民众基本生存和基本发展机会、基本发展能力之后，随着经济发展水准和公共财力的大幅度提升，随着现代制度的全面确立，进一步需要考虑的问题，应当是为全体社会成员提供使生活质量得以全面提升的福利。这一问题属于较高层面上的民生问题，目前的中国社会尚没有能力全面解决这一问题，但应当将这一层面的民生问题作为未来的一个重要目标列入改善民生的中长期目标体系当中。

民生问题成为贯彻落实科学发展观的核心内容，加快推进以改善民生为重点的教育、就业、就医、分配、社保、稳定等六个方面的社会建设任务，是事关民生的主要问题。人的一生都要经过生老病死，每个人都无法避免。围绕人的生命的基本问题，产生了一些基本人权，如生命、自由、财产、尊严、公正以及非人道处境下获得救助的权利等等。死是生命归宿，葬是人类文明。有尊严地离世，殡葬事宜得到妥善安排，是人的基本权利。发展殡葬事业，满足社会成员的基本殡葬需求，理应纳入基本民生的范畴。

（二）公众的殡葬权益理应得到保障

公众的殡葬需求分为基本殡葬需求和延伸殡葬需求两个层面。基本殡葬需求主要包括遗体接运（含抬尸、消毒）、存放（含冷藏）、火化、骨灰寄存等。延伸殡葬需求是指在基本殡葬需求以外、可选择的特殊需求，包括遗体整容、遗体防腐、吊唁设施及设备租赁等。无论是公众的基本殡葬需求，还是延伸殡葬需求，都尚未得到有效满足。当前，殡葬领域存在的问题主要有：

1. 事业经费投入不足，基础设施建设薄弱

从全国来看，殡葬事业经费投入明显不足。目前我国87%的殡仪馆是事业单位，其中绝大多数是自收自支。2007年各级财政对殡仪馆的补贴仅占殡仪馆支出的6.8%，而殡仪馆用于困难群众的丧葬补贴却约占支出的3%；2006年全国完成殡葬设施投资9.4亿元，其中国家投资2.3亿元，仅占24%，其余主要依靠单位自筹或银行贷款。殡葬事业单位主要通过自我积累实现自我发展和提供公共服务。殡葬事业经费投入不足在西部地区体现的尤为明显。西部地区各级政府的财力总体比较弱，在推行殡葬改革的经费投入上严重不足，导致殡葬基础设施薄弱，大多数殡仪馆陈旧，一些地方使用的火化机还是20世纪80年代的设备，污染严重。多数县级殡仪馆利用率低，长期使用陈旧甚至应该报废的殡葬设备，致使殡葬活动存在较大安全隐患，破坏生态环境，影响了殡葬改革的顺利推行①。

2. 殡葬服务水平不高，经营行为尚需规范

我国的殡葬服务业是一个比较幼稚的产业。目前殡葬服务市场的经营主体仍是民政部门占绝对的优势，形成殡葬市场垄断竞争的格局。垄断消除了机构的外部竞争压力，抵消了提高效率和服务质量的内在动力，造成殡葬事业单位缺乏竞争意识。殡葬事业单位非企业化的管理模式造成管理费用开支过多和人财物的浪费，不健全的投资约束机制、低水平的设计、过高的固定资产投资，造成殡葬机构高能耗、低负荷、运营成本高和经济效益低。部分殡葬事业单位服务项目单一，服务手段粗糙，服务质量低下。随着殡葬市场的逐步开放，各类资本大量涌入殡葬业。作为独立面对市场竞争的主体，各类殡葬经营者都在不遗余力地追求利润最大化，利益驱动导致殡葬市场处于混乱状态。主要表现在两个方面：一是无经营权的主体非法经营现象大量存在。如无权经营的公益性公墓在出售墓穴，未获许可的机构在提供遗体接运和保存等基本殡葬服务；二是有经营权的主体违法经营现象大量存在。如骨灰格位或墓位的非法传销，殡葬服务机构的非法定价、擅自收费和价格欺诈，服务机构之间为争夺市场的恶性竞争，等等。不合法的经营行为极大地侵害了殡葬消费者的合法权益，也严重影响了殡葬服务市场的健康发展。

3. 从业人员素质偏低，服务质量有待提高

目前，殡葬从业人员普遍年龄偏大，文化层次不高。造成殡葬行业从业

---

① 李有发：《西北部地区基本殡葬公共服务体系建设初探》，http：//www.ahbz.net/2010/1104/67.html。

人员素质不高的原因主要有三：一是受传统观念的影响，高学历、高素质的人才不愿从事殡葬行业；二是殡葬教育相对滞后，从业人员缺乏更新知识、提高技能的渠道；三是殡葬服务机构长期处于民政部门的保护之下，外无竞争压力，内无激励机制，服务水平低下。

4. 救助制度尚未普及，公共服务亟须加强

殡葬机构大多实行自收自支的管理体制，客观上强化了殡葬事业的经营性。国家面向困难群体的殡葬救助制度尚未全面建立，各地区基层财力困难，尚未建立相应的保障制度。许多农村五保对象、城市特困对象等困难群体人员去世后，无力支付火化费和运尸费，有条件的基层政府给予补助，但相当一部分地方财政紧张，造成困难群众不堪重负。作为政府公共服务内容之一的殡葬服务急需加强。

（三）政府的行政管理依赖殡葬法规

我国殡葬管理相关法律法规包括四个层次：一是国务院 1997 年颁布实施的《殡葬管理条例》，比较全面、系统地规范了殡葬管理工作，属行政法规的性质；二是由民政部和相关部委制定发布的有关殡葬工作的部门规章，如民政部颁布的《公墓管理暂行办法》等；三是由省级地方人大及其常委会通过的地方性法规和省级地方政府颁布的规章，如各省级人大颁布的殡葬管理条例、各省级政府颁布的殡葬管理办法及规定等；四是与殡葬工作相关的法律法规，如《中华人民共和国传染病防治法》等，涉及殡葬管理相关问题。以上法律法规构成了我国以国务院《殡葬管理条例》为核心，相关法律、部门规章、地方性法规、地方政府规章等为补充的殡葬管理法律体系。

我国目前的殡葬法律体系存在以下问题：

1. 法律文件效力较低，缺乏法律的权威性

作为殡葬法律体系核心的《殡葬管理条例》属行政法规性质，其法律效力低于宪法和法律。《殡葬管理条例》规定了以火葬方式为原则、以土葬方式为例外的殡葬原则，实际上是限制了公民选择殡葬方式的自由。依据“法无禁止皆自由”的法理，“国家对于各个人民的自由，只能于保护全体人民自由的必要范围以内，以法律设立限制”①。而宪法和法律并没有涉及公民的殡葬权利和自由的规范，更没有限制公民的殡葬权利，尤其是限制殡葬方式选择自由的规范。国务院仅仅通过制定行政法规就规定和限制了公民乃至诸多社会主体的殡葬领域的自由，而缺乏相应的宪法、法律等上位阶规范的依据，

① 王世杰，钱端升：《比较宪法》，商务印书馆，1999 年版。

或者人大的立法授权，显属立法权限上的瑕疵，缺乏权威性。

2. 法律法规相对滞后，影响管理的可操作性

1997 年国务院颁布的《殡葬管理条例》，对推进殡葬改革，保护土地资源和环境，促进社会主义精神文明建设，发挥了重要作用。但随着经济社会的快速发展，城市人口的增长以及人们观念的改变和文明程度的提高，条例中有些条款已不适应殡葬管理体制改革和变化的新情况。一是殡葬法律关系主体之间的权利与义务界定模糊，二是对于殡葬公益性与营利性没有清晰的界定，三是缺乏规范殡葬行业市场行为的相关条文，四是部分惩罚措施、罚款额度等缺乏统一标准。虽然为地方制定殡葬管理办法留下更为灵活的空间，但必然造成同一法律条文出现多种解释和执行标准，以及不同地区对于同一条文的处罚方式与处罚力度大相径庭。

3. 各地法规宽严不一，影响法律的公正性

当前我国的 22 个省、5 个自治区、4 个直辖市基本上都出台了本地区的殡葬管理办法，在全国 50 个地区（州、盟），661 个地级市中有许多颁布或者修订了地区殡葬管理办法，其中许多殡葬法规条例在法律界定、处罚措施、处罚方式、处罚额度等方面存在着明显差异。例如《殡葬管理条例》第二十条中规定："将应当火化的遗体土葬，或者在公墓和农村的公益性墓地以外的其他地方埋葬遗体、建造坟墓的，由民政部门责令限期改正。" 2012 年 11 月 9 日国务院令第 628 号《关于修改和废止部分行政法规的决定》将《殡葬管理条例》第二十条中"拒不改正的，可以强制执行"删除。行政强制法自 2012 年 1 月 1 日实施后，行政强制执行只能由法律没定，法律没有规定行政机关强制执行的，作出行政决定的行政机关应申请人民法院强制执行。但处罚过程中的费用却没有具体规定，因此各个省市在制定各自殡葬管理条例时规定也各不相同，《河南省殡葬管理条例》规定："由民政部门责令限期改正；拒不改正的，可以强制执行，所需费用由丧事承办人承担。"《浙江省殡葬管理条例》还增加了"公墓、乡村公益性墓地接纳应当火化遗体土葬或者骨灰装棺土葬的，由民政部门责令限期改正，没收违法所得，可以并处 3000 元以上 10000 元以下罚款"。《西安市殡葬管理实施办法》中则规定除了一切费用由死者家属承担外，还增加了罚款规定："并处以 200 元以下罚款。对不按规定进行火葬的，有关单位不得发给丧葬补助费和抚恤金，已经发放的应限期收回。拒不收回的，对有关单位处以 1000 元以下罚款。"由于国务院所颁布的《殡葬管理条例》第二十条中对于"应当火化的遗体土葬"仅提到了强制执行，但对于是否罚款、罚款的额度并没有规定，使得各个地区对于同一问题出现了不同的解释，规定宽严不一，影响了法律的公正性。

实现社会和谐，建设美好社会，始终是人类孜孜以求的一个社会理想，也是包括中国共产党在内的马克思主义政党不懈追求的一个社会理想。根据新世纪新阶段我国经济社会发展的新要求和我国社会出现的新趋势新特点，我们所要建设的社会主义和谐社会，是“民主法治、公平正义、诚信友爱、充满活力、安定有序、人与自然和谐相处”的社会。殡葬行业是涉及公众的公共事业，是为人提供终极关怀的基本公共服务，死有所葬更是民生的组成部分。和谐社会要求法治政府依法管理殡葬事务，满足公众殡葬需求，保障公众殡葬权益。

四、殡葬法律体系建设的目标

中国特色的社会主义法律体系，全面地调整社会主义经济、政治和文化生活，因此要求具有如下的特点：第一，以宪法为核心，具有民商类、行政类、刑事类、社会类以及程序类等种类齐全的法律法规；第二，其结构严谨，即各个方面的法律之间、法律位阶和效力等级之间，界限分明、配套衔接；第三，内部和谐，即法律文件的各种规范之间，协调相济，各项法律必须以宪法为根据，法律之间、法规和规章之间，和谐一致，上下左右不矛盾、不冲突；第四，体例科学，即法的名称、术语、行文、结构、公布及生效等，都有一定的规范标准，不同效力与规范等级的法律、法规、规章，在名称等方面有所区别。

殡葬法律体系建设，在价值层面来看，必须具有积极、正面、先进的价值支撑，在遵循各种价值考量的基础上，通过对殡葬改革经验的吸收，充分发挥科技水平和技术成果的作用，在确定立法目标体系之后，以殡葬行为规制为核心，建立我国的殡葬法律体系。

（一）殡葬立法的价值考量

价值层面的考量会根据不同的价值认知来展开，主要从以下四个方面进行殡葬法律体系建设的价值考量。

1. 和谐有序的社会转型

我国目前的社会仍然处于转型的持续过程之中，还没有形成一种比较稳定的社会运转状态。近代化以来的转型，在社会层面来看，既有诸多的排异异质因素，也有诸多的趋同同质因素。异质因素存在较大的阻梗作用，同质因素则存在较大的推动作用。善于将异质因素的阻梗作用减弱，放大同质因素的推动作用，则有利于柔性化、低损耗和少破坏的有序化社会转型的实现；放大异质因素的阻梗作用，减弱同质因素的推动作用，由于转型的僵硬性、高损耗和多破坏，转型过程混乱不堪、基础脆弱，社会转型实现的可能性降低，甚至事与愿违。因此，在价值层面，殡葬立法首先必须树立有序化转型观念，并在此基础上，发掘潜藏的同质因素，发挥同质因素的推动作用，降低异质因素的阻梗作用，不能人为地制造异质因素，人为增加转型的摩擦和困难。

2. 社会整体效益的权衡

经济效益属于效益整体的重要方面，但不能代表全面的效益整体。在进行一种制度设计时，在经济效益作用的范围内，要较多地考虑经济方面的增值；在超出经济效益作用的范围时，要较多地考虑其他方面效益的增值；在效益之间发生冲突时，则尽可能保持平衡，使冲突达到最小的限度。实现制度设计的目标和目的——形成整体效益的最大增值。片面地追求一种效益，不顾其他效益的合理存在，不会形成整体效益的最大增值，甚至会损害整体效益的增值。因此，在价值层面，殡葬立法还要较好地进行整体社会效益的多方面权衡，并在此基础上形成多种效益的良性互动。

3. 民众共享的发展成果

民众公平地享受社会发展的成果，既是当下执政党设定的改革目标，也是改革深化的动力源泉之一。在文明状态的当下，只有民众能够公平地享受社会发展的成果，社会发展才具有存在的正当性；只有不断推动民众公平享受社会发展成果的改革，才具有存在的正当性。就殡葬立法来讲，民众公平地享受社会发展的成果至少表现在两个方面：一方面是民众公平地享受中国经济发展的成果，满足民众的基本殡葬需求，现行的各种普惠制殡葬改革试点①是值得肯定的；另一方面是民众公平地享受中国科技发展的成果，满足民众传统情感表达方式，设计出既对环境损害较小，又符合传统殡葬心理需求，还能体现中华文明特点的殡葬方式。

4. 民众主体地位的尊重

民众主体地位的尊重，实际上是一种人格尊严的尊重，既是民众人格主体性的要求，也是民众人格自由的要求。现代的公共服务也涉及民众主体地位的尊重问题。现代的公共服务既包括积极的公共服务，也包括消极的公共服务。我们现行所说的殡葬公共服务，主要属于积极公共服务的范畴。而积极公共服务是在民众人格尊严广泛承认、日益由法律予以充实的社会状态下出现的。作为当下的公民（自然人）主体，主体性的显现、人格自由的满足是所有公共服务尤其是积极公共服务正当性的主要尺度之一。作为积极公共

① 民政部《关于实施惠民殡葬政策先行地区的通报》（民函〔2010〕45号），《第二批实施惠民殡葬政策先行地区名单》。

服务的殡葬公共服务，自然也涉及人格尊严受到尊重的问题，并且人格尊严受到尊重还需要逐渐上升到法律层面。满足民众有尊严的殡葬需求，杜绝民众的人格受到贬损，避免各种方式对于遗体不恰当处理导致的尊严损伤等，应成为殡葬立法重要的价值考量。

（二）殡葬立法的目标体系

殡葬立法的目标体系可以包含积极的生态效应、理性的殡葬行为与和谐的文明效应等内容。

1. 积极的生态效应

经过持续几十年以“节约殡葬用地”为主要目标的殡葬改革，抑制土地资源迅速减少已经一定程度上内化为殡葬立法的正当性根据。抑制土地资源迅速减少仅仅为资源保护的一种方式、一个方面（资源保护还包括水资源等诸多内容），但“节约殡葬用地”的目标确实唤起了人们对土地资源保护的关注。推进殡葬改革，公众已经具有了更为开阔的视野，不仅仅限于保护土地资源一个方面的内容，进一步提出了环境保护、生态维护的要求。国家立法允许何种具体的殡葬类型不再重要，重要的是所采取的殡葬方式是否是在现有技术条件下，达到了对于环境、生态的最低限度损害。殡葬国家立法的目标，首先就要考虑在现有技术条件下，对比各种殡葬方式，采取那种对环境、生态负面影响最小的殡葬方式，从而具有积极的生态效应。

2. 理性的殡葬行为

个体自然人的行为，可能是理性行为，也可能是非理性行为。殡葬作为一种行为，既可能是在经过缜密思维的理性考量后的活动，也可能是在冲动、悲伤等状况下难以聚精会神思考时作出的缺乏理性的活动。殡葬改革基础上的我国殡葬国家立法，是国家试图以一定的设定理性取代个人的理性，比如，以对土地资源的目标算计、对精神文明程度的目标算计等为基础，取代个人的具体算计即理性。殡葬国家立法，为了能够更好地、现实地得到落实，需要提高个人理性的参与度。只有真正地调动了个人的理性思维，引导个人理性思维，个人才能够对殡葬行为的选择、殡葬服务的选择，采取理性的态度。殡葬国家立法就要把提升殡葬行为的理性度作为自己的一个重要目标，并通过具体的制度设计诱发个人的理性思维。

3. 和谐的文明效应

社会转型在一定意义上就是文明形态的转型。蕴含文明转型的社会转型要尽可能避免文明的冲突或者减弱文明冲突的烈度，这是处于社会转型期的国家需要认真考虑的问题。不论是和平的社会转型还是暴力的社会转型，转型的社会新形态能够持续地维持下去，必须有待于相关文明亲和力的增加，一定程度上的相安无事。殡葬国家立法应尽量避免形成文明的冲突，推动文明之间的和谐共存。在文明转型的层次来看，殡葬国家立法必须将包含中华文明在内的文明之间的和谐作为一个重要目标。尊重死者的文明内涵，与现代殡葬的本质要求相契合，不但不能破坏这种传统，还要通过制度的设计促使其实现。

五、殡葬法律体系建设的对策

（一）优化殡葬立法模式

依据《中华人民共和国立法法》，本着“遵循在中央的统一领导下，充分发挥地方的主动性、积极性的原则”建构殡葬法律体系。法律应当规定殡葬领域的基本原则、基本制度、涉及公民和其他主体在殡葬领域的权利等事项；行政法规应当制定执行殡葬法的具体细则和相应的管理规定；地方性法规根据地方情况对具体实施殡葬法和行政法规的事项进行规定，也可以在殡葬法或法规没有具体规定的时候，先行在权限内制定有关殡葬的地方性法规；部门规章、地方政府规章根据上述规范，对殡葬领域的执行和管理事项制定细则。同时，在涉及许可、处罚事项时，还应当参照《中华人民共和国行政许可法》《中华人民共和国行政处罚法》等一般法，保证法制的统一性。在立法权限的问题上，要严格遵守立法权与行政立法权之间的界限，对于应当由民主决策的事项，则由法律、地方性法规制定，行政立法应当固守管理殡葬事务、实施法律的边界，严格遵循依法行政的原则。

（二）明确法律效力等级

殡葬法高于规定殡葬相关问题的行政法规，殡葬法、涉及殡葬事项的法律、行政法规高于地方性法规、地方政府规章和部门规章，地方性法规高于同级和下级地方政府规章。在殡葬法律体系的建构过程中，要保持殡葬法律体系的统一性，各级制定殡葬领域规范的机关应当按照《中华人民共和国立法法》的规定，确保殡葬法律体系的统一性、完整性。

（三）完善殡葬管理法律

在进行殡葬管理方面的立法时，要明确行政主体的法律授权，包括各级政府和部门的职权、职责。涉及殡葬管理手段立法时，不仅仅要通过传统的行政许可、处罚手段管理殡葬服务主体、殡葬权利主体的行为，而且要转变管理的模式，采用行政指导、行政合同等非强制性手段来推进殡葬法律的实施。明确和完善相关职权实施的具体程序，明确在殡葬管理过程中所涉及的规划实施、许可种类、处罚对象及相关程序。要加强政府及相关部门在殡葬管理过程中的服务行政角色，制定涉及信息公开、殡葬救助的规定。

（四）相对集中殡葬执法

在现行的《殡葬管理条例》中，涉及殡葬领域的执法主体包括民政、建设、土地、公安、工商行政管理等多个部门，如对于“未经批准，擅自兴建殡葬设施”“办理丧事活动妨害公共秩序、危害公共安全、侵害他人合法权益的行为”，都要由多个行政部门联合执法，形成殡葬执法主体分散、与民政部门职责职权不相称的局面。如地方对违规治丧行为的处罚分四个环节：民政部门、街道办事处或乡镇人民政府责令改正，城市管理行政执法部门拆除灵棚并处罚款，文化管理部门处理举办丧事演唱活动当事人并处罚款，工商部门处理举办丧事演唱活动当事人是否有证经营并处罚款。在整个处罚违规治丧行为的过程中，殡葬行政执法的主体相当分散，民政部门仅有行政告知权和制止权，而无行政处罚权，根本谈不上履行对殡葬事务的管理职责。在殡葬的立法过程中，应当将殡葬执法权相对集中地赋予相关部门，明确各级政府及相关职能部门的职责，建立行之有效的约束机制，确保殡葬政策法规全面贯彻落实。

（五）构建纠纷解决机制

殡葬活动当事人的民事法律关系由民事法律调整，主要有和解、调解、申诉、仲裁、诉讼等法律救济渠道。殡葬活动当事人的行政法律关系，如对于许可、处罚的行政行为不服的，对于行政机关不作为的，可以依照相关法律提起复议、诉讼。在殡葬立法过程中，要重视殡葬当事人诉权的规定，加强行政机关在处理殡葬领域纠纷中的作用，保证行政机关在快速、及时地解决纠纷时有法可依。

【思考题】

1. 谈谈你对各类殡葬法律关系的理解。
2. 简述殡葬立法的基本构架。
3. 新时期殡葬法律体系建设的核心价值取向是什么？

第二章　殡葬设施规划管理与市场准入制度

【学习目标】通过本章的学习，你应能够：

1. 了解我国殡葬设施规划管理现状与发展趋势；
2. 熟悉我国殡葬设施规划管理的相关法规；
3. 掌握殡葬服务机构经营许可的相关法规；
4. 熟悉殡葬职业资格证书制度与技能人才队伍建设。

【核心概念】殡葬设施；规划管理；市场准入；职业资格证书制度

【导入案例】

殡葬设施引发邻避冲突

随着市场经济的发展与和谐社会的构建，人们不断提出“将殡葬设施搬迁至远郊”的诉求，甚至与殡葬机构发生“邻避冲突”，而政府想方设法迁建殡葬设施时，又因公众的“邻避情结”而难以落实。

从近年来关于安徽省合肥市殡仪馆搬迁的部分报道标题可以了解殡葬设施的曲折搬迁路：2006 年 1 月 7 日，合肥殡仪馆正式决定西迁，新址选定小蜀山东；2006 年 1 月 11 日，新殡仪馆经费问题仍是问号；2006 年 11 月 3 日，合肥殡仪馆新址方案形成，搬迁工作有望近年内完成；2006 年 11 月 11 日，合肥殡仪馆新址拟定长丰小土山肥东龙泉山；2007 年 1 月 25 日，政协教科文体委员会提议合肥殡仪馆应尽快搬迁；2007 年 7 月 7 日，合肥市新殡仪馆新址最终敲定，定址于肥东县店埠镇；2008 年 3 月 4 日，合肥市殡仪馆今年搬迁；2009 年 2 月 20 日，殡仪馆不再整体搬迁；2010 年 5 月 21 日，合肥市殡仪馆火化功能出城，新址未确定。

广东省和平县自 2001 年着手新建殡仪馆，选择阳明镇七告村附近。但因部分村民认为新建殡仪馆会影响“风水”，导致该项目多年来无法实施，直到 2008 年才做好当地村民的思想工作，依法完善各项征地手续，将征地款全部补偿到位。但开工新建殡仪馆时，因当地上百村民阻挠，发生了警民冲突的流血事件。

郑州市唯一的一所殡仪馆坐落于二七区黄岗寺。近几年来，郑州市人大代表、政协委员每年都提出多项建议和提案，强烈要求搬迁殡仪馆。郑州市民政局认为，随着郑州市城市规模的迅速扩大，人口总量急剧增长，一家殡仪馆已不能满足公众殡葬需求，急需筹建能承担火化任务的郑州市第二殡仪馆。从1995年开始，围绕筹建第二殡仪馆郑州市开始了艰难的选址工作。虽然政府和公众都认为火化间应该搬离市区，但究竟建在哪里，成了十分棘手的难题。几经易地选址，前后共选了11处，往往是殡仪馆选址刚有意向，周围村民便开始“抗议”。

第一节　殡葬设施规划管理法律制度

随着城市化进程的不断加快，殡仪馆、公墓等作为公共服务设施，在为社会整体产出正外部性效应（对他人和社会造成积极影响）的同时，也给附近民众带来负外部性效应（对他人和社会造成消极影响），而遭到所在地居民反对和抵制，进而引发群体性抗争现象，导致此类设施建设和运行陷入困境。由于人们对死亡的恐惧和传统殡葬业对环境的影响，殡葬服务设施的选址处于人人需要、人人避之的尴尬境地。在构建和谐社会的进程中，分析殡葬设施邻避冲突产生的原因和特征并寻求解决途径，实施殡葬设施规划管理制度，对推进和谐社会建设具有重要的现实意义和指导意义。

一、政府主导的殡葬设施规划

（一）殡葬设施的概念与分类

1. 殡葬设施的概念

殡葬设施是为了进行殡葬改革、殡葬管理、殡葬服务等与殡葬相关的工作，满足人们殡葬活动需求而建立的机构、系统、组织和建筑等。狭义的殡葬设施是指为处理遗体或骨灰以及满足人们殡葬活动而建立的建筑或场所，包括殡葬场所的房屋、道路、停车场、景观景点和园林区域等。

殡葬设施是提供满足客户基本殡葬需求服务的场所，是对殡仪馆、火葬场、公墓、骨灰安置处等的统称。国务院《殡葬管理条例》第二章指出殡葬设施包括“殡仪馆、火葬场、骨灰堂、公墓等”几种类型。因而，殡葬设施是为满足公众殡葬需求，为其提供殡葬服务的拥有多种物质、技术条件的殡仪馆、火葬场、公墓、骨灰安置处等的总称。

2. 殡葬设施的分类

（1）根据殡葬活动的内容进行分类。根据殡葬文化和殡葬活动内容，殡葬设施可分为：处理遗体的殡葬设施、处理骨灰的殡葬设施以及为殡葬礼仪的进行而建立的殡葬设施。

处理遗体的殡葬设施包括火化遗体的火葬场，其主要功能是负责遗体接运、遗体冷藏、遗体火化；安葬遗体的公墓，其主要功能是安葬遗体并为人们提供祭扫、悼念场所。

处理骨灰的殡葬设施包括安葬骨灰的公墓，其主要功能是安葬（或撒散）骨灰并为人们提供祭扫、悼念的场所；安放骨灰的骨灰堂、楼、塔、墙、亭等不同形式的建筑，其功能是保存骨灰并为人们提供祭扫、悼念。

为殡葬礼仪的进行而建立的殡葬设施包括为停灵、吊唁、遗体告别等殡葬礼仪而建立的殡仪馆、殡葬服务中心等，以及骨灰撒散（如海葬、骨灰还林等）后，为了方便后人悼念、祭扫而建立的纪念设施与场所。

（2）根据设施的使用功能进行分类。可分为殡仪设施、火化设施、墓地设施等。

殡仪设施指提供遗体存放、清洗、消毒、防腐、整容和悼念等殡葬活动的设施。如殡仪馆和部分殡仪服务站。殡仪馆是由民政部门管理的专门从事遗体接运、存放、防腐、整容等的殡葬服务场所。我国现阶段的殡仪馆主要有两种类型：一是综合型的殡仪馆，开展遗体接运、遗体防腐整容、遗体告别、遗体火化、骨灰寄存等多种业务。我国的殡仪馆绝大多数为综合型的殡仪馆。二是单一型的殡仪馆，即只承担遗体接运、防腐、整容、举行追悼活动等殡仪服务，不承担火化任务。殡仪馆是我国殡葬改革的产物，是实行殡葬改革非常重要的殡葬设施，一直承担着办理丧事和推进殡葬改革的双重任务。随着殡仪服务工作的深入开展，为了方便城乡广大居民办理丧事，全国大中城市在市区逐渐办起了殡葬服务中心（站），全面开展遗体接运、保存、清洗、消毒、防腐、整容、冷藏和悼念等殡葬服务。

火化设施指提供遗体火化及骨灰装殓等服务的设施。火葬场和殡仪馆中的火化间就是常见的火化设施。我国现有殡仪馆绝大多数具有火化功能，既属于殡仪设施，又属于火化设施。

墓地设施指以地下墓穴为主要形式，提供埋葬遗体、骨灰及随葬品的设施。公墓是用于公众安葬遗体、安置骨灰（安放或安葬骨灰）的公共墓地，分为经营性公墓和公益性公墓。骨灰安置处以堂、塔、楼等建筑形式提供骨灰安置服务，分为城市骨灰安置处和农村公益性骨灰安置处。

（二）殡葬设施规划的法制化

殡葬设施规划是城乡规划的组成部分，是对殡葬设施的布点、调整、扩建、转移等一系列规划行为及其形成的方案。1989 年 12 月 26 日通过的《中华人民共和国城市规划法》明确了“城市规划区是指城市市区、近郊区以及城市行政区域内因城市建设和发展需要实行规划控制的区域”。原建设部《城市用地分类与规划建设用地标准》中将“殡葬设施用地”定性为“市政公共设施用地”。作为市政公共设施的一部分，殡葬设施规划就是为了实现一定时期内殡葬管理目标、贯彻落实殡葬管理方针，确定殡葬设施的性质、规模和发展方向，合理利用土地，协调殡葬设施空间布局和各项建设的综合部署和具体安排。

殡葬设施规划是一门综合性规划活动，它涉及社会学、建筑学、地理学、经济学、工程学、环境科学、美学等多种学科。《殡葬管理条例》明确规定：“省、自治区、直辖市人民政府民政部门应当根据本行政区域的殡葬工作规划和殡葬需要，提出殡仪馆、火葬场、骨灰堂、公墓、殡仪服务站等殡葬设施的数量、布局规划，报本级人民政府审批。”省、自治区、直辖市人民政府民政部门作为殡葬服务机构的主管部门，在殡葬设施的规划上负有重要职责。

殡葬设施在提供殡葬服务的同时，又会对周边的居民生活、心理和环境产生即时的和长远的影响。因此，如何平衡方便公众与地区整体协调发展的关系，平衡满足居民殡葬服务需求和克服盲目扩张的需要，平衡满足功能性需求和保护环境的需要等，这些都需要民政部门从本行政区域的整体发展的角度，通过统一组织和协调，化解不同对象之间的利益矛盾，引导本区域全面发展与进步。

【案例 2－1】

殡仪馆搬迁难题待解[①]

近日，有报道称青岛市殡仪馆搬迁选址初定李沧区上王埠东岭，消息一出，引起了岛城社会各界的高度关注和热烈讨论。青岛市民政局随即表示，“这只是倾向性意见。”那么，殡仪馆的选址究竟难在哪里？

现址占地不足百亩

今年清明节期间，到青岛市殡仪馆祭扫亲人的市民达 20 余万人，造成殡

① http：//news. cntv. cn/20110518101912. shtml。

仪馆及其周边非常拥堵，停车十分困难。

据了解，现在的青岛市殡仪馆建于1958年，占地99.7亩，经过50多年的变迁，显然已经不能满足青岛市城市发展的需求，面积小带来的矛盾日益凸显。自20世纪90年代初开始，每年清明节期间，市殡仪馆都人满为患，周边的重庆路、萍乡路等道路都会出现拥堵现象。尽管青岛市相关部门一直努力完善配套设施，但祭扫区一直无法扩大。

青岛市人大代表李欣曾对媒体表示："市殡仪馆面临着场馆面积小、服务设施建设没有发展空间、停车场少等实际困难，从长远看难以满足广大市民日益增长的殡葬服务需求。"

2004年，部分人大代表提出了市殡仪馆需扩建或搬迁的提案；2005年，青岛市人大牵头的考察团对国内几个同等城市进行了考察，发现其他城市的殡仪馆面积基本上在300亩左右。

居民意见大成选址难题

选址初定上王埠的消息传出后，记者就此事询问了青岛市民政局。有关负责人表示，这只是一个倾向性意见，还在论证过程中，并没有确定。他还表示，为殡仪馆选址必须要遵循几个标准："首先，要远离居民区；其次，交通要便利；此外，通风条件要好，空间要充足。"

青岛市社科院城市研究所副所长冷静的看法与之基本相同："殡仪馆选址的根本原则是不扰民，同时交通便利，方便市民前往祭扫。远离居民区是必需的条件，而且停车场等配套设施要完善。"

殡仪馆是一个比较特殊的城市公共设施，市民都离不了但都不愿建在自己的居住地附近。在半岛论坛上，有很多市民发表了自己对此事的看法，李沧区居民对选址初定上王埠一事反应最大。有人在网上发帖称："搬走吧，都在我家门口了。"有人建议在原址进行扩建，还有人表示："我身为一名李沧土著居民，听闻此信异常震惊。政府作为不是都要讲究公开、公正、透明吗？为何不开个民众听证会?"可以说，居民的舆论压力是殡仪馆选址工作中最大的难题。

各区市政府的态度也很重要。李沧区将于2014年举办"世园会"，目前，其相关的招商引资活动正在进行，显然，殡仪馆如果迁入李沧，对其未来数年充分利用"世园会"机遇发展该区经济并没有帮助。这也是其他区市不欢迎市殡仪馆迁入的主要原因。

迁建应考虑长远需求

殡仪馆的搬迁是国内城市普遍面临的难题。冷静认为："关键看地方政府怎么做工作，如果根据整体的城市规划，这个地方符合要求可以建，那么政府要想办法做通附近居民的工作，如果不符合规划要求，那么就另选地址。

殡仪馆是城市配套设施的一部分，不能说动就动，必须从长计议，考虑周全。要做就一步到位，做到最好，满足一个城市若干年内的需求。”

冷静还表示，青岛市殡仪馆在现有基础上扩建的可行性不大。“因为现在殡仪馆周边已经被居民区环绕，除了扰民的因素不说，已经没有什么空地可以利用。青岛市的人口已经达到1000多万，但出生率有所下降。按照这个人口规模的需求，殡仪馆扩建到300亩左右可以满足需求，可能将来50年内可以不用再动土。”

今年2月份召开的青岛市民政工作会议提出，今年的民政工作将重点推进市殡仪馆搬迁，争取年内取得较大进展。选址困难是民政局数次试图定址而难以取得成果的一道坎，但如果要在今年“取得较大进展”，选址势必要有结果。

二、我国殡葬设施的规划管理

（一）殡葬设施规划管理相关法规

1. 殡葬设施规划管理部门

《殡葬管理条例》规定，省、自治区、直辖市人民政府民政部门是本行政区殡葬设施规划的主管部门，由其提出规划报本级人民政府审批。其中制订的公墓建设规划，经省、自治区、直辖市人民政府审批后，还要报民政部备案。

2. 殡葬设施建设审批机构

（1）建设殡仪馆、火葬场，由县级人民政府和设区的市、自治州人民政府的民政部门提出方案，报本级人民政府审批。

（2）建设殡仪服务站、骨灰堂，由县级人民政府和设区的市、自治州人民政府的民政部门审批。服务范围主要覆盖本县（包括不设区的市、市辖区）区域的殡仪服务站，由所在地县级人民政府的民政部门审批；服务范围跨越两个或两个以上的县（包括不设区的市、市辖区）的殡仪服务站，由设区的市、自治州人民政府的民政部门审批。殡仪服务站建成后，可以为相邻地区的公众提供殡仪服务。

（3）建设公墓，经县级人民政府和设区的市、自治州人民政府的民政部门审核同意后，报省、自治区、直辖市人民政府民政部门审批。兴建中外合资公墓，原则上要建立在港澳台同胞及海外华侨的故乡。中外合资公墓选定地址后，必须征得省级土地管理、城乡建设和旅游等有关部门的审核同意。

（4）利用外资建设殡葬设施，经省、自治区、直辖市人民政府民政部门审核同意后，报国务院民政部门审批。

2010 年 9 月 6 日，民政部办公厅下发了《关于规范利用外资建设殡葬设施审批权限问题的通知》：1997 年国务院颁布的《殡葬管理条例》第八条第一款对殡仪馆、火葬场、殡仪服务站、骨灰堂、公墓等殡葬设施建设的审批权限作了一般性规定。为加强对利用外资建设殡葬设施的严格管理，第二款在前款基础上，对利用外资建设殡葬设施的审批权限作了特殊规定。2010 年 7 月 4 日，国务院下发的《关于第五批取消和下放管理层级行政审批项目的决定》（国发〔2010〕21 号），取消了包括利用外资建设殡葬设施等 113 项行政审批项目。因此，自 2010 年 7 月 4 日起，各地利用外资建设殡葬设施的审批权不再适用《殡葬管理条例》第八条第二款的特殊规定，而应当按照第八条第一款的一般性规定执行。

（5）农村为村民设置公益性公墓，经乡级人民政府审核同意后，报县级人民政府民政部门审批。

我国有关殡葬设施规划的法规及相关规定主要有：1997 年国务院《殡葬管理条例》、民政部《公墓管理暂行办法》（民事发〔1992〕24 号）、《国务院办公厅转发民政部关于进一步加强公墓管理意见的通知》（国办发〔1998〕25 号）、《民政部关于特殊坟墓处理问题的问题》（民发〔2000〕93 号）、《民政部、国家土地管理局关于清理整顿非法经营性公墓的通知》（民事发〔1995〕8 号）、《关于进一步加强殡葬管理的紧急通知》（民函〔2005〕67 号）、《民政部关于贯彻执行〈殡葬管理条例〉有关条款解释的函》（民事发〔1998〕10 号）、《民政部办公厅对〈殡葬管理条例〉第 8 条第一款规定的解释》（民办函〔2001〕122 号）。

（二）我国殡葬设施规划管理现状

殡葬设施规划是民政部门管理殡葬事务的基本依据和手段之一。由于长期依靠政府包揽殡葬设施的设置和经营，而相当一部分的地方政府又无足够的财力设置，造成殡葬设施不能满足社会需求的问题一直未能解决。我国现有的殡仪馆主要分布在经济发达、人口密集的地区和大、中城市。一半以上县域的公众，主要是西部和各地经济条件比较差的县，只能沿用旧的殡葬方式或到几十公里甚至近百公里之外的殡仪馆进行治丧活动。殡葬设施建设资金的严重缺乏，直接影响了殡葬工作的总体发展速度和水平。

自 2002 年开始媒体多有报道：过去经过审批建设在市郊的公墓、殡仪馆，由于近几年的城市开发、郊区的城市化，已经慢慢地变成繁华地带，而与周边快速发展的环境显得格格不入；也有建在荒地荒山的殡葬设施，随着当地旅游经济的发展而身陷景区之中，因客观影响了环境而引起迁移之争。

这说明部分地区的包括殡葬服务设施规划在内的城市规划不具有前瞻性。

目前，越来越多的地方政府开始重视殡葬设施规划，先后有不少地区民政部门专门起草了地方殡葬设施规划并报人民政府审批。1999 年 1 月 7 日，广州市人民政府颁布了《广州市殡葬设施总体规划》，明确了今后一段时间内广州市殡葬设施规划的指导思想，确立了维持现有殡仪馆数量不变，在边远地区设殡仪服务点，从严批建经营性骨灰楼和停止批建经营性公墓三条具体措施，并就具体措施给出了实施意见。

近年，一些民政部门与专业规划机构积极配合，使殡葬设施规划与城市总体规划相适应。2005 年江苏省常州市民政局与市规划设计院签订协议，以全面调整规划常州殡葬设施布局，按照常州市专项规划要求来编制市殡葬设施布局规划，包括殡仪馆、公墓、骨灰堂、殡仪服务中心等殡葬设施的数量、规划和布局。

【案例 2－2】

700 万元新建殡仪馆空置 5 年被弃，规划短视导致资源浪费[①]

重庆黔江区政府预算 3850 万元另建新馆，废弃原因被指与“风水”有关，官员回应称“风水说”纯属误解。据新华社电，近日有网帖称，重庆黔江区仰头山殡仪馆因燃放爆竹严重扰民，而花 700 万元在远离城区处修建的正阳殡仪馆却闲置 5 年，最近当地政府又预算 3850 万元在仰头山殡仪馆旁 400 米处重建。

【网曝】

新馆闲置 5 年因“风水”。有网友称：5 年前，政府花 700 万元在远离城区处修建新殡仪馆却弃之不用，近日又要耗巨资在离旧殡仪馆 400 米处重新修建一所殡仪馆，而该项目公示牌却在远离选址四五公里的大众广场。等到周围居民发现公示牌时，已离公示结束时间只有几天。一位业主致电区规划局询问，区规划局工作人员解释，考虑今后城区发展，殡仪馆搬到新馆可能性不大，同时当地风俗不允许新馆“穿堂过”（“风水”上指房子最外围之气口彼此互对中间又无不透光之物体阻隔，又称“穿堂煞”）。

---

① http：//legal. people. com. cn/GB/18850215917587. html。

【居民质疑】

会带来噪声和空气污染。12 日下午，记者来到仰头山殡仪馆，该馆位于仰头山山腰，山下是阳光花园等小区，周边还有医院、中学，与殡仪馆直线距离仅两三百米。而正阳殡仪馆四处杂草丛生，已闲置多年。在阳光花园小区，业主李先生告诉记者："以前，殡仪馆鞭炮声很吵，现在情况有所好转，但在原址仅 400 米处修建新馆，仍会对居民带来噪声和空气污染，几乎所有的居民对此方案都表示反对。"

【政府回应】

被弃原因是新城区规划。关于网友对"穿堂过"的"风水"说和 700 万元打水漂的质疑，黔江区殡葬管理所负责人解释说，"风水说"纯属误解。2007 年正阳殡仪馆主体建成。建成后，适逢黔江区新城区重新规划，正阳新馆经重新规划，定位为酉阳山公园主入口。同时，正阳镇计划在新馆旁建一个加气站，治丧习俗会带来严重安全隐患。因此政府决定另行选址。三个待定选址中两个地方在城西，而仰头山公墓在城东，治丧队伍会穿越城区会影响市容市貌，一些业主在听我们解释时，将"穿城过"当成"穿堂过"，误以为是一种风俗，造成误解。同时，正阳新馆定位为酉阳山公园主入口后，旅游开发公司会将其改造为旅游设施，按照现行地价置换近 2000 万元，全部用于新馆的建设，不仅不会造成资产流失，反而使资产增值。此外，黔江区规划局规划管理科负责人说："选址拟定在离原址 400 米处，是因为那是一个三面环山的山凹，一座山梁将殡仪馆和阳光花园隔开。同时，那里交通便利，靠近仰头山公墓，方便市民治丧。"当地民政局相关负责人介绍，现在火化机完全达到国家环保标准，政府也出台爆竹禁放和限放令，不会有空气污染。

【专家解读】

规划短视导致资源浪费。针对黔江区殡葬管理所的回应，有专家指出，土地增值所带来的收益并不是建殡仪馆带来的，不花这 700 万元同样也有这些收益。现行地价"置换"掩盖了建殡仪馆规划的盲目和短视，仍是资源浪费。黔江区民政局负责人表示，由于殡仪馆迁建涉及全体市民的利益，这个迁建方案并非最终方案，公示结束之后还会开听证会，邀请业主代表、人大代表、政协委员等共同商议研究。重庆大学经济与工商管理学院专家认为，政府在建设公益项目时应提高为市民服务的意识。如果原来规划有缺陷，首先应主动承认。再次规划时，更应广泛听取民意，做好沟通引导工作，否则即使不是政府的原因导致规划不合理，仍会使政府产生道义上的责任从而损害政府公信力。

（三）我国殡葬设施规划管理趋势

我国殡葬设施规划虽然在一些法规和相关规定、文件中作了规范，但在具体操作时缺乏一套系统的具有很强的指导性和可操作性的程序和规范。从殡葬设施的功能和社会协调发展的角度出发，我国在逐步建立独立的殡葬设施规划法律制度。

1. 确定殡葬设施规划的原则

中国地域辽阔，地理状况差别大。殡葬设施规划应坚持“因地制宜，按需设置，总量控制，合理布局，功能互补，方便公众，科学严谨，公开公正，有序发展”的原则。

在殡葬业准入制度尚未健全的情况下，仍要按照总量控制，从严控制从业资格条件和技术标准，实行严格的行政许可制度。总量控制应该有量化的指标，如30万人口设立1个殡仪馆，殡仪馆所在地半径10公里范围内不重复设置等。殡葬设施的规格应当根据各地不同的经济发展水平，不同的殡葬消费习惯，规定相应的指标。

在具体规划中，必须依据宪法和土地、卫生、环保、建设、交通、旅游、城市规划等相关法规、政策，依据全国民政事业发展纲要和各级民政事业发展规划以及本地区城市基本建设规划，依据人口数量、经济及社会发展状况、殡葬习俗和死亡人口的数量。

殡葬服务设施规划除了要遵循编制城市规划“人工环境与自然环境相和谐，历史环境与未来环境相和谐，城市环境中各社会集团之间社会生活和谐”的原则外，还应遵循以下原则：

（1）生态环保原则。保护环境是殡葬改革的出发点，良好的生态环境是人类生存和发展的物质基础，同时也是人类文明的凝聚和体现。从当前发达国家和地区来看，“生态环保”作为殡葬设施建设的重要原则之一被大力提倡与奉行。在殡葬服务设施的规划设计上，“回归自然、融于自然”的设计理念被着重强调。在环境问题日益凸显以及全人类环保意识不断觉醒的今天，“绿色殡葬”“生态殡葬”成为世界各国和地区共同追求的目标。把生态理念、环保理念纳入我国殡葬服务设施规划之中，建设生态化的殡葬服务设施，应成为我国殡葬服务设施规划立法的重点乃至总原则。

（2）人本主义原则。在殡葬设施规划中体现“人本主义”的理念，一是要坚持“以逝者为本”，为逝者营造理想的人生归宿，充分体现逝者的尊严和对生命的尊重；二是要坚持“以生者为本”，通过人性化的规划设计，使殡葬设施有利于减轻失去亲人的痛苦；三是要坚持“以后人为本”，通过科学化的规划设计，最大限度地减轻乃至消除殡葬设施对环境的污染，使子孙后代拥有美好的生存环境。

（3）公共利益原则。殡葬业是一个消耗资源、产生污染的行业。在葬前遗体的处置、葬中的技术处理、火化后骨灰的安置中，都会产生不同程度的污染，特别是火化过程中，遗体、燃料、衣物、随葬品的焚烧均会产生大量的污染物，并能产生二噁英类的强致癌、致畸、致突变物质。与此同时，在处置遗体时产生的大量的废水、污水，还可能会污染地下水源，给公众的生产生活带来安全隐患。因此，殡葬服务设施的规划，必须顾及公共安全，以及公众的健康安全。殡葬服务设施规划立法要以符合公共利益为宗旨。

（4）公序良俗原则。我国是一个历史悠久的国家，几千年的中华文明积淀了深厚的殡葬文化习俗，成为国人普遍的文化心理与习俗准则。对于这些风俗习惯，殡葬服务设施的规划应给予适当的尊重与兼顾。人们忌讳死亡的心理特征，又提示人们在殡葬设施的选址上要给予充分注意。因为殡葬设施的选址一经确定，就会程度不同地影响周边的城乡建设。

（5）持续发展原则。持续发展原则是我国经济与社会发展的核心原则之一，也是一切规划与建设活动必须遵循的准则之一。国务院《殡葬管理条例》强调土地资源的节约，即蕴含了这一精神。殡葬服务设施规划应树立全新的资源观，建立在保持自然生态系统循环自如的基础上，以节约自然资源为目的。这就要求殡葬服务设施规划，要有整体性与全局性的眼光，不仅在殡葬设施的建设上走资源节约型的发展道路，同时也应使殡葬设施符合未来几十年的发展需求，以避免因重建或改迁而造成资源的不必要浪费。

2. 设置科学合理的殡葬标准

殡葬标准的形成可由各省、自治区、直辖市民政部门，根据当地自然环境（平原、丘陵、山区）、交通状况（等级公路、通畅情况）、辐射半径、人口密度等具体情况，确定殡葬设施设置标准。各地的规划应当倡导发展立体骨灰安放设施，严格限制占地量大、流转率低的传统型公墓建设。

3. 注重殡葬设施的科学规划

殡葬设施规划的内容应包括：本地区殡葬改革目标，当前本地区殡葬设施配置标准、数量、规模、布局、服务能力（最大容量或循环周期等），未来可预见的本地区人口死亡常量和分布（近期、中期、远期），各种殡葬设施需求（近期、中期、远期），殡葬设施的配置标准、数量、规模和布局等。

殡葬设施规划程序可分为五个步骤：

（1）调研工作。可由省、自治区、直辖市民政部门组织进行，重点调查本地区殡葬设施配置情况，了解城乡基本建设规划，预测未来人口死亡常量和分布情况。

（2）数据分析。对调研资料进行分析，找出本地区殡葬设施配置的不足或不合理之处。

（3）制订规划。民政部门根据数据分析结果，在充分兼顾殡葬需要与社会各方面利益的基础上，制订本地区殡葬设施规划。

（4）报批备案。省、自治区、直辖市人民政府民政部门将制订的本行政区域的殡葬服务设施规划报本级人民政府批准后，纳入城乡基本建设规划，并报送民政部备案；农村公益性墓地和骨灰安置处的规划方案，由设区的市、自治州人民政府民政部门提出方案，由省、自治区、直辖市人民政府民政部门审核、同级人民政府审批，报民政部备案。

（5）规划调整。殡葬服务机构数量、布局和建设规模规划，应当每 5 年调整一次并向社会公布。

4. 殡葬设施规划的听证制度

行政许可法第四十六条、第四十七条规定，凡涉及公共利益的重大城市规划行政许可事项，应当向社会公告，并举行听证。殡葬服务设施规划是一项关涉公共利益的活动，关系到千家万户的切身利益。特别是殡葬服务设施的新建、扩建以及改建，更是与人们的日常生活联系密切，也很容易给城市的生产生活带来程度不同的影响。因此，随着社会转型期利益多元化以及民众维权意识的普遍高涨，殡葬服务设施规划应本着公正、公开以及民主监督的原则，真正赋予民众以听证的权力，使其积极参与到殡葬服务设施规划中来，通过实行听证制度，保证设施规划的科学性与合理性，最大限度地保障民众的合法权益。殡葬服务设施规划应进行公示，采取召开听证会、问卷调查等方式，广泛征求公众的意见和建议。此举对推动政府决策乃至规范政府权力，具有十分积极的作用和意义。

【导入案例评析】

本章导入案例说明这样一个事实：殡葬设施是公众进行殡葬活动的公共场所，随着市场经济的发展与和谐社会的构建，作为殡葬改革的载体和面向城市公共服务的殡葬设施，因其具有显著的负外部性而遭到所在地居民的反对和抵制。

1. 殡葬设施邻避冲突的产生原因

（1）邻避冲突集体行动的产生缘于众多因素综合作用。中国转型时期特定社会情境，建构了一个“理性变量—动员变量—怨恨变量”的本土化集体行动框架。殡葬设施邻避冲突中是冲突双方的动员能力与反动员能力在发展过程中“互构”的结果。居民反对殡葬设施的原因主要包括心理因素、公平性问题、设施对地方形象的影响以及政府在环保配套方面的失职等。

（2）抗议层级螺旋结构的提升缘于主体回应的不适。抗议层级出现螺旋结构提升并在一定程度上造成冲突的不断升级，主要原因在于殡葬设施主体回应不力或称为反动员能力的不适。在个体理性抗议阶段，殡葬设施主体没有回应，导致部分抗议者成为草根行动者，不断发起抗议者动员；在集体理性抗议阶段，殡葬机构并不认同设施邻避性，其反动员能力致力于营建“殡葬设施无害论”知识体系，被邀请的专家也对邻避设施风险进行无限缩小。双方迥异的立场加深了抗议者对兴建方的不信任；在集体非理性抗议阶段，反动员能力动用大量非常规方式，抗议者怨恨积累到最高点并诱发非理性做法。由于反动员能力的不恰当介入，导致抗议层级呈螺旋式上升，冲突也变得跌宕起伏。

（3）冲突双方互不妥协缘于邻避治理机制缺失。由于我国目前政治结构仍然相对封闭，邻避抗议带有一定的情绪性反应，尽管越来越多的人认为居民作为具体利益诉求的抗争关乎着更大的公共利益问题，但政府对于邻避冲突还处于“邻避无意识状态”，有时被政府当作“不明真相的群众”的群体性事件来进行处理。这种对邻避设施定性的迥异立场，决定了抗议者不可能获得利益的空间，形成冲突双方互不妥协的局面。

此外，每逢发生邻避冲突，公众往往以讹传讹，严重扭曲的错误信息极大地伤害着邻避设施拥有者或运行者。

2. 殡葬设施邻避冲突的解决途径

殡葬设施邻避冲突可能带来冲突各方利益的损耗和社会秩序的不稳定。一个以良治为目标的现代政府已经不可能像威权时代采取戒严、镇压的手段来加以防止和解决这类冲突，在充满风险而又指向和谐的社会发展大背景下，我国政府和殡葬机构应正视邻避冲突的存在，从以下几个方面解决殡葬设施邻避冲突问题。

（1）确立政府在殡葬设施邻避冲突中的中立角色。邻避设施的建设是为了满足大多数人的利益或解决社会中存在的某个问题，政府应将殡葬设施邻避冲突的解决看成是“治理”而非“管理”的问题，政府在治理中发挥着主要作用，既有正式的强制管理手段，又有行动者之间的协商谈判和妥协。邻避冲突的治理过程既是邻避冲突的解决或消散，更是政府与冲突的利益相关者在互信、互利、相互依存基础上进行持续不断的协调谈判、参与合作、求同存异的过程。

拥有公权力的政府对社会公共利益权威性的分配应体现以人为本。当邻避冲突发生后，双方分歧太大而导致沟通无法进行时，政府应该在邻避冲突中扮演裁判角色并保持中立，以增加裁判和调解的公信力。当抗议者指向政府行为以及政府对于问题的解决时，政府应该作为平等的对话者参与到与冲突另一方的谈判中。

和谐社会一个典型的特征是公平正义，实现公平正义一个很重要的手段是政府通过合理、正当程序制定公共政策，在原有的基础上对社会利益进行再分配，平衡利益结构。邻避效应反映了政府与公民之间的不和谐，只有充分发挥地方政府在化解殡葬设施邻避冲突过程中的主导作用，通过改进和加强政府与公民之间的合作，才能在一定程度上缓解、消除邻避效应。

（2）构建面向城市边缘群体的政治吸纳机制。邻避设施的设置会造成社会局部利益结构的失衡，而不设置则会带来程度更大、范围更广的损失，不利于社会的长远发展。邻避效应体现了在进行社会资源再分配过程中存在着利益结构的不均衡性，特别是邻避设施一般兴建在偏远贫穷地区，这些地方的群众由于受到知识与参与途径的限制，无法顺畅地表达个人意愿，邻避政策的公共性也就不能充分地展现。

政府在邻避设施选址时，一般会根据“最小阻力”原则选择最无力抵抗、所需赔偿最低的地区。由于殡葬设施的特殊性，遭受邻避设施侵害的往往也是卷入到邻避冲突中的主要组织者和参加者，他们可以“毫无利益牵挂”地参加到这一类可能触犯正式体制的集体行动中来，形成一定的内在凝聚力，为围绕邻避冲突产生的集体行动注入更多能量。针对目前我国邻避冲突参与群体的特点，政府应该有意识地构建面向城市困难群体的政治吸纳机制，按照“最小抵抗法则”（law of least resistance），通过政治吸纳机制将邻避冲突纳入到政府的常态管理模式中，使政治体制对于所有利益是平等开放的，则社会群体采取抗议策略的可能性便会降低，即使发生其解决的成本也会大大降低。

（3）注重以“源头”为中心的邻避冲突风险评估。在中国转型期的“高风险社会”中，殡葬设施邻避冲突的解决应实施综合治理。因为众多群体性事件的发生有着诸多背后因素，群体性事件的治理不能仅仅局限于危机发生之后的应急管理，而应该将社会风险治理纳入其中，从而做到对群体性事件的“源头治理”，形成以“邻避风险治理和邻避事件治理”为主要内容的综合治理战略。

在殡葬设施建立过程中，政府必须首先培养风险理性意识，建立政治参与平台，优化决策方式，关注利益相关者的民生问题，充分利用风险评估、风险沟通等风险治理手段，通过有效的沟通建立信任并达成共识。在邻避事件管理过程中，关于殡葬设施的设置，需要对周边居民的心理与行为预期各个方面进行风险确认与分析评估，以便将可能的风险加入到决策过程中，并对决策进行优化调整，做到事前主动风险管理，进而将“邻避风险”降低到尽可能低的程度。

(4) 建立指向“制度缓解”的邻避冲突解决机制。制度缓解旨在赋予公众参与选址决定的权利，将邻避设施选址过程公开，让利益相关人得以参与选址过程，克服选址过程中的猜疑，从而降低居民对邻避设施的情绪化反应，这是在事前避免邻避冲突的最有效手段。邻避设施选址方式应从“决定—宣布—辩护”转向“参与—自愿—合作”。制度缓解强调邻避设施设置的科技理性和社会理性，强调技术公平和过程公平，强调社会对设施的需求、各社区间的义务均摊、对邻避设施所在社区的长期保护与补偿等，有利于促进邻避冲突的妥善解决。

(5) 综合运用多种缓解机制谋求妥善解决途径。殡葬设施邻避冲突事件中利益相关者的利益诉求属于有直接利益诉求型。事件发生后，政府部门首先应通过应急手段来平息事件，继而灵活运用补偿、风险削减、公民参与等方式，富有弹性地解决冲突并进行综合治理。

一是运用多种补偿机制，平衡利益失衡心理。造成殡葬设施建设面临困境的根本原因是设施的负外部性引发了不对称的收益——成本分配结构。与地理位置上的距离远近成反比的负外部性，使得邻避设施产生的服务收益由社会全体共享，但所产生的外部成本却集中由周边居民承担，这种“有失公允”的配置使居民对经济、社会、政治利益公平性产生质疑，引发居民的反对行为。消除殡葬设施周边居民和全社会在边际收益、边际成本上的差异是破解邻避冲突的重要途径。补偿机制是以外部性内部化为基础，核心是形成一个可接受的“诱因包裹”，对已经发生或可能发生的损失进行评估、补偿，减轻设施周边居民的损失，以缓解居民的抗争。补偿强调分享成本、重新分配收益以及解决公平和公正的问题。殡葬设施给当地居民的生活、心理、荣誉产生了一定的负面影响，应通过物质、精神或两者兼具的补偿措施和非金钱的补偿（如公共设施的提供、医疗保健服务、就业的提供、小区环境改善等），来平衡他们的利益失衡心理，弥补其所承担的成本。

二是提供风险减轻方案，建立风险削减机制。殡葬设施邻避效应表明了公民心理与社会生态两方面的不和谐，是构建和谐社会的一大障碍。政府在追求人居环境的硬件设施方面改善等外在、表面和谐的同时，还应当致力于塑造居民内在心理上的和谐。殡葬设施可能造成的环境风险是引起邻避冲突的主要原因，预防和减少有关环境和健康的影响和风险能有效减轻大众对邻避设施的抗衡。针对民众的顾虑，提出风险减轻方案，尽量降低可能发生的污染及其污染程度，通过为居民提供应对可能损害的保护性措施，可减轻居民预期恐惧与不安，弱化民众对邻避设施的抗争。在风险削减机制下，必须重视安全保证与环保标准、环境监测、环保协议等措施的采用。殡葬机构应尽早通过公开讨论去选择合适的替代方案或相应措施去避免、减少和缓解设施的影响，以减轻当地居民的疑虑，尽早争取公众的接纳和支持。

三是建立公民参与机制，提高科学决策水平。缓解、消除邻避冲突的一个有效途径就是加大公民在邻避政策中的参与力度。使吸纳民意的渠道畅通并制度化是解决邻避现象的重要手段，通过政府信息公开、民意调查、召开听证会以及其他协商式民主的机制来提高民众的自愿性，促使政府、专家以及民众之间寻求政策的共识。居民对影响其正常生活的邻避设施的第一反应是在诧异与愤怒情绪支配下进行抗争，这种极端化的情绪反应阻断了各方面进行理性协商与沟通的机会。虽然政府在殡葬设施的选址决策中掌握着话语权，但决策仍应该交付给担负利益与成本的公民，政府要设法让公众知道规划兴建过程是公开的，知道殡葬设施的必要性、意义、限制与功能，以加强公众对于殡葬设施的认同感。公众参与是把公众所关心、需要或其价值取向的意见融入政府决策的一个过程，为与邻避冲突有关的各方提供了解、沟通的平台，通过自下而上的决策过程，最终目标是达成一个获公众支持的优质政策。在邻避设施设置的过程中，政府要尽早（最佳评估时机是在初步规划后、执行前）开通关乎民生的协商交流对话渠道，主动吸纳民意，引导公众参与，以了解彼此的想法，减轻冲突对社会所造成的冲击，使冲突或者抗争带来的不良影响弱化甚至消失，做到科学决策。

和谐社会是一个以人为本的社会，一切活动的根本目的都应是为了人的生存和发展。政府应该把殡葬设施邻避冲突的出现看做是改善城市治理状况的一个契机，使殡葬设施选址达成社会效益最大化并降低冲突发生的概率。政府在设置殡葬设施时应建立合理且符合环境正义精神的决策模式，充分听取和吸纳民意，尊重民众的环境自主权和平等权，使各阶层民众在政策制定中享有平等的参与权，在设施的规划、建设过程中综合采用各种技术与政策手段，减少转嫁于周边居民的外部成本，对于因设置殡葬设施而受到影响的民众要给予合理而充分的补偿及身心补救，改变或影响居民的反对态度，减少政策执行的阻力，实现和谐社会的可持续发展。

三、国外殡葬设施的规划管理

（一）国外殡葬设施的范围及其内涵

国外殡葬设施分为持证与非持证两类。

持证的殡葬设施是指提供殡葬服务的专门设施，这类设施对外经营必须获得国家有关部门或国家授权的专门委员会的特许批准，并由经过登记注册的专业人士进行管理、提供服务。国家对持证殡葬设施的设立、改扩建、经营管理、废止等方面都制定了很严格的规定。

非持证的殡葬设施指属于私人所专有的殡葬设施，如在自有土地上设立的私人墓地、家族墓地等。虽然各国大都规定了不得在公墓以外进行安葬，但因为这些国家的土地可由公民私有，而且国家实行殡葬自由政策，公民可以自由选择土葬或火葬方式。因此，在满足一定条件的情况下，非持证的殡葬设施在特殊情况下也允许存在。对这类殡葬设施的建设标准，国家往往没有很严格的规定，只是提出一些限制条件：目的在于埋葬骨灰而不是遗体，获得卫生部门的许可，不与公共利益对立，出于特殊原因等。

国外法律对持证殡葬设施的范围在具体规定上存在一定差别。有的仅指某类特定的建筑物；有的（如美国）除了固定的建筑物，还包括一些特定的固定场所；有的范围就更大，如德国，泛指用于殡葬准备和实施殡葬的设备、建筑物和场地空间。但归纳起来，国外法律规定的殡葬设施主要有以下几种：

一是殡仪馆。国外的殡仪馆一般只是对遗体进行卫生处理、提供遗体存放和告别礼仪服务的固定场所，并不配备火化设备，不具有火化遗体的功能。

二是太平间。太平间一般只指保存遗体的空间。在德国勃兰登堡州的殡葬法律中，太平间被明确规定为殡葬服务设施。在法国，太平间与殡仪馆的区分并不明显，太平间既有存放遗体的设备设施，也有用于接待公众进行丧礼仪式的场所，类似一个殡仪馆。

三是火化场。火化场是指配备有火化遗体设备的建筑物。在国外，火化场往往设立在公墓里，成为公墓的一部分。

四是墓地。在有的国家，墓地的范围很广。例如加拿大法规中的墓地指用于埋葬人类遗体的土地，包括陵墓、骨灰安置处以及用来安葬遗体的其他建筑；美国法规中的墓地指用于或旨在用于埋葬的场所，几乎包含了所有的遗体安葬和骨灰安置设施。但有的国家将墓地狭义地规定为提供墓穴安葬方式的场所，它不包含骨灰堂、塔陵园等。日本把骨灰盒存放场单独列出作为独立的殡葬设施，其性质等同于我国的骨灰堂，是以提供骨灰室内安置为主要服务内容的殡葬设施。

（二）国外殡葬设施规划立法的原则

一是国家严格监管的原则。殡葬设施属于国家严格监控的设施，其设立、改扩建、废止、经营管理主体的选定等，都必须经过注册审批程序，经营过程也必须严格遵照国家的有关法律。具体审批监管机关，在大陆法系的国家，一般由国家行政机关承担；而英美法系国家，往往由有关的专业委员会承担。

二是体面殡葬亡人的原则。尊重亡人，有尊严地殡葬亡人，是社会的公共责任。德国的殡葬法将“体面殡葬死亡人员是一项公共责任”作为首要的原则进行规定。

三是符合公序良俗的原则。殡葬法规都将“符合公众的风俗习惯和公认的社会准则”作为殡葬的一个基本原则。

四是确保公共利益的原则。殡葬设施的建设，不得损害公共利益，必须符合卫生的要求，不损害公共安全及公众的健康安全。

五是保护生态环境的原则。重视生态环境的保护，确保不污染环境，是这些国家殡葬设施立法的重点。

（三）国外殡葬设施设立的相关规定

殡葬设施规定主要有设立规定和设立后的建设规定。设立规定解决的是设立一个新的殡葬设施需要满足的基本条件。这些国家对此作出的具体规定虽然存在很大差别，但都包含了以下基本内容：

1. 国家审批和总量控制

殡葬设施是一种特殊的公共服务设施。各国对其新建都坚持国家审批的原则，在法律中详细规定设立殡葬设施的申请审批程序。另外，又实行总量控制，按需设立。如德国勃兰登堡州规定，乡镇应兴建、扩建、维护公墓和太平间，满足公共需要；但如果在合理的距离范围内已经有可以使用的别的公墓和太平间，就没有必要再兴建或扩建。

2. 经营主体资格的限制

各国对经营管理殡葬设施的主体都作了限制，限制方式主要有两种：

一种是先从主体的性质上进行限制，再设立其他条件。如日本认为殡葬设施是公益设施，必须确保经营的公益性和持续性，因而规定只有政府、公益法人、宗教法人等特定的主体才能经营管理殡葬设施，严禁商业法人介入。德国规定只有乡镇、乡镇联合所、地区性大协作组和个体权利人才能兴建和经营火葬场，公墓的权利人也只能是乡镇及宗教团体等公法团体。

另一种是不在主体性质上设立限制，而设置其他条件限制。如美国、加拿大等国，个人、企业、公司甚至外国法人都可以申请经营管理殡葬设施，但申请要获得批准，必须达到国家设置的条件：

（1）资本金的要求。申请人必须具有的最低资本金，有经济能力进行殡葬设施的运作。

（2）跨行业经营的限制。申请人必须只从事殡葬业，不得跨行业经营，或者规定申请人不得从事与殡葬业可能存在冲突的行业。

（3）对管理层的要求。申请人的管理权必须由注册殡葬理事掌握，或规定申请人中的管理层具有从事殡葬业所要求的经验和能力。

（4）信息披露的要求。申请人对自身的人员情况、资金情况等进行诚实的、明确的披露。如美国规定，每一家持有执照的殡仪馆都应在主入口旁放置一块高度不得低于一英尺的标记牌，上面披露如下信息：持有运营该殡仪馆的实体情况，每一名注册持证的殡葬理事的姓名，直接或者间接持有运营该殡仪馆的实体的10%或者更多股权的任何实体的名单。

（5）职业责任保险的要求。申请人必须按照规定要求进行职业责任保险。

（6）诚信的要求。申请人的以往诚信记录良好，足够让人有理由确信其将来也能依法诚信经营。

3. 对资源和环境的保护

由于许多国家实行土地私有制，因此法规在土地所有权性质方面较少限制性规定。对殡葬设施资源和环境的限制，主要有以下几个方面：

（1）保护环境的需要。例如，德国勃兰登堡州殡葬法明确规定，兴建墓地应考虑环境保护和自然保护的要求，包括地下水情况与地质状况，地质状况要适宜兴建殡葬设施，防止对地下水造成污染，墓地位置的选择必须符合对安静和尊严方面的要求和卫生健康方面的要求。地质情况和地下水情况必须符合殡葬适用性要求。日本的殡葬法明确规定，墓地必须距离河川、海洋或者湖泊20米以上，墓地必须选择不会污染饮用水且干燥的地点。

（2）土地的所有权。如果土地所有权不属于申请人，申请人必须获得了所有人的明确授权和保证，以确保经营的连续性、永固性。

（3）规划与交通情况。殡葬设施作为一种公共服务设施，应符合当地整体建设规划，选择在交通便利的地方。

（4）周边居民的意见。美国殡葬法规定，用于殡仪馆的土地上不得有任何生活区。日本殡葬法规定，土葬墓地到住宅、学校、幼儿园、医院、办公室、商店以及这些建筑物用地的距离必须保持在100米以上。

4. 注重公共利益的维护

一个申请能否被批准，最重要的因素是公共利益。例如，加拿大安大略省公墓法规定，市政府收到一个墓地建设申请后，首先应组织公共听证，以确定其是否有利于公众利益，是否会威胁公共卫生安全。

第二节　殡葬服务机构经营许可法律制度

行政许可作为一项重要的行政权力，是行政机关依法对社会、经济事务进行事前监督管理的一种重要手段，是现代行政管理不可或缺的管理方式。近年来，行政许可在调控我国经济和社会的健康有序发展方面发挥了重要的作用。

一、殡葬服务经营许可制度及其内涵

（一）行政许可与行政许可法

1. 行政许可定义

《现代汉语词典》对许可的解释是：准许；容许。在法律制度上主要有行政许可与民事许可。行政许可又叫行政审批，其表现形式主要有：颁发执照、审查批准、登记、认可等。行政许可是指行政机关根据公民、法人或者其他组织的申请，依法对相对人从事某种活动的权利或资格予以审查，并予以准许或不准许的具体行政行为。

行政许可是依法对申请进行审查的行政行为。行政相对人提出申请是行政许可的前提条件，行政主体不能主动颁发许可证或执照。

行政许可的主体是行政主体。行政许可是一种具体的行政行为，是行政主体按照行政许可制度的规定所实施的行为。除此之外的任何公民、法人或其他组织都不能成为行政许可的主体。

行政许可的具体行为方式有两种，即准许或不予准许。因此，行政许可既可能是一种受益性的行政行为，又可能是一种不利行政行为。

2. 行政许可制度

行政许可制度属于社会制度的范畴。行政许可制度的实质是一种法律制度，作为一种法律制度，行政许可制度是行政机关基于维护公共利益的需要而对相对人的特定权利或自由进行调控的规则体系，一套规范行政许可设定、实施、监督检查的制度体系，包括“行政许可事项的立法、实施、许可后的事后监督以及对许可行为的司法控制等内容的有机整体。”[①] 行政许可制度不

① 徐超华：《宪政视野下的行政许可》，载《湖南城市学院学报》，2005 年第 3 期。

是单项的制度，而是由多项具体制度构成的规范行政许可行为的制度体系。具体包括规定许可机关、许可依据、许可标准、许可程序、许可时限、许可费用，规定申请、审查、批准或不批准、颁发许可证的要求以及监督检查、撤销、变更许可证的方式等方面的制度。

行政许可制度有利于有效配置资源。在市场经济条件下，市场是资源配置的一种基础性手段，能够有效地配置各种社会资源，但在一些市场不起作用的领域，有效利用资源必须借助于政府其他管理手段。行政许可作为一种行政管理方式，可以解决市场在资源配置中的不足，加强国家宏观调控，保护自然资源，维护人类的生存空间，对资源进行公平、合理、有效的配置。

行政许可制度有利于防范危险行为。这是行政许可最主要、最基本的功能。从管理学角度分析，对可能发生的系统性问题采取事前监督管理方法，可以避免或防范某些危险。行政许可属于事前监督管理方式，主要是通过事先规定一定的条件，对可能发生的系统性问题提前设防，防范某种危险的发生，以维护国家、社会和每个公民享有的自由、安全、平等和福利等基本权利。

行政许可制度有利于防止侵权行为。在复杂多变的经济社会生活中，为了稳定社会关系，提供某种预期，确认某种权利，需要政府以行政许可的方式，向社会提供证明或者信誉、信息，以公信于众。从行政管理相对人的角度看，行政许可作为由相对人提出申请，行政机关审查后作出的许可或者不予以许可的行为，承担具有约束力的义务，有助于澄清目前存在的有关法律的不确定性，可以在法律上使申请人减少受行政机关侵害的风险，使自己及时预见所从事行为的后果。

行政许可是行政机关的行政行为和决策。经行政许可，公民、法人或其他组织便可对其申请的活动作为，未经行政许可，则对其申请的活动不可以作为。行政机关对公民、法人或其他组织的申请许可与否是一项慎重的决策，必须依照法律法规办事，这就是行政许可法。

2003 年 8 月 27 日十届全国人大常委会第四次会议通过了《中华人民共和国行政许可法》，该法于 2004 年 7 月 1 日起施行，是中国的第一部行政许可法，也是世界上以单行法形式颁布的第一部行政许可法。行政许可法对行政许可的设定范围、种类、程序以及行政许可的检查监督、收费等都作出了明确规定，将政府的行政许可和行政管理工作纳入了法制化、规范化的轨道。该法所确定和确立的一系列规则、原则和制度，有助于各级政府和广大公务员更新观念，树立正确的管理理念，增加制度变革和创新的自觉性和主动性，并以此为契机和突破口，实现政府管理的根本转型。

行政许可法第十三条明确规定，可以设定行政许可的事项，也并不都必须设定行政许可。凡是公民、法人或其他组织能够自主决定的，市场竞争机制能够有效调节的，行业组织或者中介机构能够自律管理的，行政机关采用事后监督等其他行政管理方式能够解决的，可以不设行政许可。

行政许可法规定以下事项可以设定行政许可：直接涉及国家安全、公共安全、经济宏观调控、生态环境保护以及直接关系人身健康、生命财产安全等特定活动，需要按照法定条件予以批准的事项；有限自然资源开发利用、公共资源配置以及直接关系公共利益的特定行业的市场准入等，需要赋予特定权利的事项；提供公共服务并且直接关系公共利益的职业、行业，需要确定具体特殊信誉、特殊条件或者特殊技能等资格、资质的事项；直接关系公共安全、人身健康、生命财产安全的重要设备、设施、产品、物品，需要按照技术标准、技术规范，通过检验、检测、检疫等方式进行审定的事项；企业或者其他组织的设立等，需要确定主体资格的事项；法律、行政法规规定可以设定行政许可的其他事项。

（二）殡葬服务经营许可概述

1. 殡葬服务经营许可的概念

作为社会中的一名成员，每个阶段都处在政府的管理和许可之中，从诞生之时的出生证到死亡时的死亡证明都需要行政机关的审核批准，殡葬作为人生的终点，与行政许可密不可分。

殡葬服务是指公民、法人和其他组织依法举办的为公众提供遗体运送、防腐、整容、冷藏、悼念、火化以及遗体或骨灰安葬等服务。提供这些服务的殡仪馆、火葬场、公墓、骨灰安置处等统称为殡葬服务机构。殡葬服务属于直接涉及生态环境保护以及直接关系人身健康的特定活动，属于涉及有限自然资源利用、公共资源配置的特定行业，属于需要特殊条件或特殊技能等资格、资历的事项，属于需要特定技术标准规范进行审定的事项。因此，依照我国行政许可法规定的行政许可范围，殡葬服务经营活动列为行政许可法规定的行政许可范围。

殡葬服务机构经营许可是指殡葬服务主管部门按照有关法律法规的规定，根据公民、法人或者其他组织的申请，依法对相对人从事特定殡葬行为的权利或资格予以审查，准予申请人在殡葬设施规划范围之内，从事一定的殡葬服务经营活动。

殡葬行政许可制度是行政机关基于维护公共利益的需要，对相关殡葬服务设施和从业人员的特定权利或自由进行调整的规则体系，包括规范殡葬行政许可设定、实施、监督检查等制度体系的综合。

2. 殡葬服务经营许可的特征

（1）依申请而实施的具体行政行为。提出申请是殡葬行政许可的前提条件。殡葬行政主管机构必须因行政相对人提出申请从事某种行为或者获得某种资格，而不能主动颁发许可证或执照。从相对人的申请事项来看，殡葬服务经营许可不是准予相对人实施特定的民事行为，也不是准予相对人享受一定的待遇，而是准予相对人从事特定活动。

（2）政府管理社会事务的一种方式。民政行政部门可以通过行政确认、行政裁决、行政给付、行政命令、行政处罚等对社会事务进行管理，也可以通过行政许可对社会事务进行管理。民政部门有必要在清理行政许可规定的基础上，进一步界定和规范民政部门管理社会事务的职能，解决行使殡葬管理权限中的“越位”“缺位”“错位”等问题。民政部门要改革行政管理方式，特别是改革殡葬许可方式，逐步学会运用间接管理、动态管理和事后监督管理等手段对殡葬事务实施管理，并注意发挥行政规划、行政指导、行政合同等的作用，解决管理方式单一、职权交叉等突出问题。

（3）民政行政部门实施的行政行为。殡葬服务经营许可是民政行政部门实施的具体行政行为，其他组织或个人都无权实施行政许可行为。民政行政机关实施的不具有行政管理性质的行政行为不是民政行政许可，即使冠以审批、登记等名称，也不是行政许可。殡葬服务经营许可的相对人只能是作为行政管理对象的自然人、法人或者其他组织，殡葬服务经营许可调整的是外部行政管理行为，是受行政许可法的调整的具体行政行为。

（4）经民政行政机关审查后的活动。殡葬服务经营许可是民政行政机关经审查后确认自然人、法人或者其他组织达到规定的条件，准予其从事特定活动的行为。一旦立法者规定，某种活动需要经过行政许可才可能进行，对自然人、法人或者其他组织来说，能否取得从事该项活动的行政许可，就要看其是否具备法律规定的相应条件。而法律同时往往将相对人是否具备某种条件的审查权交由特定的行政机关，由其按照规定的条件、程序去审查。所以，在殡葬管理中设定行政许可，就必须对从事殡葬设施生产和从事殡葬服务业务的自然人、法人或者其他组织设定相应的准入条件，并按设定的条件进行审查、年检，实施有效的监督，以达到设定行政许可的目的。

（5）众多部门协同有序监管的行为。殡葬服务经营许可按照“谁批准，谁监管”的原则，通过核查反映被许可人从事行政许可事项的活动情况的有关材料，对行政相对人是否按照取得行政许可时确定的条件、程序和从事许可事项的活动履行监管责任，对违反规定的要依法处理，直至撤销行政许可或吊销许可证。由于殡葬涉及的法律多达十几个，既有行政法，也有民法、经济法等领域，涉及的权利主体的权利义务也具有多元化的特点，殡葬行政许可领域的法律关系较为复杂。殡葬行政许可法律关系主体多元化，涉及的主体较多，包括殡葬行政主管部门、相关部门（林业、农业、土地、环保、卫生部门等）、行政许可的持有人、普通公民等。殡葬主管部门与相关部门基于殡葬行政许可而存在的协同合作关系。在殡葬行政许可制度中存在殡葬管理法律关系主体之间的地位不平等，存在许可与被许可、监督与被监督等关系，许可持有人与普通公民之间的基于殡葬许可服务而产生的法律关系，普通公民与许可持有人之间的监督与被监督的法律关系。

3. 殡葬服务经营许可的设定

殡葬管理是政府管理的诸多社会事务中的一项。殡葬服务经营许可就是民政行政机关对公民、法人或其他组织申请从事殡葬服务或经营活动进行审查，批准其从事殡葬服务或经营活动的程序和行为。其管理的出发点和落脚点是使殡葬活动有利于国家和公众，通过对殡葬活动进行管理和规范，使社会物质文明与精神文明同步发展。因而设定殡葬服务经营许可应坚持以下原则：

（1）合法原则。合法原则是行政法定原则在殡葬行政许可领域中的具体体现。行政许可法第四条规定，设定和实施行政许可，应当依照法定的权限、范围、条件和程序。合法原则是指任何殡葬行政职权的来源与作用都必须具有明确的法定依据，越权无效并且要承担法律责任。这一原则就要求殡葬行政许可的设定和实施必须严格按照法律的规定。

（2）公开公平原则。行政许可公开、公平原则源于现代宪政理念中国家对人权的尊重和保护的理念，对于规范行政许可行为，保护公民、法人其他组织的合法权益，保障和监督行政机关正确行政许可权，具有十分重要的意义。坚持公正、公开原则，需要进一步完善有关行政许可公开的法律制度，畅通行政许可的实施和结果公开的渠道；坚持公平、公正原则，需要落实和进一步完善相关制度，如实行政许可的听证制度、回避制度、行政许可的受理与决定分开制度。行政许可法第五条规定，设定和实施行政许可遵循公开、公平、公正原则。有关行政许可的规定应当公布；未经公布的，不得作为实施行政许可的依据。行政许可的实施和结果，除涉及国家秘密、商业秘密或者个人隐私外，应当公开。

（3）信赖保护原则。信赖保护原则源于民法中的诚实信用原则，诚信不仅在私法领域广泛应用，在公法领域也有所涉及。信赖保护原则是指行政机关对被许可人作出的行政许可行为时，行政机关不得随意改变该行为，否则必须合理补偿被许可人的财产损失。行政许可法第八条规定：公民、法人或者其他组织依法取得的行政许可受法律保护，行政机关不得擅自改变已经生效的行政许可。行政许可所依据的法律、法规、规章修改或者废止，或者准予行政许可的客观情况发生重大变化的，为了公共利益的需要，行政机关可以依法变更或者撤回已经生效的行政许可。由此给公民、法人或者其他组织造成财产损失的，行政机关应当依法给予补偿。

（4）不可转让原则。行政许可法第九条规定：依法取得的行政许可，除法律、法规规定依照法定条件和程序可以转让的外，不得转让。第八十条规定：倒卖、出租、出借行政许可证件，或者以其他形式非法转让行政许可的，行政机关应当依法给予行政处罚；构成犯罪的，依法追究刑事责任。殡葬行政许可人申请人依法取得殡葬行政许可一般不得转让。只有特定事项依法取得的殡葬行政许可可以转让，但必须由法律、法规对这种转让作出明确规定，如果对殡葬行政许可的转让不加严格限制，会给倒买倒卖许可证件等违法犯罪行为提供可乘之机，造成经济秩序和社会秩序混乱。

（5）监督管理原则。行政许可法第十条规定：县级以上人民政府应当建立健全对行政机关实施行政许可的监督制度，加强对行政机关实施行政许可的监督检查。行政机关应当对公民、法人或者其他组织从事行政许可事项的活动实施有效的监督。行政机关对相对人的许可权进行监督，是行政许可制度的一个重要组成部分。设定行政许可只是行政许可制度的基础，行政许可制度最终是否能够真正服务于公共利益，很大程度上取决于行政机关在实施许可后对相对人行为的监管。如果没有监管，行政许可就达不到原来的目的，失去立足之地，流于形式。行政机关不仅要加强对被许可人的监督，也要加强对其他公民、法人或者其他组织从事行政许可事项的活动的监督。

（6）救济原则。为了保障当事人在行政许可中的合法权益，行政许可法第七条规定：救济原则是指公民、法人或者其他组织对行政机关实施行政许可，享有陈述权、申辩权；有权依法申请行政复议或者提起行政诉讼；其合法权益因行政机关违法实施行政许可受到损害的，有权依法要求赔偿。行政许可作为一种授益性行政行为，无论行政机关作出准予许可还是不予许可的决定，都有可能对有关相对人的合法权益产生一定的影响，尤其是“不予许可”可能直接侵害申请人的合法权益。

总之，殡葬经营服务许可要做到以下三点：

一是要遵循经济和社会发展规律。只有市场调节、社会自律不能解决的时候，才需要通过设定殡葬服务经营许可进行事前干预。

二是应当有利于公民、法人或者其他组织积极性、主动性的发挥。只有在民事主体行使权利可能对公共利益、社会秩序以及他人合法权益造成不可挽回的重大损失时，才应当设定殡葬服务经营许可进行事前防范。

三是要有利于促进经济、社会和生态环境的协调发展。凡是能够促进三者协调发展的，可以设定殡葬服务经营许可予以保障。

4. 殡葬服务经营许可的范围

行政许可的设定范围，就是根据设定行政许可应当遵循的价值取向，确立在立法上什么事项可以设定行政许可，什么事项不能设定行政许可。要解决这个问题，必须妥善处理政府管理与公民、法人或者其他组织自主决定的关系，政府管理与市场竞争机制的关系，政府管理与社会自律的关系，行政许可方式与其他行政管理方式的关系等。殡葬行政许可制度由法律和法规设定，由经济基础所决定，一旦经济体制发生变化，殡葬行政许可制度的范围和方式等也要随之发生变化。

殡葬行政许可主要属于普通许可、资格资质认可和核准的范围。殡葬行政许可可以划分为对机构、人员的许可两类。对机构的许可是对殡葬服务机构设置的许可，主要有对殡仪馆、火葬场、骨灰堂、公墓、殡仪服务站等设置行政许可。对人员的许可是对从事一定职业人员资格、行为的许可，它要求申请者具备一定的素质和条件，经过专门的考试和测试，有专门的机构依照法定程序批准颁发职业资格许可证书后，方能从事殡葬服务工作。

（1）建设殡仪馆、火葬场、骨灰堂许可。包括对遗体的照管与处理，以及与遗体相关的典礼或仪式的协调；提供遗体埋葬或火化之前对遗体进行防腐处理和葬礼指导方面的服务；骨灰堂所有者在骨灰堂提供的所有服务。民政行政机关依照《殡葬管理条例》的规定，对公民、法人或其他组织申请建设殡仪馆、火葬场、骨灰堂等殡葬设施进行审查、批准、登记和备案及管理的行政许可行为。

（2）建设墓地许可。指墓地所有者在墓地上提供的所有各项服务，包括坟墓的开启与关闭、埋葬或挖掘遗体、提供临时墓位进行临时存放、建造墓志基座、提供相关工具器械和殡葬物品以及与骨灰安葬有关的服务。民政行政机关依照《殡葬管理条例》的规定，对公民、法人或其他组织申请建设公墓，进行审查、批准、登记和备案及管理的行政许可行为。

（3）开展殡葬服务许可。是对死者遗体进行处理、安葬，以及为此而提供的各种仪式和服务。民政行政机关依照《殡葬管理条例》的规定，对公民、法人或其他组织申请开展殡葬服务，进行审查、批准、登记和备案及管理的行政许可行为。

（三）殡葬服务经营特别许可

1. 行政许可特许的主要特征

特许是指除必须符合一般条件外，还对申请人予以特别限制的许可。它是直接为相对人设定权利能力、行为能力、特定的权利或者总括性法律关系的行为，又称为设权行为。在行政许可立法时，就要确定特许适用的事项范围，其前提是确立国家、社会、私人的责任和范围，明确政府的职责，确立政府和私人的责任的各自范围。否则，无法设权或者赋权①。特许具有以下特征：

一是数量限制。特许的数量限制是由于权利的性质或者社会经济发展状况的条件决定的，不能是行政机关为实施行业保护或者地区保护而人为设定的限量。特许的数量限制决定了其只能为特定的人享有，并且特许一旦授予某一个人、某一组织以后，就排除了其他个人、组织享有该项特许的机会。

二是通过招标、拍卖等方式择优决定，被许可人需要付费。特许的对象主要是有限自然资源或者有限公共资源。为防止个人或者组织通过非正常渠道取得过多的有限资源，应当将资源通过招标、拍卖等竞争方式予以配置，同时收取相应的自然资源的使用费，以提高有限资源的使用效益，减少浪费资源的行为，通过政府干预将资源配置到最能提高资源使用效益的个人或组织。

三是特许可以转让、继承。由于资源的有限性、需求的广泛性，通过总量控制，鼓励个人组织将节约带来的资源指标，作为一种"有限资源"在市场上交易或者转让，而缺少资源指标又需要利用该资源的，就可以通过交易或者受让取得。行政许可法第九条规定："依法取得的行政许可，除法律、法规规定可以转让的外，不得转让。"这一规定为今后特许的转让疏通了法律上的通道。

特许适用的事项范围主要有：一是有限自然资源的开发利用，如土地使用权的审批、殡葬用地许可、用水许可等；二是有限公共资源的有效配置，如电信频率执照、出租汽车营业许可、殡仪馆建设许可等；三是其他事项，如公共事业的市场准入许可、外商进入中国服务业的市场准入许可等。可见，特许只是在与国民生活息息相关的领域，将本属于国家或者公共团体职能的事项，由国家授予特定的个人、法人或其他组织经营，以保证最低限度的对有限资源的利用。因此，特许对申请人除符合法律上规定的一般条件外，还

① 张兴祥：《中国行政许可法的理论和实务》，北京大学出版社，2003 年版，第80 页。

对其条件有特别的限制，申请的程序也比较严格，许可机关的层级较高，许可程序应当最大限度地公开，采取招标方式，必要时还要进行听证，对许可行为实行严格的监督，违法实施许可行为，要受到严格的法律责任追究。

2. 殡葬服务经营特许的理由

由于殡葬设施审批有数量、布局规划的限制，殡葬服务经营又需要承担很大的公益义务，应当定义为赋予特定权利的特许，属于行为许可。从行政许可的分类来看，特许是指由行政机关代表国家向被许可人授予某种权利，主要适用有限自然资源开发利用、有限公共资源的配置、直接关系公共利益的垄断性企业的市场准入等。殡葬服务经营许可涉及的就是有限自然资源利用、有限公共资源的配置、直接关系公共利益的垄断性企业的市场准入的许可，故属于特许。

殡葬服务经营许可应当对殡葬设施的兴建和改造采取特许方式。殡葬设施的兴建和改造是指公民、法人或其他组织兴建和改造殡仪馆、火葬场、骨灰堂、公墓、殡仪服务站等的行为。民政部门对殡葬设施的兴建和改造进行管理，其出发点和落脚点是使殡葬活动有利于国家和公众，通过对殡葬活动进行管理和规范，以提高有限资源的使用效益，减少浪费资源的行为，使社会物质文明与精神文明同步发展。从殡葬设施的兴建的管理方式和特征来看，应当将殡葬设施兴建和改造许可定义为赋予特定权利的特许。

（1）总体数量的限制。特许的首要特征就是有数量限制。殡葬设施的兴建和改造主要涉及殡仪馆、火葬场、骨灰堂、公墓的兴建，涉及土地的利用。土地是一种不可再生资源，我国人多地少，国家必须对殡葬设施的兴建和改造实施强制管理，予以特许，以保护有限的土地资源合理利用。

（2）布局规划的限制。殡葬设施的兴建和改造主要是殡仪馆、火葬场、骨灰堂、公墓的兴建和改造，这些设施的兴建和改造无论规模大小总要占用一定的土地资源和公共资源。在殡葬设施的兴建上必须从我国国情出发，从本地的实情出发，根据正常死亡率，有控制的适当发展，制订殡葬设施总体发展规划。

（3）承担公益的义务。殡葬设施的兴建和改造目的是为城乡居民提供安葬骨灰和遗体的公共设施。公益性是其首要特征，为了城乡居民的公共利益，必须对殡葬设施的兴建、改造和经营管理进行必要的监督管理，使其最大限度地为公众提供服务并且合理的利用自然资源和公共资源，有必要设定特许。

3. 殡葬服务经营特许的方式

将殡葬设施的兴建许可设定为特许，防止个人或者组织通过非正常渠道取得过多的殡葬有限资源，通过政府干预将资源配置到最能提高资源使用效益的个人或组织。对殡葬设施兴建和改造许可设定为特许，在管理上应当从直接管理变为间接管理。其具体实施的方式是：

(1) 确定总体数量。殡葬设施的建设应贯彻节约用地和移风易俗的原则，根据城乡规划的要求，对建设殡葬设施实行总量控制和规划，按照区域人口分布确定殡葬设施的数量。

(2) 采取招标方式。在确定兴建殡葬设施的经营主体进行许可时，应当采取招标的方式，以体现公平分配社会资源的原则。招标的方式有竞争性招标、有限竞争招标和谈判招标方式。民政行政许可机关可以根据具体情况决定采用哪种招标方式。

(3) 签订行政合同。行政合同是行政主体以实施行政管理为目的，与行政管理相对人一方就有关事项经协商一致而达成的协议。它是行政机关以签订合同的方式代替行政行为，通过合同约定行政主体和行政相对人的权利和义务，使直接管理变间接管理。

(4) 实行准入制度。殡葬服务设施的经营许可要与（自然人）殡葬服务职业资格许可紧密结合，从业人员具有殡葬服务行业职业资格是获得经营许可的必备条件；自然人申请经营殡葬服务时，则必须具有职业资格。考虑到殡葬服务工作人员的行为直接关系到公民治丧活动的满意程度，对工作人员的经营资格、技术资格等应该通过制度来管理，即实行职业资格制度。殡葬从业人员的职业资格应由法律来规定或确认，资格的取得也要经过法定的程序。

二、我国殡葬服务经营许可制度分析

（一）我国殡葬服务经营许可制度的现状

我国的行政许可制度主要是伴随经济体制改革和行政体制改革而变迁的。殡葬作为特殊的行业，关系到伦理道德、环境卫生等公共利益，我国殡葬行政许可制度始于计划经济向市场经济转轨的大背景之下，有关行政许可制度的内容主要见诸国务院和地方制定的有关殡葬的规范性文件及民政部门制定的规章、意见、通知等规范性文件。

由于我国法治建设总体滞后，过去各级民政部门对殡葬设施设置和殡葬服务市场的管理，主要依赖批复与处罚两种手段。批复的格式和内容基本固定，形成了一种简单的同意与否的意思表示。而对获准开展殡葬服务的经营主体进行约束，则主要靠行政处罚。行政处罚只是一种事后追惩的手段，难以及时、全面、持续地调控经营主体的经营活动。因而，有令不行、禁而不止、追而难惩等问题日益增多。

国务院《殡葬管理条例》明确授予民政部门批准权，批准权就是市场准入权，也是一种特许权。随着我国社会主义市场经济的发展，行政许可的范围大大缩减，行政许可事项越来越少，但骨灰安置和火葬因其关乎公民殡葬权益的特殊重要性，根据国际通行做法，决定了骨灰安置和火葬事务的行政许可将长期存在。

（二）我国殡葬服务经营许可制度的展望

按照现代公共行政的要求，我国逐步实行殡葬设施设置和殡葬服务的社会化、市场化政策。这对我国殡葬服务经营许可法律制度提出了许多值得探讨的问题。例如，可将过去单纯的设施设置许可，改为殡葬设施和殡葬服务项目的经营许可，设立《殡葬服务许可证》，对殡葬服务经营者的主体资格及其经营项目的申请、登记、年检、注销、处罚等行政管理内容，作出系统的规范。

殡葬服务经营许可法律制度的发展趋势如下：

1. 调整审批权限与程序

许可的条件和程序应体现公共事务管理的公平性、公开性、公正性和效率性，许可的条件应符合市场经济规律的要求和殡葬行业的具体特点，突出对申请者资质的要求。注重对殡葬服务经营项目的许可，而非强调服务设施建设的许可；强调经营主体的资质和经营能力，而非强调经营主体身份地位、法律性质的统一性。由于各地具体情况有所不同，对殡葬设施设置和殡葬服务经营项目的审批权可适当调整：

建设殡仪馆、火葬场、公墓，由申办者向设在地的县级人民政府的民政部门提出方案，经本级人民政府同意，报上一级人民政府的民政部门审核，由省级人民政府的民政部门批准后，持批准部门（以下称审批机关）颁发的《殡葬服务许可证》办理工商注册登记。

建设殡仪服务站、骨灰安放设施，由申办者向设在地县级人民政府的民政部门提出方案，经同级人民政府审核同意后，报设区的市、自治州人民政府的民政部门批准，持批准部门颁发的《殡葬服务许可证》办理工商注册登记。

建设农村骨灰寄存设施和土葬墓地，由申办者向设在地乡、镇人民政府提出方案，经县级人民政府审核同意后，报设区的市、自治州人民政府批准，由批准部门颁发《殡葬服务许可证》。农村骨灰寄存设施或墓地不得安置设在地之外的逝者，设在地乡、镇人民政府，应当核定设施管理、维护的成本性收费标准。

申办殡葬设备、用品生产及销售等商业性机构，由申办者向机构设在地的县级人民政府的民政部门申领《殡葬服务许可证》，凭《殡葬服务许可证》办理其他相关报批手续。为确保公众殡葬权益不受损害，未获得《殡葬服务许可证》的其他机构，不得从事有关殡葬服务事宜。

2. 实施行政许可听证制

听证制度源于英国法的“自然公正原则”、美国法的“正当程序原则”和德国等国家的法制理论和依法行政原理，现已成为现代行政程序法的一项重要制度。听证制度是行政主体在作出是否准予行政许可的决定之前，由行政主体告知决定理由和听证权利行政相对人陈述意见、提供证据以及行政主体听取意见、接纳证据并作出相应决定等程序所构成的一种法律制度。

我国行政许可法第四十六条的规定：“法律、法规、规章规定实施行政许可应当听证的事项，或者行政机关认为需要听证的其他涉及公共利益的重大行政许可事项，应当向社会公告，并举行听证。”第四十七条规定：“行政许可直接涉及申请人与他人之间重大利益关系的，行政机关在作出行政许可决定前，应当告知申请人、利害关系人享有要求听证的权利；申请人、利害关系人在被告知听证权利之日起五日内提出听证申请的，行政机关应当在二十日内组织听证。”

殡葬行政许可由于关系到环境、资源、卫生等公共利益，与公众利益息息相关。在殡葬行政许可过程中可以引入听证制度，允许更多的公民或者利益团体进入行政许可程序，表达其价值倾向，在必要时鼓励参与内部协商和讨论，以达成某些基本共识，使行政许可具备基本的公共性。例如，在新建、改扩建殡仪馆、火葬场的过程中，民政部门召集由公众、专家、相关部门参加的听证会，充分听取各方面的意见，有利于促成这些项目的规划和实施。

3. 设置殡葬经营保证金

长期以来，由于管理制度的不完善，给一些经营性公墓的经营者进行投机和违规经营造成了可乘之机，违规炒作甚至卷款外逃事件屡屡发生。考虑到殡葬服务市场放开后的各种管理和经营风险因素的客观存在，以及对消费者权益进行保护的需要，可参照国外的做法，建立经营保证金制度，对投资经营者预先征收一定额度的保证金，以促使其合法、稳健经营。

经营保证金的额度一般不低于设施建设投资总额。考虑我国各地情况不同，应实行不同的标准，由设施的审批机关设定。投资经营者应当与审批机关签订《委托监管经营保证金协议》，并按照协议规定存入指定国有银行的专用委托账户。经营保证金及其利息由民政部门按照《委托监管经营保证金协议》实行监管，主要用于因该经营者的原因致其服务对象合法权益受到损害时的赔偿。该殡葬服务单位解散、破产、合并或者分立，其经营保证金及其利息作为该殡葬服务机构资产的一部分，按照有关法律规定处理。

4. 设置殡葬事业发展金

从目前殡葬服务设施缺少后续维护资金的问题以及国家没有殡葬改革专项经费的情况出发，应当建立“殡葬事业发展金”制度。可以考虑两个途径，一是提请中央财政设立殡葬改革专项经费科目，或提高地方殡葬事业费基数。根据各地上报预算，一年一核定，专门用于殡葬改革的推行和管理工作开支；二是所有殡葬服务机构在经营中必须缴纳“殡葬事业发展金”。“殡葬事业发展金”分为两部分：一是在总收入中按一定数额或比例提取，用于该机构后续发展，其资金的管理和使用方法，参照“经营保证金”的办法执行。二是按服务次数提取一部分资金上缴民政部门，用于推行殡葬改革和抵补低收入家庭丧葬费用的补差，“殡葬事业发展金”的提取数额由各审批机关会同相关部门制定。

5. 建立监督和年审制度

行政许可监管制度有利于行政许可目的的实现，提高行政效率。

一是实行报告制度。在行政许可的过程中，对信息的拥有和控制是行政许可的基础。许可持有人应行政机关的要求或者在固定的时间内，对某些特定的事项予以充分说明的一项制度。分为定期报告和临时报告。定期报告是指许可持有人在经营过程中，在固定时间（每半年或一年）向行政机关对其这段时间的经营状况给予充分说明。临时报告是指许可持有人在经营过程中，遇有突发或重大事项的情况下，应行政机关的要求，对这些事项进行的充分说明。

二是实行自律监管。行业协会是非政府组织，但是在行业管理方面可以发挥重要作用。一些国家行业协会有时发挥着比行业主管部门更重要的作用，例如在美国、加拿大、英国，一些行业协会基本上是在行使行业主管部门的功能。在国家法律法规的框架下，由殡葬协会的制定行业章程，对殡葬单位以及殡葬行业发展进行自律性管理。殡葬行业协会等社会组织作为一种自治性组织，它既承担着沟通政府监管者、各会员和市场的桥梁与纽带作用，同时，作为一个社会多元利益协调机构，它也是实现行业自律、规范行业行为、开展行业服务、维护行业利益、保障公平竞争的社会组织。

有行业内部的自治力量所形成的行政许可监管机制，本质上就是一种行政许可自律性监管机制。有效组织行政许可持有人依法组织行业协会等自治性组织对于有效改善行政许可后续监管制度的运行状态，促进行政主体行政监管，提升行政许可后续监管质量具有非常重要的理论与实践意义。应将殡葬服务经营机构的监督管理纳入并贯穿到经营许可制度的每一个环节和全过程，重视殡葬服务经营的稳定性和持续性，设立完整、细密的行业规范和处罚规则，突出对公共利益和消费者权益的保障。

各级民政部门要建立和完善殡葬管理行政执法监督检查制度，加强行政执法队伍建设，规范殡葬服务经营主体的经营行为和公民的殡葬行为，维护殡葬服务市场的竞争秩序。

特许经营权实行年度审核。殡葬服务单位应当按照年度审核要求，每半年向审批机关提交一次经营情况报告。审批机关依法有权对有关殡葬服务单位进行随机抽查，并将抽查的结果以及对年审通过和不予通过的决定及时通报其他有关部门。其他有关部门在办理年检时，应当要求殡葬服务单位提交民政部门年度审核情况，并及时向社会公告。

6. 完善行政管理责任制

根据过去的实践和其他行业的做法，民政部门要改变推行殡葬改革和管理殡葬事务的方式，从“办”殡葬转变为“管”殡葬。要通过立法明确划分政府有关部门的职责，社会发展、国土、工商、税务、财政、城管、公安、卫生、环保、林业等部门都应当承担相应的殡葬行政管理责任。社会发展部门把殡葬基础设施纳入国民经济和社会发展计划，编制殡葬设施建设规划；国土部门负责殡葬设施用地的审查和平坟等地貌恢复；工商行政管理部门对取得民政部门许可的殡葬服务和生产、销售单位，履行工商注册登记，依法监管其经营行为；税务部门制定符合殡葬行业实际的税收政策，履行税务登记和征缴工作，监督殡葬服务、生产、销售单位纳税情况；财政部门保障殡葬改革和殡葬事业费开支；城管部门治理城镇街道和公共场所停放遗体、搭设灵棚、摆放殡葬用品以及生产、销售不文明不健康的殡葬用品等问题；公安部门配合各有关部门维护公众殡葬活动秩序；卫生部门负责死亡医学鉴定，处置传染病死者遗体；环保部门监督社会殡葬活动，监测火化机污染物排放和殡仪馆、殡葬馆污水排放，参与殡葬设施建设的设计。

三、国外殡葬服务经营许可法律制度

殡葬服务经营许可制度是各国普遍实行的殡葬管理基本法律制度，其要点是申请人依照法定程序，向管理主体提出经营殡葬服务的请求并根据规定提供相关的材料，在管理主体审核批准后，申请人方可从事殡葬服务经营业务。

（一）国外殡葬服务经营许可法律制度概述

1. 殡葬服务许可的范围

对遗体进行处理、安葬以及为此而提供的各种仪式和服务。包括：殡葬中介服务，殡葬技术服务，殡葬用品的销售、租赁服务，葬礼仪式服务，殡葬服务生前预约合同的销售，其他被认为与殡葬服务有关的专业、实践、科学研究或职业行为。

2. 殡葬服务许可的种类

经营许可的确定，并不针对某项具体服务作出，而是对各类殡葬设施的经营作出，因而许可证的种类一般有殡仪馆经营许可、火葬场经营许可、公墓经营许可。

殡葬服务许可种类的划分各国有差异。在美国、加拿大等英美法系国家，许可分为四类：殡仪馆经营许可、墓地经营许可、火葬场经营许可、遗体运输服务许可。而在日本、德国等大陆法系国家，许可只有火葬场经营和墓地经营两种。日本规定骨灰存放经营可独立于墓地经营之外，实际有三种许可。德国的骨灰存放处不属于墓地设施，而从属于火葬场。

3. 殡葬服务的经营主体

对经营主体资格的规定，因经营内容不同而有很大区别。单纯从事殡仪服务的，对经营者资格一般未作严格限制，个人、团体、企业都可以提出申请。同时拥有和经营火葬场、墓地等殡葬设施的，则在资本金、职业责任保险等多方面设立更严格的限制条件。德国、日本等甚至规定只有某些特殊主体，例如公益法人、宗教法人或者政府，才有申请资格。

英美法系国家殡葬服务的经营主体呈现多样性，商业性机构与公益性机构并存，团体性机构与个体经营者并存。经营许可注重服务种类的详细界定和服务标准的统一，并不特别强调经营主体的统一。

经营主体的多样性与行业监督管理的动态性紧密联系。经营主体的经营资格并不是固定不变的，行业监管机构往往会通过考核、处罚等手段随时取消其经营许可；行业的准入和准出渠道都是畅通的，而且准入和准出的措施都很细致完善，符合市场经济规律和国家法制统一的内在要求。

4. 经营许可的管理主体

对殡葬服务经营许可的管理，各国都通过法律或行政法规授权一个职能机构负责，该机构所履行的职责是政府行政管理职能的一部分。

由于政治体制和法律传统的不同，各国授权的管理主体也有所不同：一是政府为管理主体。这种情况又分政府首长直接负责、政府职能部门按职能分别负责两种类型。二是政府设立的专门委员会为监管主体。在美国和加拿大，由专门的地方管理机构，即各州或省政府设立的专门委员会负责火葬场、公墓及其他殡葬服务经营许可和管理事宜。

5. 经营许可的基本条件

大多数国家采取了许可证的形式。许可证是从事殡葬服务经营活动的法律依据，一般都注明了许可机构的名称、被许可主体的名称、服务种类、有效期限、监督机构等内容。申请不同的许可证，需要满足不同的条件：有关条件的规定在各国虽有不同，但都反映了市场经济规律和本国文化传统的要求，体现了保护经营者和消费者合法权益的原则。

在申请人的资格上，一般对没有火化设备、主要功能是提供殡葬服务的殡仪馆的申请人都没有特别的限制，而对火葬场的申请人就有明确的规定。各国对公墓的申请人有着较多的限制。殡仪馆、火葬场、公墓都要求由具有职业资格的人员提出申请，提供申请文件和申请经费。部分国家对火葬场的经营许可还要求预先公告并听取公众意见。而公墓的经营许可除了要满足以上的要求外，还有保证金与相关部门批准的规定。

对不予批准的情形，国外殡葬法规也有明确规定。归纳起来，主要有如下情形：经济能力不足；诚信缺失；缺乏专业能力与从业经验；违法可能；申请缺陷；其他（如申请人不能提供所需要的资源和设施等）。

6. 经营许可的有效监管

（1）监管主体的权限。经营许可的批准机构，除了对最初的申请许可进行审定外，也对殡葬服务机构的经营活动进行监督管理，以确保依法经营和保护消费者的正当权益，维护公共秩序。监督管理权主要包括：知情权、现场检查权、调查取证权、罚款权、职业资格注销权、许可项目裁减权、暂扣或吊销许可证权、警告训诫权、司法建议权等。

（2）监管措施的特点。监督管理是经营许可制度的关键，各国规定的监督管理措施，有以下共同特点：监督是经营许可管理机构的基本职能，监督是经常性的，监督的对象是特定的，监督是依法进行的，监督与奖惩措施密切联系。

（3）实施监管的方式。为使监管措施行之有效，国外法规还对实施监管作了一些具体规定：

经营规则。国外殡葬法规在对经营许可的条件和程序作出规定的基础上，还有相当完善的经营规则，如禁止不道德地对待遗体，禁止索要或接受任何形式的提成、红包或者回扣，等等。这些经营规则，既是获得许可证的殡葬服务经营者开展经营活动必须遵循的基本准则，也是监管机关实施监管的基本依据。

报告制度。这种报告分临时性报告和定期报告。临时性报告是指在出现某些重大情况，或者在监管主体的要求之下，经营主体按要求提交专门报告。这类报告一般围绕某一特定事项展开，具有较强的针对性。定期报告是指获得经营许可的主体在经营过程中，必须按照有关规定定期向监管主体报告其经营情况，一般以年报告为主。这类报告的特点是内容全面，要求覆盖其经营活动的所有主要方面。

处罚措施。国外监管处罚一般包含两方面的内容：一是对还没有得到许可，却擅自以获得许可的身份进行活动的各种情况的调查处罚；二是对已经依法获得许可的主体的监管处罚，对于获得许可证的经营主体的各种违法行为，监管主体可以依法进行传讯并可作出相应的处罚。

司法救济。为了避免过于强大的监管主体滥用监管权力，维护殡葬经营主体的合法权利不受非法侵害，国外殡葬法规同时又规定了较为完备的救济制度。在作出处罚命令前，监管主体必须给予当事人听证申辩的时间和机会。对于生效的处罚决定，当事人还可以依法进行申诉，直至获得司法救济。

（二）国外殡葬服务经营许可法律制度特点

从国外一些国家的法律规定看，殡葬事务的行政许可是在政府严格监控之下的特殊许可。大陆法系国家的殡葬许可一般由行政机关负责，英美法系国家则由政府行政指导下的专门委员会承担。在殡葬服务经营许可制度的法律规定上，大陆法系国家一般比较原则、简明，存在重审批、轻管理的倾向。这些国家没有设立经营许可的更新制度，经营者一旦取得许可证，其营业几乎是终身的。而在英美法系国家，则规定更为详细，内容更为具体。经营许可制度中包括对申请许可的主体范围，许可证取得的条件和程序，许可证的检查、更新、延续或撤销，经营规则与监督机制等广泛的内容。

重视对公众利益的维护是国外殡葬服务经营许可制度的基本特点。一个申请是否给予批准，首要的考虑因素就是该申请是否符合公众利益。有些国家将听证作为许可审批的必经程序，就是为了以公开的形式让公众参与，更好地判断所提申请是否有利于公众利益。

国外对投资主体资质普遍设有限制，其方式主要有两种：一是投资主体的身份限制。例如，日本规定只有政府、公益法人及宗教法人等特定的主体，才能经营管理殡葬设施，严禁商业法人介入，以确保设施和经营行为的公益性。二是资本金、信誉等方面的限制。美国、加拿大等国，公共机构、自然人、商业机构甚至非本国法人只要符合法律要求的资本金、执业资格、诚信评估等条件，都可获得经营殡葬设施和服务项目的许可。

归纳国外殡葬服务经营许可制度，其先进性和实用性主要体现在以下几个方面：

一是殡葬设施的经营许可与（自然人）殡葬服务执业资格许可紧密结合，从业人员具有殡葬服务行业执业资格是获得经营许可的必备条件；自然人申请经营殡葬服务时，则必须具有执业资格。

二是将对殡葬服务经营机构的监督管理纳入并贯穿到经营许可制度的每一个环节和全过程；重视殡葬服务经营的稳定性和持续性，确立了经营保证金、执业责任保险等制度，设立了完整、细致的处罚规则，突出了对公共利益和消费者权益的保障。

三是许可的条件和程序体现了公共事务管理的公平性、公开性、公正性和效率性；许可的条件符合市场经济规律的要求和殡葬行业的具体特点，突出了对申请者资质的要求。建立了较完备和成熟的专业标准和符合市场经济规律的行业准入制度。

第三节　殡葬职业资格证书制度与技能人才队伍建设

殡葬技能人才是我国殡葬职工队伍中具备殡葬行业特需职业知识和技能、直接服务殡葬消费者的工作人员。加强殡葬技能人才队伍建设是殡葬事业发展的需要，也是殡葬从业者主动适应社会、提高自身素质和竞争力的需要。殡葬职业资格证书制度的建立是殡葬服务专业化发展的需要，是对殡葬机构经营许可制度的有效补充，也是我国技能人才职业资格证书制度的重要组成部分。近年来，通过开展殡葬职业教育培训、职业技能鉴定、职业技能竞赛等活动，包括技能培训、考核评价、岗位使用、竞赛选拔、技术交流、表彰激励等环节，殡葬技能人才队伍建设取得了显著的成就，队伍不断壮大，素质不断提高，殡葬技能人才建设体制和机制逐步得以建立、健全。

一、殡葬职业资格证书制度

（一）国家职业资格证书制度

1. 职业资格证书制度的内涵

职业资格证书制度是劳动就业制度的一项重要内容，也是一种特殊形式的国家考试制度。它是按照国家指定的职业技能标准或任职资格条件，通过政府认定的考核鉴定机构，对劳动者的技能水平或职业资格进行客观公正、科学规范的评价和鉴定，对合格者授予相应的国家职业资格证书。

我国现行的职业资格证书制度是在新中国成立初期工人技术等级考核制度的基础上，经过不断调整、充实和完善，逐步发展和演变形成的。推行职业资格证书制度，是实施“科教兴国”战略的一项举措，也是我国人力资源开发的重要手段。职业资格证书是劳动者具备某种职业所需要的专门知识和技能的证明。与学历文凭证书不同，职业资格证书与某一职业能力的具体要求密切结合，反映特定职业的实际工作标准和规范，以及劳动者从事这种职业所达到的实际能力水平。我国职业资格证书分为五个等级：初级（国家职业资格五级）、中级（国家职业资格四级）、高级（国家职业资格三级）、技师（国家职业资格二级）和高级技师（国家职业资格一级），由人力资源和社会保障部统一印制，人力资源和社会保障部门或国务院有关部门按规定办理和核发。职业资格证书是劳动者求职、任职、开业和用人单位录用劳动者的主要依据，也是境外就业、对外劳务合作人员办理技能水平公证的有效证件。

2. 职业资格证书制度的依据

（1）法律依据。1995 年实施的劳动法第六十九条规定：“国家确定职业分类，对规定的职业制定职业标准，实行职业资格证书制度，由经过政府批准的考核鉴定机构负责对劳动者实施职业技能鉴定。”1996 年实施的职业教育法第八条规定：“实施职业教育应当根据实际需要，同国家制定的职业分类和职业标准相适应，实行学历证书、培训证书和职业资格证书制度。”这些法规确定了国家推行职业资格证书制度和开展职业技能鉴定的法律依据。

（2）国家规定。1991 年 10 月 17 日，国务院发布的《关于大力发展职业技术教育的决定》指出：“凡进行技术等级考核的工种，逐步实行‘双证书’（即毕业证书、等级证书或岗位合格证书）制度，并把技术等级证书或岗位合格证书，作为择优录用和上岗确定工资待遇的重要依据。”1993 年 2 月 13 日，中共中央、国务院发布的《中国教育改革和发展纲要》提出“专业性、技术性较强的岗位，应在获得岗位资格证书后上岗”，“推行学历文凭、技术等级证书、岗位资格证书并重的制度，扭转升学、文凭、职称对于教育运行的片面导向作用。逐步建立职业岗位资格考核机构，实施各种岗位的资格考试和资格证书制度”。1993 年 11 月，党的十四届三中全会通过的《中共中央关于建立社会主义市场经济体制若干问题的决定》指出：“要把人才培养和合理使用结合起来，配套改革劳动人事与干部选拔制度。要制定各种职业的资格标准和录入标准，实行学历文凭和职业资格证书制度，逐步实行公开招聘、平等竞争，促进人才的合理流动。”原劳动部和人事部于 1994 年 2 月联合制定颁发了《职业资格证书规定》，规定了国家职业资格的种类、资格证书体系、证书作用、取得方式等。1994 年 7 月 3 日，国务院《关于〈中国教育改革和发展纲要〉的实施意见》进一步明确："大力开发各种形式的职业培训。认真实行'先培训后就业''先培训后上岗'的制度，使城乡新增劳动力上岗前都能受到必需的职业训练。在全社会实行学历文凭和职业资格证书并重的制度。"1999 年 6 月 13 日《中共中央、国务院关于深化教育改革全面推进素质教育的决定》指出："要依法抓紧制定国家职业标准，明确对各类劳动者的岗位要求，积极推行劳动预备制度，坚持实行'先培训、后上岗'的就业制度，继续改革大中专毕业生就业制度，使学生树立正确的择业观。地方政府教育部门要与人事、劳动和社会保障部门共同协调，在全社会实行学业证书、职业资格证书并重的制度。转变传统的人才观念，形成使用人才重素质、重实际能力的良好风气。"2000 年 3 月原劳动和社会保障部第 6 号令《招用技术工种从业人员规定》明确指出，国家实行职业资格证书制度，实行先培训后上岗的就业制度。同时规定了用人单位招用 90 个技术复杂以及涉及国家财产、人民生命安全和消费者利益的工种（职业）的劳动者，必须从取得相应职业资格证书的人员中录用。

3. 职业资格证书制度的目标

我国自 1993 年推行职业资格证书制度以来，已初步建立起职业资格证书制度的法律法规和工作体系。我国推行职业资格证书制度的总体目标是：以全面提高劳动者素质，增强劳动者就业能力和工作能力为出发点，以"社会效益第一"和"质量第一"为基本原则，进一步完善职业技能鉴定社会化管理体系，使职业技能鉴定的覆盖面明显扩大，鉴定质量明显提高，职业资格证书的权威性在社会上明显增强，逐步实现职业资格证书与学历文凭并重，职业资格证书制度与就业制度相衔接。通过努力，要在技术复杂、通用性强、涉及国家财产、人民健康安全和消费者切身利益的职业（工种）中，全面推行国家职业资格证书制度。

（二）殡葬职业资格证书制度

1989 年尸体整容工、尸体防腐工、尸体火化工、殡仪服务员、墓地管理员和尸体接运工等 6 个工种就列入了全国工人技术等级标准。1993 年民政部和原劳动部联合颁发了含有上述 6 个特殊工种目录的《民政行业工人技术等级标准》。2004 年起，民政部着手开展民政职业技能鉴定工作，成立了民政部职业技能鉴定指导中心。根据《中华人民共和国职业分类大典》，殡葬从业人员是指所有从事与殡葬服务活动有关的人员，具体包括：殡仪服务员、遗体接运工、遗体防腐师、遗体整容师、遗体火化师、墓地管理员。殡仪服务员是指从事追悼场所布置、接待、引导和骨灰寄存等治丧服务的人员。遗体接运工是指从事遗体接收、装殓和运送服务的人员。遗体防腐师是指用防腐剂及防腐器械对遗体进行防腐、保存的人员。遗体整容师是指使用化妆品、药品和器具，从事遗体整容、整形、化妆和美发的人员。遗体火化师是指使用并检修火化设备，从事遗体火化和骨灰处理的人员。墓地管理员是指从事墓地维护管理，提供安葬、祭奠服务的人员。目前已经制定了殡仪服务员、遗体接运工、遗体防腐师、遗体整容师、遗体火化师、墓地管理员 6 个职业的《国家职业标准》，组织编写了培训教材，建成了足够的民政职业技能鉴定站，组建了考评员队伍，并制定了相关管理制度。

我国殡葬职业资格制度建立的总体目标是，大力发展殡葬专业教育，创新殡葬专业人才培养机制。通过专业教育和职业培训，加速人才培养，通过建立殡葬业职业资格制度，提高殡葬管理和殡仪服务队伍的专业化水平。进一步完善岗位职业培训制度，做到所有的殡仪服务人员需取得岗位培训资格证书方可上岗，并且不断参加相关专业培训和继续教育学习。拓宽殡葬科技和教育经费来源，鼓励社会资金兴办殡葬专科院校。同时注意吸引人才，不断壮大殡葬工作者的队伍。

二、殡葬职业技能鉴定工作

（一）职业技能鉴定概述

职业技能鉴定是国家职业资格证书制度的重要组成部分。职业技能鉴定是国家推行、社会认可的培养劳动者职业能力、衡量技能水平的主要手段，是对劳动者进行技术等级考核和职业资格考评的一项重要制度。职业技能鉴定是一项基于职业技能水平的考核活动，属于标准参照型考试。它是由考试考核机构对劳动者从事某种职业所应掌握的技术理论知识和实际操作能力作出客观的测量和评价。我国现行的职业技能鉴定工作体系是在新中国成立初期工人技术等级考核制度的基础上逐步建立和发展起来的。国家实施职业技能鉴定的主要内容包括职业知识、操作技能和职业道德三个方面。这些内容是依据国家职业（技能）标准、职业技能鉴定规范（即考试大纲）和相应教材来确定的，并通过编制试卷来进行鉴定考核。职业技能鉴定分为知识要求考试和操作技能考核两部分。知识要求考试一般采用笔试，技能考核一般采用现场操作加工典型工件、生产作业项目、模拟操作等方式进行。计分一般采用百分制，两部分成绩都在 60 分以上为合格，80 分以上为良好，95 分以上为优秀。

参加不同级别鉴定的人员，其申报条件不尽相同，考生要根据鉴定公告的要求，确定申报的级别：参加初级鉴定的人员必须是学徒期满的在职职工或职业学校的毕业生；参加中级鉴定的人员必须是取得初级技能证书并连续工作 5 年以上、或是经劳动行政部门审定的以中级技能为培养目标的技工学校以及其他学校毕业生；参加高级鉴定人员必须是取得中级技能证书 5 年以上、连续从事本职业（工种）生产作业可少于 10 年、或是经过正规的高级技工培训并取得了结业证书的人员；参加技师鉴定的人员必须是取得高级技能证书，具有丰富的生产实践经验和操作技能特长、能解决本工种关键操作技术和生产工艺难题，具有传授技艺能力和培养中级技能人员能力的人员；参加高级技师鉴定的人员必须是任技师 3 年以上，具有高超精湛技艺和综合操作技能，能解决本工种专业高难度生产工艺问题，在技术改造、技术革新以及排除事故隐患等方面有显著成绩，而且具有培养高级工和组织带领技师进行技术革新和技术攻关能力的人员。

（二）殡葬职业技能鉴定

1. 殡葬职业技能鉴定体制机制日益健全

一是建立组织领导体系。建立完善的殡葬技能人才的组织体系是开展工作的前提和保障。为加强对技能人才工作的领导，2009 年，民政部成立了技能人才工作领导小组，统一领导包括殡葬技能人才在内的民政技能人才工作。李立国（时任民政部副部长、现任民政部部长）担任组长，民政部人事司司长任秘书长，成员由人事司、救灾司、社会福利和慈善事业促进司、社会事务司以及民政部管理干部学院（2010 年更名为北京社会管理职业学院）有关领导组成。各省（自治区、直辖市）民政部门负责本地区技能人才工作，根据民政部统一部署开展相应工作。

二是建立技术支持体系。按照社会化管理的要求，2004 年原劳动和社会保障部批准成立民政部职业技能鉴定指导中心，负责包括 6 个殡葬职业在内的民政行业特有工种职业技能鉴定的日常管理工作。殡葬职业技能鉴定站是承担殡葬特有工种职业技能鉴定工作的执行机构，其设立由民政部统一规划、合理布局，由具备建站条件的单位（即承建单位）提出申请，填写人力资源和社会保障部统一印制的《行业特有工种职业技能鉴定站审批登记表》，民政部职业技能鉴定指导中心对其进行条件审查，由民政部人事司提出审核意见，报经人力资源和社会保障部批准后，授予统一的《职业技能鉴定许可证》和特有工种职业技能鉴定站标牌。

2009 年前，已在北京、黑龙江、吉林、辽宁、内蒙古、江苏、安徽、河南、湖北、湖南、贵州、四川、重庆、陕西、新疆、广西、云南等17个省（自治区、直辖市）建立起28个殡葬类职业技能鉴定站，作为首批承担殡葬6个职业鉴定实施机构。2010年，经人力资源和社会保障部批准，又在天津、黑龙江、山西、辽宁、河北、上海、浙江、江西、山东、广东、甘肃、宁夏12个省（自治区、直辖市）建立了16个鉴定站。

2. 殡葬职业技能鉴定工作队伍日益壮大

一是成立了鉴定专家委员会，为鉴定工作提供了智力支持。为贯彻落实全国民政技能人才大会精神，深入推进民政职业技能鉴定工作，为民政技能人才队伍建设提供智力支持，民政部成立了民政行业职业技能鉴定专家委员会，实行聘任制，其主要职责是开展民政职业技能鉴定理论研究与实务探索，为民政职业技能鉴定工作提供决策咨询和技术支持，指导民政职业技能鉴定专业队伍建设，同时承担着职业技能鉴定国家题库的命题制、职业技能鉴定培训教材的编制、新职业的论证开发等工作。

二是培训认证了一批考评员，为鉴定工作储备了专门人才。职业技能鉴定考评人员是对职业技能鉴定对象的知识、技能水平和工作业绩等进行考核、评审的人员，肩负着鉴定评判的重任，按照国家有关规定，考评人员实行资格认证制度。殡葬行业特有工种职业技能鉴定考评人员是具有考评人员资格并受民政部职业技能鉴定指导中心委派，在殡葬行业规定的职业及其资格等级范围内，按照《国家职业标准》和《民政行业特有工种职业技能鉴定实施办法（试行）》，对职业技能鉴定对象的知识、技能水平和工作业绩进行考核、评审的人员。考评人员分为考评员和高级考评员。考评员承担初级技能（国家职业资格五级）、中级技能（国家职业资格四级）、高级技能（国家职业资格三级）的考核、评审；高级考评员承担技师（国家职业资格二级）、高级技师（国家职业资格一级）及其他各级别的考核、评审。申报民政行业特有工种考评人员资格的，由本人提出申请，经所在单位推荐，填写《职业技能鉴定考评人员资格申报审核表》，并附本人有关资历证明，向部职业技能鉴定指导中心申报。部职业技能鉴定指导中心审查后报人力资源和社会保障部职业技能鉴定中心进行审核。按照国家有关规定，考评人员实行资格认证制度。民政部职业技能鉴定指导中心统一组织考评人员的资格培训和考核。对考核合格者，由民政部人事司审核，报经人力资源和社会保障部批准后，颁发考评员资格证卡。截至2011年年底，全国具备民政相关职业考评资格的考评员共计637人，其中殡葬行业276人，占总数的43.3%。

3. 职业技能鉴定工作相关政策日益完善

职业技能鉴定是国家推行、社会认可的培养劳动者职业能力、衡量技能水平的主要手段，是对劳动者进行技术等级考核和职业资格考评的一项重要制度。民政部职业技能鉴定指导中心自2004年成立以来，围绕鉴定考评制度的建立，完成了一系列基础性的工作，于2008年开始在全国普遍开展包括6个殡葬类职业在内的民政行业特有职业技能鉴定工作。2007年，民政部人事司、民政部职业技能鉴定指导中心研究制定了《民政行业特有工种职业技能鉴定站管理办法（试行）》《民政行业特有工种职业技能鉴定考评人员管理办法（试行）》和《民政行业特有工种职业技能鉴定程序（试行）》等规章制度，对鉴定的组织机构、人员队伍及有关的工作程序作出规定、提出要求，以保证鉴定工作的规范化。2007年10月，民政部下发了《关于在民政系统开展职业技能鉴定工作的通知》（民函〔2007〕290号），明确提出在全国普遍开展民政职业技能鉴定，实行工人技术等级考核与职业技能鉴定工作的并轨，较好地指导和推动了地方积极开展工作，从2006年至2011年的6年间，民政部及其有关部门制定出台的内容涉及殡葬技能人才、职业技能鉴定方面的规范性文件数十件。

4. 殡葬职业技能鉴定国家题库日益成熟

2006年12月，殡葬职业技能鉴定培训教程出版以后，民政部人事司和民政部职业技能鉴定指导中心在原劳动和社会保障部职业技能鉴定中心的精心指导下，组织民政部一零一研究所、民政部管理干部学院、中国殡葬协会和上海等地方殡葬部门的专家开始殡葬职业技能鉴定题库开发工作，经过近10个月的努力，基本完成了初级、中级和高级理论知识和操作技能两类题库开发工作，殡葬类题库总量达到1.2万多道，保证了职业技能鉴定工作客观、公正、科学、规范。题库完成以后，2007年在江苏进行了鉴定试点，2008年、2009年和2010年在4次殡葬职业技能鉴定统一考试中使用。

2010年3月，民政部人事司和民政部职业技能鉴定指导中心又组织专家对2007年版的国家题库进行了修订，并开发了除遗体接运工外的5个殡葬技师（国家职业资格二级）题库，在2010年鉴定中开始试用。

人力资源和社会保障部依据《职业技能鉴定国家题库网络省（部）级分库运行机构资格标准》进行综合评审和认证，于2010年8月23日发布了《人力资源和社会保障部办公厅关于同意建立职业技能鉴定国家题库民政等行业分库的函》（人社厅函〔2010〕437号）。

5. 殡葬职业技能鉴定工作进展日益顺畅

自2004年9月劳动和社会保障部批复同意民政部开展民政行业特有工种职业技能鉴定工作以来，在前期各项准备工作基本就绪的情况下，为了积极稳妥推动鉴定工作开展，民政部人事司和部职业技能鉴定指导中心于2007年

12 月在江苏省开展了鉴定试点并获圆满成功，经过鉴定，93 名殡葬行业的技师诞生，提升了江苏省殡葬事业整体发展水平。

2008 年 11 月，首次民政行业特有工种职业技能鉴定成功举办，北京、黑龙江等 10 个省（自治区、直辖市）殡葬行业共 1000 余人参加了鉴定，经考核，共有 656 人鉴定合格，取得相应的职业资格证书。从此，确立了职业技能鉴定在殡葬技能人才考核评价体系中的主导地位，建立了殡葬技能人才评价新机制，标志着国家职业资格证书制度在殡葬行业正式确立。

据初步统计，4 年累计鉴定人数 4120 人，其中殡葬等 6 个职业的人数 4423 人，占全国 7.5 万名殡葬职工总数的 5.89%，可见殡葬系统的技能人才相对缺乏，高技能人才更加不足，殡葬事业发展缺乏技能劳动者特别是技能人才的支撑。

技师和高级技师是殡葬高技能人才中的优秀分子，更是民政技能人才中的领军人物。2009 年 12 月，民政部职业技能鉴定指导中心组织首次技师鉴定，开考职业只有殡仪服务员和墓地管理员两个殡葬类职业。2010 年 12 月，民政部职业技能鉴定指导中心组织第二次民政行业技师、高级技师鉴定，其中 44 人经过殡葬理论知识、操作技能和综合评审。

三、殡葬技能人才队伍建设

为推动民政技能人才队伍建设，2005 年以来，民政部从建立民政职业资格证书制度入手，围绕“基础建设、技能培训、考核评价、竞赛选拔、表彰奖励”等关键环节，夯实基础，大胆尝试，扎实工作，不断开拓，取得了较为显著的成效，开创了民政技能人才工作的崭新局面。目前，已逐步建立起以职业技能培训为重点的人才培养机制，以职业技能鉴定为核心的人才评价机制和以职业技能竞赛表彰为抓手的人才选拔激励机制，民政技能人才工作组织体系逐步完善，工作领域不断拓展，崇尚技能、关爱人才的良好氛围正在形成，民政技能人才队伍的整体素质有所提升，结构得到优化，为民政事业快速发展提供了有力的人力资源保障。

（一）殡葬技能人才队伍建设概况

1. 殡葬技能人才的基本含义

殡葬技能人才是我国民政技能人才（指具备民政行业特需职业知识和技能、直接服务民政对象的工作人员，主要分布在社会福利、社会救助、防灾减灾、殡葬服务、优抚安置以及康复辅具、婚姻、收养等领域）和殡葬职工队伍中的重要组成部分，是殡葬管理服务机构中具备殡葬行业特需职业知识和技能、直接服务殡葬消费者的工作人员。从广义上讲，殡葬职工队伍是指所有从事与殡葬服务有关活动的人员，包括管理人员、专业技术人员和技能人员三大类。管理人员是在各级各类殡葬机构中担负领导职责或管理任务工作岗位的人员，如殡葬管理服务机构的法人、领导班子成员及中层机构的负责人等。专业技术人员是指从事专业技术工作，具有相应专业技术水平和能力的工作人员，如殡葬管理服务机构的具有国家专业技术序列相应等级的国家专业技术职务证书且在机构中从事专业技术工作的人员。技能人员是在殡葬服务、经营、管理一线承担技能操作和维护、后勤保障、服务等职责的工作岗位的人员，在殡葬事业单位一般指工勤技能岗位的人员，他们是从事技术操作，具有一定的技能水平，能够解决操作性难题的人员。

2. 殡葬技能人才的重要作用

实施科教兴国战略和人才强国战略，实现国民经济长期持续发展，要依靠高技能人才和高素质劳动者。殡葬技能人才是我国民政技能人才的重要组成部分，是殡葬职工队伍的主体，是我国殡葬行业工人队伍的先进代表，是构建现代殡葬的重要力量。殡葬技能人才是为民服务的重要提供者，是殡葬管理、殡葬改革、殡葬服务政策的重要执行者，是先进殡葬文化的重要倡导者，他们的技能水平和服务质量在很大程度上代表着殡葬行业形象，是殡葬技术创新和科技成果转化的重要推动者。加强殡葬技能人才队伍建设既是落实人才强国战略、全面建设小康社会的需要，也是殡葬事业科学发展的需要，更是殡葬从业者主动适应社会，提高自身素质和竞争力的需要。

3. 殡葬技能人才的分布范围

殡葬技能人才主要分布在殡仪馆、公墓、殡葬管理机构，以及直接服务于丧事活动其他殡葬服务机构等领域，也分布在殡葬事业单位，还应包括殡葬经营单位和群众性殡葬服务组织，如殡葬协会、红白事理事会等机构中的人员。按照有关规定，事业单位中的管理岗位、专业技术岗位中的有关人员不应纳入殡葬技能人才队伍体系。在殡葬事业单位一般指工勤技能岗位的人员也不应全部纳入殡葬技能人才的范畴。因为工勤技能岗位包括技术工岗位和普通工岗位，其中普通工岗位不分等级，普通工岗位不应包括在殡葬技能人才范围。

根据《国家职业分类大典》，殡葬服务人员分为6个职业，分别是殡仪服务员、遗体接运工、遗体防腐师、遗体整容师、遗体火化师、墓地管理员。2005年，《国家职业标准》由原劳动和社会保障部、民政部共同发布实施，首次从国家层面对上述工作作出规范，成为有史以来民政行业的第一批国家职业标准。凡是持有上述6个职业的《国家职业资格证书》者即为殡葬技能人才。其中取得高级技能（国家职业资格三级）及其以上等级（含技师即国家职业资格二级和高级技师即国家职业资格一级）为殡葬高技能人才。

（二）殡葬技能人才队伍建设成就

1. 殡葬技能人才队伍不断壮大

中国殡葬技能人才队伍经过60多年的不断发展，特别是1978年改革开放以来取得了长足进步，随着我国的殡葬事业发展，殡葬职工队伍和技能人才队伍也在不断壮大。截至2011年年底，全国共有殡葬服务机构4103个，其中殡仪馆1745个，殡葬管理单位952个，民政部门管理的公墓1406个，殡仪服务单位职工共有7.5万人，其中殡仪馆职工4.5万人。随着我国殡仪服务市场的放开，民政系统之外直接或间接从事殡仪服务以及殡葬用品生产、销售的人员逐步增多，殡葬从业人员队伍特别是殡葬技能人才还将继续壮大。

2. 殡葬技能人才队伍层次提高

受传统观念的影响，过去我国殡葬技能人才的文化素质不高，学历层次普遍偏低，初中及以下文化程度的职工占职工总数的绝大部分。近年来，随着殡葬事业地位的提升及社会对殡葬行业认识上的改变，加上人们择业观的变化，众多的高学历优秀人才开始走进殡葬行业。2010年，上海市招聘殡葬职工，有5000名拥有大学及以上学历的人，包括博士、硕士前来咨询，最后有3320多人报名。殡葬事业的发展将吸纳更多的技能人才加入殡葬队伍之中。

3. 殡葬技能人才队伍能力提升

随着贯彻落实科学发展观和构建社会主义和谐社会的不断深入，社会对殡葬业提出了更高的要求，要求殡葬体现环保理念、人文理念。为此，越来越多的殡葬职工开始钻研业务，提高技能。2007年民政部在江苏省开展殡葬行业职业技能鉴定制度试点以来，据截至2010年年底的不完全统计，已有4000多人通过鉴定、竞赛和资格认定等形式取得了相应级别的国家职业资格证书。在2008年首届全国民政行业殡仪服务员职业技能竞赛中涌现出“全国技术能手”3名，“全国民政行业技术能手”12名，“全国民政行业优秀技能人才”35名。在2008年的全国民政行业优秀技能人才评选表彰活动中，殡葬行业有72人获得表彰，并被授予“全国民政行业优秀技能人才”称号。在2010年第二届全国民政行业遗体防腐师职业技能竞赛中涌现出“全国技术能手”3名，有50人获得了其他等次的奖励。殡葬从业人员整体的技能水平有了显著提高。

（三）殡葬技能人才队伍建设经验

教育和培训是助推殡葬技能人才队伍建设的两翼。近年来，国家和民政系统十分重视殡葬职业教育和从业者的在职培训及脱产培训，优化整合各种教育培训资源，综合运用各类优势资源，完善广覆盖、多层次、系列化的殡葬技能人才教育培训网络体系。

1. 学校教育是殡葬技能人才队伍建设的基础

一是中职教育成为培养殡葬技能人才的重要途径。20 世纪 80 年代，随着我国民政殡葬事业的发展和民政教育制度的确立，民政教育界开始酝酿建立我国殡葬专业教育制度。进入 20 世纪 90 年代，殡葬行业要求建立殡葬教育制度、培养专业人才的呼声越来越高。民政部济南民政学校经过 1994 年、1995 年近两年的努力，制订出该专业教学计划并培训了专业教师。1994 年年底民政部人事教育司正式批准民政部济南民政学校、民政部长沙民政学校增设现代殡仪技术与管理专业，1995 年民政部济南民政学校现代殡仪技术与管理专业首届招生 41 名普通中专生和 22 名实践生，同年民政部长沙民政学校也开班招生，标志着我国殡葬中等职业教育制度由论证变为现实。此后，河南省民政学校、湖北省民政学校、福建省民政学校、辽宁省民政学校等省属民政学校也抓住机遇，成立了相应专业，殡葬教育得到迅速发展。2000 年教育部颁布的《全国中等职业学校专业目录》把“现代殡仪技术与管理专业”首次列入国家专业目录，成为社会事务服务类专业领域的新兴专业门类之一。随着国家人才政策的进一步明确，中专学校毕业生转变为生产、管理、经营、服务一线的技能人才，突出了殡葬技能人才队伍建设直接服务的功能，使民政中专学校在改革与发展中进一步得到全社会的高度重视。

二是高职教育搭建了殡葬高技能人才的成长通道。1995 年，在原民政部长沙民政学校基础上组建的长沙民政职业技术学院设立了现代殡仪技术与管理专业，这也是我国高等职业学院设置的第一个殡葬类专业，长沙民政职业技术学院殡仪系，是填补我国殡葬教育空白的高等专业教育院系。该院殡仪系的学生不仅需要学习古代祭文赏析、殡葬应用文写作、殡葬管理、殡葬文化等课程，还要熟知防腐整容、殡葬环保、墓园管理、火化设备与技术、殡葬服务、人体解剖学等知识。此外，该学院开设的学习内容还包括宣传、法律、经营管理、园林建筑等多个方面。殡葬高职教育以培养高素质殡葬技能人才为目标，4 所高职院校开设殡葬专业教育，结束了高等院校没有殡葬专业教育的历史。殡葬高职教育的创办标志着我国殡葬职业教育和殡葬技能人才队伍建设进入了一个新的发展阶段。

2. 继续教育是殡葬技能人才队伍建设的巩固

一是殡葬技能人才培训意识逐步加强。民政系统将开展殡葬行业职业技能培训作为技能人才队伍建设的一项关键性工作来抓紧、抓好，建立以职业资格证书制度为导向的职业技能培训工作新机制，通过开展殡葬职业技能培训，提高了技能人才的整体素质和业务水平，进而全面提升了殡葬行业的竞争力和事业的生命力，成为现代殡葬管理者和殡葬技能人才的共识和为之努力的方向。

二是殡葬技能人才培训基地粗具规模。民政部人事司负责统筹规划包括殡葬行业在内的全国民政行业职业技能培训工作，积极建设职业技能培训基地网络，加强了职业重点紧缺人才和高技能人才培养基地建设。2007 年 11 月 7 日，《民政部办公厅关于加强民政行业职业技能鉴定培训基地建设的通知》（民办函〔2007〕257 号），提出“按照考培分离、统筹规划、合理布局、择优选择的原则建立民政行业职业技能鉴定培训基地”。民政部备案公布了 40 余个第一批民政行业职业技能培训基地，其中殡葬职业技能培训基地 27 个，占 67.5%。培训基地的建立，有效地利用民政行业现有教育培训资源，提高了培训质量，促进了殡葬职业技能培训工作的规范发展，为加强对民政行业职业技能鉴定培训工作管理奠定了基础。

三是殡葬技能人才培训教材日益丰富。2006 年 4 月 11 日，原劳动和社会保障部、民政部联合颁布殡仪服务员、遗体接运工、遗体整容师、遗体防腐师、遗体火化师、墓地管理员等 6 个殡葬行业国家职业标准。2006 年 12 月，民政部在原劳动和社会保障部的指导下，根据殡葬行业国家职业标准，组织编写的上述 6 个职业的职业技能培训系列教程并已陆续出版发行。民政部职业技能鉴定指导中心于 2010 年完成了 6 个职业的职业技能培训教学光盘。各地积极做好民政行业国家职业标准、职业技能培训教程的推广和使用工作，并以此为契机，全面推进了殡葬行业特有职业技能人才的教育和培训工作。

四是殡葬技能人才培训师资持证上岗。2007 年以来，民政部人事司、民政部培训中心连续举办了 3 期民政行业特有职业技能师资培训班，认证了近 195 名民政行业特有职业技能培训师资，其中殡葬类职业技能鉴定培训师资占 80% 以上。

（四）殡葬技能人才队伍建设展望

为贯彻落实《国家中长期人才发展规划纲要（2010—2020 年）》和《民政事业发展第十二个五年规划》精神，加快民政技能人才队伍建设，充分发挥民政技能人才在民政事业创新发展中的重要作用，民政部印发《关于进一步加强民政技能人才工作的意见》的通知（民函〔2011〕262 号），给殡葬技能人才队伍建设指明了方向。

大力加强民政技能人才工作，稳步提升民政技能从业者的整体素质，培养造就一大批具有高超技艺和精湛技能的民政技能人才，是落实人才强国战略、全面建设小康社会的重要举措，是建设民政社会服务体系，提升民政服务社会水平，推动民政事业持续发展的必然要求，也是民政行业从业者主动适应社会、提高自身素质和竞争力的客观需要。各级殡葬部门要进一步提高认识，坚决贯彻尊重劳动、尊重知识、尊重人才、尊重创造的方针，牢固树立科学的人才观，不断增强做好殡葬技能人才工作的责任感和紧迫感，把殡葬技能人才队伍建设作为构建民政社会服务体系的重要内容，努力开创殡葬技能人才队伍建设的新局面。

殡葬技能人才工作的指导思想是：以邓小平理论和“三个代表”重要思想为指导，全面贯彻落实科学发展观，大力实施人才强国战略，以职业能力建设为核心，紧紧抓住技能培养、考核评价、岗位使用、竞赛选拔、技术交流、表彰激励等环节，进一步更新观念，完善政策，创新机制，健全和完善培养、选拔、使用、激励技能人才的工作体系，形成有利于技能人才成长和发挥作用的制度环境和社会氛围，推动殡葬技能人才队伍整体素质的提高和发展壮大。

当前和今后一个时期，殡葬技能人才工作的目标任务是在殡葬行业加快培养造就一批数量充足、门类齐全、结构合理、技能合格的技能人才，建立培养体系完善、评价使用机制科学、激励保障措施健全的殡葬技能人才工作机制，逐步形成与殡葬事业发展相适应的高、中、初级技能人才比例结构基本合理的格局。到 2020 年，高级技工水平以上的高技能人才占殡葬技能人才的比例达到 28% 左右，其中技师、高级技师占殡葬技能人才的比例达到 7% 左右，并带动中、初级技能人才队伍梯次发展，实现与民政技能人才的总体目标同步发展。

1. 完善培养体系，健全培养机制

一是动员社会力量开展殡葬技能人才培养。针对殡葬事业发展需要，建立起以用人单位为主体、职业院校为基础、学校教育与用人单位培养紧密联系、政府推动与社会支持互相结合的殡葬技能人才培养体系。充分发挥高等职业院校和高等技工学校、技师学院以及各类用人单位的培训基地作用。建立用人单位职工培训制度和技能人才校企合作培养制度，加快殡葬技能人才培养步伐。

二是开辟多种途径大力培养殡葬技能人才。提高用人单位对殡葬技能人才培养工作重要性的认识，充分发挥用人单位培养殡葬技能人才的主体作用。各类用人单位应结合殡葬事业发展和技术创新需要制订殡葬技能人才培养规划。用人单位应依法建立和完善职工培训制度，加强上岗培训和岗位技能培训，可采取自办培训学校和机构，与职业院校和培训机构联合办学、委托培养等方式，加快培养技能人才。鼓励用人单位推行企业培训师制度和名师带徒制度，建立技师研修制度，并通过技术交流等活动促进殡葬技能人才成长。鼓励通过岗位练兵、岗位培训、技术比赛等形式，促进职工在岗位实践中成才。鼓励用人单位结合技术创新、技术改造和技术项目引进，利用国内、国际两种资源，开展新技术、新工艺、新材料等相关知识和技能培训，并通过研发攻关等活动，促进殡葬技能人才培养。

三是建立殡葬技能人才校企合作培养制度。要建立技能人才校企合作培养制度，研究制订校企合作培养殡葬技能人才的发展规划，确定培养方向和目标，指导和协调学校与用人单位开展合作。进一步调整职业教育结构，对承担殡葬技能人才培养任务的各类职业院校，要规范办学方向和培养标准。职业院校应以市场需求为导向，深化教学改革，紧密结合技能岗位的要求，对照国家职业标准，确定和调整各专业的培养目标和课程设置，与合作单位共同制订实训方案，采取全日制与非全日制、导师制等多种方式实施培养。用人单位应结合对技能人才的实际需求，与职业院校联合制订培养计划，提供实习场地，选派实习指导教师，组织学员参与技术攻关。支持用人单位为职业院校建立学生实习实训基地。

四是鼓励殡葬技能人才参加职业技能培训。各有关方面应按照统一标准、统一要求、分级培训、提高质量的原则，将日常业务培训和职业技能鉴定培训有机结合，建立培训基地、改进培训方法、丰富培训内容，大力开展多层次、多形式、多内容的培训，不断提高殡葬技能劳动者的业务知识和技能。支持和鼓励广大殡葬技能人才参加多种形式的职业技能培训，用人单位要按国家有关规定制定参加培训人员的薪酬制度和激励办法。

2. 提升职业能力，完善评价机制

一是健全殡葬技能人才考评制度。大力加强职业技能鉴定工作，积极推行职业资格证书制度，进一步突破年龄、资历、身份和比例限制，加快建立以职业能力为导向、以工作业绩为重点，注重职业道德和职业知识水平的殡葬技能人才评价体系。地方各级民政部门独立开展或者与有关部门联合开展的工人技术等级考核工作应纳入殡葬行业职业技能鉴定工作体系，经地方人力资源和社会保障部门批准的涉及殡葬行业特有职业的有关鉴定也应统一纳入殡葬行业职业技能鉴定工作体系。在职业院校开展职业技能鉴定工作，推行学历证书和职业资格证书并重的“双证书”制度。开发与后备技能人才评价要求相适应的课程标准。

二是广泛开展职业技能竞赛活动。进一步发挥职业技能竞赛在发现和选拔优秀技能人才中的积极作用，结合殡葬事业发展需要和殡葬技能人才的实际情况，选择技术含量较高、通用性较广、从业人员较多、社会影响较大的殡葬职业广泛开展各种形式的岗位练兵和职业技能竞赛等活动，为发现和选拔技能人才创造条件。完善职业技能竞赛组织程序、参赛条件、竞赛职业的选择、竞赛内容、竞赛后的激励方式等，引导和带动广大殡葬技能劳动者和院校学生积极参加岗位练兵和技能竞赛活动，不断提高技能水平，为更多优秀技能人才脱颖而出搭建平台。对职业技能竞赛中涌现出来的优秀技能人才，在给予精神和物质奖励的同时，可按有关规定直接晋升职业资格或优先参加技师、高级技师考评。

三是组织技能人才技术交流活动。举办各种形式的高技能人才主题活动，为技能人才参与高新技术开发、同业技术交流以及与科技人才交流、绝招绝技和技能成果展示等创造条件。鼓励和支持高技能人才参与国际间职业技能交流活动。

3. *激发创新活力，建立激励机制*

一是建立健全殡葬技能人才岗位使用机制。实行殡葬职业持证上岗制度，殡葬从业人员必须经过培训并取得职业资格证书后，方可上岗。用人单位招录职工必须严格执行“先培训，后就业”“先持证，后上岗”的规定，优先录用取得职业学校学历证书、职业资格证书和职业培训合格证书的人员。积极探索建立殡葬职业准入制度，进一步推行殡葬技能人才岗位聘任制度。用人单位应按照国家事业单位分类改革有关要求，合理设置工勤技能岗位。

二是进一步完善殡葬技能人才奖励激励机制。引导和鼓励用人单位完善培训、考核、使用与待遇相结合的激励机制，引导和督促用人单位根据市场需求和经营情况，完善对殡葬技能人才的激励办法，对优秀殡葬技能人才实行特殊奖励政策。用人单位应对殡葬技能人才在聘任、工资、带薪学习、培训、休假、出国（境）进修等方面，制定相应的鼓励办法；对到技能岗位工作的各类职业院校毕业生，应合理确定工资待遇；对参加科技攻关和技术革新并作出突出贡献的殡葬技能人才，可从成果转化所得收益中，通过奖金等多种形式给予相应奖励。

三是大张旗鼓地表彰奖励优秀殡葬技能人才。建立殡葬优秀技能人才表彰奖励长效机制，定期组织开展殡葬行业优秀技能人才表彰和奖励。积极推荐殡葬行业优秀技能人才参加中华技能大奖和全国技术能手评选表彰。鼓励对殡葬行业“中华技能大奖”获得者和“全国技术能手”给予奖励，并通过用人单位支持、社会赞助等多种方式筹集经费，积极支持他们参加培训深造、带徒传技、同业交流、技术创新等活动。

4. 夯实建设基础，营造良好氛围

一是建立殡葬技能人才的投入机制。民政部设立殡葬技能人才队伍建设财政预算项目，每年从部本级福利彩票公益金中安排专项资金，为开展技能人才培养研修、创新交流、带徒传技等活动提供支持。各地民政部门应积极争取财政经费支持，从本级福利彩票公益金中列支专项资金，对技能人才的评价、表彰、师资培训、教材开发、鉴定站建设等工作给予必要的经费支持。将殡葬技能人才培训基地建设纳入民政行业职业教育发展。鼓励社会各界和海外人士对殡葬技能人才培养提供捐赠和其他培训服务。企业和个人对殡葬技能人才培养进行捐赠，按有关规定享受优惠政策。鼓励金融机构为培训基地建设和参加校企合作培养技能人才的职业院校提供融资服务。

二是做好殡葬技能人才的基础工作。做好殡葬技能人才调查统计和需求预测工作，加快修订殡葬领域国家职业标准，加强鉴定题库开发，健全职业技能鉴定质量督导制度。组织开发反映企事业岗位需求、符合技能人才培养特点的教材及教学辅助材料。加强殡葬技能人才师资队伍建设，不断提高师资队伍水平。

三是加强殡葬技能人才的领导工作。各级民政部门要按照民政部统一部署，结合实际，制订本地区殡葬技能人才队伍建设规划，协调人力资源和社会保障等部门，抓好落实，并动员社会各方面力量广泛参与，共同做好殡葬技能人才工作。

四是加强殡葬技能人才的宣传工作。充分发挥报刊、广播、电视、网络等多种媒体的作用，营造尊重劳动、崇尚技能、鼓励创造的良好氛围。组织开展形式多样的宣传活动，大力宣传党和国家关于技能人才工作的方针、政策，大力宣传技能人才在民政事业发展中的重要作用和突出贡献，树立一批殡葬技能人才先进典型，提高殡葬技能人才社会地位，努力营造尊重劳动、崇尚技能、鼓励创造的社会氛围。

四、国外殡葬执业资格制度

殡葬服务执业资格许可是许多国家和地区采用的一项法律制度。它要求申请者具备一定的素质和条件，经过专门测试，并由专门机构依照法定程序批准，发放执业资格许可证书，才允许以殡葬工作者的身份受聘于殡葬服务经营单位，从事殡葬服务工作。

从业人员执业资格制度，在两种法系的国家，规定有所不同。大陆法系的国家，如德国和日本，一般只规定殡葬工作者应经过专业培训，具有执业经验和才能，专业技术熟练等，而对业务技术熟练程度、执业经验、业务才能等方面的标准并未作具体的规定。英美法系的国家，如美国和加拿大，则规定得很详细，内容很广泛。主要包括：执业资格条件，执业资格许可证的发放、检查和撤销程序，行为准则和执业道德规定，培训和继续教育，处罚和救济制度，等等。

（一）殡葬执业资格许可的种类

大陆法系国家对殡葬从业人员资格许可的种类，一般没有作详细的划分，只规定提供殡葬服务的人员要具备一定的执业经验和才能，业务技术熟练。

英美法系国家则划分比较详细。美国殡葬从业人员的执业资格许可有7种：尸体防腐学徒的许可、尸体防腐员的许可、殡葬主管的许可、执业殡葬主管的许可、持证殡葬主管的许可、葬礼承办人的许可、墓地推销员的许可。加拿大殡葬服务执业许可分为授权尸体防腐处理资格和不授权尸体防腐处理资格两种；墓地执业许可，则分为墓地经纪人许可、墓地销售代表许可。在英国，只有葬礼负责人许可一种，这种许可分为4个等级，目前4级是最高的葬礼主持水平。

（二）殡葬执业资格许可的管理

殡葬执业资格的管理机构主要有两种：

一是政府机构或法律授权的专门委员会。该机构负责殡葬执业资格的注册登记和监督管理，包括殡葬工作者资格的审批、注册登记工作，审核并颁发殡葬工作者的执业资格许可证，监督、检查殡葬工作者的执业行为，并对违法行为给予处罚，还负责安排在职培训和继续教育等。在美国，每个州政府都特别设有殡葬管理委员会。委员会的人员组成、任期、权限职能都由法律明文规定，委员会的每一名成员均由州长任命。在加拿大安大略省，设有殡葬服务理事会，负责管理全省的殡葬事务，并专门任命注册官，负责审核、颁发、中止、撤销殡葬从业人员的执业资格许可证。

二是行业协会。在英国、澳大利亚、新西兰，行业协会是管理殡葬执业许可的登记、注册和培训机构。协会制定有关的执业道德规范和执业资格条件，对符合条件的申请者，颁发相关证书，并负责许可证的更新以及执业者接受继续教育的具体事宜。

总的看来，殡葬从业人员执业资格的审定、许可证的颁发等，虽然不一定全都由政府机构办理，但对违法者的处罚权却都是由政府相关部门拥有和直接行使的。

（三）殡葬执业资格许可的条件

国外对殡葬从业人员的执业资格作了比较严格的规定，只有达到了法律规定的标准，取得执业资格许可证书，方可从事殡葬服务工作。英美法系国家对各类标准规定的最为详细。

注册为尸体防腐学徒的条件：良好的道德品质，受过中等教育，受雇于一家殡葬服务单位。在申请时需要提供该单位的注册殡葬主管的姓名和注册号，以及负责指导其学习的注册尸体防腐员的基本情况；支付法定费用；其他条件。例如在美国有的州还要求申请人为本州居民，有的要求提供身体健康证明等。

注册为尸体防腐员的条件：已经取得尸体防腐学徒的资格；年龄条件；教育程度，一般要求在殡葬专业学校接受过专业教育；工作经验；已通过相关的专业测试；依法支付相关申请费用。

注册为殡葬主管的条件：必须是有名望的注册尸体防腐员，通过国家指定的注册殡葬主管测试。

注册为殡葬主管后，根据其与雇主的雇佣关系或其在公司持股的数量（一般不少于10%的公司股权），可以申请注册执业殡葬主管或持证殡葬主管。

（四）殡葬执业资格许可的监管

严格的监督机制，是殡葬工作者执业资格制度得以实现的重要保证。在美国几乎所有的州都实行殡葬执照的更新制度。如果达不到要求，将不予更新执照。每个州都有监察机构，通过检查的方式监督从业人员的行为是否符合其已取得的资格要求，同时还对他们从业的各种殡葬设施进行质量检查。这意味着殡葬执业资格许可证不是终身的，需要持证者定期更换。

资格证书更新（续签）的期限。一般情况下，各种资格证书的时效都不得超过一年。如果一年期满后未提出延续申请，主管机构有权注销其资格。

资格证书更新（续签）的条件。资格证书的续签要满足一定的条件，如未有违法犯罪等行为和记录，未有违反殡葬执业道德和纪律的行为，接受过一定的培训和再教育等。

（五）殡葬执业证书的服务规范

实行殡葬执业资格许可制度的国家和地区，对持证者的服务规范也有详尽而明确的规定。一般包括：初次接收遗体的规范，殡葬管理员与殡葬服务机构之间的关系，殡葬服务机构主管殡葬负责人的指定及殡葬负责人违反规定的处理，必须向每个潜在的顾客提供消费手册的规定，其他关于持证殡葬服务机构的服务规范等。

执业证书持有者的服务规范主要包括：

专业性要求。不得从事与处理遗体无关的任何其他业务，或者持有与处理遗体无关的其他企业的任何股份。

不搞非法竞争。不得通过同其他单位拉关系、贿买、索取或通过控制等手段争拉客源；不得从事任何不公平的或者欺诈性的商业活动，或有意诱导顾客支付多于正常葬礼的开支；不得从事任何虚假的、欺骗性的、或者令人误解的广告宣传或者营销活动；不得开展诸如诽谤同业者等形式的不平等竞争。

隐私保密。不得泄露客户的保密信息或者隐私，不得对委托其照看的任何死者尸体的状况作出评价。

诚信要求。禁止虚假注册或进行贿赂；价格公开、公平，不得隐匿。

禁止歧视。不得以任何理由拒绝提供殡葬物品和服务，或者拒绝为其安排葬礼或索取、收取附加费用；不得因肤色、宗教信仰、国籍、性别、年龄、婚姻状况、军队官衔上的差异，或者身体残疾等而采取区别服务。

（六）殡葬执业资格的继续教育

为保证殡葬行业与殡葬业务的较高水准并跟上时代的发展，国外殡葬法规中大多规定，对于取得执业资格的人员应定期进行再教育，并以此作为延续其许可证的必要条件。

继续教育的量化标准。达到标准是继续注册的条件。在美国，注册尸体防腐员和注册殡葬管理员者，应在规定的课程内完成不少于 5 个面授课时的继续教育。加拿大安大略省要求注册殡葬管理人员至少每 5 年参加一次由殡葬服务委员会举办或批准的与殡葬有关的执业发展课程教育。

继续教育的计划和内容。为保证继续教育培训质量，继续教育课程或计划应满足下述标准：课程或计划应由专门机构批准，应有完善的课程大纲；课程安排应由具备资格的教师作出，继续教育面授课时数应由课程主办人或注册委员会决定。课程应包括：与殡葬有关的宗教习俗和传统，自然科学，经营服务体系、成本和预算体系、数据处理；预约服务，尸体防腐处理技术，国家殡葬法律法规；殡葬服务咨询，殡葬销售计划，卫生和传染病控制等。

继续教育对执业者的要求。主要包括：保存继续教育记录，保存时间也有明确规定。在美国为不少于 4 个连续注册期限的时间。证明自己已经完成所要求的继续教育，在申报延续注册时，提供所有相关证明。

【思考题】

1. 对你所在地区的殡葬设施规划管理现状进行调研，分析其存在的问题，并提出对策。

2. 试说明城市化进程中的农村殡葬设施规划内容和程序应该怎样确定。

3. 分析你所在地区的殡葬服务机构构成，说明应从哪些方面推进殡葬服务经营许可法律制度。

4. 选择一个地区对其殡葬服务机构进行调查，说明如何完善我国殡葬职业资格证书制度。

第三章　殡葬环境保护法治建设

【学习目标】通过本章的学习，你应能够：

1. 了解殡葬与环境和资源的关系；
2. 熟悉殡葬与环境保护的关系；
3. 掌握殡葬环境保护相关法规的要求；
4. 熟悉推进我国殡葬环境法治建设的措施。

【核心概念】环境保护；环境责任；法治建设

【导入案例】

殡仪馆影响农民耕地，农民应如何索赔①

某市的殡仪馆修建在村民乙家承包田的旁边10米，殡仪馆的烟囱排出的焚尸浓烟严重影响了乙家承包田的耕种。

根据《中华人民共和国环境保护法》的规定，一切单位和个人都有保护环境的义务，并有权对污染和破坏环境的单位和个人进行检举和控告。造成环境污染危害的，有责任排除危害，并对直接受到损害的单位或者个人赔偿损失。赔偿责任和赔偿金额的纠纷，可以根据当事人的请求，由环境保护行政主管部门或者其他依照本法律规定行使环境监督管理权的部门处理；当事人对处理决定不服的，可以向人民法院起诉。当事人也可以直接向人民法院起诉。因环境污染引起的损害赔偿诉讼，由加害人就法律规定的免责事由及其行为与损害结果之间不存在因果关系承担举证责任。

本案中，乙先向环保部门举报，要求环保部门主持与殡仪馆协商处理该事件。如果无法协商，可以环境污染案件向法院起诉，根据我国有关规定，因环境污染引起的损害赔偿诉讼，由加害人就法律规定的免责事由及其行为

① http：//www.eol.cn/an_li_fen_xi_402720100119/t20100119_441137.shtml。

与损害结果之间不存在因果关系承担举证责任。因此，该类特殊侵权的案件采取的是举证责任倒置的原则，作为被害人，乙只需要证明有侵害的事实和对方排放污染物的事实即可。

第一节　殡葬与环境保护

人口老龄化、能源短缺和环境污染已经成为威胁人类生活、社会进步和发展的重大问题，而殡葬与这些问题密切相关，正确认识殡葬对环境的影响，全面了解环境保护法律法规中与殡葬行为相关的规定，处理好殡葬与环境的关系，对人类未来的可持续发展有着重要的意义。

随着人口增长带来巨大的生存需求，社会上每一个成员所能分配到的自然资源已极为有限。环境是人类赖以生存的基础，环境也是殡葬的基础，殡葬离不开自然环境。无论采取何种殡葬形式，都要在相应的环境中进行。所以，殡葬和环境是密不可分的。

一、殡葬与环境的关系

（一）殡葬与自然环境

殡葬与自然环境有着密切的关系，不同的殡葬方式对自然环境产生不同的影响。正确选择殡葬方式对保护人类赖以生存的自然环境和人类社会的进步与发展有着积极的意义。

遗体是一种特殊的有毒有害固体废弃物。每具遗体既是一座小型的化学毒品库，又是一个病菌病毒库。无论怎样处理，都不同程度地污染着各主要环境要素。

一是对土壤环境的污染。土葬是任遗体自然腐败的过程，有害化学物质会直接污染土壤。火葬是将遗体高温焚化的过程，形成的骨灰也间接地污染着土壤。其他殡葬方法也不例外，遗体的固体残留物都会进入土地。殡葬对土壤环境的污染是非常普遍的，而且作用时间也很长。

二是对大气环境的污染。遗体的腐烂或火化过程都将产生多种有害气体。如硫化氢、氨气、二氧化硫、一氧化碳、氮氧化物、烟尘和众多的有机气态污染物质，会造成大气污染，危害着人类的身心健康。

三是对水体环境的污染。水葬是将遗体置于水中，任其腐败的过程。会严重污染江、河、湖、海这些地表水源。而土葬能污染地下水。甚至火化产生的骨灰也能通过雨水的淋溶作用产生重金属类化合物，污染地表和地下水体。如任其自然，最终将污染人类宝贵的饮用水源。

四是对声学环境的污染。火化设备存在着不同程度的噪声污染。殡仪车辆存在着交通噪声污染，甚至一些陈规陋习（如燃放爆竹、哭丧等）也能使正常的声学环境遭到破坏。

五是对生物环境的污染。遗体在存放、运输时，尤其是土葬等自然腐败的情况下，会释放出致病菌和病毒，产生生物污染，传播疾病甚至导致瘟疫。历史上大的瘟疫迅速蔓延很多都是遗体对生物环境污染的结果。现代特大自然灾害后也出现过不同程度的遗体生物污染事件。所以在地震、洪水过后，灾区都要将遗体妥善处理，消灭带菌的蚊蝇、老鼠等等。

（二）殡葬与人工环境

随着社会的进步和发展，殡葬的专业化水平也在不断地提高。不管是对自然环境的科学改造，还是对自然环境的野蛮破坏，最终必将形成专用的殡葬环境。

从几千年封建帝王的陵寝，到现代普通百姓的公墓；从医疗机构太平间到殡仪服务中心、火葬场和殡仪馆；从生产殡葬专用设备的工厂到骨灰盒等殡葬用品的生产车间都是殡葬所创造的人工环境。

殡葬人工环境可分下列几种：

一是殡葬生产环境。生产殡葬设备和殡葬用品的环境。

二是殡葬商业环境。销售上述设备、用品及提供殡葬服务的人工环境。

三是殡葬交通环境。殡葬交通环境包括殡仪场所的停车场、殡仪车辆和通往殡仪场所的专用道路及桥梁等专项设施。

四是殡葬旅游环境。历代殡葬文化所创造的旅游景观。如北京的明十三陵、南京的中山陵和明孝陵、西安的秦始皇陵、曲阜的孔林、西藏的班禅寺和佛祖塔等都是殡葬旅游环境。

（三）殡葬与社会环境

殡葬不仅要在一定的自然条件下进行，也一定要在当时的社会环境下进行。殡葬受社会环境的制约，社会环境也受殡葬的影响。不同的社会文化环境作用于殡葬领域就产生了不同的殡葬文化，不同的社会经济作用于殡葬就生产了不同的殡葬经济，不同的社会心理作用于殡葬就产生了不同的殡葬心理，一定的社会风俗与殡葬结合就产生一定的殡葬习俗。

殡葬与社会环境中的各要素相互作用和渗透就形成了殡葬社会环境。自古以来，始终存在着唯心主义和唯物主义殡葬观的斗争。加强殡葬宣传教育，提高科学殡葬意识，树立唯物主义的殡葬观，大兴文明的殡葬新风，破除殡葬陋习，加强殡葬科学研究，大力发展殡葬经济，都是摆在人们面前的殡葬社会问题。

二、殡葬与资源的关系

资源是一个国家或一定地区内拥有的物力、财力、人力等各种物质要素的总称，是一切可被人类开发和利用的客观存在，是一种自然存在物或能够给人类带来财富的财富，分为自然资源和社会资源两大类。前者如阳光、空气、水、土地、森林、草原、动物、矿藏等，后者包括人力资源、信息资源以及经过劳动创造的各种物质财富。自然资源有史以来就遭到了人类殡葬活动的破坏，有些自然环境被破坏后是不能或很难再生的。

（一）殡葬对自然资源的消耗

1. 占用大量土地资源

土地是人类生活不可缺少的最基本的物质条件。它是人类生存和活动的场所，也是人类获取生活资源的主要生产资料。我国人均土地面积 1.11 亩左右，不足世界人均土地的 1/3，特别是东南沿海省份人均耕地只有 0.6 亩，我国在用占世界不到 7% 的耕地，养活着占世界 22% 的人口，土地资源十分匮乏，仍在持续增长的人口数量以及日益严重的人口老龄化问题，使得人们的生存空间越来越小，大量的土地资源不断被侵蚀。全国每年死亡人数约 900 万人，以土葬每穴墓地占地 4 平方米计算，占用土地资源 3600 万平方米。土葬造成“死人与活人争地”的现象至今犹存，甚至有些地方相当严重，这种人增地减的逆向趋势，正在不断地威胁着人类的生存。

2. 浪费大量森林资源

森林不仅为人类提供各种木材、经济植物和食物，而且具有十分宝贵的维护生态环境的功能，如涵养水源和保持水土，吸收有毒有害气体，阻滞粉尘和降低噪声，防风固沙，调节气候等。我国森林覆盖率仅有 16.55%，不足世界人均面积的 15%。特别是我国每年的用材林生长量为 1.8 亿立方米，而每年实际消耗高达 2.9 亿立方米，每年平均缺口 1.1 亿立方米。我国每年有 400 多万人实行土葬，消耗木材两三百万立方米，加之一些火葬区还有火化后骨灰装棺二次葬的现象，使原本紧张的森林资源问题又雪上加霜。

（二）殡葬对社会资源的影响

社会资源同自然资源相比较，具有社会性、继承性、主导性、流动性和不均衡性等突出特点，殡葬活动作为社会生活领域的组成部分，必然会随着时代的进步、经济社会的发展而前进，这就要求人们不断摒弃殡葬活动中原有愚昧、落后的因素，不断学习先进、科学的东西，要科学文明节俭办丧事。由于我国旧的殡葬习俗在部分公众中根深蒂固，古时“事死如事生”的儒家殡葬伦理观的影响沿袭至今，认为在殡葬活动中只有厚葬、大操大办才能体现对逝者的敬重和孝心；“入土为安、入木为贵”的传统思想也使一些人对火葬不理解。这些观念经过千年的沿袭，成为一种社会习俗和习惯势力。虽然随着社会的发展与进步，人们对这些陋习越来越反感，但受习惯势力所迫，欲罢不能、欲办无力，给公众带来了精神上、经济上的压力，影响生活和生产，妨碍社会安定，污染社会风气，腐蚀人们的灵魂，严重阻碍着社会的文明与进步。因此，必须通过殡葬改革实现殡葬活动的科学与文明。

殡葬活动中为执行一定的功能以满足人们一定的需要而产生了殡葬礼仪。随着人类文明进步，人的自我意识逐渐觉醒，明确认识到生与死的对立，重生惜死的情感日益强烈，并且对灵魂与躯体的关系有了某种理解，于是便开始有意识地处置死者遗体，逐渐形成一系列共同遵守的行为规范。殡葬活动开始比较简单，但随着人类社会的发展和人与人之间的等级分化日益明显，便日益变得复杂繁缛。由于人人平等日渐成为现代社会人际关系的准则，殡葬礼仪又有回归简单的趋势。

殡葬的主体功能可表达或满足生者对逝者的爱恋心理、哀伤心理、报恩心理、希冀永恒心理及自身的宣泄心理、求福避祸心理等多种心理。为逝者开追悼会、致悼词、介绍逝者的生平事迹及撰写回忆录、发表纪念文章等活动，可追念逝者的生平业绩，启迪和激发生者继承和发扬逝者的优良品质及完成其未竟之志。所有这些都唤醒人们要提高环境保护意识，维护生态平衡，努力寻求更科学、更文明、更健康、更卫生的殡葬方式。

殡葬改革是社会主义文明（包括物质文明、精神文明、政治文明、生态文明）体系建设的一项重要内容。在社会主义生态文明建设的大背景下，充分关照中国传统文化的殡葬观念和习俗，继承发扬殡葬改革和管理的经验，顺应社会管理、公共服务、生态文明发展大趋势，破解殡葬改革和管理深层次的矛盾，切实保护人类生存环境，确立一个既由政府强力推进又有全民自觉参与、既实现殡葬改革确定的社会效益，又充分体现对死者和殡葬活动者人文关怀的殡葬管理和改革新理念，成为以生态文明为主要特征的新时期给人们提出的新要求。

深化殡葬改革保护生态环境，实现遗体处理科学化、规范化，是保护生态环境、造福子孙后代和实现人与自然和谐相处的需要。从 1978 年到 2011

年，全国共火化遗体 9449.2 万具，每年节省数万亩耕地、百万立方米木材和数百亿元殡葬费用，在一定程度上缓解了资源不足的压力，保护了生态环境，推动了经济与社会的协调发展，促进了人与自然的和谐相处，为社会主义生态文明建设作出了积极贡献。

三、殡葬及其环境保护

（一）殡葬环境问题

殡葬环境问题就是人类的殡葬活动给环境直接带来的和间接引发的环境问题。殡葬环境问题是次生环境问题，分为环境污染、环境干扰和环境破坏三个类型。其污染、干扰和破坏的程度取决于殡葬方式和殡葬过程。

我国的殡葬环境问题以环境污染和环境破坏为主。

殡葬环境污染按污染物划分，包括大气污染、土壤污染、水体污染、生物污染、废渣污染等方面。按殡葬环境被破坏的对象划分，包括土地的破坏、森林的破坏、矿产的破坏、生态环境的破坏等方面。殡葬环境干扰主要有噪声干扰、振动干扰、电磁干扰、光波干扰、热干扰等。

此外，还有社会环境污染，特别是心理污染。由于殡葬是一种具有广泛社会影响的特殊活动，它对逝者处理的同时，对生者又是一种安慰。千百年来留下的许多殡葬陈规陋习，在不同的地域、不同的时期都对人们的心理产生不同的影响。

（二）殡葬环境保护

殡葬源于人类祖先依赖自然、敬畏自然，为了保障人类生存环境而选择的遗体处理方式和一系列的礼仪。殡葬活动以尊重自然规律、顺应自然为前提，以实现和谐、共生为原则的生存哲学和人类价值观为基础，其目的是更好地保护人类生存空间。当今人类面临全球生态恶化、资源危机、人口膨胀等威胁人类存续的外部环境灾难带来的严重挑战，当代人类社会必须十分理智地应对生态环境危机挑战和反省自身行为结果并作出修正和选择。

殡葬就是环境保护，现代殡葬属于环境保护的范畴；环境保护能促进殡葬事业的健康发展。没有环境保护就没有现代科学的殡葬方式，科学的殡葬是为当代环境保护服务的。两者相辅相成、相互促进、共同提高。

1. 殡葬与环境保护

殡葬改革的目标是减少殡葬对自然资源的浪费和对自然环境的污染及破坏，正确处理与分析殡葬与自然环境之间的关系，建立可持续发展的殡葬体系和保持与之相适应的可持续利用资源和环境基础。

遗体是特殊的有毒有害废弃物，殡葬的主要内容是妥善处理这种废弃物，通过各种不同的殡葬手段将遗体减害化、无害化。殡葬活动本身就属于环境保护的范畴。

殡葬过程中会不可避免地出现一系列的环境问题，这些环境问题的解决，需要采取相应的环保措施，消除其二次污染，以达到人类开展殡葬活动的根本目的，所以殡葬又离不开环境保护。

科学的殡葬不但能消除遗体这种特殊的有毒有害固体废弃物的污染，还能化害为利，变废为宝。从有害化和减害化，到无害化和资源化，将是殡葬环保领域的一场革命，要进行这场革命，除了依靠科技进步外，还有待于全体国民科学殡葬意识的不断提高。

1976 年唐山大地震后，市区的近 10 万具遗体由解放军官兵运到郊区掩埋。震后还有部分遇难者遗体由亲属临时掩埋在市区。1976 年冬天，唐山防疫人员和 2000 多名基干民兵，把这些遗体全部挖出，迁入郊外 8 个公墓深埋合葬。到 1976 年 12 月底，唐山地区共迁移和添土掩埋处理遗体 19 万多具，迁出埋在市内的遗体 3 万多具。由于地震遇难者死于非命，很少携带致命菌，迁尸后只用石灰消毒，进行了标准化掩埋。为了检验掩埋效果，1977 年卫生防疫专家对遗体的掩埋方式作了全面评价，并从细菌、病毒、毒物、生化、病理、土壤、蔬菜等方面进行研究。事实表明，遗体迁埋后，周围环境的状况良好，未造成生物、化学污染，也没有形成传染病源。

2008 年汶川大地震后，专家提出了遗体处理要做好喷、包、捆、运、埋 5 个环节：

喷药——扒挖遗体与喷药紧密结合，遗体上可用石灰水、黑色草木灰来吸附含臭物质，也可用 1% 的二氧化硅与木屑混合吸附硫化氢之类的臭气，或喷洒 3% ~5% 的来苏水。次氯酸钙、氢氧化钙和漂白粉混合喷洒，能很快除臭消毒。鉴于遗体是感染的隐患，国际卫生组织建议用石蜡浸泡遗体后就地焚化，以避免疫情的发生。

包裹——用包装物包遗体头部，后用覆盖物包整个遗体，或装入塑料袋扎口。有条件的可用标准化的专用尸袋。

捆紧——将包裹后的遗体最好捆三道（头、腰、腿部），便于移运和以免尸臭散发。

运出——要用符合卫生要求的专用车辆，将包捆后的遗体及时运走，避免在市区内影响环境。在遗体装车前，要先在运尸车厢垫一层沙土或塑料布，防止污染车厢。

埋葬——在市区外选择好埋尸地点，在不影响市容环境和不污染水源的条件下，将遗体深埋地下 1.5～2 米，上面加盖土壤和石灰。原临时埋在市区内的遗体，一律重新挖出并移运至市区外的合适地点进行二次埋葬，以改善市区的环境卫生面貌。

2. 殡葬与持续发展

面对环境污染、生态破坏、气候变暖、酸雨蔓延、光化学污染等日益严重的严峻现实，全球环境保护问题成为摆在世界各国和地区面前的一个重大命题。人类开始重新审视自己，深刻反思传统的发展观、价值观和环境观，力图寻找一条既能保证经济增长和社会发展，又能保护环境的全面发展道路。可持续发展作为一种既满足当代人的需要，又不对后代人满足其需要的能力构成危害的发展方式，立即受到世界各国和地区的广泛关注，并被广大公众所接纳。环境是实现可持续发展的前提，控制环境污染，改善生态环境，保持可持续发展的资源基础，才能谋求经济、社会与自然环境的协调发展。

生老病死是人生的必然阶段。人类殡葬活动不可避免地与自然环境和资源发生各种各样的联系。从可持续发展的角度看，我国在殡葬管理政策和殡葬行业的殡葬服务经营追求的正是环境的保护和生态的平衡，因而应把环保因素作为行业进步的重要内容，用可持续发展的理论指导殡葬的各项实践活动。

殡葬是因环境保护的需要而产生和发展的。中国是一个人口大国，每年死亡人口约 900 万，如果不对遗体进行无害化处理，将会对环境产生较大的影响。只有控制环境污染，加强环境保护，才能推进殡葬行业的可持续发展。殡葬行业在处理遗体的过程中由于技术条件的局限等原因，常常对环境造成污染。从对国内某些殡葬单位产生的污染物的监测数据可以得出，殡葬行业对环境的污染状况比较严重，需要加快实行污染控制和治理的措施，在发展中保护环境，以环境保护为目标，推进殡葬行业的可持续发展。

殡葬服务行业应该积极地发展以环境无害化技术、资源回收利用技术和清洁生产技术为主要载体的循环经济，以环境友好方式利用资源、保护环境和发展经济，逐步实现以最小的代价、更高的效率和效益，实现污染排放减量化、资源化和无害化，通过实现殡葬改革更高层次的目标，为实现可持续发展战略作出贡献。

第二节　殡葬环境保护法规

一、我国环境法律建设

环境法是为了保护和改善自然资源和环境、保障人们身体健康、维持生态系统的平衡和安全，国家制定或认可的，调整人们开发、利用、保护、管理自然资源和环境的活动和人们防治污染和其他公害的活动的法律规范的总称。环境法是国家规范人们的行为，进行环境管理，保护和改善环境的重要手段和工具。环境法是由国家制定发布的，由国家强制力保证其实施，因此具有普遍的约束力，人人必须遵守执行。

（一）我国环境法的基本原则

环境立法的基本原则是指环境法中规定或体现的涉及国家环境法制建设全局的具有指导意义的根本准则。环境与资源法基本原则的理论基础主要包括：生态学的观点和方法（物物相关律、相生相克律、能流物复律、负载有额律、协调稳定律、地时制宜律等），经济分析的观点和方法（外部不经济理论、经济体制论），环境伦理的观点和方法（现世代的公平、衡平世代间利益、自然的权利），法学的基本原则（平等观、权力观、公共利益论、权利义务观）。中国环境与资源法的基本原则，是指我国环境与资源法确认的，反映我国环境与资源开发利用、管理、保护特点的，在环境与资源法律实施中具有普遍指导意义的规则和原则。

1. 协调发展原则

经济建设、城乡建设与环境建设必须同步规划、同步实施、同步发展，以实现经济效益、社会效益和环境效益的统一。协调发展是从经济社会与环境保护之间相互关系方面，对发展方式提出的要求，其目的是为了保证经济社会的健康、持续发展。事实证明，经济发展与环境保护是对立统一的关系，两者相互制约、相互依存，又相互促进。经济发展带来了环境污染问题，同时又受到环境的制约；而环境污染、资源破坏势必影响经济发展。既不能因为保护环境、维持生态平衡而主张实行经济停滞发展的方针，也不能先发展经济后治理环境污染、以牺牲环境来谋求经济的发展。同时，环境污染的有效治理，也需要有经济基础的支持，所以说，经济发展又为保护环境和改善环境创造了经济和技术条件。

1973 年原国家计委提出“经济发展和环境保护，同时并进，协调发展”的原则；1983 年第二次全国环保会议提出“经济建设、城乡建设和环境建设要同步规划、同步实施、同步发展，实现经济效益、社会效益、环境效益的统一”，简称“三同步、三效益”原则；1989 年颁布的《中华人民共和国环境保护法》第四条明确规定“国家制订的环境保护规划必须纳入国民经济和社会发展计划，国家采取有利于环境保护的经济、技术政策和措施，使环境保护工作同经济建设和社会发展相协调”，简称“协调发展”原则；1992 年中共中央、国务院批准的《关于出席联合国环境与发展大会的情况及有关对策的报告》指出“走持续发展道路，是加速我国经济建设、解决环境问题的正确选择”；接着，国务院制定贯彻可持续发展原则的《中国21世纪议程》。

2. 综合治理原则

指采取多种预防措施，防止环境问题的产生和恶化，或者把环境污染和破坏控制在能够维持生态平衡、保护人体健康和社会物质财富及经济、社会持续发展的限度之内。预防为主是解决环境问题的一个重要途径，它是与末端治理相对应的原则。预防污染不仅可以大大提高原材料、能源的利用率，而且可以大大地减少污染物的产生量，避免二次污染风险，减少末端治理负荷，节省环保投资和运行费用。对已形成的环境污染，则要进行积极治理，防治结合，尽量减少污染物的排放量，尽量减轻对环境的破坏。同时，还应把环境与人口、资源和发展联系在一起，从整体上解决环境污染和生态破坏问题。采取经济、行政、法律、技术、教育等各种有效手段，对环境污染和生态破坏进行综合防治。

1973年《关于保护和改善环境的若干规定》提出“预防为主”方针；1979年、1989年的《中华人民共和国环境保护法》提出“预防为主、防治结合、综合治理”的原则；1990年《国务院关于进一步加强环境保护工作的决定》，重申“环境综合整治”的原则。

3. 环境责任原则

环境责任原则又称为“谁污染谁治理，谁开发谁保护”原则，是指在生产和其他活动中造成环境污染和资源破坏的单位和个人，应承担治理污染、恢复环境质量的责任。其基本思想就是明确污染者、利用者、开发者、破坏者等的治理污染和保护环境的经济责任。具体体现为结合技术改造防治污染，对污染实行限期治理，实行征收排污费制度和资源有偿使用制度，明确开发利用环境者的义务和责任等。

4. 公众参与原则

公众参与原则是目前世界各国环境管理中普遍采用的一项原则，也是社会主义法制的民主原则在环境与资源法领域的体现。1992年，联合国环境与发展大会通过的《里约环境与发展宣言》明确提出：“环境问题最好是在全体有关市民的参与下进行。”环境质量的好坏关系到广大公众的切身利益，每个公民都有了解环境状况、参与保护环境的权利。宪法赋予了“中华人民共和国一切权力属于人民”，“人民依照法律规定，通过各种途径和形式，管理国家事务，管理经济和文化事业，管理社会事务”的权利，环境保护法、海洋环境保护法、大气污染防治法等都对公民享有监督、检举和控告的权利作了规定。但关于公民环境权的立法缺乏，只有传统的人身健康权、不动产的相邻权等的保护，而公民环境权规范不充分，如清洁空气权、水权、安静权、风景权、舒适权、通风权、知情权等，参与（监督、管理和决策）权等都没有明确的规定。

在环境保护工作中，要坚持依靠广大公众的原则，组织和发动公众对污染环境、破坏资源和破坏生态的行为进行监督和检举，组织公众参加并依靠他们加强环境管理活动，使我国的环境保护工作真正做到“公众参与、公众监督”，把环境保护事业变成全民的事业。

（二）环境保护法的法律责任

环境保护法具有国家强制性，其中关于违法或者造成环境破坏、环境污染者应承担的法律责任的规定是它的重要组成部分。中国的环境保护法和其他的单行自然资源法、特殊区域环境保护法均规定了违反法律和法规的相应责任。为了保证环境保护法的实施，应当依法追究各种违法者的法律责任。

1. 刑事责任

环境刑事责任是行为人故意或过失实施了严重危害环境的行为，并造成了人身伤亡或公私财产的严重损失，已经构成犯罪要承担刑事制裁的法律责任。我国刑法中规定了对以下 9 种与环境有关的犯罪活动要追究刑事责任：用危险的方法破坏河流、森林、水源罪，用危险的方法致人伤亡及使公私财产遭受重大损失罪，违反爆炸性、易燃性、放射性、毒害性、腐蚀性物品管理规定罪，滥伐、乱伐森林罪，滥捕、破坏水产资源罪，滥捕、盗捕野生动物罪，破坏文物、古迹罪，重大责任事故罪，渎职罪等。

2. 行政责任

行政责任是指违反环境保护法和国家行政法规有关行政义务的单位或个人所应承担的法律责任。承担行政责任者可以是自然人，也可以是法人、法人代表或其他企事业单位、社会团体、组织等。既包括中国人，也包括不享受外交豁免权的外国人。承担行政责任的方式有行政处罚和行政处分两种。

（1）行政处罚。是对犯有轻微的违法行为者所实施的一种较轻的处罚。行政处罚法规定行政处罚有：警告、罚款、没收非法所得、没收非法财物、责令停产、停业、暂扣或吊销许可证、拘留等。就环境法来说，行政处罚还包括取消某种权利，责令支付整治费用和消除污染费用，停止及关、停、并、封，剥夺荣誉称号等。

（2）行政处分。也称纪律处分，是指国家机关或单位对其下属人员依据法律或内部规章的规定施加的处分，包括警告、记过、记大过、降级、降职、撤职、留用、开除等8种。

3. 民事责任

环境法中的民事责任是指公民、法人因污染或破坏环境而侵害公共财产或者他人的人身、财产所应当承担的民事责任。其种类主要有：排除侵害，消除危险，恢复原状，返还原物，赔偿损失，赔礼道歉等。

（三）我国的环境法体系现状

环境法体系是指各种环境法律法规，按一定原则、功能和层次组成的具有内在联系的有机综合体。我国的环境法体系是按照宪法规定的立法体系建立的。

1. 国家法律规定

一是宪法的有关规定。《中华人民共和国宪法》在全部法律中具有最大的权威性和最高的法律效力。宪法中明确规定："国家维护社会主义法制的统一和尊严。一切法律、行政法规和地方性法规都不得同宪法相抵触。"宪法是制定一切法律法规的依据。宪法中规定：

（1）国家保障自然资源的合理利用，保护珍贵的动物和植物。禁止任何组织或者个人利用任何手段侵占或者破坏自然资源。

（2）一切使用土地的组织和个人必须合理地利用土地。

（3）国家保护和改善生活环境和生态环境，防治污染和其他公害。国家组织和鼓励植树造林，保护树木。

宪法中还对保护自然资源、珍贵动植物、保护土地、保护古迹、文物及历史文化遗产、保护环境、防治污染和公害、保护树木等作了明确规定。这些规定是我国环保工作的最高准则和纲领。

二是环境保护基本法的规定。《中华人民共和国环境保护法》是我国一部综合性的环保基本法。它对环保的任务、对象、方针、政策、基本原则和制度、主要防治措施和对策、环保机构和职责、奖励和惩罚等重大问题，均作出了原则规定。根据《中华人民共和国宪法》第十一条关于"国家保护环境和自然资源，防治污染和其他公害"的规定，1979年9月13日，第五届全国人民代表大会常务委员会第十一次会议原则通过《中华人民共和国环境保护法（试行）》，1989年12月26日，第七届全国人民代表大会常务委员会第十一次会议通过，并以中华人民共和国第22号主席令的形式发布了《中华人民共和国环境保护法》。该法规定了国家在环境保护方面的总方针、政策、原则、制度，规定了环境保护的对象，确定了环境管理的机构、组织、权利、职责以及违法者应承担的法律责任，是中国环境保护的基本法。

三是环境保护单项法的规定。环境保护单项法是以宪法和环境保护法为基础，针对特定的污染防治领域和特定资源保护对象而制定的单项法律。中国目前已颁布的环境保护单项法律有：海洋环境保护法、水污染防治法、大气污染防治法、固体废物污染环境防治法、噪声污染防治法、森林法、水法、土地管理法、水土保持法、矿产资源法、野生动物保护法、草原法、渔业法、煤炭法、清洁生产促进法、环境影响评价法等。这些法律属于防治环境污染、保护生态环境等方面的专门性法规，是中国环境保护法的分支。

2. 国家行政法规

国家行政法规是指为了更好地保证宪法、环保基本法及单项法的实施，充分发挥国家行政机关管理职能，由国务院制定并公布或者经国务院批准，由主管部门根据上述法律公布的有关环境保护的条例、决定、办法、通令等方面的规范性文件。行政法规属国家强制性并具有普遍约束力的规范性法律文件，但行政法规的效力低于法律。

环境行政法规主要包括两部分内容：一是为执行环境保护法律而制定的实施细则或条例，如水污染防治细则、大气污染防治细则、征收排污费暂行条例、自然保护区条例等；二是对环境保护工作中出现的新领域或未制定相应法律的某些重要领域所制定的规范性文件，如《关于结合技术改造防治工业污染的几项规定》《淮河流域水污染暂行条例》，以及原国家环保总局发布的《放射性同位素与射线装置安全许可管理办法》《排放污染物申报登记管理规定》《电磁辐射环境保护管理法》，原国家环保总局与海关总署联合发布的《关于严格控制境外废物转移中国的通知》等。

3. 地方环保法规

地方环境保护法规是由地方各级政府根据国家环境保护法规和地区的实际情况制定的综合性或单行环境保护法规，是对国家环境保护法律、法规的补充和完善，是以解决本地区某一特定的环境问题为目标的，具有较强的针对性和可操作性。这类法规在地方上具有约束力。如《北京市实施〈中华人民共和国大气污染防治法〉办法》《上海市黄浦江上游饮用水水源保护条例》《内蒙古自治区草原管理条例》等。

4. 环境保护标准

环境标准是环境保护法的重要组成部分，是实施环境保护法的工具和技术依据。没有环境标准，环境保护法就难以实施。

5. 环保国际文件

保护环境需要全球合作。为加强环境保护领域的国际合作，维护国家的环境权益，同时也承担应尽的国际义务，中国已缔结和参加了许多环境保护方面的国际条约，如《保护臭氧层维也纳公约》《控制危险废物越境转移及处置巴塞尔公约》《联合国生物多样性公约》《全球气候框架公约》《京都议定书》等等。这些条约也都是中国环境保护法律体系的有机组成部分。

二、我国殡葬环保立法

依法管理和治理环境是现阶段最有效的环保手段之一。环境法治包括环境立法、环境执法、环境司法和环境守法四个方面。环境立法和环境执法主要是国家权力机关和国家行政管理机关的职责，环境司法的是人民检察院和人民法院的职责，环境守法则是各企事业单位和全体公民的责任和义务。在环境法治建设中，环境立法是环境法制的前提，环境执法是可靠的保障，环境守法是环境法治的主要实现途径。

（一）我国古代的殡葬环保立法

在我国，殡葬历来是社会生活中很重要的一个方面。早在西周，统治阶级创设了“礼”。认为“安上治民，莫善于礼”。“礼”构成了西周社会的基本行为规则，起着调整社会关系维护社会秩序的重要作用，这开创了中国漫长的“礼”“法”不分、“礼”“法”合一的历史。在西周，“礼”以其分类不同，有所谓的六礼（冠、婚、丧、祭、乡、见面），九礼（冠、婚、朝、聘、丧、祭、宾主、乡饮酒、军旅）。但无论如何分类，丧礼、祭礼都是其中不可或缺的重要组成部分。

到了战国时期，各诸侯国先后开始了发展巩固封建生产关系、建立封建政治法律制度的变法运动。这时，虽然没有环境保护法的概念和相应的专门法律，但当时人们对人与自然的关系、对殡葬的特殊性有了更明确而深刻地认识。

《秦律·田律》：“春二月，毋敢伐材木山斯及壅陡水，不夏月，毋敢夜草为灰，取生荔、庸卵鷇，毋□□□□□□□□毒鱼鳖，置阱罔，到七月而纵之。唯不幸死而伐棺椁者，是不用时。邑之近皂及它禁苑者，麛时毋敢将犬以之田。百姓犬入禁苑中而不追兽及捕兽者，勿敢杀；其追兽及捕兽者，杀之。”这是我国目前发现于文献中的最早的、完全意义上的自然保护法。这一规定把因死亡需要砍伐树木做棺椁当作一个特例进行例外性规定，传达出很丰富的内涵，既体现了他们对人的殡葬活动带给自然环境的影响有清楚的认识，也体现了秦人朴素的人本思想。

到了汉朝，随着经济的恢复，太平盛世，社会安定，出现了“文景之治”。人们对环境保护很重视。汉文帝二年（公元前178年）诏：“其吾诏书数下，劝民种树。”汉景帝三年（公元前154年）诏：“其令郡国务劝农桑，益种树，可得衣食物。”这两个诏书说明汉朝时人们已经认识到保护自然环境和人类生存的密切关系。这给汉朝人们的殡葬习俗带来了不小的影响，在墓穴周围植树成风。“陵成宇立，捌列既就”（《汉北海相景君碑阴》）；“今富者积土成山，列树成林”（《盐铁论·散不足篇》）。而且所选树种丰富，除了常有的松柏，还有梧桐、杏树等品种。《孔雀东南飞》中“两家求合葬，合葬华山旁，东西种松柏，左右种梧桐”就是这一情形的生动描述。

在宋元时期，社会生产力的发展和佛教的世俗化，使得佛教的火葬传统开始在民间流行。火化后的骨灰，或埋入墓中，或存放寺院和家中，有的还甚至抛弃在野外或撒散在河流里。

在殡葬思想方面，中国很早便有成体系的薄葬思想理论，并随着历史的发展而不断得到发展。在百家争鸣中，以孔子为代表的儒家最早主张薄葬。儒家的孝道思想客观上为中国封建社会的厚葬风气提供了理论依据，但在实际行动上，孔子却是一个坚定的薄葬论者。“礼，与其奢也，宁俭。丧，与其易也，宁戚。”到了魏晋南北朝时期，在曹操、诸葛亮等为代表的封建统治者的倡导下，社会薄葬风气盛行。从一定意义上说，薄葬理论的内核，包含了朴素的唯物思想和与民休养生息的人本意识。薄葬的施行，客观上也减轻了人给予自然环境的压力。中国传统的薄葬思想，一定意义上与现在殡葬改革倡导的“文明节俭办丧事”一脉相承。

（二）我国现代的殡葬环保立法

1972年，联合国在斯德哥尔摩召开“人类环境会议”，有114个国家代表参加，最大的意义是产生了可持续发展概念和思想，预示着人类环境时代的开始。

1979年我国颁布的环境保护法，确立了经济建设、社会发展与环境保护协调发展的基本方针。1982年，环境保护写入我国宪法，此后，水污染防治法、大气污染防治法、噪声污染防治法、固体废弃物污染防治法、海洋环境保护法等许多环境保护专门法律以及水土保持法、水法、土地管理法、森林法、草原法等与环境保护相关的资源管理法律相继出台。《环境噪声污染防治条例》《征收排污费暂行办法》等一大批有关环境与资源保护的单项法规、行政规章颁布施行。以污染物排放标准、环境基础标准、样品标准和方法标准为基础的各类国家环境标准相继出台，我国环境标准法律体系得到建立并不断完善。各地方人大和地方政府也制定和颁布了大量环境保护的地方性法规。

改革开放以来，随着我国法制建设的不断加强，殡葬立法工作也得到了推进。殡葬环保立法上也取得了很多的成绩。1997年，国务院《殡葬管理条例》颁布实施。在这部我国现行效力最高的殡葬法规中，就有很多规定蕴含和体现了保护环境和维护公共卫生安全的精神。例如，在殡葬管理方针中关于节约殡葬用地的规定（第二条），关于人口稠密、耕地较少地区应实行火葬的规定（第四条），关于倡导以少占或不占土地的方式安置骨灰的规定（第五条），关于严格限制墓穴占地面积和使用期限的规定（第十一条），关于殡葬服务单位应加强对殡葬设施的管理和更新改造火化设备防止污染环境的规定（第十二条），关于运输遗体应进行必要的技术处理以确保卫生、防止污染环境的规定（第十三条），关于办理丧事活动不危害公共安全的规定（第十四条），等等。这些规定适合我国人口众多、人均自然资源少、生态环境脆弱的国情，对我国殡葬业的可持续发展和国家的可持续发展发挥了很好的作用。

我国人口基数巨大，每年死亡人口达900万，每天都有大量的殡葬活动在进行。而我国悠久的厚葬传统和殡葬攀比心理，使得这些殡葬行为对我们的环境和资源构成了不可忽视的压力。但是，相对于发达国家，我国的殡葬环保立法总体上还相对落后。人们还没有全面从环保的角度去审视殡葬管理和殡葬活动的各个方面和各个环节。保护环境还没有成为殡葬法规的基本原则。殡葬法规现有涉及环保的规定还比较松散，未能形成严密的体系。在殡葬设施、殡葬设备、殡葬用品、殡葬活动等方面的环保立法还很不完善，有的还完全处于空白状态。

当前，我国对内对外开放程度不断加深，社会主义市场经济体制不断完善，尤其是在行政许可法全面贯彻实施的新形势下，殡葬市场的全面开放步伐越来越快。在市场开放初期，多样化的市场主体为了达到各自经济利益，往往忽视社会效益和环境保护。因而有必要在殡葬法规中明确环境保护和公共卫生安全基本原则，并尽快完善相关的殡葬环境保护法律制度。

目前，我国已基本上形成了以宪法为核心，以环境保护法为基本法，以环境与资源保护的有关法律、法规为主要内容和以我国缔结参加的有关国际环境与资源保护的条约、公约、协定为辅的较为完备的环境与资源法的法律体系。同时，还存在一个包含传染病防治法等法律法规在内的公共文生健康安全法律体系。在各类殡葬活动中，这些无疑是应首先遵守的。在建设殡仪馆、火葬场等殡葬设施时，按照环境保护法的相关规定，环保设施与其他设施应该同时设计、同时施工、同时投入使用。火化遗体和燃烧祭奠用品时要注意避免造成大气污染。在殡葬活动的过程中，要避免对公共卫生造成危害和带来声音、视觉污染。骨灰撒海时要注意海洋环境保护法、水污染防治法等相关法律的要求。建设公墓时要注意保持自然植被，防治水土流失。在殡葬生前患有传染病的遗体时，应该严格执行传染病防治法等相关专业法规的规定。

殡葬活动是人类一项永恒的社会活动。殡葬因死亡而开始，以遗体的处理为中心。现代科学研究表明，人亡故后，寄生在遗体上的各种细菌和微生物开始以几何级数增长，对公共卫生和公共健康构成威胁。传染性疾病的遗体对公共卫生安全的威胁就更大。如何有尊严地、安全卫生地处置亡人的遗体，确保不对公共卫生造成危害，不带来环境污染，应该成为各殡葬行为中所应考虑的首要的、基本的问题。除了注意遵守环境保护和公共健康卫生方面的法律法规外，还应该针对殡葬涉及的特殊问题和具体情况，加强殡葬环保立法。

第三节　殡葬环境法治建设

一、殡葬与资源环境关系的现状

（一）殡葬业正沿着生态文明的目标推进

新中国成立以来，在我国推行的殡葬改革推动了葬式葬法的进步。目前在全国的平原地区和交通便利的地区，火葬得到大面积的推广，全国火化率近50%，许多大中城市的火化率高达95%以上。交通不便、人口密度较低的地区，土葬的改革已经展开，一些地区选择荒山瘠地建立公墓集中埋葬遗体，滥建坟墓的现象得到遏制。公墓和骨灰堂为骨灰的安置提供了必要的场所。在沿江沿海的城市，骨灰撒江撒海的活动，在政府的倡导下已经在部分人群中得到积极参与。这些都表明，随着殡葬方式的改革，保护环境，给人类留下宝贵的生存空间的意识已经得到社会和殡葬工作者的重视，殡葬事业正在走向可持续发展的道路。

（二）殡葬业对资源环境的保护有待提高

由于传统观念的积淀和环保意识的淡薄，为数不少的人并未意识到作为人类一分子对环境保护应尽的义务和责任，对遗体火化中的烟尘排放，对遗体整理中的污水处理，对建筑坟墓的土地占用，对殡葬用品制作的材料选择等这些对人类的生存空间和生存质量造成一定影响的活动，能够在可持续发展思想指导下给予关注和采取正确举措的人并不是很多。目前，在殡葬服务行业中忽视资源和环境保护的现象表现如下：

一是遗体处理无害化程度低。许多遗体在保存过程中不采取防腐措施，不能有效地防止遗体的腐败和残留病菌的传播；有的能够采用传统防腐措施的殡仪馆，却对防腐作业时产生的污水的处理重视不够；在遗体火化的过程中，由于设备除尘能力低下和操作的不规范，烟尘得不到控制，对大气和水体环境造成的污染非常令人担忧。

二是遗体处理资源消耗偏高。由于科技含量较低的火化设备燃烧效能不好，火化时对燃料油气的消耗相对较高；在骨灰安葬方面，仍有一些地区建造大墓，对墓地的面积缺少限制，对墓区的建设缺少环境绿化的考虑，硬化、白化现象造成区域的环境破坏和土地资源的浪费。

三是殡葬设施建设缺乏规划。盲目投资造成大量设施闲置，有的投资者甚至通过不法传销把危机转嫁到客户头上，又造成社会的不稳定因素；有的不顾当地殡葬消费的实际能力，斥巨资新建和改造殡葬设施，导致运营成本上升，经济效率低下，这些做法既浪费资源，又严重影响了殡葬事业经济增长的质量和效益。

四是殡葬资源利用不尽合理。在现行的殡葬运营体制下，殡葬用品制作销售的非市场化，造成制作工艺简单，品种单调，价格扭曲。同时由于大部分殡葬单位的非企业化运营，在经济核算中往往不考虑某些资源（如国家无偿拨给的土地和建设资金，国家给予的免税政策等）使用的因素，人财物等资源的利用效率很低。

（三）殡葬服务经营向着可持续发展转型

1. 殡葬服务推广清洁生产的环节

清洁生产是目前国际上最先进的一种新型生产方式，其概念最早是1989年联合国环境署提出来的，之后逐渐成为世界各国关注的热点问题之一。国家清洁生产促进法对清洁生产定义为“不断采取改进设计、使用清洁的能源和原料、采用先进的工艺技术与设备、改善管理、综合利用等措施，从源头削减污染，提高资源利用效率，减少或者避免生产、服务和产品使用过程中污染物的产生和排放，以减轻或者消除对人类健康和环境的危害”。

殡葬服务的清洁生产涉及面非常广泛。保持治丧环境和操作场所的清洁，使用无毒无害的遗体消毒防腐液，污水排放前进行的生化处理，花圈祭品焚烧的烟尘处理，选用绿色遗体火化系统并按规范操作，操作人员的卫生保健措施和职业病防范，等等，都可以运用清洁生产的技术。如新型的绿色火化系统通过计算机控制和科学的燃烧技术，实现了火化无烟无尘无害化，为殡葬服务的清洁生产提供了关键的设备和用品。

殡葬服务开展清洁生产，重要的是提高服务机构全员的环保意识，领会实施清洁生产的战略意图，将清洁生产的思想贯穿到服务过程、材料消耗、产品生产、经营管理、技术研究的各个领域，将清洁生产原理灌输到程序设计和产品开发及企业经营等各个层面。如广东、上海等地的一些殡仪馆引进ISO14000环境质量管理认证体系，在服务过程的各个环节着手实施清洁措施，减少资源消耗，减轻末端治理的压力和减低污染物排放。

2. 殡葬行业推行清洁生产的做法

一是着力提高员工环保意识。从根本上使清洁生产成为殡葬行业的自觉行动。通过组织观看环保录像片、邀请环境保护专家授课、开展以环保为主题的演讲比赛和征文活动等形式，使大家了解环境恶化带给人类的惨痛后果和严重灾难。同时，殡葬服务机构通过导入ISO14000环境管理体系认证等活动，增强员工环保意识，强化员工在整个殡葬服务过程中开展清洁生产的自觉性。

二是努力完善有关法规制度。殡葬行业具体业务操作方面的法规制度比较少，许多业务环节没有按照环保要求和标准制定的操作规范和卫生环保的指标，在一定程度上造成了业务操作上的随意性，给清洁生产的推行带来了难度。通过对遗体收殓、运输、防腐、清洁、整容化妆、悼念活动、火化、骨灰处理等各个业务环节制定符合环保要求、操作性强的工作标准和业务制度，用以规范各个业务操作环节的程序，让操作人员有章可循，严格按章办事，从而推动殡葬行业清洁生产迈向制度化、规范化的轨道。

三是大力改善基础设施设备。首先，在整个殡仪馆的建筑布局上要充分考虑环保因素，做到人流与车流、业务区与办公区、生活区与办公区的相对分离，如长沙明阳山殡仪馆就专门开辟了“遗体通道”，真正实现了遗体与人群的分离。其次，业务操作区域建设要充分考虑环保要求，业务操作区域是遗体处理的中心区域，也是实施清洁生产的重点区域，环保要求更高。该区域要注重体现清洁生产的要求，可切实减少病菌传播和环境污染。如为了实现遗体告别过程中的清洁生产，悼念礼堂可以采用提高人均占用空间面积的标准、定期对设施进行消毒、安装强行排风设施、选择健康涂料装饰悼念礼堂等多种方法。深圳市殡仪馆新建成的防腐间把正常遗体和腐臭遗体分开，专门设置了腐臭遗体防腐间及专用防腐冰箱。设施设备要充分满足环保需要，如使用低噪、环保的火化机，防腐冰箱要选用对臭氧层破坏少的无氟冰箱，把直接焚烧遗物的焚烧炉改造成由消烟除尘设备的新型自动化控制遗物环保焚烧炉。

四是积极推广使用清洁能源。目前殡葬行业普遍采用轻型柴油作为火化燃料，柴油燃烧产生大量的污染，控制污染的有效措施是使用清洁能源，加快“环境污染由末端治理向全过程控制的根本转变”“走低能耗、物耗、少排污的清洁生产发展道路”。要高度重视环保新技术、新产品的价值和作用，并积极引进运用到服务中来。如绿色遗体包装盒的运用，既能满足人们治丧需求，又减少了遗体裸露传播病菌的可能，还大大减少了在焚化过程中的烟尘。

3. 节省殡葬消费中对资源的消耗

可持续发展要求在经济发展过程中，实现资源的减量化、产品的反复使用和废弃物的资源化，形成“资源—产品—再资源化”的闭环式经济流程。根据这个要求，在殡葬消费中要注意节省资源的消耗、再生资源的综合利用与废弃物的资源化。

在殡葬服务的过程中，通过选用新型设备降低能源的消耗。选择节能高效的火化系统，节省燃用油气；选择密封制冷效果好的遗体冷藏柜，节省电能。在新建、改建和扩建殡葬设施时量力而行，克服片面追求奢华，不讲投入产出的盲目投资，审慎地用好建设资金。既为社会资源的减量化作出贡献，也为自身节省经济支出。

丧事简办，理性消费，对减轻社会资源的压力和消费者的经济负担都是必要的。应该抑制治丧过程中的包装过度现象。装殓遗体的衣袋棺木，尽量采用省材的产品和再生材料的产品，实现绿色包装和节俭包装。

倡导开展殡葬用品的租赁业务，回收可以重复使用的物品。殡仪馆推广花圈出租业务可以重复使用的物品，只要客户自愿均可以采用出租的方式。一些物品由于运输需要包装，如骨灰盒的包装盒，可以回收整理后重复使用。

二、殡葬法规对环境保护的规定

（一）遗体处理的规定

1. 对殡葬方式的规定

我国《殡葬管理条例》明确殡葬管理方针“积极地、有步骤地实行火葬，改革土葬，节约殡葬用地，革除丧葬陋俗，提倡文明节俭办丧事”。规定在人口稠密、耕地较少、交通方便的地区，应当实行火葬；暂不具备条件实行火葬的地区，允许土葬。实行火葬和允许土葬的地区，由省、自治区、直辖市人民政府划定，并由本级人民政府民政部门报国务院民政部门备案。

为了防止带菌、带病毒的遗体传播疾病，污染环境，还要依照传染病防治法的有关规定进行处理，而后才能实施殡葬活动，这可视为殡葬环境保护法的重要内容。例如，对患有甲类传染病、炭疽和依照传染病防治法的规定采取甲类传染病控制措施的其他传染病死亡的死者遗体，应当由医疗机构负责，立即进行卫生、密封处理，并就近运送到火葬场或殡仪馆火化。

2008 年汶川特大地震发生后，为妥善及时处理地震遇难人员遗体，预防地震灾区疫情的发生与流行，保障灾区群众身体健康和公共卫生，维护灾区社会稳定，民政部、公安部、卫生部联合制定了《“5·12”地震遇难人员遗体处理意见》，对遗体处理方式、遗体辨认程序、境外人员遗体处理、卫生防疫、协调配合和经费保障等方面提出了明确要求：根据遇难者有效身份证件或经亲属辨认，能够确认死者身份的，由民政部门安排火化；不具备火化条件的，土葬处理。既无有效身份证件也无亲属辨认，无法确认遇难者身份的，公安、卫生部门根据灾区实际情况，要尽力对遗体进行编号、记录、拍照、提取可供 DNA 检验的检材，并由公安部门统一保管和检验，建立“5·12”地震遇难人员身份识别 DNA 数据库。遗体及时火化或土葬。遇难者经确认是外国人的，遗体由中国殡葬协会进行防腐处理，遇难者身份确认、通知、遗体运输等问题按有关规定处理。该意见强调遗体搬运和土葬，应当在卫生部门的指导下，参照卫生部有关技术方案进行。为避免因遗体腐烂造成环境污染，在遗体发现后应尽快完成相关鉴别程序并进行处理。在遗体处理时，要严格遵守操作规程，尊重遇难者尊严，并做好遇难者家属安抚工作。

2. 尊重少数民族习俗

我国《殡葬管理条例》既对葬式作了明确严格的要求，又体现了尊重少数民族的丧葬习俗的精神；如果少数民族自愿改革丧葬习俗，他人不得干涉。

《民政部、国家民委、卫生部关于〈殡葬管理条例〉中尊重少数民族丧葬习俗规定的解释》（民事发〔1999〕17 号）要求：在殡葬管理中要尊重少数民族保持或者改革自己丧葬习俗的自由；在火葬区，对回、维吾尔、哈萨克、柯尔克孜、乌孜别克、塔吉克、塔塔尔、撒拉、东乡和保安等 10 个少数民族的土葬习俗应予以尊重，不要强迫他们实行火葬；自愿实行火葬的，他人不得干涉；对患有鼠疫、霍乱、炭疽死亡的病人遗体，按照《中华人民共和国传染病防治法》的规定，必须立即消毒，就近火化；对患其他传染病死亡的上述10个少数民族的死者遗体，凡是在其户口所在地死亡的允许土葬，但要按规定对遗体进行严格消毒后深埋；不在户口所在地死亡的病人遗体，按照有关规定进行严格消毒后，原则上就地、就近尽快深埋，不得将遗体运往外地，自愿要求火葬的，他人不得干涉。

卫生部办公厅与民政部办公厅在2003年4月25日发出《关于做好传染性非典型肺炎患者遗体处理和丧葬活动的紧急通知》，对以上要求进一步作出了限制，要求回民等少数民族因传染性非典型肺炎死亡的遗体处理，按照《中华人民共和国传染病防治法》的规定，遗体必须就地火化。火化后的骨灰可按照民族习俗进行安置。

3. 华侨遗体安葬政策

1984年5月28日民政部、国务院侨务办公室就华侨去世后回国安葬问题联合发布《关于华侨去世后回国安葬问题的通知》：凡是华侨比较多的省、自治区、直辖市可根据实际需要，在不占或少占耕地的原则下，在侨乡，或选择交通方便、接近侨乡的适当地点，由民政部门和侨务部门共同筹建若干“华侨公墓”，作为安葬华侨骨灰的场所；华侨要求去世后回国安葬的，应由其亲属向原籍所在地的省、自治区、直辖市侨务部门提出申请。根据华侨本人遗愿或亲属的要求，侨务部门会同民政部门确定安葬的公墓和有关安葬的事宜。在有条件的地方也可以准许在故里安葬；港澳同胞和台湾同胞要求回内地安葬以及外籍华人要求回祖国安葬的，可参照以上规定办理。

（二）墓地建设的规定

我国《殡葬管理条例》对遗体土葬和骨灰埋葬的占地面积和使用年限作了明确规定。如第十一条规定：“严格限制公墓墓穴占地面积和使用年限。按照规划允许土葬或者允许埋葬骨灰的，埋葬遗体或者埋葬骨灰的墓穴占地面积和使用年限，由省、自治区、直辖市人民政府按照节约土地、不占耕地的原则规定。”《国务院办公厅转发民政部关于进一步加强公墓管理意见的通知》（1998年5月19日）中规定“埋葬骨灰的单人、双人合葬墓占地面积不得超过1平方米，埋葬遗体的单人墓占地面积不得超过4平方米，双人合葬墓不得超过6平方米；墓穴（含骨灰堂骨灰存放格位）原则上以20年为一个使用周期”。

【案例3-1】

黄义侗等四人不服福清市港头镇人民政府关于占用耕地建造坟墓的行政处理决定案[①]

【案情】

1997年6月下旬，黄义侗等四兄弟之母病逝后，欲将其母埋葬在本村翁唯兴等人的承包耕地内，因而双方引起纠纷。经村、镇干部多次进行劝阻，黄义侗等人仍占用耕地于1997年7月1日挖穴造墓，殡葬其母。为此，港头镇人民政府于1997年8月5日作出港政综〔1997〕第078号《关于对后园村黄义侗等四兄弟强占耕地、乱建坟墓问题的处理决定》，认定黄义侗等人的行为严重违反了《中华人民共和国土地管理法》的有关规定及福清市人民政府融政综〔1996〕第235号《公告》、港头镇人民政府《通告》关于禁止乱建坟墓、摒除殡葬陋习的规定，浪费耕地资源，损害土地承包人权益，引发与承包人的纠纷，造成不良影响。为此，镇政府根据土地管理法第十三条第三款的规定，经研究作出决定：黄义侗等人应在8月20日前将其母坟墓自行迁移至南芦埔尾山公墓区。逾期不迁移，镇政府将组织强制执行，由此所产生的费用和其他一切后果由黄义侗等人承担。黄义侗等四人不服港头镇政府的处理决定，于1997年8月8日向福清市人民法院提起诉讼。

原告诉称：被告港头镇政府的处理决定，认定原告“强占耕地、乱建坟墓”与事实不符，适用法律不当，有失行政执法的公正廉洁，请求法院判决撤销被告的行政处理决定。具体事实和理由：(1) 原告已逝父母所葬墓地是后园村历来事实上的公用坟场，既非耕地，也不属市镇规定的必须搬迁墓地范围。至今此墓区已有6个墓群，市、镇、村均无要求坟墓搬迁的明文规定。(2) 早在1947年，原告黄义侗、黄义福生父去世就葬于此墓地。原告对该墓地享有使用权。今年6月，原告之母逝世，合葬此墓，天经地义，理所当然。这在我市农村尚未实行火葬前，既符合村规民俗，也避免土地浪费。根本不属“乱建坟墓”，更不是“殡葬陋习”，况且父母合葬一处没占耕地，没有损害耕地承包人权益。被告没有实际调查，偏心片面作出决定。(3) 根据行政诉讼法第三十三条规定，被告在诉讼过程中无取证的权利，故所取证据无效。

被告辩称：被告所作出的行政处理决定，认定事实清楚，证据充分，适

---

① 郭烁：《社会主义新农村建设法律指导丛书：农村殡葬法律问题》，中国法制出版社2006年版。

用法律正确，程序合法，请求依法判决维持被告的处理决定。具体事实和理由是：(1) 原告黄义侗等人不听村、镇干部多次劝阻，并无视后园村委会对其发出的关于不能占用耕地造墓，本村公民离世均统一安排在南芦山公墓区安葬的书面通知，于1997年7月1日强占翁唯兴、翁明光等人承包的耕地，挖穴造墓，殡葬其母。这些事实清楚，证据确凿。(2) 原告等人的行为违反了土地管理法第十一条关于土地的所有权和使用权受法律保护，任何单位和个人不得侵犯的规定，同时也违反了福清市政府及港头镇政府关于禁止乱建坟墓，摒除殡葬陋习的通告的规定。被告根据土地管理法关于各级人民政府应当采取措施，保护耕地……制止荒废、破坏耕地的行为之规定，作出处理决定，适用法律正确。(3) 被告经多方做工作之后，为使原告移葬其母有足够的时间，处理方法稳妥，且认真调查依法取证，程序合法，经慎重研究才作出处理决定。

【审判】

福清市人民法院审理认为，被告福清市港头镇人民政府经调查确认原告黄义侗等人葬母地点是耕地，以原告强占他人承包的耕地，挖穴造墓，违反了《中华人民共和国土地管理法》的有关规定及违反了福清市人民政府、港头镇人民政府关于禁止乱建坟墓、摒除殡葬陋习的通告之规定为由，于1997年8月5日作出港政综〔1997〕第078号行政处理决定：黄义侗等四兄弟应在8月20日前将其母坟墓自行迁至南芦埔尾山公墓区。被告的行政处理决定，事实清楚，证据充分，适用法律正确，程序合法。依照《中华人民共和国行政诉讼法》第五十四条第（一）项之规定，该院于1997年10月9日作出判决：维持福清市港头镇人民政府于1997年8月5日作出的港政综〔1997〕第078号《关于对后园村黄义侗等四兄弟强占耕地、乱建坟墓问题的处理决定》。一审宣判后，原告黄义侗等人不服，向福州市中级人民法院提出上诉。

黄义侗等四人上诉称：本案是上诉人与翁唯兴等人之间的土地使用权争议，被上诉人依法只能对该争议进行调解或作出使用权确认的处理决定。但被上诉人离开该争议地系上诉人先父坟地的事实，错误地将“争议”认定为“强占”，混淆了案件的性质，并作出了不合法理的迁墓决定，其在实体上缺乏事实依据。被上诉人的“处理决定”，既然认定上诉人“强占本村翁唯兴等人承包的耕地”，就表明本案的性质是侵犯土地所有权或使用权案件。根据《中华人民共和国土地管理法》第五十三条的规定，应由县级以上地方人民政府土地管理部门处理。被上诉人对自己无权处理的案件作出处理，是超越法定职权的行为，其程序上违法。原判对该“处理决定”予以维持，导致逻辑上的混乱。请求撤销原判；撤销福清市港头镇政府的行政处理决定。

福清市港头镇政府辩称：上诉人葬母地点即使有其先父坟墓，但20世纪70年代已被平整为耕地，80年代由后园村委会给村民翁明光等人承包耕作至今。上诉人却以其葬母之地系先父旧坟地为由，在该地挖穴造坟，为此引发其与该地承包人的土地使用权纠纷。被上诉人根据《中华人民共和国土地管理法》第十三条的规定作出行政处理决定，事实是清楚的，适用法律正确，程序合法，不存在超越职权的行为。请求维持原判。

福州市中级人民法院审理认为，本案上诉人黄义侗等的行为，属于应由《国务院关于殡葬管理的暂行规定》规范的行为。根据该行政法规规定，殡葬工作属民政工作，在各级人民政府领导下由民政部门负责管理。福清市政府融政综〔1996〕字235号《公告》规定，福清市各级政府均有权对乱建坟的行为进行处理。该规范性文件符合《国务院关于殡葬管理的暂行规定》，可以参照。因此，被上诉人福清市港头镇人民政府有权处理本辖区内关于殡葬的民政事务。被诉《处理决定》明确指出黄义侗等人的行为违反上述《公告》的规定，应视为在行政处理中适用了上述《公告》。但被诉《处理决定》未直接引用上述行政法规的具体规定并直接引用福清市政府的《公告》，属具体行政行为的瑕疵。被诉《处理决定》中关于“逾期不迁，镇政府将组织力量强制执行”的内容超越职权，本院不予认可。对于土地承包经营权被侵犯的情形，当事人可以向法院提起民事诉讼解决，也可以要求行政机关进行调解。但对黄义侗等人违反有关殡葬管理的行政法规和福清市政府的上述《公告》的行为，被诉《处理决定》认定事实清楚，证据充分，实体上处理并无不当，没有侵犯上诉人黄义侗等人的合法权益。依照《中华人民共和国行政诉讼法》第六十一条第（一）项的规定，该院于1998年2月20日作出判决：驳回上诉，维持原判。

【评析】

本案是一起行政机关处理村民建造坟墓占地与土地承包人发生纠纷而产生的行政争议案件。人民法院在审理过程中，主要涉及以下几个问题：

1. 本案四原告占地建坟与土地承包人讼争的土地是耕地还是坟墓地，被告作出认定的事实证据是否充分？

耕地是指种植农作物、经常进行耕锄的田地。根据有关应用法律法规的解释，耕地包括熟地，当年新开荒地，连续撂荒未满3年的耕地和当年的休闲地（轮歇地），以种植农作物为主并附带种植桑树、茶树、果树和其他林木的土地，以及沿海沿湖地区已开垦利用的“海涂”“湖田”等。因农业结构调整，把原种植农作物的耕地改为林、果、茶、渔场用地的，仍视为耕地。坟墓地，是指建坟造墓用以埋葬死者的土地。埋葬死者建造的坟墓，在地面上都造有一定的建筑物或者构筑物，包括大的如陵墓，小的如建碑立墓，在坟墓地范围内不再耕作农作物。四原告与土地承包人讼争的土地，是耕地还是坟墓地，这是本案争议的焦点。对此作出正确认定，直接关系到本案的处理结果。原告认为，讼争地是后园村历史以来事实上的公用坟场，其早于1947年去世的父亲及其他一些村民就埋葬在此地。原告对此墓地享有使用权。母亲去世，父母合葬，天经地义，理所当然。因此，讼争地既非耕地，也不属本市、镇规划必须搬迁的墓地范围。讼争对方主张该地属于耕地，被告据此作出处理决定。同时认为，后园村生产组织对该块土地是作为耕地发包给土地承包人翁唯兴等人的，多年来也都是作为耕地使用，耕种各种农作物。也就是说，早年的非耕地经过平整经营已经成为耕地，即使原告的父亲等过去逝世的村民是埋葬在此地下，但经平整耕作经营，也已改变了其原来的性质，该地已属耕地。被告经调查认定讼争地为耕地，事实清楚，证据是充分的。法院经审理确认了讼争地属于耕地。

2. 本案被告处理四原告因占地造坟与耕地承包人的纠纷，应依何种法律规范调整？其适用法律是否有误？

本案四原告占地建造坟墓，并引发与耕地承包人的纠纷，对此应由何种法律规范进行调整，法院在审理中存在意见分歧。有的认为，本案原告黄义侗等人建造坟墓占地的行为，属于应由《殡葬管理条例》规范的行为。该法规第六条规定：“禁止占用耕地（包括个人承包耕地和自留地）作墓地，已占用耕地的坟墓，应限期迁出或就地深埋。禁止出租、转让、买卖墓地或墓穴。禁止恢复或建立宗族墓地。因国家基本建设或农田基本建设而迁移或平毁的坟墓，禁止返迁或重建。”很显然，原告的行为违反了以上规定。被告作出的《处理决定》未直接引用该行政法规的具体规定，而是引用福清市人民政府融政综〔1996〕第235号《关于禁止乱建坟墓，摒除丧葬陋习的公告》，属被告具体行政行为的瑕疵。但被告的《处理决定》明确指出原告黄义侗等人的行为违反了上述《公告》的规定，应视为在行政处理中适用了上述《公告》。因为福清市人民政府颁布的《公告》是贯彻国务院上述行政法规的，与其并没有抵触，因此只视其是被告的行政处理决定中存在的不足之处，并不影响具体行政行为的合法性。另一种意见认为，鉴于现代社会行政管理的需要，在立法设定中，公民、法人或其他组织的一种行为，可能同时违反了两种不同种类的行政法律规范，因而受几种不同法律规范所调整。本案中，原告黄义侗等人占用耕地建造坟墓的行为，违反了殡葬行政法规的规定；同时也违反了土地管理法律的有关规定，如土地管理法第十一条规定，土地所有权和使用权受法律保护，任何单位和个人不得侵犯。第十二条规定，土地的承包经营权受法律保护。国务院《中华人民共和国土地管理法实施条例》第十五条规定，单位和个人承包经营的土地和依法确定给个人使用的自留地、自留山，应当按照规定用途，不得擅自建房、建窑、建坟……而且土地管理法第十三条、第五十三条还规定了土地所有权和使用权争议，由当事人协商解决，协商不成的由人民政府处理；侵犯土地的所有权或者使用权的，土地管理部门可作责令停止侵犯、赔偿损失的处理。因此，本案被告适用土地管理法律的有关规定和殡葬管理的有关规范作出《处理决定》，并无不当。本案被告依据有关土地管理和殡葬管理有关规定所作出的《处理决定》，适用法律正确。

3. 本案四原告的行为是涉及土地承包人的土地使用权还是承包经营权，"两权"是否具有实质属性的差别?

本案原告黄义侗等人认为，讼争地是坟墓地并非耕地，主张其享有该地的使用权；土地承包人翁唯兴等人认为，该地是作为耕地向村委会承包的，多年来也一直作为耕地使用，主张其享有该地的使用权，从而双方引起纠纷。被告港头镇政府以土地管理法及殡葬管理规范性文件作出处理。在案件审理过程中，对本案讼争的问题是涉及土地使用权还是涉及土地承包经营权问题，也产生不同看法。有的认为，本案所涉及的土地处于被翁唯兴等承包经营的状态中，而土地管理法第十二条已将土地"所有权""使用权"与"承包经营权"相分离，因此，该法第十三条的规定不包括土地承包经营权，被告的《处理决定》引用该条款不妥。另一种意见认为，土地使用权是指依照法律对土地加以利用的权利。作为所有权的一项相对独立的权能而存在的土地使用权，具有土地所有者享有的占用权、使用权、收益权和部分处分权。土地承包经营权是指单位、个人通过合同的方式，取得对集体土地或国有土地从事农业经营并获得收益的权利。土地承包经营权是土地使用权的一种特殊形式。

（三）污染物排放限制

殡葬服务机构应当加强对殡葬设施的管理，更新、改造陈旧的火化设备，防止污染环境。运输遗体必须先进行必要的技术处理，确保卫生，防止污染环境，这些都是殡葬管理早已明确的法律法规。遗体火化过程是污染物排放的重要环节。民政部关于做好遗体火化工作曾专门发出通知，从设施建设、火化遗体的管理和遗体的接运与保存等三个方面作了规定，其目的主要在于防止污染物排放，以保护生存环境。

1. 重视火化遗体的设施建设

要逐步更新改造现有陈旧的设备，使遗体火化机所排放的污染物的限值达到国家规定的标准。要根据本地高峰期火化遗体的数量设置火化机。凡火化遗体设施不适应客观需要的，必须采取相应措施，尽快加以解决。要逐步改善火化遗体的环境和运送遗体设备，殡葬服务机构应当使用符合国家标准的火化机、运尸车、遗体冷藏柜、骨灰再处理设备等殡葬设备，应当及时更新、改造陈旧的火化设备，防止污染环境。

2. 加强火化遗体的管理工作

要严格遗体火化的时限。一般情况下遗体应在72小时内火化，传染性遗体应在24小时内火化，特殊情况的遗体存放时间最长不得超过90天，超逾期限的应交有关部门处理。要严格死亡证明和注销户口证明的查验、遗体的确认、家属签字等各种火化遗体的手续。要确保遗体火化的质量，坚决防止出现为了节省燃料导致燃烧不充分，使骨灰质量下降的问题。要切实搞好遗体火化间的卫生，工具摆放整齐有序，严格定期消毒制度。

3. 严格遗体接运保存的管理

遗体防腐、入殓、存放、火化及埋葬前的准备工作，应当在殡仪馆和火葬场进行，不得在其他场所对遗体进行处理和保存。

运送遗体之前必须先进行必要的技术处理，确保卫生，防止污染环境。运送遗体使用的交通工具必须是符合国家技术标准的专用殡仪车。

需要使用铁路运输或航空运输的遗体，必须将遗体装入卫生包装盒并密封。具体办法可参照卫生部《中华人民共和国国境口岸卫生监督办法》的若干规定执行。

如果不能在死亡后36小时之内埋葬或火化遗体，最迟应当在死亡后的第7天完成。

三、推进我国殡葬环境法治建设

经过50多年的殡葬改革实践和改革开放以来的殡葬法治建设经验，我们已经取得一定的殡葬环保立法成果，但同国外一些比较成熟的殡葬立法相比较，还存在一定的差距。

（一）明确殡葬管理职责

殡葬涉及对遗体的处理，与公共安全和公共健康关系很大。我国《殡葬管理条例》将殡葬管理职能部门明确为民政部门，对公共卫生和环境保护等职能部门的殡葬管理责任则没有明确涉及。

在不少国家和地区，主管殡葬事务的机关往往也是主管社会公共卫生和公共健康安全的机关。有的国家虽然不是由卫生健康机关负责殡葬事务，但作出涉及殡葬相关决定的过程中，这些部门的意见具有举足轻重的影响。在荷兰，清理坟墓和挖掘遗体坟墓要征得本地区的公共卫生官员的同意。在很多国家，提前或延迟殡葬期限，必须事先征得卫生部门的同意。这些制度设计，对于防止殡葬过程中可能发生的公共卫生安全事故和避免污染环境很有意义。

（二）建立及时殡葬制度

科学研究表明，人死亡后，随着时间的推移，各类细菌将在遗体上呈几何级数增长。因此，确定遗体殡葬的最长期限，确保遗体能够及时进行殡葬，对于保护公共卫生安全具有特殊的意义。在很多国家和地区的殡葬法中，对殡葬期限都有明确规定。从国外殡葬立法实践看，及时殡葬制度主要包含如下内容：

一是禁止殡葬期间。一般在死亡后的最初的一段时间（一般是24～36小时）禁止将遗体火化或埋葬，其目的是确保有一定的死因调查确定时间。

二是最迟殡葬时间。一般是死亡后的第五六天，遗体必须在此时间到来之前被火化或埋葬。

三是例外规定。对存在一些法定特殊情况，可以在禁止殡葬期间内或最迟殡葬时间截止后进行殡葬。

四是审批程序。提前或推迟殡葬期限，必须符合法定的条件并经过法定程序批准确认。例如在荷兰，市长在听取医生的意见后，可以改变遗体的火化和埋葬日期，但对于批准在死亡36小时内提前对遗体进行埋葬或火化申请时，必须先征得司法部门官员的同意。对市长的相关决定，还可上诉到省长。

在这一方面，目前我国仅在传染病防治法等特定的公共健康卫生法规中，有个别规定涉及殡葬期限的内容。近年来，一些省市出台的地方性殡葬法规中，也开始出现类似的制度。但在国家层面的殡葬法规中还没有确立这一制度。

（三）细化殡葬设施立法

我国现有的殡葬设施立法是粗线条的，内容限于确立具体殡葬设施建设的审批机关。对殡葬设施的设立条件，尤其是对殡仪馆、火葬场、公墓的建设和经营许可中应考虑的环保因素缺乏具体规定。随着新行政许可法的实施，明确殡葬设施建设和经营许可的相关具体条件，细化殡葬设施立法，已成为殡葬管理和殡葬行政许可工作的迫切需要。我们可以借鉴国外相关经验，在殡仪馆、火葬场、公墓等殡葬设施的建设和经营许可中，以获取相关环保认证为前提；在日常监管中，将殡葬设施中相关环保设施的状况和运转情况，作为延续、中止或终止许可的一个重要条件。同时，应根据环保和公共卫生安全的需要，对殡葬设施所应配备的环保设备的种类、数量、技术标准进行具体规定。

（四）科学运用环保手段

一是行政手段。各级殡葬管理部门积极协助环境管理部门根据行政法规所赋予的组织、指挥权力，制定方针、政策，建立法规，颁布标准，做好监督协调，进行计划指导和必要的行政干预，以及对各项管理事项进行决策。环境管理部门依法对一些严重危害环境的殡葬服务机构采取限期治理、停止运行乃至搬迁等行政措施。

二是法律手段。各级殡葬管理部门积极协助各级环境管理部门按照环境法规处理环境污染问题，对违反环境法规的单位和个人给予批评、警告、罚款或责令赔偿损失，甚至协助和配合司法机关，对违法者进行仲裁，追究法律责任等。

三是经济手段。各级环境管理部门对积极防治环境污染，而在经济上有困难的殡葬企事业单位发放环境保护补助资金；对超过国家规定排放污染物标准的单位征收排污费；对违反规定、造成严重污染的单位和个人处以罚款；对积极开展“三废”综合利用、减少排污量的给予减免税和利润留成的激励；推行开发利用自然资源的征税制度等。

四是技术手段。通过环境监测、环境统计等方法，根据环境监测资料以及有关其他资料对本地区、本部门、本行业污染状况进行调查，编写环境质量报告书；组织开展环境影响评价工作；交流推广无污染、少污染工艺及先进治理技术、组织环境科研成果和环境科技情报的交流等。殡葬管理机构要做好本领域工作，必须要掌握现代科学知识，应用先进的技术方法解决一系列问题，促进行业科技进步，发挥第一生产力的巨大作用。

五是教育手段。提高科学殡葬和环境保护两个意识是搞好殡葬环保的前提，通过报刊、电影、电视、广播、展览、报告会、专题讲座、文艺演出等各种形式向全民宣传殡葬改革和环境保护意义，提高全民族的环境意识。组织环保专业技术人员对殡葬员工进行环境教育，树立科学的世界观、人生观、环境观和殡葬观，使科学殡葬和环境保护成为人们的自觉行动。

【思考题】

1. 请选择一个殡葬服务设施，调查其内部和周边环境，并说明殡葬对环境有哪些影响?

2. 殡葬法规对环境保护有哪些具体规定?

3. 殡葬环境法治建设的途径有哪些?

第四章　殡葬服务市场法律制度

【学习目标】 通过本章的学习，你应能够：

1. 了解殡葬消费行为的特点及殡葬市场的构成；
2. 掌握殡葬市场管理的法律制度；
3. 熟悉主要的殡葬合同及殡葬合同履行的原则；
4. 了解常见的殡葬业务差错与事故；
5. 掌握殡葬活动纠纷的处理途径；
6. 了解殡葬服务限额赔偿和保价制度。

【核心概念】 殡葬行为；殡葬市场；殡葬合同；殡葬纠纷

【导入案例】

遗体腐烂，家属起诉殡仪馆索赔①

死者家属对尸体检验还存在疑义时，冷冻在殡仪馆内的尸体却发生了腐烂现象，死者妻子一纸诉状将殡仪馆告上了法庭。

8 月 5 日晚 9 时许，人力三轮车夫周某在载客过程中，被乘客杀害。当晚由县公安局刑警进行尸检，鉴定后，尸体送至县殡仪馆进行冷冻保存。第二日上午，死者亲属给周某换上衣服，并向殡仪馆缴纳了各种费用，尸体此时已经缝合并保持完整。

由于亲属对第一次尸检结论有质疑，并申请做第二次尸检。10 月 22 日，市法医对尸体进行了第二次尸检，尸检前死者亲属发现，遗体有腐烂现象。

尸体保存在殡仪馆内的目的，就是要保持尸体的完整性以及对其亲属被害取得有效真实的证据，亲属认为，殡仪馆并没有尽到责任。

10 月 26 日，周某的妻子一纸诉状将殡仪馆告上了法院，要求赔偿其向殡

---

① http：//news. qq. com/a/20051108000550. html。

仪馆交纳的各种费用7300元，并保留追究其精神损害赔偿的权利。

第一节　殡葬行为与殡葬市场管理

一、殡葬行为及特点

殡葬行为或活动是殡葬法律关系形成的源头，是殡葬法律关系的前提或根据。在所有的殡葬法律关系中，我们都能看到形形色色的殡葬行为、活动的存在，正是殡葬行为，造成了双方当事人之间的意见纷争、利益损害，权利义务的不平衡，因而需要调解、仲裁甚至需要利用法律法规来加以调整。殡葬行为不同于一般的市场购买行为、消费行为或其他行为，它有显著的特点，需要殡葬法律法规予以调整。

（一）殡葬行为定义与分类

殡葬行为有广义和狭义之分。广义的殡葬行为可以根据行为主体的不同，分为殡葬管理行为、殡葬服务行为和殡葬消费行为。狭义的殡葬行为是指殡葬活动中的殡葬消费行为，包括选择殡葬用品和殡葬服务的消费行为。

1. 殡葬管理行为

殡葬管理行为是政府殡葬管理部门依据职能作出的管理行为。

殡葬管理部门的职能同政府其他部门的职能是一致的，主要是经济调节、市场监管、社会管理和公共服务。在市场经济大环境中，殡葬管理的行政职能主要包括：规划殡葬服务设施布局，控制设施总量，避免无序竞争导致的社会资源的浪费；规范殡葬市场秩序，防止经营欺诈行为，提高殡葬服务的质量水平，保护殡葬消费者的权益；推进殡葬改革，倡导新颖葬式，营造文明健康的社会风尚；调查研究、协调指导，对相关殡葬的税负、价格、赔偿、特殊对象（侨胞、外国人和少数民族）、执业资格、准入审批等的政策进行协调，为殡葬经营单位提供行政服务。

殡葬管理部门不应自己经营管理营利性服务单位，不应过多地干预殡葬服务机构的经营活动，不应通过手中的权力为自己谋取利益。应做到只管理社会的公共事务，不涉及私人事务；只执行公法意志，不执行私人意志，妥善处理好公权与私利之间的关系。

在政府职能改革中，将在行政决策、执行和监督三个方面进行协调和调整。减少行政审批事项，更多地采用备案制；相对集中行政处罚权；制定规则的部门不进入执行程序等。通过殡葬管理机构的改革和管理职能的转变，必将提高行政效率，降低行政成本，形成行为规范、运转协调、公正透明、廉洁高效的殡葬行政管理体制。

2. 殡葬服务行为

殡葬服务行为是殡葬服务机构依据殡葬市场规则为服务对象提供服务的行为。

（1）殡仪服务。中国的殡仪馆按照经营服务内容的不同可分为两类：一类是单一型的，即只为遗体存放、冷藏、防腐、清洗、穿衣、整容和化妆以及举行遗体告别仪式等事项提供服务。另一类就是综合型的，即除了提供第一类服务项目外，还办理火化、骨灰寄存以及出售骨灰盒、寿衣、花圈、鲜花等其他服务项目。现有的殡仪馆98%以上属于后种类型。有些殡仪馆还设置殡仪服务站，代办遗体接运、火化手续，出售殡葬用品，还有的附设遗体冷冻柜、追悼或告别场所。

（2）墓葬服务。中国的公墓从性质上可分为公益性公墓和经营性公墓两种。公墓主要是为死者遗体或骨灰提供安葬服务，公益性公墓大部分分布在农村，经营性公墓主要在城镇。从形式上讲公墓又可分为骨灰公墓和遗体公墓。从服务对象区分，则有市民公墓、烈士公墓、华侨公墓、少数民族公墓和宗教公墓等。

3. 殡葬消费行为

殡葬消费行为是公众在殡葬活动中进行的消费行为，指死者家属及其亲友为料理亲人后事并获得精神慰藉而消费物质资料和精神资料的行为过程。这种行为是围绕死者的殡、殓、葬、祭的过程而选择各种殡葬用品和接受殡葬服务的消费行为。

殡葬消费行为的方式和水准，主要受殡葬消费者的消费意识、消费习俗、消费能力、消费水平和消费结构等因素的影响。其中，殡葬消费意识及由此形成的殡葬消费习俗是殡葬消费的基本动因；殡葬消费能力和殡葬消费水平是殡葬消费的客观条件；殡葬消费结构是殡葬消费发展到一定时期的结果，反映着殡葬消费者消费殡葬产品的质量、数量及其构成，是衡量一个国家或地区殡葬业或殡葬经济发展水平的重要标志之一。

殡葬消费行为是一种高层次的精神消费行为，这种消费既包括有形的物质产品，如殡葬用品，又包括无形产品，如各类殡葬服务。殡葬行为既受《殡葬管理条例》等殡葬法规、政策的调整，也受包括消费者权益保护法、产品质量法、市场竞争法在内的消费者权益保护法律的保护。

殡葬行为的功能不同于消费者的其他消费。因为殡葬消费者在殡葬活动中的消费活动主要是围绕死者进行的，包括对死者的殡、殓、葬、祭等行为。

殡葬消费活动的参与者都对殡葬消费行为赋予了一种特殊功能——缅怀逝者、慰藉生者心理的功能。因为对心灵慰藉功能的追求，客观上要求殡葬服务保证质量。越是对于痛失亲人处于悲痛欲绝的死者家属，越是需要殡葬服务人员具有十分专业且关怀备至的殡葬服务，来满足其精神上的需求，即通过办丧事悼念逝者的方式来释放痛苦和抚慰心理创伤。现实中死者家属几乎都愿意支付较高的代价为逝者操办隆重的丧事，正是基于殡葬消费行为的这一特殊功能。

（二）殡葬消费行为的特点

1. 民族特点

民族不同，生存环境以及生活方式不同，形成了不同的民族观念。他们采用不同的形式予以表现，反过来又影响和控制着民族的文化走向。人类在精神生活上有一个共同点，那就是对自然的崇拜，对先人的敬仰，对同宗的自然情感，这一情结深藏在每一个生命的血脉之中。各民族采用不同的方式来表达自己的精神信仰，形成了独特的殡葬礼仪，构建起独特的殡葬实物，用以烘托一种神圣的氛围，用来表达生命的力量，凝聚民族情感。不同的民族在葬式葬法上区别巨大，除了火葬外，还有天葬、水葬、塔葬、树葬等，我国在法律规定上也体现了尊重民族特性的一面。《殡葬管理条例》第六条规定：“尊重少数民族的丧葬习俗；自愿改革丧葬习俗的，他人不得干涉。”现代殡葬行为的民族特色同和谐社会建设是并行不悖的。

2. 地域特点

殡葬活动的范围受到地域的限制，这与殡葬行为总是以死者为中心开展分不开的。殡葬设施是根据当地消费水平和殡葬行为的需要而进行适当规划的。每个地区的殡葬行为是与当地的殡葬习俗紧密联系的。而殡葬习俗历来与一定的自然条件密切相关。处在相同自然地理条件下的不同民族，往往采用相同的殡葬方式，形成大致相仿的地域性殡葬文化。

3. 时代特点

从文化的视角看，殡葬消费行为是一种文化消费。作为社会文化的一个分支，殡葬消费文化应该而且必然折射和衬映出一个时代社会文化的基本价值观念及其发展趋向，这就是殡葬文化的时代特色。我国现代殡葬文化特色是在我国殡葬改革中逐步形成和凸显出来的。几千年根深蒂固的殡葬陋习在现代文明和殡葬改革的春风里开始冰释。时代越走越前，文明越走越近。如今只需轻轻一点鼠标，一座鲜花围绕的坟茔便魔术般的呈现在面前，祭扫者可以献歌、献花、祭酒，也可以撰写纪念文章、拍照摄影，尽情表达对亲人的思念……网上扫墓如一股清风，为古老的殡葬文化再谱新曲。创造时代特色的意义是极为重要的，在某种意义上说，现代殡葬文化建设的成就正在于其体现的时代特色的具体内涵及其鲜明程度。

（三）殡葬行为的构成要件

民事法律行为的成立要件可以分为一般成立要件和特别成立要件。

一般来说，当事人就特定标的为特定意思表示或者达成意思表示的一致，民事法律行为即可成立。民事法律行为的一般成立要件包括当事人、标的、意思表示。自然人和法人皆可为当事人；标的需有特定名称和数量；意思表示须行为人向外部表明意图发生一定私法上法律效果的意思的行为，并通过一定载体传达出来。

法律对某些民事法律行为的成立，除了规定一般成立要件外，还规定了特别成立要件。例如，要式行为，行为人应采取特定形式，民事法律行为方能成立；实践性行为，应当有物之实际交付，民事法律行为方可成立。

狭义的殡葬行为是一种殡葬消费行为，属于民事行为，它的成立需要具备三个要件：殡葬当事人、殡葬者的意思表示、殡葬商品。

1. 殡葬当事人

（1）殡葬者。殡葬者是殡葬行为的主体，一般指死者的家属。任何一个殡葬行为的发生都是殡葬者作为的行为。殡葬者作出的殡葬行为是围绕死者进行的，死者是殡葬者存在的前提。殡葬者成为殡葬消费行为的主体，其原因在于他是殡葬消费活动的主导者、决定者，他影响甚至决定了殡葬消费市场的走向、规模和具体消费方式。

（2）殡葬服务机构。殡葬服务机构是提供殡葬用品和殡葬服务的机构，主要包括殡仪馆、公墓、骨灰堂、殡葬服务中心或殡葬服务代理机构等。

2. 意思表示

民事主体把进行某一民事法律行为、产生一定民事法律效果的内心意思，通过一定的方式表达于外部，从而让对方当事人或社会知晓的行为，便称为意思表示。意思表示不仅表达表意人一定效果意思，而且通过一定表示行为，达成人与人交换意见的目的。

殡葬活动中当事人的意思表示，即殡葬者在殡葬活动中通过一定方式表示自己需要购买殡葬用品和选择殡葬服务，从而让殡葬用品和服务的提供者（即殡葬服务机构）知晓并同意，从而达成一致意见的过程。

殡葬活动当事人可以以口头或书面的方式表达自己的真实意图和愿望。但如果需要达成最后的效果时，一般都需用书面的形式确定下来。如在殡葬活动中，殡葬活动当事人通常通过当面洽谈的形式使殡葬消费项目报价等以书面形式确定下来，并经双方当事人签字认可，从而保证意思表示的清晰、明白、准确，产生效果。

【案例4－1】

因死者骨灰而引发的特殊侵权案件[①]

【案情】

邓桂芳老人生前有过两次婚姻。前夫为金忠友，婚后生育一子金三明，即本案被告。1935年改嫁鞠和生，婚后生育五男两女，即本案七位原告。金忠友与鞠和生均已去世。1988年12月21日，金三明与鞠成楠、鞠成志、鞠成俊、鞠成德五人就邓桂芳的养老事宜在乡法律服务所的主持下达成协议。

2000年2月24日，在原告鞠成楠宅，邓桂芳邀请其所有侄子以及所在村村干部在场对其去世后的后事安排立下遗嘱："我在世不上西，永远不上西，死后也不上西。"2005年4月28日，邓桂芳去世，原告、被告为老人的殡葬事宜及其骨灰由谁保存发生矛盾。

2005年4月29日，被告金三明之子金四银代表其父与原告鞠成楠在村干部肖劲的见证下达成协议："关于邓桂芳老人的后事，经金、鞠双方协商于5月1日共同办理。骨灰暂由殡仪馆保存，在5月25日前由村干部共同参与协商解决存放。如果解决不了，由双方按法律程序解决。"5月1日，邓桂芳的遗体在殡仪馆火化。由于被告的阻挠，原告未能将骨灰从殡仪馆领回，骨灰暂存殡仪馆。2005年5月13日，在村委会、镇司法所、法律服务所、信访办等的主持下，双方进行了调解，但调解未有结果。

2005年5月16日，七原告向法院提起诉讼，要求法院排除妨碍，责令被告立即停止妨碍七原告对邓桂芳老人去世的殡葬，停止妨碍七原告领取邓桂芳的骨灰盒。另查明，邓桂芳老人与鞠和生生前居住在村东头，金忠友、金三明居住在村西头。

【审判】

如东县人民法院经审理认为，对骨灰的处分权，是死者生前人身权利的延伸。因此，对于死者骨灰的处理原则上应当首先按照死者生前的意思表示

① 中国法院网，2005年8月4日。

办理。其次，由死者最近亲属根据亲情来行使处分权。

本案中，邓桂芳生前通过口述遗嘱的方式对其殡葬事宜作了安排，即“死后也不上西”。虽然这段口述未明确讲明去世后的骨灰的管理人以及保存地点，但是结合遗嘱前面两句以及在场见证人的理解，并结合老人一生的经历，法院认为，邓桂芳的这段口述遗嘱可以作为老人对其去世后的骨灰的管理人以及保存地点所作的安排，即由七原告负责保存并管理。作为邓桂芳的子女，即本案的原告、被告均有义务按照老人的遗嘱来妥善处理老人骨灰的保存和管理事宜。这既是对老人遗愿的尊重，也是对老人延伸人身权的一种保护。2000 年 2 月 24 日，邓桂芳立遗嘱时，有十位见证人在场。其中六人包括四位所在村干部均到庭作证反映老人立遗嘱时神志清楚，意思表达明确，因而本院认定 2000 年 2 月 24 日邓桂芳所述“我在世不上西，永远不上西，死后也不上西”是老人真实意思，应当认定有效。据此，依照民法通则第五条、第七条、第一百零六条、第一百三十四条第二款之规定，于 2005 年 6 月 6 日判决如下：原告鞠成美、鞠成香、鞠成楠、鞠成志、鞠成俊、鞠成德、鞠雪芹从殡仪馆领取邓桂芳老人骨灰对其进行殡葬，被告金三明不得妨碍。案件受理费 50 元，其他诉讼费用 200 元，合计人民币 250 元，由原告负担。

【评析】

“因死者骨灰而引发的特殊侵权案”中，邓桂芳老人利用遗嘱的方式对自己死后的殡葬事宜作了安排，经法院调查取证，认定邓桂芳老人的意思表示真实有效。

本案是一例因死者骨灰引发的特殊侵权案件。骨灰作为人死亡后经火化转化而成的物质形态，我们应当承认骨灰是物。根据法律规定，人的权利能力始于出生，终于死亡。人一旦死亡，随着其权利能力的终止，其遗留的遗体、骨灰等，即回归为无生命的自然物。因为遗体、骨灰作为一种客观存在，我们是无法否认的。只是在文明社会里，它不像其他自然物那样可以被人们随意处置以至丢弃，但它的确是一种存在着的、脱离生命不再具有主体资格的物。骨灰作为一种特殊的物，死者的近亲属享有管理权，负责埋葬、祭扫并保持其人格尊严不受侵犯，且不得放弃。骨灰虽然是物，但骨灰存在于社会的价值在于它是死者生前人格利益的代表和延续，这是由骨灰的特殊性所决定的。因此，在不违背公序良俗的情况下，自然人可以预先对将来代表自身人格利益的骨灰作出合理的处分，如将骨灰入土或入海、葬在哪里、与谁合葬等。如果自然人没有明确的意思表示对骨灰进行处分的，则由其近亲属依善良风俗原则对骨灰进行合理的处分，并有权利和义务维护骨灰的利益不受非法侵害，且不得放弃。

可见，在处理死者的骨灰时，首先应当尊重死者生前的意愿；在死者未有明确意思表示的情况下，才由其近亲属依善良风俗原则进行合理处分。在本案中，邓桂芳老人于2000年2月24日所述的“我在世不上西，永远不上西，死后也不上西”，系老人真实意思，应为合法有效。结合老人一生的经历以及鞠家居住在村东头、金家居住在村西头的客观事实，可以推定“死后也不上西”这句话是有特殊含义的。因此可以认定邓桂芳老人生前已通过口述遗嘱的方式对其殡葬事宜作了安排，其骨灰的管理人及保存地点应是明确的，即由本案七位原告负责保存并管理。因此，本案的原告、被告均有义务按照老人的遗嘱来妥善处理老人骨灰的保存和管理事宜。这既是对老人遗愿的尊重，也是对老人延续人身权的一种保护。综上所述，本案中的七位原告对邓桂芳老人的骨灰享有管理权，其要求从殡仪馆领取邓桂芳老人的骨灰进行殡葬的请求应予支持，被告金三明不得妨碍。

对骨灰的处分权，是死者生前人身权利的延伸。因此，法院认为对死者骨灰的处理原则上应当按照死者生前的意思表示办理。其次才由死者最近亲属根据亲情关系来行使处分权。因此，邓桂芳老人生前的意思表示十分重要。本案中，邓生前通过口述遗嘱的方式已对其死后的殡葬事宜从“内心意思”“表达于外”，已成为“让当事人知晓或社会知晓的行为”，即“死后也不上西”。根据在场见证人的理解，并结合老人一生的经历，法院认为，邓桂芳老人的这段口述遗嘱可以作为其去世后骨灰管理人以及保存地点所作的安排，即由鞠成美等七人负责保存并管理（鞠等人住村东头，金住村西头）。2000年2月24日，邓桂芳在叙述“我在世不上西，永远不上西，死后也不上西”时，老人神志清楚，意思表示明确。法院认定是老人真实意思表达，应当认定有效。于是法院判决鞠成美等七人从殡仪馆领回邓的骨灰进行殡葬，被告金三明不得妨碍。

在这一案例中，邓桂芳老人已死，已不能作为法律关系主体，但其子女鞠成美等七人作为法律关系的主体依据邓当时的意思表示，致使诉讼成功。可见，在处理殡葬民事关系中，弄清意思表示十分重要。

本案例还告诉人们什么样的意思表示才视为真实有效的。同时本案例还表明，意思表示产生效果，即可作为民事纠纷仲裁或审判的依据，发挥其作用。本案正是根据邓桂芳老人的意思表示作出判决，产生了应有效果。

意思表示是殡葬行为的构成要素。因此，意思表示便作为民事法律行为的殡葬行为成立的要件。民事法律行为的殡葬行为必然包含有意思表示的因素。意思表示并不等于殡葬行为，两者不是同一概念，也不具有一一对应关系，即并非一个意思表示就是对应一个殡葬行为。也并非一个殡葬行为仅有一个意思表示就够了。殡葬行为除了意思表示外，还需要其他的构成要素才能成立生效，例如交付实物、实际享受服务。

3. 殡葬商品

殡葬商品是殡葬行为的标的，也是殡葬行为构成的要件之一。殡葬商品统指殡葬者在整个殡葬活动过程中购买的他所需要的一切殡葬用品和服务的总和。殡葬商品内涵丰富：从生产殡葬商品的劳动表现形式来看，殡葬商品可分为物化劳动表现的殡葬商品（如祭扫商品、殡葬设施、墓地、骨灰盒或其他具体物品）和以活劳动形式表现的殡葬商品（各项基本殡葬服务与辅助殡葬服务，如遗体防腐、遗体化妆与殡葬交通、餐饮、摄影摄像等）；从消费形式来划分，殡葬商品包括遗体运送、存放、遗体处理、殡仪服务、墓葬、扫墓悼念以及有关的交通、餐饮、旅游、摄影摄像等；从殡葬商品的形态看，殡葬商品可分为殡葬资源、殡葬服务。

二、市场与殡葬市场

（一）市场经济

1. 市场定义

市场是指商品交换的场所。社会分工和不同经济主体具有各自的经济利益，决定了商品生产者必须通过市场来彼此交换产品，以满足各自的需要。广义的市场是商品生产者全部交换关系的总和。商品生产是为了满足他人需要而进行的生产，也是只有依赖他人才能进行的生产，从而使商品生产者之间具有密切的经济联系。这种联系只有通过市场才能得以实现，所以，市场是商品生产者之间全部经济关系的具体体现和综合反映，是市场经济条件下各种经济关系的聚焦点。

2. 市场主体

市场主体是按照市场准入制度要求，依法从事市场活动的组织与个人。在市场经济条件下，市场主体支配着市场活动，成为市场活动中最活跃的因素和市场运行的基础。

市场主体是因私法组织起来，且都以营利为目的。市场主体涉及民商法范畴，如法人制度。但是，法人并不等同于市场主体，法人的外延要大于市场主体的外延。因为法人除了营利性法人外还有公益法人，而公益法人并不属于市场主体的范畴。另外，从构成主体看，市场主体包括公民、法人和其他组织，法人（营利法人）仅是市场主体的构成之一。所以，市场主体的构成又大于法人，法人和市场主体两者之间既有交叉又有区别。市场主体的法律特征：

（1）市场主体的广泛性。市场经济的一个基本要求是在争取尽可能多的参与者的基础上形成有序的自由、平等的竞争。我们需要通过主体制度的设计，让更多的符合准入条件的组织与个人参与到市场活动中来。

（2）市场主体的特定性。市场主体通常与市场主体的交易活动和市场竞争活动相联系。如果当一类民事主体与市场活动没有必然联系时，我们可以认为它是一般民事主体，而不能认定它是市场主体。在社会经济活动中，市场主体主要包括四大类，即投资者、经营者（包括生产者）、消费者和市场介体（即不取得市场交易物所有权，而是以代理、居间、经纪等形式促成他人交易的中介人或中介组织）。

（3）市场主体的对应性。市场管理法所称的市场主体是相对于市场管理主体而言的，这是由市场管理活动的性质决定的。通常人们也可将市场管理主体称作市场规制主体，而将市场主体称为受制主体。

3. 市场经济

市场经济就是市场机制在社会经济的运行中占主导地位，社会资源的配置主要由市场来进行的经济组织方式。市场经济是商品经济发展到社会化这一阶段的产物，是商品经济的现代形态和发达形态。市场经济是与计划经济相对应的一种配置资源、调节经济的方式，不带有社会制度的性质。现代市场经济具有以下特征：

一是经济关系市场化。即一切经济活动都直接或间接地处于市场关系的覆盖之下，市场机制是推动生产要素流动和促进资源优化配置的基本运行机制。

二是企业行为自主化。即企业作为独立的商品生产经营者，自主经营、自负盈亏，并承担相应的风险责任，以市场需要为出发点，以利润为目标开展生产经营活动。

三是宏观调控间接化。即政府部门不直接干预企业的生产经营活动，而是通过指导性计划、经济杠杆和经济政策，以及法律手段和必要的行政手段来调节社会经济活动，使整个社会经济运行按照有利于国家宏观经济目标的方向发展，以弥补市场调节的不足。

四是经济运行的法制化。即所有的经济活动都必须在国家法律规定范围内进行，国家职能部门对经济活动的管理也必须依法行事。

五是社会保障制度化。即社会必须建立起健全的社会保障制度，以克服市场机制只追求效率而难以顾及公平的缺陷。

（二）殡葬市场

1. 殡葬市场的概念与特点

（1）殡葬市场的概念。殡葬市场是随着社会分工不断深化，商品生产和商品交换发展到一定程度才产生的。在封建社会已有一定范围的、小规模的殡葬市场，在资本主义生产关系确立之后，商品生产和商品交换得到了历史上从未有过的迅猛发展，殡葬活动也商品化了。一方面，社会上出现了对殡葬物品和殡葬服务越来越多的需求；另一方面，为殡葬活动提供便利条件的经营性企业也随之大量出现。于是形成了以客户为一方的殡葬消费需求和以殡葬商品和服务的经营者为另一方的殡葬供给的对立。他们之间经济联系的主要形式就是进行交换，使商品和劳务发生转移，实现各自所需要的使用价值或价值。由此可见，殡葬市场就是在商品生产和交换发展到一定程度的基础上，殡葬商品需求者与殡葬商品供给者之间实现经济联系的场所及他们全部经济关系的体现。殡仪馆、火葬场、公墓、骨灰堂等殡葬设施是殡葬服务市场的主要类型，但在殡葬消费需求的刺激下，新的殡葬服务项目和市场类型正在不断涌现，将逐步改变现有的殡葬市场格局。

竞争是商品经济的客观规律。殡葬市场竞争主要是指殡葬商品经营者在殡葬市场上为使殡葬商品得以顺利销售而相互争夺殡葬消费者，以求得殡葬消费者和社会的承认，从而实现殡葬商品价值的经济活动。目前殡葬行业的竞争主要取决于对业务源的竞争。由于殡葬消费者从事殡葬消费的仓促性和盲目性，竞争对手中哪一方先于对手向殡葬消费者提供服务并且服务得好，哪一方就会首先得到殡葬消费者的信任，并进一步有力地左右殡葬消费。

（2）殡葬市场的特点。殡葬市场属于生活消费品市场，它除了具有一般生活消费品市场的特点外还有自己的特点，主要表现为：

一是完全竞争性与区域垄断性的并存。殡葬消费品包括有形商品（即殡葬用品）和无形商品（即殡葬服务）两大类。殡葬用品，如棺木、骨灰盒、寿衣、随葬品等，这些商品目前在市场上仍处于完全竞争的状态。而那些附有殡葬设施的组织，如殡仪馆（火葬场）、公墓（陵园）等，它们提供的服务产品目前在市场则处于区域垄断的地位，它们之间的竞争则处于垄断竞争状态。造成区域垄断的原因：首先是由于市场进入的难度，使民营资本、境外资本目前很少进入这一市场；其次是由于殡葬活动范围受区域的制约，殡葬消费者选择殡葬服务商品的范围也同样受到限制。在殡葬活动中，“祭”有很大的空间跨度，而“殡”则不能。殡葬活动的区域限制客观上造成了殡葬市场的区域垄断性。

二是商品价格背离价值的程度较大。商品的价格受供求关系的影响围绕价值上下波动，但殡葬用品价格对价值的背离常常是价格高于价值，而原因往往并不是由于供求关系的影响。

三是生产技术水平低。作为市场主体的生产企业技术构成低，生产规模小，以手工生产和分散经营为主。技术构成是对生产企业的资本从物质形态进行考察，它是生产资料与劳动力之间的比例。殡葬企业一般都是小企业，生产设备简陋，不少都是手工操作，它们大都分散经营，虽然灵活性大，但缺乏规模效应。即使规模较大的火化设备生产企业，设备也较陈旧，效率低下。

四是消费总量大但个体消费量小且重复率低。作为市场主体另一方的消费者，总体数量较大，但个体购买量小，重复购买率低。殡葬市场涵盖整个社会，殡葬消费涉及每一个家庭，总体数量很大。但殡葬用品不同于其他生活用品，它只能用于殡葬活动，不能移作他用。而对于具体的某一个家庭来说，其家庭成员去世是偶然的，因此他们只是根据需要适量购买，偶尔购买，也不需要大量储备。

五是殡葬市场竞争激烈。价格是重要的竞争手段，但信息渠道及殡葬服务领域的竞争更为激烈。客户在购买殡葬用品时当然要考虑价格，但并不是价格低就一定有竞争优势。因为殡葬用品是客户用来表达对死去亲人的一番心意和追念之情的，他们往往会购买质量好价格偏高的商品。由于丧事在家庭中是偶然发生的，人们对殡葬市场情况平时不太关心，一旦事情发生才开始关注起来，因此他们信息量少。这时，谁能及时向他们提供使之较满意的信息，谁就能争取到客源。这样，信息渠道和服务品牌、顾客满意度等方面的竞争就显得更重要，竞争更激烈。

2. 殡葬市场的构成与职能

（1）殡葬服务需求者。殡葬市场是殡葬服务需求者与殡葬服务供给者的集合构成的。殡葬服务需求者的构成主体就是殡葬消费者。每年我国死亡人口达900万，加上每年的清明、冬至等节日浩浩荡荡的祭扫大军，形成一支不可忽视的殡葬服务消费群体。随着我国步入老龄化社会，我国殡葬市场的发展空间大，殡葬消费群体将有明显变化：一是消费群体的成分和经济条件发生变化，二是消费群体的文化素养越来越高。这些变化将会对选购殡葬产品带来明显的影响：传统的殡葬观念将淡化；殡葬消费更加理智，葬式的选择日趋多样化和个性化；消费者的维权意识、法制观念越来越强，对殡葬服务机构依法经营、依法管理的要求越来越高。

（2）殡葬服务供给者。殡葬服务供给者的构成大致有三类：一是独立自主型的殡葬企业。这主要指近年来由民政部门、工商行政管理部门批准设立的一些民营殡葬企业。这类企业资金完全是来自民间，没有政府参与的、产权清晰的、自主经营、运作机制完全是市场化操作的有限责任公司或股份制公司。二是政府指导型企业。这主要是指由民政部门控股或参股的、由社会各界投资兴建的殡葬类企业，在企业运作时仍然要听命于政府有关部门。三是完全国有或集体的殡葬事业单位。主要有长期以来由政府出资兴建和管理的殡仪馆、火葬场、殡仪服务站、骨灰堂、公墓等，它们虽然属于社会福利性、公益性的事业单位，但也有不少业务已按市场化运作。

（3）殡葬商品。殡葬商品包括殡葬资源（殡葬产品）和殡葬服务：

殡葬资源系殡葬活动所涉及的殡葬设施及一定数量、规模的其他实体，以及墓地的人文资源和自然景色。具体包括：运尸车的数量、容量，火化机的数量、容量，悼念室与接待室的数量及可容纳的人数，停车场的规模，骨灰寄存设施的存放数量及容量，墓地中可安放骨灰的建筑物的数量、容量以及吸引力的大小，墓地的名人效应及该地域的文化积淀。其中前五项是殡葬活动必需的设施、设备等物质条件。它虽然不是促成殡葬消费的主要因素，然而，如果该类资源不足时则会严重影响消费者对该经营者提供的殡葬商品的选择。它们是为殡葬活动的有效、有序进行提供保障的。后两项是促成殡葬消费的主要因素，它涉及消费者为其已逝亲属的安息场所如何选择的问题。现代人出于对逝者的感情寄托与追思，更希望逝者安息于环境优美、幽雅安静的地方。另外，由于骨灰成为生者精神慰藉、祭奠追思的唯一物质性凭借物，因而其包装物质及安置地也便成为一种殡葬资源。

殡葬服务包括基本殡葬服务和延伸殡葬服务。殡葬服务按其实施的时间顺序可划分为：前导服务、适时服务、后期服务。前导服务是通过介绍服务情况（如通过电话介绍或在网上发布有关信息）等让殡葬消费者对该经营主体的服务有所了解。适时服务是按殡葬消费者定的时间具体实施殡葬服务，它包括从遗体的接运、防腐、化妆、火化、提供骨灰盒或其他安放骨灰的装置、开追悼会、骨灰盒的存放、墓碑的制作等过程。后期服务则是殡葬消费者对已安置好的逝者安息地进行回访、悼念时所提供的服务，如为殡葬消费者提供行程上的便利、通过电脑系统查找有关墓地的信息及当天的扫墓人数、提供鲜花及停车场地等，属于延伸殡葬服务。

3. 殡葬市场主体基本权益

（1）殡葬市场主体的权利。在市场经济条件下，市场主体应拥有广泛的营业自由权，其基本权利主要包括以下几个部分：

依法开业权。殡葬市场主体只要符合法律规定的条件和程序就应准许开业。依法开业权是进行营业的基础和前提。

依法经营权。殡葬市场主体有权在其章程规定的经营宗旨和营业执照所核定的经营范围内从事经营活动，立法应确保市场主体在经营活动中的合法权益。

依法处分权。殡葬市场主体有权处分属于自己的财产，在立法不作禁止性规定的情形下，市场主体有权将属于自己的财产或权益转让给其他市场主体。

依法签约权。殡葬市场主体在从事市场交易活动时具有签约自由的权利。

公平交易权。殡葬市场主体享有市场交易上的公平权。为了实现公平交易的市场经济环境，立法应制止欺诈、假冒、引诱、贿赂、诋毁、隐瞒、混淆、串通、窃密、排挤、限制等不正当手段。

（2）殡葬市场主体的义务。确保交易与竞争行为的公平、公正，维护殡葬市场秩序；自觉服从殡葬市场管理主体的管理和监督，包括自觉接受殡葬市场管理组织的检查和抽查；禁止采取阻碍、排斥、限制、破坏等不正当手段来危害公平交易以及损害他人合法权益和国家、社会公共利益；全面履行合同义务，承担因违法所产生的赔偿责任。

三、殡葬市场的管理

（一）市场管理主体及其特征

市场管理主体是参与市场监督管理活动的组织。通常是具有管理职权的行政机关以及经授权取得市场管理权的其他社会组织。从我国现有的市场管理法律、法规的规定看，市场管理主体具有以下几个法律特征：

1. 市场管理主体成为市场秩序的维系者

任何秩序都必须有维系者，它站在公正的立场，从全社会总体利益出发，制定规则并监督执行，对违规行为进行制裁。正像运动场上必须有一个裁判才能保证比赛正常进行一样。市场竞争、市场经济秩序的维持，也需要一个“裁判”。这个“裁判”必须具备以下三个条件：一是具体利益上的外在性。它必须不代表市场交易活动当事人任何一方的利益，而只是维护社会的公共利益。二是秩序维系的权威性。三是秩序维系的规范性。维系者所制定的法律、制度、规则、政策等必须是统一的，是相对稳定和规范的。显然，同时具备这三个条件的“裁判”只能是政企分开的政府及其所委托的职能管理监督部门。

2. 市场管理主体的资格基于法律的规定

即哪些国家机关和社会组织具备市场管理的资格条件，市场管理组织应具有哪些市场管理职权，取决于宪法、法律和法规的直接规定。其中，宪法是取得市场管理主体资格的根本依据；有关国家机构组织法是取得市场管理主体资格的重要依据；有关法律，特别是经济法律是取得市场主体资格的基本依据；有关行政法规，特别是专项和综合性的经济法规是取得市场管理主体资格的主要依据。

3. 市场管理主体对市场管理具有法定性

在市场管理过程中，对市场活动的经济检查程序以及对违法者的行政处罚程序都需通过法规的形式加以明确，以彰显行政职权行使活动中的公开性和公正性。

4. 市场管理主体对市场管理具有中立性

在这一方面，政府的有关市场管理行为与管理活动就表现得更为明显。在我国由计划经济体制向市场经济体制转型过程中，正依法解决政府部门既是市场管理者又是市场组织者和经营者这一角色混乱问题，将进一步体现政府部门对市场活动管理中的中立性。

（二）社会转型中的殡葬市场

经济全球化的影响已经逐步渗透到各个行业。经营理念和营销手段的发展，信息技术的发展，物流系统的发展，材料和工艺水平的发展，法制观念的进步等无不直接或间接地影响着殡葬服务行业的变化，我国的殡葬服务市场进入了一个关键的转型期。

由于某些殡葬服务机构的服务质量不能令人满意，媒体时常曝光殡仪馆强行搭配、价高质次、事故差错等事件，造成负面影响。社会舆论在谴责一些服务机构和人员的同时，把这种状况归结为垄断造成。加上目前被阻挡在殡葬服务市场门槛以外的人员的推波助澜，打破殡葬服务市场的垄断现象已渐渐成为社会的呼声，殡葬服务市场垄断的终结正在迫近。

国家经济形势的好转和人均 GDP 的增长，很多领域进入供过于求的经济状态。然而人们在殡葬方面的消费水平却在稳步增长，人们的殡葬行为日益改变，自然也就带动了殡葬服务方式的进步。

近些年来，传统的殡葬服务业发生了一系列的变化。殡仪馆里除了传统的悼念仪式服务，增添了特殊化妆、守灵和上门服务等新的项目；公墓提供个性化、艺术化的坟墓制作。社会上出现了公墓和殡殓服务的代理机构，有的还承办殡葬一条龙服务。

在经营方式上，越来越多的殡葬服务机构注重形象宣传、品牌建设和发展战略。一些殡葬服务机构正在酝酿经营体制的变革，朝着集约经营、规模经营、特许经营、连锁经营的方向努力，酝酿打破地区、部门界限，实行优势互补，分工合作，协同经营，打造大型的殡葬服务集团。

随着人们法律意识的增强和日趋成熟，殡葬消费者对殡葬服务契约的关注程度日益提高。由于殡葬服务机构失约和失误造成的损害和损失，消费者提出物质和精神损害赔偿的诉求日渐增多。一些殡葬服务机构痛定思痛，逐步认识到要应对这种情况，除了技术上的措施外，只有真正树立起尊重客户合法权益的思想，才能从根本上维护自身的利益。

（三）殡葬市场管理法律制度

现代市场经济是成熟和发达的市场经济，对市场主体的行为规范要求很高。殡葬市场的发展和成熟虽然还有一段很长的路要走，但是，为了规范市场主体的行为，保护消费者的合法权益，必须加快殡葬市场法制化建设。目前我国殡葬市场管理的法律制度主要有以下几种部分：

1. 殡葬管理条例

在我国现行的殡葬法规等法律制度中，对于殡葬行为作出了一定的要求。

1997 年 7 月颁布实施的《殡葬管理条例》第四条：“人口稠密、耕地较少、交通方便的地区，应当实行火葬；暂不具备条件实行火葬的地区，允许土葬。实行火葬和允许土葬的地区，由省、自治区、直辖市人民政府划定，并由本级人民政府民政部门报国务院民政部门备案。”第五条：“在实行火葬的地区，国家提倡以骨灰寄存的方式以及其他不占或少占土地的方式处理骨灰。县级人民政府和设区的市、自治州人民政府应当制订实行火葬的具体规划，将新建和改造殡仪馆、火葬场、骨灰堂纳入城乡建设规划和基本建设计划。在允许土葬的地区，县级人民政府和设区的市、自治州人民政府应当将公墓建设纳入城乡建设规划。”第六条：“尊重少数民族的丧葬习俗；自愿改革丧葬习俗的，他人不得干涉。”

从以上三条关于殡葬行为规定的内容来看，我国对规范殡葬行为的总体原则为：积极推行殡葬改革，倡导火葬，节约用地；根据我国殡葬发展现状，坚持殡葬改革的原则性与灵活性相结合；尊重少数民族的丧葬习俗。《殡葬管理条例》第十四条规定：“办理丧事活动，不得妨碍公共秩序、危害公共安全，不得侵害他人的合法权益。”第十五条规定：“在允许土葬的地区，禁止在公墓和农村的公益性墓地以外的其他任何地方埋葬遗体、建造坟墓。”这又对殡葬行为的合法性进行了明确的规定。

1992年8月发布实施的《公墓管理暂行办法》第十八条："严禁在公墓内建家族、宗族、活人坟和搞封建迷信活动。"第十九条："严禁在土葬改革区经营火化区死亡人员的遗体安葬业务。"这两条规定是对墓葬行为作出的禁止性要求。

2. 殡葬相关法律

（1）市场准入法。市场准入法是规范市场主体进入市场或市场主体所生产的商品进入市场进行交易活动的法律规范的总称。市场准入法的实质是通过对市场主体及其生产的商品进入市场的资格和条件进行认定，以此来保障市场交易的安全与效率的一种制度安排。殡葬市场准入要遵循透明度原则、高效率原则、市场化原则和公正性原则。对殡葬市场主体的准入实行执业资格制度。殡葬服务的执业管理，包括执业的申请与审批、执业登记、执业注册、注册公告与备案、执业范围、执业要求规定等。殡葬服务工作人员申请执业资格，必须经过必要的培训和考试，经过规定时间的实习。在我国实行殡葬服务执业管理，除了制定相关的法律规定外，当前首先需要制定相关的执业要求，包括执业道德、专业知识、专业技能、法律和社会常识等，并组织力量编写相关教材，然后才能指定专门机构实施培训和考试，实施执业管理的相关程序。对殡葬服务机构的管理，关键是对执业人员的管理。通过教育培训、审核颁证、登记注册、违规处理等法定程序，可以全面提高殡葬从业人员的素质，以达到规范和维护殡葬服务市场秩序的目的。

（2）合同监管法。我国合同法对合同监管方面的规范并不充分，但也有相关的条款涉及这一方面的内容。如合同法第三十九条、第四十条、第四十一条、第五十二条、第五十三条以及第一百二十七条的规定。合同法第三十九条第一款规定："采用格式条款订立合同的，提供格式条款的一方应当遵循公平原则确定当事人之间的权利和义务，并采取合理的方式提请对方注意免除或者限制其责任的条款，按照对方的要求，对该条款予以说明。"格式合同在我国的殡葬业中的应用还不普遍。格式合同对于殡葬服务机构和消费者都是有利的，是规范殡葬市场秩序的有力措施。多年来困扰殡葬服务机构的赔偿责任和赔偿数额、合约责任不清等问题，可以在格式合同中解决。

（3）产品质量法。产品质量法是"为了加强对产品质量的监督管理，提高产品质量水平，明确产品质量责任，保护消费者的合法权益，维护社会经济秩序"而进行立法设计和相应制度安排的。产品质量法在殡葬市场中的调整对象主要是殡葬用品在生产、流通以及监督管理过程中，因质量问题而发生的各种经济关系。对殡葬用品的质量监督管理，在制度上应该形成包括建立殡葬用品质量检验制度、殡葬用品标准化管理制度、殡葬用品质量认证制度、以抽查为主要方式的监督检查制度等在内的制度体系，并通过质量监督管理的主管部门行使现场检查权、调查了解权、查阅复制相关资料权和查封、扣押权等，使殡葬用品的生产、流通合法有序并使消费者的合法权利受到保护。

（4）市场竞争法。市场竞争法是由国家制定或认可的，用以调整市场竞争关系和市场竞争管理关系的法律规范的总称。目前，从竞争法角度而言，我国只有反不正当竞争法。而从竞争法的外部表现形式看，反垄断法、限制竞争法、公平交易法等法律、法规形式，我国尚未颁布。随着殡葬市场主体单一性结构的改变，政府主管部门既是“运动员”，又是“裁判员”的时代也将结束，将有越来越多的民营资本进入殡葬业，成为殡葬市场的主体。而市场竞争法可以在法律层面上提供不同主体在殡葬市场上公平竞争的保障，这对殡葬市场走上规范化、法制化有重要的促进作用。

（5）消费者权益保护法。从主体上看，消费者权益保护法适用于为生活需要购买、使用商品或者接受服务的消费者。根据消费者权益保护法第三条至第六条的规定：经营者应当依法提供商品或者服务，经营者与消费者进行交易应当遵循自愿、平等、公平、诚实守信的原则，国家保护消费者的合法权益不受侵害，全社会共同保障消费者合法权益。

殡葬市场管理的法制化除了以上一些法律外，在法制体现上还表现在殡葬管理部门，尤其是退出市场经营的殡葬管理部门，为维护殡葬市场秩序，保护殡葬消费者的合法权益而制定的一些规章和政策。所有这些，就构成了殡葬市场管理的法律制度体系。

（四）殡葬市场监管的新对策

殡葬市场监管是指行政管理部门及其授权机构为保障殡葬市场安全稳定，保护殡葬消费者和经营者的合法权益，运用经济、法律、行政等手段对殡葬市场的运行进行的监督和管理。

殡葬市场监管的主体是行政管理部门，具体包括民政部门、工商行政管理部门、质量技术监督部门、价格主管部门等，经依法授权的殡葬管理处（所）、行业协会等机构和组织也部分地行使殡葬市场监管职能。殡葬市场监管的对象是殡葬经营者，主要包括殡仪馆、火葬场、公墓、骨灰存放设施和其他殡葬服务机构，殡葬设备和用品的生产、销售者以及殡葬中介服务机构等。殡葬市场监管的内容涵盖了殡葬市场运行的全过程，包括殡葬经营者资格的认定、殡葬经营者进出殡葬市场的条件及其经营行为等。运用经济、法律、行政等手段所进行的殡葬市场监管，目的是保障殡葬市场的有序运行。

在我国殡葬市场形成、发展与壮大过程中，殡葬市场的运行基本符合殡葬改革的方向和殡葬管理的方针，较好地满足了公众日益增长的殡葬需求。由于殡葬市场是一个消费需求不断扩大、消费水平不断提升的巨大市场，而且开展殡葬经营活动具有投资少、见效快、风险小、盈利大的特点，因此，这个过去很少有人问津的行业如今引起了人们的关注，越来越多的人开始参与殡葬经营。但是，市场机制并不是万能的，不可避免地存在着市场失灵这一问题。如殡葬政策及市场监管政策的变化给殡葬市场及其经济活动带来了包含正外部性和负外部性在内的问题，殡葬活动的区域性造成的垄断导致殡葬市场不充分竞争，由于信息不对称（即在竞争的市场中，消费者和生产者作为交易的双方，对其交易的了解是不完全和不对称的）所带来的道德风险和消费者权益受损等问题。由于殡葬市场本身的特殊性以及有关部门对殡葬市场运行规律把握不到位所导致的市场监管失灵，使得我国殡葬市场运行过程中出现很多问题：自然垄断带来消极懈怠，影响了基本殡葬服务的质量；殡葬管理机构参与经营，破坏了公平竞争的环境；利益驱动导致市场混乱，侵害了殡葬消费者合法权益；多元文化影响殡葬活动，偏离了殡葬改革的基本方向。这些问题的出现虽各有其直接原因，但排除殡葬市场的特殊性这一客观因素外，其根本原因是殡葬市场监管不力，具体表现为：殡葬市场监管法律制度不完善，殡葬市场监管体制不科学，殡葬市场监管执法能力弱，殡葬行业自律机制尚未建立，社会公众、新闻媒体的监督作用未能充分发挥等等。在市场失灵的情况下需要发挥政府的作用，由政府部门制定市场规则，规范殡葬经营者的行为，这对于维护殡葬市场安全稳定，保护殡葬消费者的合法权益，保障殡葬经营者公平竞争，确保殡葬改革和管理的顺利进行具有重要的意义。

1. 加强殡葬立法工作，健全殡葬管理法规体系

国务院 1997 年 7 月 21 日发布实施的我国首部殡葬管理行政法规《殡葬管理条例》是目前效力位阶最高的殡葬法规，各地以《殡葬管理条例》为依据，结合当地的具体情况，先后颁布实施了多项地方性法规和地方政府规章。一个以行政法规为核心，包含诸多地方性法规、地方政府规章在内的新的殡葬管理法规体系已经初步建立，殡葬工作无法可依的局面已经得到扭转。我们还要努力争取早日出台“中华人民共和国殡葬法”，为实现殡葬服务业的规范管理作出具有法律效力的完善的制度安排，让殡葬管理进入法制化时代。

现行的法规在调整和规范当前的殡葬管理与服务关系方面还存在疏漏。例如，缺乏对殡葬服务经营者资质、经营行为以及竞争规则的规范，忽视了对消费者权益的保护等。有的条款还明显具有计划经济的痕迹，对市场培育

认识不足，未考虑殡葬服务市场的统一性；缺乏对可持续经营和发展意义的认识导致这方面规范缺乏严肃性；有的法律规范不完整，只有禁止要求，却没有相应的处罚规定，可操作性不强；行政许可授权不系统，未考虑行业的准入与退出机制安排；对公民的死亡确认制度尚无法律规范等。为了确保殡葬服务经营者特别是骨灰安置设施经营者实行稳健经营和可持续经营，以降低政府行政监督的风险，保护消费者的正当权益，应在立法中考虑强化对经营者筹集、使用资金、转移财产的管理，防止出现炒买炒卖、非法集资、变相传销等非法经营活动。

对一个文明社会来讲，殡葬既是一项权利，也是一种义务，殡葬法应在宪法和民法的基础上对此予以明确界定。在制定殡葬法时，还必须注意与国家其他现行法律、法规相配套。例如要考虑与刑法、民法、公司法、消费者权益保护法以及其他行政法律、法规的衔接。

2. 规范行政许可管理，强化殡葬市场准入管理

国务院《殡葬管理条例》明确授予民政部门批准权，批准权就是市场准入权，又是一种宏观决策权。随着社会主义市场经济的发展，行政审批的范围正在缩小，行政审批事项会越来越少，但建设骨灰安置设施和火葬场的行政审批会继续存在。民政部门应进一步规范行政许可管理、合理设置审批事项、完善行政审批制度，并将有关的行政审批内容、程序、时限依法予以公布，实行审批政务公开。

当前，由于殡葬管理法规的滞后，各级民政部门对殡葬服务市场的管理手段还比较简单，不能全面、持续地调控经营者的经营活动，各级民政部门应重视行政管理措施的创新。例如，在殡葬服务市场发育不充分的地区，为了打破或者防止垄断经营局面的出现，民政部门可以依法采取特许经营的方式行使市场准入批准权。通过市场竞争如公开招标等方式，选择最佳经营者负责当地的殡葬服务经营。在特许经营者经营期间，民政部门可以依法予以考核、监督。一旦发现特许经营者违规，即可依法解除其特许经营权。在特许经营权期限届满时，则可以依法再次进行公开招标，重新选定经营者。

3. 完善价格管理机制，加快殡葬服务体系建设

价格管理是政府行政管理的一项重要内容。随着殡葬服务产业化的发展，殡葬服务经营者之间的竞争将会非常激烈。价格竞争是市场竞争的重要手段，政府应当准确测算价格标准并及时调整价格管制内容，建立比较科学合理的殡葬服务差价、比价体系，依法制裁违法和不当竞争行为，维护和促进公平竞争。在加强价格管理的同时，应考虑逐步放松大部分服务项目的价格管制，以进一步刺激各类殡葬服务经营者展开竞争，为社会提供优质的服务。

当前的殡葬行业存在“双轨制”现象，既有事业单位的管理，又有企业单位的管理。有些单位同时具有“企业法人营业执照”和“事业单位法人证书”，形成双重法人身份。改革现行的殡葬服务收费票据制度，实行全国统一的行业收费票据管理制度，以防止偷税、漏税和其他非法经营活动已是当务之急。

价格管理是决定殡葬服务业性质的重要环节。建立健全科学合理的价格管理机制是保障殡葬服务业的社会公益性的重要手段，也是平衡经营者和消费者之间利益关系的重要杠杆。公共服务的性质决定了殡葬服务业要为国家的殡葬习俗改革政策服务，因此，价格管理机制也应考虑保障社会困难群体殡葬权。

在构建和谐社会的新时期，完善我国殡葬服务体系对于提高政府公共服务能力，加大市场监管力度，规范殡葬服务行为，不断满足公众日益增长的殡葬消费需求具有重要的作用。基础设施是殡葬事业发展的重要载体和依托。通过增加政府公共投入，吸纳社会力量，加大基本殡葬服务设施的建设力度，殡葬服务涉及千家万户，单靠政府的力量是远远不够的，要采取多种形式，多方筹集资金，引导和鼓励社会各方面的力量，积极支持殡葬事业，形成政府主导，多元参与的投资格局。民办殡葬服务机构是推进殡葬事业发展的重要力量，要按照政策引导、政府扶持、社会兴办、市场推动的原则，积极鼓励、支持民办殡葬服务机构。根据行政许可法及指导意见的有关精神，民办殡葬服务机构可以提供选择性殡葬服务，包括遗体整容、防腐、告别、骨灰安葬、殡葬用品及其他殡葬特需服务。政府有关部门要创新机制，建立公开、平等、规范的准入制度，鼓励和支持社会力量多形式、多渠道创办殡葬服务机构，大力增加殡葬服务网点。对现有民办殡葬服务机构，要加强指导帮助，进行规范管理，提高服务水平，引导其开展多种形式的便民殡葬服务，注重发挥市场调节作用，满足公众多层次需求。

4. 加强行业协会建设，协助政府实施市场监管

在市场经济条件下，殡葬管理可以分成经营管理、行政管理和行业自律管理三个层次，政府与社会成功分化是现代社会发展的显著趋势，转变政府职能是建立现代殡葬服务企业制度和建立殡葬服务市场管理秩序的关键。当前，政府与社会个体之间缺少一个宽厚的社会自我管理层，政府成为唯一的殡葬市场监管者，而以政府主导的单一行政机制在复杂的公共事务管理过程中易出现“失灵现象”。由于现代殡葬市场的复杂性、多元性和动态性，政府不可能监管到殡葬市场的每个角落。这就需要政府大胆地向社会组织分权，将政府所承担的技术性、服务性、协调性工作，从政府职能中分离出去，交

给社会中介组织、社会公共服务组织和社会自治组织，通过大力培育和发展社会中介组织，实现殡葬市场监管职能合理分化。

行业协会作为介于政府与企业之间，商品生产者与经营者之间，并为其服务、咨询、沟通、监督、公证、自律、协调的非营利的民间社会中介组织，是政府、企业、市场之间联系的纽带和桥梁，是实现行业自律管理的组织结构，也是行业利益的维护者和代言人，在规范市场秩序方面有着十分重要的作用。殡葬协会对殡葬服务业的自律作用体现在两个方面：一方面，对规范经营者的经营行为，维护经营者的合法权益以及消费者的合法权益，推动殡葬服务业的健康发展，保障国家殡葬改革政策的顺利推行，都将发挥极大的促进作用。另一方面，对转变行政管理观念，实行依法行政，强化行政执法，提高民政部门对殡葬改革事业的行政管理水平，也将发挥促进作用。

行业协会可以通过制定行规行约、行为规范，进行行业内部质量评级和惩罚处置，进行行业准入认定、资质认定等，对业内企业的行为和商品质量进行约束和监管，在市场的监督、公证、纠纷的解决等方面规范会员的行为，维护公平竞争的市场秩序，减少不良的市场竞争行为，促进交易活动的正常进行，在培育和规范市场方面有着政府不可替代的作用，从而发挥行业自律的作用。

我国长期处于计划经济体制下，社会力量总体上还处于发育不足的状态。社会组织的分布不均而且自制能力低下，政府要统筹社会分散力量，引导社会力量积极地投入到公共服务市场中来，加强各种团体组织的联系。要通过法律规范、政策调节、财政支持等手段，积极培育和推动行业协会的发展，发挥行业协会的创新优势、贴近基层的优势、灵活优势和效率优势，使行业协会成为殡葬市场监管的重要力量。同时保证其独立性、公正性、客观性，以弥补市场发展不充分的缺陷，使行业协会成为政府职能向市场分化的载体。行业协会应积极介入政府管理活动，参与监督企业经营、资质审查、惩戒违法经营者等管理活动。

5. 激发公众参与热情，实现殡葬市场多元监管

公众参与是殡葬市场监管取得成功的关键。公众参与殡葬市场监管，就是要积极参加有关殡葬市场监管的决策、宣传、教育和培训活动，并承担相应的义务。公众参与殡葬市场监管是当前各国和地区立法趋势之一，也是构建新型殡葬市场监管模式的一种努力。

公众参与既需要公民社会的成长，又需要国家提供制度保障，这是有序参与的前提条件。我们需要在国家的整个法律体系中统筹规划，以宪法为主导，各项法规之间互为依托、互为补充，通过司法保障、体制安排和政策调

控手段，明确政府、企业和公众等利益相关方的权利和义务，赋予并明确公民和民间组织合法参与殡葬市场监管的地位，从而建立公众参与民主决策，参与国家管理，政府、企业、公众协同保护殡葬市场健康发展的长效机制。

建立社会公众参与的监督机制，要求各级政府要善于引导和保护公众参与的积极性，提供参与的机会。政府在制定殡葬市场政策和法规过程中，要充分听取公众的意见，保证决策的科学和民主；完善公众参与和信息公开的法律保障，疏通有效的参与渠道；建立殡葬市场信息收集、整理、公开与获取的机制，形成有效的信息公开交流平台。

近年来，报纸、广播、电视等媒体对殡葬市场及其监管问题进行的揭露和剖析，引起了社会各界的重视，促进了许多问题的解决。要进一步发挥新闻舆论的监督作用，对破坏殡葬市场秩序的行为进行跟踪报道和公开曝光，让违法者无处藏身、无利可图，真正体现新闻舆论的监督作用。要建立举报奖励制度，公布殡葬市场监管市民热线，充分调动公众参与殡葬市场监管的积极性。

总之，我国殡葬市场起步晚、发展不健全、行政本位的多部门共同进行的复合型殡葬市场监管面临诸多困难，我们应以政策制定、政策执行和监督管理部门分别行使监管职能为基础，建立完善、稳定、制衡的市场监管制度体系、行政执法体系和监督体系，形成适应社会主义和谐社会的制度框架，在明确殡葬市场监管部门责任的基础上，加强宏观调控和政策引导，加大对市场的监管力度，为市场主体提供公平竞争的环境，更好地维护殡葬市场的秩序，促进殡葬行业的健康发展。

第二节　殡葬服务与合同法律关系

一、殡葬服务关系的法律调整

殡葬服务是一种由殡葬经营单位在具体的时间、地点为殡葬消费者有偿提供的殡、殓、葬、祭等活动所需的“体力替代”“技术替代”和“智力替代”性质的活动。

殡葬服务与其他服务业一样，是一个行为主体对另一个行为主体的部分行为的替代。这里所说的前一个“行为主体”是指殡葬服务机构，后一个“行为主体”则是死者家属即法律意义上的殡葬义务人。它与其他服务性行业的差异，就在于殡葬服务对象包含有“死者”。正是这个差异，才会把殡葬服务与医疗服务、美容美发等服务业划一条明晰的界限：对死者遗体的处理，骨灰处理，都是殡葬服务中体现其特质的内容。殡的过程以“火化装盒”为边界，而葬的过程则是以“骨灰安置”为主要标志的。

殡葬服务的概念具有双重含义，一是创造价值的过程属性；二是产品属性，指创造价值活动的结果是无形产品，即在服务的过程中殡葬消费者能得到精神满足而产生一定量的效用。

（一）民事法律关系的基本内涵

民事法律关系是基于民事法律事实，由民法规范调整而形成的以民事权利义务为内容的社会关系，是民法所调整的平等主体之间的财产关系和人身关系在法律上的表现，同时，民事法律关系也是民法调整人与人之间社会关系的结果。

民事法律关系作为民法调整的对象，与其他性质法律关系比较起来，主要表现在以下几方面：

平等性。民法的调整对象是平等主体之间的财产关系和人身关系，这种社会关系的平等性决定了民事法律关系的平等性。不管是自然人、企业还是国家机关，只要在民事法律关系中都是以民事主体的身份出现，他们之间的关系都是平等的。这是民事法律关系区别于其他法律关系的重要特征。

自主性。民事法律关系大量的是民事主体自主形成的法律关系。一方面，民事法律规范是由国家制定的，体现国家意志。民事法律关系只有符合民事法律规范（国家意志）才能获得国家强制力的保护。但另一方面，民法是私法，必须贯彻意思自治原则，当事人的意志起着很大的作用。这表现在民事法律规范条款大多是任意性条款，由当事人选择适用或不适用，并且当事人意思表示效力优于任意性规范和法律推定条款。因此，民事法律关系通常是由民事主体在自主自愿的基础上形成，体现当事人的意志。

对等性。民事法律关系主体的权利义务通常是对等的、相互的。由于民事主体地位平等，他们的权利义务也应该建立在平等原则上。一般情况下，一方取得权利必须以承担相应的义务为前提，不允许只享有权利而不承担相应义务或者承担义务而不享有相应权利的现象存在。民事法律关系有物权法律关系、债权法律关系、知识产权法律关系、人身法律关系、婚姻家庭法律关系及继承法律关系等。最典型的是债权法律关系中的合同关系，当事人之间的权利义务是对等的、相互的（除赠与合同外）。

民事法律关系是由民法规范来调整的。除了民法通则调整外，在具体规范的调整上，不同民事法律关系由不同的民法规范调整，如物权法律关系是由物权法具体调整，知识产权法律关系是由知识产权法具体调整，婚姻家庭法律关系是由婚姻法具体调整，等等。

（二）殡葬服务关系的法律调整

殡葬服务法律关系是民事法律关系的一个特定方面。就法律关系的内容而言，系指法律所调整的殡葬服务机构与殡葬消费者之间的调节关系。由于殡葬服务关系又是消费关系，所以除了受殡葬法规的调整外，它在法律上还要受消费者权益保护法的调整。这样一来，就可能根据法律关系的复杂程度，分为单一民事法律关系和复合民事法律关系。

1. 殡葬相关法规对殡葬服务关系的调整

（1）关于遗体处理和丧事活动管理的法律规定。《殡葬管理条例》第十三条规定：“遗体处理必须遵守下列规定：运输遗体必须进行必要的技术处理，确保卫生，防止环境污染；火化遗体必须凭公安机关或者国务院卫生行政部门规定的医疗机构出具的死亡证明。”第十四条规定：“办理丧事活动，不得妨害公共秩序、危害公共安全，不得侵害他人的合法权益。”第十五条规定：“在允许土葬的地区，禁止在公墓和农村的公益性墓地以外的其他任何地方埋葬遗体、建造坟墓。”

（2）关于公墓管理规定。《公墓管理暂行办法》第三条规定：“公墓是为城乡居民提供安葬骨灰和遗体的公共设施。公墓分为公益性和经营性公墓。公益性公墓是为农村村民提供遗体或骨灰安葬服务的公共墓地。经营性公墓是为城镇居民提供骨灰或遗体安葬实行有偿服务的公共墓地，属于第三产业。”第十六条规定：“未经批准，公益性公墓不得对外经营殡仪业务。经营性公墓的墓穴管理费一次性收取最长不得超过 20 年，墓穴用地要节约。”第十七条规定：“凡在经营性公墓内安葬骨灰或遗体的，丧主应按规定交纳墓穴租用费、建筑工料费、安葬费和护墓管理费。”

（3）关于尸体运输管理的规定。在《关于尸体运输管理的若干规定》中规定：在火葬区或土葬改革区的死亡人员，其家属要及时与当地殡葬管理部门联系，殡葬管理部门按照卫生部、公安部、民政部《关于使用〈出生医学证明书〉、〈死亡医学证明书〉和加强死因统计工作的通知》精神，凭卫生、公安部门开具的《居民死亡殡葬证》办理运尸手续，并依据当地殡葬管理有关规定进行火化或土葬。尸体的运送，除特殊情况外，必须由殡仪馆承办，任何单位和个人不得擅自承办。

凡属异地死亡者，其尸体原则上就地、就近尽快处理。如有特殊情况确需运往其他地方，死者家属要向县级以上殡葬管理部门提出申请，经同意并出具证明后，由殡仪专用车辆运送。

对外国人、海外华侨、港澳台同胞，要求将尸体或骨灰运出境外或运进中国境内安葬者，应由其亲属、所属驻华使领馆或接待单位申报，经死亡当地或原籍或尸体安葬地的省（自治区、直辖市）民政、侨务和外事部门同意后，按卫生部《实施中华人民共和国国境口岸卫生监督办法的若干规定》和海关总署《关于对尸体、棺柩和骨灰进出境管理问题的通知》办理尸体、骨灰进出境手续，由中国殡葬协会国际运尸网络服务中心或分设在围内的地方机构承运尸体。

2. 殡葬服务法律调整适用公众权益保护

消费者权益保护法是维护消费者权益的。殡葬消费者也是消费者，所以殡葬服务关系的法律调整适用消费者权益保护法。

消费者权益保护法是调整因保障公民的物质、文化消费权益而产生的社会关系的法律规范的总称。广义地讲，凡涉及消费者权益保护的法律、法规都属于消费者权益保护法的范畴。据不完全统计，现行法律、法规涉及消费者权益保护的约有160多个。主要有产品质量法、反不正当竞争法、广告法、商标法等以及地方保护消费者权益的法规；狭义地讲，则专指我国第一部以保护消费者权益为基本内容的法典——《中华人民共和国消费者权益保护法》。

向消费者倾斜是消费者权益保护法的一大特点。大多数消费者是分散无序的自然人个体，他们面对有组织、有经济实力和专业知识的经营者，虽然所处法律地位平等，但在经济实力和经营知识上却处于弱势地位。正是鉴于此，消费者权益保护法在权利义务分配的天平上明显偏向消费者一方。例如，用专章规定了“消费者的权利”和“经营者的义务”，而没有规定“消费者的义务”和“经营者的权利”。再如，消费者自主选择求偿主体制度，即消费者在购买、使用商品受到损害时，可以向销售者求偿，突破了合同的相对性原则。

此外，产品质量法对保护消费者利益也具有重要作用。消费者利益被损害，往往与产品质量有关，可以说，质量问题与消费者利益关系最为密切。产品质量法主要规定了产品生产者、销售者对产品质量应负的责任及义务，国家产品产量监督机关对产品质量的监督管理职责以及因产品质量引起的法律责任。其中对民事赔偿作了十分具体的规定。

3. 综合运用相关法律有效保护公众权益

由于消费者权益保护问题牵涉面十分广泛，我国有众多法律在不同程度上涉及消费者利益的保护问题，构成了消费者保护的法律体系。而在这一体系中，消费者权益保护法处于综合性、专门性的法律地位，起着核心和统帅的作用。但仅靠消费者权益保护法也是不能解决所有殡葬消费领域中侵犯殡葬消费者合法权益问题的，需要同其他法律配合起来，共同发挥作用，才能达到目的。

二、殡葬服务合同的基本内涵

合同又称契约，指当事人之间设立、变更、终止债权债务关系的合意。任何一个民事合同的有效成立，都在当事人之间发生债权债务关系。合同关系是一种法律关系，是由合同法调整的法律关系，合同关系的法律性促使交易双方平等权利的实现。广义的合同有民事合同、行政合同、劳动合同三类。

殡葬服务合同是具有物权关系的民事合同，是一种特殊的服务合同。殡葬合同指殡葬服务机构与殡葬消费者之间设立、变更、终止殡葬服务法律关系的合约。依据合同的约定，殡葬服务机构一方提供殡葬用品、殡葬服务设施以及殡葬服务，殡葬消费者按照约定按时支付相应的费用。殡葬合同的内容主要包含殡葬服务内容、服务质量、服务费用、双方权利义务、合同期限和违约责任等。

（一）殡葬合同的特点

1. 双务合同

这是根据当事人权利义务的分担方式不同而确定的。双务合同是指合同当事人双方都享有权利和负有义务的合同。买卖、互易、租赁、承揽、运输、保险等都是这类合同。单务合同是指一方只负担义务而不享有权利，另一方只享有权利而不负担义务的合同。如口头赠与合同、借用合同等。殡葬合同当事人即殡葬服务机构与殡葬消费者都享有权利和负有义务。殡葬服务机构负有按照合同约定内容提供殡葬产品（包括殡葬用品和服务）的义务和接受殡葬消费者支付殡葬费用的权利，殡葬消费者享有按照合同约定殡葬产品（包括殡葬用品和服务）的权利和负有按约定支付殡葬费用的义务，这种合同当事人的权利义务是双务的、对等的。

2. 有偿合同

这是根据取得合同权是否支付代价为标准而确定的。在有偿合同中，当事人双方为取得利益而须付出相应代价。无偿合同是等价有偿原则适用中的例外情况，在实践中应用较少，最典型的就是生前赠与合同。殡葬合同当事人不管是殡葬服务机构还是殡葬消费者，为取得殡葬合同的权利都必须按照合同约定提供产品或支付费用。

3. 诺成合同

这是根据合同成立是否以交付标的物为要件而确定的。诺成性合同是指当事人意思表示一致即可成立的合同，又称不要物合同，如买卖合同。除当事人达成意思表示一致外，还需要实际交付标的物才能成立的合同，为实践性合同，又称要物合同，如借用合同。殡葬合同当事人意思表示一致，并且合同内容是合法的，则该殡葬合同就成立了。

4. 要式合同

这是根据合同的成立是否需要采用特定的形式所作的分类。必须根据法律规定的方式而成立的合同为要式合同，不需要采取法律规定的形式而成立的合同为不要式合同。

（二）主要的殡葬合同

在目前殡葬活动中，根据殡葬服务的内容，常见的殡葬合同主要有：丧事策划合同、殡葬用品合同、遗体运输合同、遗体防腐合同、遗体整容合同、礼厅租赁合同、遗体火化合同、骨灰寄存合同、墓穴销售合同、骨灰安葬合同等。而所有这些类型的合同，根据合同的具体分类标准，它们又分属以下不同性质的合同。

1. 殡葬买卖合同

买卖合同是出卖人转移标的物的所有权于买受人，买受人支付价款的合同。根据殡葬商品合同的性质，它应该属于买卖合同的范畴。

殡葬商品买卖合同是殡葬服务机构转移殡葬用品的所有权于殡葬消费者，殡葬消费者支付相应价款的合同。殡葬商品买卖合同一般应规定的内容主要包括：当事人的名称或者姓名和住所，标的，数量，价款或者报酬，殡葬用品的质量，履行期限、地点和方式，违约责任，解决争议的方法。

另外还可以规定包装方式、检验标准和方法、结算方式、合同使用的文字及其效力等条款。

2. 殡葬租赁合同

租赁合同是出租人将租赁物交付承租人使用、收益，承租人交付租金的合同，其主要特征有：租赁合同是转移财产的使用权，而不转移财产的所有权；承租人只能对租赁物进行使用，不能进行处分，不得改变租赁物的形状和特性；租赁期内使用租赁物的收益归承租人所有。

如殡葬礼厅租赁合同，是殡葬服务机构将礼厅交付给殡葬消费者用于举行遗体告别或悼念仪式，而殡葬消费者支付约定费用的合同，它是一种双务、有偿、诺成性合同。

礼厅租赁合同中的出租人（殡葬服务机构）的义务主要有：殡葬服务机构应当按照约定将礼厅交付给丧事承办者，包括固定附属设施设备的交付；

在租赁期间即约定的班次内保持礼厅及附属设施设备符合约定的用途；因第三方或不可抗力的因素致使礼厅在约定期间内不能正常使用，丧事承办人可以要求减少租金或者不支付租金。

礼厅租赁合同中的承租人（丧事承办人）的义务主要有：丧事承办人承担按约定支付租金即礼厅使用费的义务，丧事承办人有保管好礼厅的义务（合同法第一百二十二条规定，承租人应当妥善保管租赁物，因保管不善造成租赁物毁损、灭失的，应当承担损害赔偿责任），丧事承办人有返还礼厅的义务。礼厅租赁期限届满，丧事承办人应当返还礼厅，返还礼厅应当符合约定使用后的状态。

3. 殡葬服务合同

服务合同是指当事人一方以专业服务知识和条件为另一方提供服务所订立的合同。它的本质是“服务”，当事人一方提供的是服务产品，而另一方享受和使用服务产品。这种“服务”的形式是多样的，既包括有形的管理、服务，也包括无形的环境、气氛、形象。

殡葬服务合同是指殡葬服务机构以殡葬领域的专业服务知识和条件为殡葬消费者提供服务所订立的合同。例如丧事策划合同、遗体接运合同、遗体防腐合同、遗体整容合同、遗体火化合同、骨灰安葬合同等均属此类合同。

殡葬服务合同具有如下特征：

交易条款即服务项目及收费价格等完全由殡葬服务机构单方以自己的意志或经主管部门审批预先制定。即使协商的个性化服务项目，其价格还是由殡葬服务机构定价。

殡葬消费者的意思只能完全依附于殡葬服务机构。订立合同时，绝大多数情况下，殡葬服务机构不给殡葬消费者留有任何的协商余地，殡葬消费者对合同条款即服务项目及收费价格“要么接受，要么走开”，不能讨价还价。由于几乎所有殡葬服务机构都采用相类似的合同条款，殡葬消费者只能处于服从地位。

4. 殡葬保管合同

保管合同，又称寄托合同、寄存合同，是保管人保管寄存人交付的保管物，并返还该物的合同。

保管合同为实践合同。根据合同法第三百六十七条之规定，保管合同自保管物交付时成立，但当事人另有约定的除外。由此可见，保管合同的成立不仅需双方当事人协商一致，而且寄托人还必须将保管物交付给保管人。

保管合同的标的是保管行为。保管合同的目的是保管物品。虽然以保管物交付保管人为成立要件，但并不发生保管物所有权和使用权的转移。因此，保管合同的标的是保管行为。

殡葬合同中的骨灰寄存合同就属于保管合同。殡葬企事业组织在其经营服务活动中，因履行保管合同不当引发与殡葬消费者之间的矛盾、诉讼是常见的。

骨灰寄存合同是殡葬服务机构保管丧事承办人交付的骨灰，并在保管期满后返还骨灰的合同。

骨灰寄存合同是一种实践合同。殡葬消费者在合同订立后必须将装有骨灰的骨灰盒交付给殡葬服务机构，骨灰寄存合同方能生效，交付是寄存的前提。

骨灰寄存合同是一种双务合同。它是殡葬服务机构与殡葬消费者为保管骨灰盒这个标的而互为义务人的双务合同。

骨灰寄存合同是一种有偿合同。骨灰寄存合同中寄存人的义务之一就是为此支付保管费即常说的骨灰寄存费。至于殡葬服务机构因殡葬消费者购买其墓地而承诺免费寄存骨灰一定期限的行为，并不是一种单纯的寄存合同行为，而是墓穴销售和安葬合同中的附加服务，这种无偿寄存并不代表骨灰寄存真正的无偿性。

【导入案例评析】

本章导入案例不仅仅是单纯的合同违约，还是一起侵权纠纷，存在违约责任与侵权责任合并的情形。遗体作为一种特定物，并非通常民法意义上的物，无法确定其经济价格，遗体毁损与灭失无从原物赔偿，也难以计算赔偿数额。对死者遗体保管纠纷的处理，目前尚无明确的法律法规可以适用。这就为司法实践中处理此类纠纷带来了难度。但应当明确的是，死者遗体保管的约定与一般意义上的保管合同应当有所区别。因被告保管不善，造成死者遗体腐烂变形，依合同法的相关规定，被告应承担全部民事赔偿责任；对由此给原告造成的不可逆转的精神伤害，被告也应当适度赔偿。

【案例 4－2】

因骨灰保管关系而引发的损害赔偿案①

【案情】

原告程某的丈夫于 2002 年 7 月去世。根据市政府的有关规定，并经市民政局批准，其骨灰被寄存在市烈士陵园内，交纳了 10 年的保管费 300 元给被告市殡仪馆，由市殡仪馆负责日常管理。2003 年 4 月 5 日，程某丈夫的骨灰

---

① http：//www. chinacourt. org/html/article/20060416/201923. shtml。

盒丢失。2004年1月16日，市殡仪馆与程某的三个儿子就骨灰盒丢失之事签订协议书，约定由殡仪馆赔偿精神损失等各种费用合计人民币1.8万元，并补偿其墓地一块，作价10300元。协议签订后，市殡仪馆按协议履行了义务。后原告程某认为，市殡仪馆与其三个儿子签订协议事先其并不知情，事后亦未征得其同意。为此，原告程某诉至法院，要求市殡仪馆赔偿其精神损失，被告市民政局承担连带赔偿责任。

【审判】

市法院经审理认为，被告市殡仪馆在收取保管费用后，未尽到妥善保管义务，致使原告程某丈夫的骨灰盒丢失，使原告失去祭奠的物品。从社会的善良风俗和一般生活经验来看，势必造成原告情感损害的后果，故被告应承担赔偿责任。但被告系独立的事业单位法人，能够独立承担民事责任。原告要求市民政局在本案中承担连带赔偿责任的主张，缺乏事实及法律依据，不予支持。据此，该院依法作出判决：被告市殡仪馆被判赔偿原告程某精神损害抚慰金人民币10000元。

【评析】

《最高人民法院关于确定民事侵权精神损害赔偿责任若干问题的解释》第三条、第八条、第十条规定，自然人死亡后，其近亲属因他人非法侵害遗骨等侵权行为而遭受精神痛苦，向法院起诉请求赔偿精神损害的，法院可以判令侵权人赔偿相应的精神损害抚慰金。精神损害的赔偿数额根据侵权人的过错程度，侵害的手段、场合、行为方式等具体情节，侵权行为所造成的后果，侵权人的获利情况，侵权人承担责任的经济能力，受诉法院所在地平均生活水平等因素确定。

程某的丈夫于2002年7月去世，经市民政局批准，其骨灰被寄存在市烈士陵园内，并交纳10年的保管费用300元给市殡仪馆，由该馆负责日常管理。至此，双方保管合同关系成立。但2003年4月5日，发现程某丈夫的骨灰盒丢失，于是程某诉至法院，要求市殡仪馆赔偿其精神损失。市法院首先根据殡葬保管合同的权利义务关系，认为被告在收取保管费用后未尽到妥善保管义务致使原告程某失去祭奠丈夫的凭借物品，故应承担赔偿责任。

【案例4－3】

因遗体保管关系而引发的损害赔偿案

【案情】

上诉人张女士因赔偿一案，不服区人民法院的民事判决，向市第一中级人民法院提起上诉。

原审认定，死者吴某系张女士之子。1999年11月23日张女士委托吴律师向市殡仪馆提出，因家属要求对吴某遗体进行鉴定，故申请暂缓对遗体火化。张女士为此支付了遗体保存押金人民币1500元。由于市殡仪馆于同年12月1日将吴某遗体火化，故张女士认为殡仪馆擅自火化吴某的行为侵犯了其合法权益，遂向原审法院提起诉讼，要求法院判令市殡仪馆承担以下责任：赔偿遗体或赔偿张女士经济损失人民币80000元；支付张女士精神损失费人民币20000元；返还押金人民币1500元。在原审审理过程中，市殡仪馆认为其为张女士用冰柜防腐的方式保存吴某遗体，发生实际冷藏费用人民币1920元，故反诉要求张女士支付拖欠的冷藏费用人民币420元。原审法院经调解，由于双方当事人各执己见，致调解不成。

原审法院认为，双方已形成事实上的保管合同关系，合同各方应履行自己的义务。市殡仪馆在未征得张女士同意的前提下擅自将系争遗体火化，属履行合同不当，应承担一定的法律责任，在经济上给予张女士酌情补偿。又由于遗体保留已无必要，故张女士要求赔偿损失理由不充分，不予支持。原审法院又认为，市殡仪馆以冰柜防腐的方式保存了遗体，故张女士应当按实支付保管费，故对市殡仪馆的反诉请求予以支持。根据《中华人民共和国合同法》第六条、第八条、第三百六十六条、第三百六十七条、第三百六十九条、第三百七十四条之规定，原审法院于2000年7月6日作出判决：市殡仪馆应在判决生效后十日内补偿张女士人民币4500元；张女士要求市殡仪馆赔偿精神损失费人民币20000元、返还押金人民币1500元及其他经济损失赔偿的诉讼请求不予支持；张女士应在判决生效后十日内偿付市殡仪馆尚余的保管费人民币420元。本诉案件受理费人民币3510元，由双方各半负担，反诉案件受理费人民币50元，由张女士负担。

一审判决后，上诉人张女士不服，其坚持在原审时的诉讼要求。其诉称：（1）原审法院认定市殡仪馆采用收费为10元/小时的冰柜防腐保存方式错误，双方在遗体保存时上诉人方被明示采用10元/天的保存方式，市殡仪馆虽于事后在保存遗体书面申请上签有用冰柜防腐的方式保存遗体，但此内容属事后添加，为被上诉人单方意思，并非为上诉人认可，此内容不具有证明力；另市殡仪馆收取10元/小时的冰柜防腐费违反了市物价局、市民政局关于殡葬费用批复的规定。（2）原审法院认定上诉人方向被上诉人出具的1999年12月27日、28日两张火化申请系张女士真实意思表示错误，张女士没有同意过火化死者遗体，也没有签署过火化申请。1999年12月27日吴律师是在不知情的情况下向市殡仪馆出具火化申请，而张女士之所以在次日至市殡仪馆办理火化死者遗体是为了进一步探究殡仪馆是否确已将遗体擅自火化的虚实，且张女士的委托书也并非张女士的真实签名；（3）市殡仪馆擅自火化吴某遗体致上诉人无法对吴某死因进行医疗事故鉴定，从而使上诉人丧失了在医疗事故纠纷中的胜诉机会，对上诉人此方面的可以预见的损失，被上诉人市殡仪馆应当承担赔偿责任。

被上诉人市殡仪馆则表示其不同意上诉人张女士的上诉请求，并要求二审法院维持原审判决。其辩称：（1）保存吴某的遗体确采用了冰柜防腐的方式，对此有当时的工作人员陈某的当天批示作证，此虽系后加，但此系经业务请求后的批示，是真实的。另根据上诉人方的缴费1500元可以分析断定，收费不可能为10元/天，因殡仪馆不可能为上诉人保存5个月之久的遗体，况且上诉人之子在遗体保存申请上签字“保留一周后如出现问题，与市殡仪馆无关”，说明当时双方曾约定的保存期限为一周，而1500元押金就是按照一周并10元/小时的标准收取的。收费的标准是依照市殡葬中心就冰柜防腐的收费标准制定的，符合规定。（2）上诉人提出的精神赔偿及其他赔偿事宜没有法律依据。其认为，人的死亡是一个自然规律，上诉人因此要求精神赔偿有悖常理。上诉人另认为由于殡仪馆的行为使其灭失医疗事故鉴定的物证，但此观点显然于法有悖，根据有关医疗事故处理办法规定，尸检的时间需在48小时内，故48小时后无再保留尸体的必要。至于要被上诉人赔偿因不能赢得医疗事故胜诉权的损失更有违事实，因1999年12月27日，上诉人的委托代理人已经向殡仪馆出具了火化申请，此证明上诉人也认为遗体已无保留必要，因而也不会存在赔偿费用的道理。

在二审庭审期间，上诉人张女士为佐证其观点，向合议庭提交了以下在原审中没有提供过的证据：（1）证人陈某证词，以证明当事人双方在遗体约定当时就言明收费为10元/天；（2）证人李某证词，以证明1999年12月28日办理遗体火化的真实意图为“探究摸底”；（3）证人许某证词，以证明上诉人方为死者吴某死因提出医疗事故鉴定的事实；（4）市物价局、市民政局关于殡葬收费的有关规定，以证明遗体防腐冷藏的收费为10元/天。

市殡仪馆对上诉人张女士提供的以上证据作如下意见：（1）证人陈某系原审中上诉人的代理人，与上诉人有密切关系，其所作证词没有证明效力，且对事实的陈述也不真实。（2）对李某的证词不予认可，被上诉人认为不需要以办理火化遗体的方式对遗体是否存在进行查询。（3）对徐某的证词也不予认定，因根据被上诉人的调查，区卫生中心的有关工作人员没有讲过遗体火化对医疗事故的影响。（4）上诉人提供的民政局、物价局的收费规定已经失效，且不适用目前情况。被上诉人在原审审理过程中提供了市殡葬服务中心就有关防腐收费批复，且原审时提供的其他殡仪馆的此类收费与被上诉人一致。

被上诉人市殡仪馆在二审中提供了如下在原审时没有提供的证据：(1）区精神卫生中心院长、医务科主任的证词，以证明死者家属并没有向区卫生局提出作医疗事故鉴定。(2）区精神卫生中心出具的吴某住院经过，以说明死者的住院情况及经过。(3）《市医疗事故实施办法》以证明尸检不得超过48小时。

上诉人张女士对被上诉人市殡仪馆提供的证据作如下意见：死者家属曾经向区精神卫生中心要求作医疗事故鉴定，由于该院不同意鉴定而正向上级医疗部门提出鉴定申请。对于市殡仪馆提供的另外两份证据材料则未表异议。

经审理查明，张女士之子吴某于1999年11月20日在医院死亡。同月23日下午在市殡仪馆举行追悼会。由于张女士认为吴某的死亡系医疗事故造成，故于追悼会当日中午委托吴律师向市殡仪馆提出暂缓对遗体进行火化的书面申请，张女士之子吴某为保存遗体支付了押金1500元，并在申请书上写“遗体保留一周后如出现问题，与殡仪馆无关”。市殡仪馆在申请书上写“家属要求遗体作司法鉴定，同意冰柜防腐，按实际收费（一周)”。同年12月1日，市殡仪馆将吴某的遗体火化，并于次日开具遗体保存结算单。同月27日，吴律师向殡仪馆提出申请：“将吴某遗体立即火化”，次日，张女士之子持张女士的委托书至市殡仪馆办理吴某遗体火化事宜，得知吴某遗体已经火化，遂引起本案讼争。另查明，在原审法院审理期间，市殡仪馆向法院提供了1997年9月市殡葬事业管理处批复给其他殡仪馆的关于出租冷藏柜的收费标准，其中冷藏柜出租为10元/小时。另外，市殡仪馆还向法院提供了其于1998年12月颁布的遗体防腐类收费标准，其中规定，遗体防腐冷柜每具为10元/小时。本院又查明，上诉人张女士提供的市民政局、市物价局发布的文件中规定“遗体防腐费冰防由现行的6元调整为10元”。

【审判】

张女士与市殡仪馆就吴某遗体这一特殊标的物的存放形成了实际的保管合同，对此双方均应当履行自己的义务。市殡仪馆应当妥善保管吴某遗体，而寄存人张女士应当支付保管费。

本案在双方成就保管合同时没有明示标的物的保存方式、保存时间以及相应的价格，对此合同约定的疏漏双方均有一定的责任。现张女士坚持认为当时存放遗体时被告知费用10元/天，对此其虽提供陈某的证词，但由于陈某曾作为原审时张女士的代理人，其身份的特殊性导致其所作证词缺乏可信性，本院难以采信，故张女士的此项主张无充分依据。根据合同法有关规定，当事人就合同履行方式约定不明确的，按有利于实现合同目的的方式履行。现市殡仪馆在双方合同约定不明的情况下以冰柜防腐的方式对系争遗体予以保存，且此保存方式与张女士要求遗体保存的用途相呼应，应属于适当保存，委托人张女士理应根据实际发生的费用履行自己的义务。按照市殡仪馆关于遗体防腐收费标准，冰柜防腐收费为10元/小时，张女士应当按照此标准支付遗体防腐费用，原审法院根据遗体保存的实际天数判令张女士另行支付市殡仪馆欠付的冰柜冷藏保管费是属正确。至于上诉人认为市殡仪馆的此类收费有悖于有关规定，则可向有关部门提出对市殡仪馆作出处理。张女士向本院提交的民政局、物价局的行政规定由于与本案的处理结果没有关联，对此本院不予采用。故张女士要求市殡仪馆退还1500元押金的上诉请求本院不能支持。

在本案的合同履行过程中，市殡仪馆在接受张女士的委托保管后，理应适当地履行保管义务，其凭申请书上写有张女士之子“遗体保留一周后如出现问题，与殡仪馆无关”的词句臆断委托人存放遗体的时间为一周，在未征询委托人是否解除保管合同的前提下于12月1日将保管物火化，此属不当履行合同，对此不当履行合同的后果市殡仪馆应当承担责任。但责任的承担应当按实际损害后果定夺，原审法院酌情判令市殡仪馆补偿张女士4500元亦属正确。

在吴某遗体被火化后，张女士一方于1999年12月27日、28日两次表示了火化吴某遗体的愿望，鉴于此原审法院认为遗体保存已无必要是正确的。现上诉人认为两次意思表示非张女士本人意愿的陈述理由本院不能采信，虽吴某所持张女士委托书有可能非张女士本人签名，但27日吴律师的申请以及作为死者的亲属吴某亲自到场办理火化事宜的行为足以表明死者家属同意火化死者的真实意思。因此，张女士主张由于市殡仪馆擅自火化死者遗体致其无法对死者进行医疗事故鉴定，要求赔偿由此而造成的经济损失和精神损失的请求缺乏充分的依据，原审法院对此不予支持亦属正确。

原审法院根据查明的事实，认定市殡仪馆存在保管合同履行不当，确认张女士委托代理人同意火化死者遗体的真实意思，推定本案中保存方式符合保存死者遗体的目的，据此所作的判决于法有据，本院应予维持。上诉人的上诉请求本院不能支持。

依照《中华人民共和国民事诉讼法》第一百五十三条第一款第一项之规定，判决如下：

驳回上诉，维持原判。

上诉案件受理费人民币3510元，由上诉人张女士负担。

本判决为终审判决。

【评析】

通过本案纠纷的解决，市殡仪馆应当在以后的殡葬工作中，弥补工作缺陷、规范服务行为，从而进一步提高服务质量。上诉人方也应对被上诉人方的过错程度及自己的损失有恰当的合乎情理的认识，以有利于纠纷的合理解决，而不应提出过高的、不合理的请求。原审法院已充分考虑到殡仪馆的过错责任，判令市殡仪馆承担4500元补偿费体现了对过错方的惩戒及对死者家属的救济补偿。

三、殡葬服务格式合同的特点

（一）格式合同及其功能

1. 格式合同的定义

合同是罗马法产生以来私法领域最重要的法律概念之一。作为商品交换的媒介与债权的发生根据，合同广泛存在于商品经济社会，经过不断发展变化的过程，相继出现了仪式形式、口头形式和书面形式等合同形式。

格式合同是19世纪后随着垄断资本主义的发展而逐步兴起的一种新型的合同形式。格式合同，也称定型化合同、定式合同（Standard Form Contract）、标准合同、附和合同、附从合同（Contrard Adhesion）、附意合同等，是指经营者为与消费者订立合同而单方事先拟定的合同条款。格式合同是旨在明示其合同内容的固定化、一般化，合同内容规定了双方当事人权利义务的全部条款，以及合同形式均由一方当事人事先予以确定，另一方当事人对该合同只能表示全部同意与否的合同。这种条款不论其是否独立于合同之外或成为合同的一部分，也不论其范围或形式如何，均属合同的范畴。

由于对格式合同内容及特点理解的不同，不同国家、地区法律关于格式合同的称谓并不统一。如英美法注重其合同内容的定型化而称之为标准合同（Standard Form Contract）；德国法因注重相对人在缔约时仅是毫无变更地对对方事先提出的合同条款予以附和的过程，故称之为附和合同（Addesion Contract）；法国注重其对不特定的人普遍适用性而称之为一般合同条款（General conditions of contract）。我国台湾地区称为定型化契约，我国合同法采用了格式条款的概念并界定为“格式条款是当事人为了重复使用而预先拟定，并在订立合同时未与对方协商的条款”。根据受要约人可否要求修改或提出反要约，可进一步将其区分为可协商的格式合同与不可协商的格式合同。

格式合同的产生及其普遍运用是基于一定的社会经济基础的。一般而言，某一行业垄断的存在、交易内容的重复性、交易双方所要求的简便、省时，导致了格式合同的存在并大量运用于商事生活领域。

2. 格式合同的特征

格式合同作为一种特殊类型的合同，具备合同的一般法律特征，但也因与普通合同存在形式上和性质上的差异而具有独特的法律特征。

（1）格式合同条款单方事先决定性。格式合同条款，即格式条款一般由一方当事人确定，实践中多为提供商品或服务的一方制定并提出，提供方在经济方面具有优势地位。在格式合同中，要约方一般为固定提供某种商品或服务的公用企业，他们进行定式经营，并在较大范围内具有专营或垄断能力，一般具有绝对的经济优势或垄断地位。相对人多为广大分散的消费者，具有不特定性。格式合同的提供方具有经济信息优势，合同是在信息不对称的前提下作出的。格式合同条款的定型化导致了对方当事人不能就合同条款进行协商。

（2）格式合同的条款和形式标准化。格式合同的要约具有广泛性、持久性和细节性。在同等条件下，格式合同适用于一切不特定的相对人，适用于所有同类交易对象，涉及某一特定时期所要订立的全部合同，并且包含和确定了合同的具体条款。不因相对人的身份等因素不同而改变合同的条款和形式。一方当事人与不特定相对人之间订立此类合同，是一种机械性的重复活动，每份合同的差异仅仅是对方当事人的姓名或名称的改变和可能的标的物数量的多寡。格式合同的要约向公众发出、并且规定了在某一特定时期订立该合同的全部条款；格式合同一经制定，可以在相当长的期限内使用，具有固定性和连续性。

（3）相对人在订约过程中的服从性。格式合同的一切条款和合同的形式都已定型化，合同条款为制定者的意思表示和意志表达，具有单方意志决定性。相对人无协商余地，只能概括地接受或不接受全部合同条款，不能就合同条款讨价还价，这表明相对人在合同关系中处于服从的地位。格式合同乃单方意思表示，在订立合同时未与对方协商。格式合同是由一方当事人预先拟定的，制定方往往为提供某种商品或服务的公用事业部门或公用企业，但也有些格式合同是由某些超然于双方当事人利益之上的利益团体、国家授权的机关制定的，这主要是为了保障交易公平、维护当事人利益的平衡，或是为了实现国家干预社会经济的职能，但无论如何对方当事人不直接参与合同条款的制定。

（4）格式合同以书面形式为原则。格式合同多由提供商品或服务的一方当事人印制成书面形式，原则上提供合同条款的当事人应将合同条款明确印刷于一定文件（如车船票、保险单）之上，以便当事人了解格式合同多由提供商品或服务的一方当事人印制成书面形式，原则上提出合同条款的当事人将合同条款明确印制于一定凭证之上，或张贴于营业场所显著位置，以便对方当事人了解。

3. 格式合同的价值

格式合同的出现及其在现代社会中的广泛使用，是由其有利于交易所决定的。格式合同以其高效快捷的缔约优势，逐渐代替普通民事合同而成为现代经济生活中最主要的合同形式。随着经济的发展，格式合同作为经济交易手段的重要性将更加明显，作用也必将更加突出。

（1）提高交易效率。随着科技的进步和生产力的发展，交易日渐频繁，尤其是出现了大量的需反复使用相同内容的合同，每一个合同或者合同的每一条款都要磋商既不胜其烦，亦无必要。以大量生活消费为内容的现代生活关系，使得企业与顾客都希望能简化缔约过程。格式合同的高效性契合了现代生活快节奏的需求，突出表现为简化交易过程，降低交易成本。采用格式合同进行交易，承诺方式简单，缔约手续简便，交易活动标准化、便捷化，从而大大减少了重复劳动，提高交易效率。

（2）合理分配风险。格式合同的标准性及书面明示性的特征，使得缔结合同的双方当事人，尤其是格式合同制定方，可以预先估计交易风险并进行合理分配。就其制定而言，可以预先估计并采取必要措施防止风险的发生，或在风险发生后，将损失降低到最低程度；就相对方而言，可以在交易之前了解对方的交易条件，作出有利于自己的选择。

（3）便于国家干预。在现代商品交易与交换合同中，公平是一个最基本的原则，倡导公平与谴责不公是法律的价值所在。格式合同对于不特定当事人具有公平的价值，一方面，格式合同的标准性和书面明示性特征便于国家对之进行审查、监督；另一方面，对于那些与国计民生密切相关的行业或领域，可以由国家有关机关制定一些交易条款，强令双方当事人必须予以遵守和维护，从而达到保护消费者利益的目的，也有利于实现国家对经济生活的干预。

4. 格式合同的流弊

格式合同虽然具有节省交易成本、增进安全、提高交易效率、安全公平等价值，但也日益暴露出格式合同恃强凌弱、合同权利义务失衡等诸多流弊。

（1）背离合同自由原则。由于格式合同的本身特点对合同自由原则相对限制，违背了契约自由原则。

合同当事人无选择相对人的自由。由于提供格式合同的一方大多为占有垄断地位的公用企业，这类行业多数没有竞争对手，消费者没有选择其他相对人的可能。格式合同排除了相对人选择与协商的可能性，在事实上形成了对相对人的强制，这就使得缔约地位的平等掩盖了事实的不平等，使当事人处于更加不利的地位，也违背动摇了民法的基本原则，最典型的就是契约自由、平等公平、诚信原则，损害了消费者的正当权益。由于提供格式条款的一方在经济方面具有绝对的优势，它可以将条款强加给对方当事人从而使对方失去讨价还价的机会。

合同当事人无选择合同内容的自由。由于合同双方当事人，一方是拥有垄断优势的企业，一方是急需获得商品或服务的消费者。对垄断利益的追求使得垄断组织完全排除了相对人即使明知某格式合同对其不利，但迫于急需获得格式合同制定者所提供的服务或商机，而不得不“自愿”接受一些不平等的条款。格式条款是由制定方预先提出，相对人无从参与制定或决定合同内容的过程。虽然从表面看，相对人接受了合同条款，但其背后却是相对人被迫屈服强大垄断企业及其他组织经济势力的事实。

（2）显失公平。由于制定格式合同的一方当事人在行业中居于垄断地位，因此在格式合同中几乎将全部的风险与不利条件都推到合同对方当事人身上，双方当事人的权利义务不对等，显失公平：

一是提供格式合同的一方当事人在行业中居垄断地位，因此其就利用所具有的优势在制定格式合同时，单方免除自己的违约责任，推卸产品责任，任意扩大不可抗力的免责条件，造成合同双方权利义务极不对等。

二是一般的合同相对人无法正确理解合同中格式条款的真实意义。制定格式合同的一方往往使合同内容具有很强的专业性和技术性，使仅具有一般知识水平的普通消费者对条款的内容难以真正理解和把握。

三是对相对人不利的格式合同常有意识地掩藏在合同的文字之中或与其

他合同条款相分离，或是在合同达成之后才出示对其不利的条款，使得相对人在不确定合同内容是否公平合理的条件下接受了于已不利的格式合同。在实践中某些格式合同不公平不合理规避法律更有甚者出现了“霸王条款”，直接损害相对人的利益，造成利益失衡，引发一系列法律纠纷问题。

格式合同往往制定利己而不利于相对人的内容，格式合同具有预先拟定性和单方决定性，为了追求利益的最大化，他们几乎很少或完全不考虑相对人的利益，而这往往成为他们垄断和强制压迫消费者的工具。

格式合同作为社会经济不断发展的产物，必然有其存在的合理性。所以，法律不能因为格式合同的诸多弊端而取消格式合同的存在。我们可以不断地完善格式合同，如规定哪类不利于条款非制定方的条款无效，规定条款制定方的提示义务和说明义务，等等。

（二）格式合同的规制

当今社会经济发展，基于对效率追求的需要以及一些优势经济实体的产生，使得格式合同取得了广泛的发展和应用空间。格式合同的运用，在一定程度上限制了合同自由，特别是提供商品和服务的一方在制定格式条款时往往利用其优势地位制定一些不公平条款，这就侵犯了消费者利益。我们可以从行政规制、立法规制、司法规制和社会团体的规制四个方面对格式合同进行规制：

1. 行政规制

对格式合同进行规制是由格式合同的弊端和行政管理的职能决定的。格式合同中的不公正条款严重地侵害了交易相对方特别是广大消费者的利益，因此是对社会公共利益的侵犯。而基于社会管理的职能以及现代行政国家的发展，使得利用行政权力规制格式合同中的不公正条款，具有可能性和可行性，并且有效率上的保证。

行政规制是对格式合同最早的规制方式，是通过政府行政权力对格式合同的内容予以公法意义上的认可、许可、核准和监督，它包括事先审查和事后监督两个方面：

事先审查是由行政监督机关对一般的格式合同条款的内容在其使用前先行审核，经政府主管部门审核之后方可使用。在德国和日本，政府明令规定，特种行业如银行、保险及建筑业等所使用的格式条款，实行强制性的使用前行政审核制度，这些也是我国对格式合同所作的行政规制的最为重要的体现。

事后监督是由专门的政府组织机构对正在采用的格式合同条款予以审查，对认为不公平的条款发布使用禁令。例如，英国、法国等，其政府就规定有对格式合同使用事后监督制度。在我国，根据合同法、反不正当竞争法、消费者权益保护法等法律的规定，工商行政管理部门有权对当事人所使用的格式合同实施监督，有权对利用格式合同损害社会、侵害消费者进行查处。

2. 立法规制

立法规制，是指通过立法手段对格式合同的不公平条款所作的规制。对格式合同的立法规制又分为一般法的规制和特别法的规制。前者在大陆法系国家，主要是通过民法典中的一般原则规定来实现的；而在英美法系国家，是通过一般商事法来实现的，如美国统一商法典等。后者即特别法的规制，则是通过规制格式合同中的不平等条款以保护消费者的专门立法来实现的。在我国，事实上也存在一个对格式合同的立法规制体系。在一般法的规制方面，民法通则中就规定有对法律行为的控制体系，如关于诚信原则等基本原则的规定、关于民事行为的有效与无效的规定等即是。在特别法上，海商法、消费者权益保护法以及合同法等，都对格式合同的规制作了规定。我国立法对格式合同所作的规制，其主要内容集中体现在合同法中，主要包括以下几个方面的内容：

（1）关于采用格式条款订立合同的规定。合同法第三十九条规定："采用格式条款订立合同的，提供格式条款的一方应当遵循公平原则确定当事人之间的权利和义务，并采取合理的方式提请对方注意免除或者限制其责任的条款，按照对方的要求，对该条款予以说明。"按照这一规定，格式条款提供者在缔约时负有相应责任：

一是遵循公平原则确定当事人之间的权利和义务。即以利益均衡作为价值判断标准来调整民事主体之间的物质利益关系，确定其民事权利和义务。根据这一原则，提供条款的一方在拟定格式条款时，应将双方的权利和义务确定得相互对等，即双方当事人在合同中享有的权利和承担的义务大体相当，而不是一方只享有权利不承担义务，或者享有的权利明显大于所承担的义务。否则，即为违反公平原则。缔约相对方可以根据民法通则第五十条和合同法第三十九条的规定，请求人民法院或仲裁机关予以变更或撤销。

二是履行提示或说明的义务。格式条款的提供者在缔约时应采取合理的方式提请对方注意免除或者限制其责任的条款，并对该条予以说明。免除或限制其责任的条款简称"免责条款"，是指规定免除或者限制格式条款提供者责任的各种条件的条文。格式条款提供者一般都是法律上或者事实上垄断的商家。格式条款事先由其拟定，从营利角度出发，对条款的内容尤其是有关免除或者限制其责任的条款的内容必然是反复研究甚至是想方设法尽可能地免除或限制自己的责任。而缔约的相对一方，对事先不知且内容既多又细的格式条款，往往仅注意自己有哪些权利义务，而很少顾及格式条款提供者在条款中为其设定的免责内容，因此，从立法上规定“采用格式条款订立合同的，提供格式条款的一方应采取合理的方式提请对方注意免除或者限制其责任的条款，按照对方的要求，对该条款予以说明”，是非常有必要的。

合理提请注意义务是一项具体的、具有操作性的义务，也是格式合同提供方担负的法定义务中最为重要的一项。该义务直接指向免责条款，目的是确保对方当事人在选择是否订立格式合同时，清楚地了解格式条款的内容，这是格式合同得以产生约束力的基础。缔约相对人对免责条款存在疑虑而发问时，格式条款提供者还应说明。所以，免责条款不能以默示的方式而只能以明示的方式出现。如果格式条款提供者对免责条款并未明示，未尽提请对方注意或说明义务，就是违背了缔约所遵循的诚信原则，其后果是该免责条款不发生效力。合理的提请注意方式应符合以下几个要求：

免责条款的载体适当。免责条款的载体，也就是记载免责条款的文件。文件的外形必须给人予载有足以影响当事人权利义务条款的印象，也就是文件的外形应提请相对人注意，并促使阅读该文件。如果文件的外形给人的印象不是一份书面合同文件，而只是一般的收据、广告说明等，相对人收到该文件后根本不会阅读，那么格式合同拟订方的提请注意不充分，即使将该文件提供给对方，也不能认为已尽提请注意之义务。

提请注意的方法根据交易的具体环境，可以采取个别提请注意或公开张贴提请注意两种方法。一般来说，个别提请注意是原则，公开张贴公告是例外，但最根本的标准为是否能使相对人了解为尽提请注意之义务。

提请注意要达到清晰明白的程度。清晰明白程度主要要求提请注意的语言、文字必须清楚明白，否则不发生提请注意的效果。提请注意的“合理方式”，一般指能够使对方当事人对这些条款引起注意并考虑其含义的方式，如以黑体字、斜体字或大字体等表述其免责条款。对于采取公开张贴公告的，必须公告于订约地点，字迹清晰，标志醒目，对某些特定的术语，要求条款制定人以书面或口头方式作出特别解释，以利于相对人注意。

提请注意的时间，必须在合同订立之前。如果在合同订立之后，则免责条款无效。如果提请注意虽然在合同订立之前，但根据具体情况，相对人已经处于进退两难之中，该提请注意也属无效。例如，在运输合同中，承运人规定了减轻其责任的条款，但只是将其印在车票上，旅客只有在支付了票款并拿到车票，即合同成立之后才知道这一条款。在这种情况下，上述有关条款原则上不发生效力。

（2）关于格式条款无效条件的规定。格式条款无效，是指由于格式条款中含有法律所禁止的内容，或者在缔约时违反法律规定而导致格式条款无效的情况。格式条款虽然具有较为固定性、规范性的特点，且往往是大量反复地使用，但并不因此成为合同的组成部分而具有法律效力。如果格式条款的提供者在拟定条款时没有遵循公平原则，合理地确定当事人之间的权利义务，从而明显违反法律关于民事活动应当遵循平等互利、等价有偿等基本原则的，这样的条款即使经过当事人双方签字，也是无效的。在我国，格式条款无效有以下几种情况：

一是具有合同法第五十二条规定的情形的，即一方以欺诈、胁迫的手段订立合同，损害国家利益；恶意串通，损害国家、集体或第三人利益；以合法形式掩盖非法目的；损害社会公共利益；违反法律、行政法规的强制性规定。以上五种情形，不仅是阻碍格式合同生效的无效事由，而且也是阻碍所有合同生效的无效事由。

二是具有合同法第五十三条规定的情形的，即合同中的下列免责条款无效：对方人身伤害的，因故意或者重大过失造成对方财产损失的。以上两种情形，不仅是阻碍格式合同生效的无效事由，而且也是阻碍所有合同生效的无效事由。

三是免除条款提供者一方的主要义务、排除对方当事人主要权利或加重对方责任的。所谓“主要义务”“主要权利”，是指合同关系所固有的、必备的，并用以决定合同类型的基本权利和义务。例如，在保险合同中，投保人所负的缴纳保险费的义务、保险人应承担的出险后的赔偿义务，就是这类合同的主要义务。在双务合同中，一方的主要义务，即是另一方的主要权利。因此，若免除一方的主要义务，实际上也就是排除另一方的主要权利。这样的格式条款无论是依法、依理还是依情，都应该是无效的。加重对方责任，是指格式条款中含有在通常情况下对方当事人所不应当承担的义务，如保险人规定投保人除依约需缴纳的保险费之外，还要缴纳其他的附加费，所谓的“附加费”又不属附加险的保险的，这类“其他的附加费”就是加重对方的责任。依合同法的三十九条的规定，这种加重对方责任的条款是无效的。

3. 司法规制

司法规制，一般是指通过司法机关对案件的实际裁判来限制、否定格式合同中的不公平条款。其主要方式：一是直接适用强制法的规定，将违反强行法规定的格式条款裁判为无效；二是通过法律赋予法官的自由裁量权，主要表现为根据法律规定的弹性条款而对合同条款进行解释来限制格式合同中不公平的条款。但严格来说前者应属于立法规制的范畴，真正意义上的司法规制应为后者。在大陆法系国家，这种真正意义上的规制是利用民法规定的诚信原则、公序良俗原则、公平原则等来实现的；而在英美法系国家则是利用其固有的判例法来实现的。

司法规制主要表现在以下两个方面：

一是法官根据诚实信用原则和公平原则来控制格式合同的内容，对违反诚实信用原则以及显失公平的格式条款直接认定为无效。格式条款是否违反诚实信用原则，对消费者显失公平，应斟酌契约之性质、缔约目的、全部条款内容、交易习惯及其他情况判断。

二是对格式合同的解释问题。我国合同法第四十一条规定："对格式条款的理解发生争议的，应当按照通常理解予以解释。对格式条款有两种以上解释的，应当作出不利于提供格式条款一方的解释。格式条款和非格式条款不一致的，应当采用非格式条款。"这一规定，是关于格式条款争议解释原则的规定，也是我国对格式合同司法规制的主要法律依据之一。

格式条款争议的解释原则，是指当事人采用格式条款订立合同后，在履行过程中因有关条款的含义有不同的理解，应当采取何种原则进行解释。按照合同法第四十一条规定，对格式条款的理解发生争议的应当按照通常理解予以解释；对格式条款有两种以上解释的，应当作出不利于格式条款提供一方的解释。也就是在双方当事人对格式条款有不同理解时，应当按照通常的、具有本行业知识的人士的理解作出解释，而不能按照格式条款提供者作出的解释，即作出了不利于格式条款提供者的解释。对格式条款提供者作出不利解释的原则，是国际上通行做法，但不利于格式条款提供者解释原则，只有在格式合同条款含糊不清的情况下才有适用的余地，而不能扩大到用语明确、不可能发生歧义的条款。

格式条款与非格式条款不一致的处理原则。在一般情况下，格式合同的条款是单一的，即合同的全部条款均为事先拟定的条文，在格式条款之外，不存在非格式条款。但也有例外情况，如果当事人双方都认为格式条款中有不尽如人意之处且都愿意加以补充的，还可以另行签订书面协议，或者对格式条款进行修改，以其他文字替代格式合同中的某些条款。这种情况就意味着一份合同具有了格式条款和非格式条款两个部分，两者构成了一份完整的合同。按照合同法第四十一条的规定，在格式条款与非格式条款不一致时，应当采用非格式条款，即非格式条款从优原则，目的不仅是为了维护经济上弱者的利益，更主要的是与格式条款相比较，非格式条款更能体现和反映缔约双方当事人的合意。

格式条款与非格式条款不一致的，应采用非格式条款。为了适应不同相对人的需要，格式合同的提供者在一些条款指定上保留了特定相对人与之协商的权利，于是在格式合同中产生了经双方当事人协商的条款，即非格式条款。当出现格式合同中格式条款与非格式条款冲突时，此规则适用结果是以非格式条款为准。格式条款为一方预先拟定，针对不特定多数人设计权利和义务；非格式条款是缔约过程中双方协商的产物，权利义务指向之人在条款拟定时才特定化。由此可见，格式条款与非格式条款关系无异于一般条款与特殊条款之关系，类推适用“特别法优于一般法”之必然结果是为非格式条款优先。立法者在确定此规则时还有更深层次的考虑，个人可以推定为其自身利益最大化的判断者，非格式条款中格式合同相对人意思得以充分表达，从而令非格式条款较与之冲突的格式条款更能体现格式合同相对人的利益。故采取非格式条款优先之规则，是法律对利益失衡的格式合同的再次矫正。

4. 社团规制

主要是通过消费者组织的规制，其所能发挥的作用主要表现在以下几个方面：与工商企业协议建立其不使用特定的格式合同条款，调解消费者与工商企业的具体纠纷，建议有关机关管理乃至取缔合同条款，对特定不公平合同依法以自己的名义向法院提起诉讼等。

格式合同由行业协会制定或经过行业协会认可，这一做法在英美法系国家比较盛行。实行行业协会自律的一个基本前提是有健全的并在一定程度上能够超然于本行业经济利益之上，能够主持公道的行业协会。

总之，对格式合同的规制，有两个鲜明的特点：其一，范围上主要指向消费合同，以保护消费者为主要目的。与消费合同相对应的是商业合同，在商业合同中不存在消费者与生产者、经营者悬殊的经济实力对比和冲突，其双方主体都是商人，都具备相当的商业知识及经验，对交易过程及交易的真实情况应有充分的理解，即他们具有相近的交易能力，相应地可推断出他们的合同条款是公平的，因而其不是法律制的重点，这也是我国消费者权益保护法中对消费领域格式合同进行规制的原因。其二，法律规制内容上侧重于免责条款（包括完全免责条款和限责条款）。格式条款不限于免责条款，但导致不公平后果的通常是免责条款，它是格式合同提供者追求不正当利益的法宝，因而也就是损害消费者利益的罪魁祸首。

（三）殡葬服务格式合同

积极推行殡葬服务格式合同是保护双方权益的有效办法。格式合同明确了服务机构和消费者双方的权利和义务，对于殡葬服务机构和消费者都是有利的，是规范殡葬服务市场秩序的有力措施。

多年来困扰殡葬服务机构的赔偿责任和赔偿数额、合约责任不清等问题，可以在格式合同中解决。格式合同需要由殡葬服务机构以外的组织进行规制（如立法规制、司法审查、行业协会自律、消费者协会通过等），以避免殡葬服务机构的垄断性权力。在殡葬行业推行殡葬服务格式合同，事先明确服务项目、收费标准、各自的责任范围、风险分担、预估服务成本，可以简化手续，节省交易成本和时间，增进交易安全，避免讼争，以利稳定。由于遗体、骨灰无法给出价值，并且主要是对死者家属精神利益上的损害，因此很难确定损害赔偿数额，可按照限额赔偿的原则规定不同情况下的赔偿标准。殡葬主管部门应主持制定或委托相关部门制定兼顾殡葬服务机构和消费者双方利益、在一定范围统一适用的殡葬服务格式合同，并加以推广，以尽快明确赔偿责任，合理解决殡葬纠纷。

殡葬服务机构应该明确，格式合同是要在管理部门的监控下实施的。由于格式合同由合同的一方（多由殡葬服务机构一方）预先拟定，往往会因为殡葬服务机构的垄断经营和对殡葬行业格式合同条款制定的垄断性权利，排除了相对人选择与协商的可能性，在事实上构成了对相对人的强制，使得形式上的缔约地位平等掩盖了事实上的不平等。因此，格式合同需要有殡葬服务机构以外的组织进行规制。

编制文本内容必须符合国家现行法律、法规、强制性标准的相关规定，符合殡葬管理的方针、政策。在保障当事人双方合法权益的基础上，体现殡葬改革的先进性和合理性。在编制文本的条款设计方面，要力求体现以民为本、便民原则，具有较好的操作性。使用语言文字要规范，条款用语要使人易于理解，防止产生歧义。

例如，租赁使用墓地穴位（骨灰格位），均需要事前约定协议或者签订合同文本，其相关内容应该包括以下几个方面：墓地穴位（骨灰格位）的具体名称，墓地穴位（骨灰格位）具体方位坐标序号，墓地穴位（骨灰格位）具体数量及其质量要求，墓地穴位（骨灰格位）租赁使用期限，租金的支付方式和期限，墓地穴位（骨灰格位）租赁使用期间的维修、保护条款等。其中，当事人双方的权利与义务、合法权益的保护、租赁使用期间的违约责任、相关纠纷调解程序、约定文本解除事项等条款内容，须按照国家现有法律法规之规定，尽量规制详尽。

格式合同在我国的现实生活中正在被越来越多地应用。我们既要看到格式合同能够节约缔约的时间与成本，对于经营者来说能够在提高商品或服务质量的同时降低价格，有利于我国市场经济的进一步发展，又要看到格式合同是对契约自由原则的严重挑战，很容易成为拟定方攫取相对方权益的工具。

因此，作为拟定方在拟定格式合同时一定要公平合理地确定格式合同的条款，作为相对方，在遇到格式合同的时候更要加倍小心，一定要认真阅读每一条款，不要在未弄清合同的真实意思前就草率签字，从而付出高昂的代价。

四、殡葬服务合同的履行对策

（一）殡葬服务合同履行的原则

民法通则规定，债权人有权要求债务人按照合同的约定或者依照法律的规定履行义务。合同的履行，指债务人按照合同的约定或法律的规定，完成自己所承担的义务。

合同履行应坚持诚实守信和实际履行的原则。当事人履行债务，应当依诚实信用原则行事。除履行依债务的关系而发生的基本义务以外，还应根据合同的性质、目的和交易习惯履行通知、协助、保密等附随义务。实际履行，指当事人应当严格按照合同的内容履行，不能用其他标的替代合同中所规定的给付标的，也不能用支付违约金的方式来代替合同的履行。

殡葬服务合同是一种消费合同，是殡葬服务机构按照合同的约定或依照法律的规定，为殡葬消费者提供殡葬服务的合同。殡葬服务合同履行是一种实践行为。殡葬服务合同的履行应坚持以下具体原则：

1. 全面适当履行原则

全面适当履行，是指当事人按照合同约定的标的及其数量、质量，在适当的履行期限、履行地点，以适当的履行方式，全面完成合同义务的履行原则。

全面适当履行是合同效力的基本要求之一。我国合同法第六十条第一款规定：“当事人应当按照约定全面履行自己的义务。”全面适当履行原则不仅要求当事人全面适当履行合同约定的义务，而且还应当履行合同条款虽未作规定但依法或依贸易惯例必须履行的义务。这些义务是诚实信用原则在合同履行中的体现，属于法定义务。无论当事人在合同中是否约定，都不能排除当事人对这些义务的遵循。

在履行殡葬合同时，应当遵循全面适当履行原则。不管是殡葬用品买卖合同，还是殡葬服务合同如遗体防腐整容等，殡葬服务机构和殡葬消费者在履行该合同约定的义务时，都应当按照合同约定的数量、质量，在适当的时间、地点，以适当的方式，全面完成合同义务。同时，双方还需就常识中应有的如尊重遗体、爱护公物等合同外的义务进行适当履行。

2. 诚信协作履行原则

诚信协作履行原则，是指当事人不仅应当全面适当履行自己的义务，而且应当按照诚实信用原则协助对方履行义务。履行合同不仅是债务人的事，也是债权人的事，由此形成协作履行的要求。这一原则与全面适当履行原则有着密切联系。只有双方当事人在合同履行过程中相互配合、相互协作，合同才会得到全面适当的履行。

诚信协作履行原则具有下列内容：债务人履行合同债务，债权人适当受领给付；债务人履行合同债务，时常要求债权人创造必要的条件，提供方便；因故不能履行或者不能完全履行时，应积极采取措施，避免或减少损失，否则，还要就扩大的损失自负其责；发生合同纠纷时，各自应当主动承担责任，不能推诿。

（二）殡葬合同履行的具体规则

殡葬合同与其他合同一样，除应遵循一般合同履行的原则义务外，在合同的具体履行过程中还有以下几项规则：

1. 法律补缺规则

合同标的的质量、价款或者报酬、履行地点等内容通常不是合同成立所必备的条款，所以，在当事人没有约定或者约定不明确的情况下，当然不会影响合同的效力。但是这种情况可能导致当事人双方对这些无法确定的权利义务发生争议，从而影响合同的履行。为使当事人的合同条款明确化，便于当事人履行合同，法律基于公平原则，直接作出用以弥补当事人所欠缺或者不明确的意思表示的规定。这一做法就是法律补缺原则，又称合同内容约定不明确的履行规则。这一规则是合同法对交易习惯和经济生活一般规则的确认，是公平原则在合同履行阶段的具体体现。

（1）标的质量的补缺性规定。我国民法通则和合同法都有关于标的质量的补缺性规定。依据合同法，标的质量条款约定不明确且当事人协议补充不成、依有关条款或者交易习惯也不能确定的情况下，合同标的质量要求按照国家标准、行业标准履行；没有国家标准、行业标准，按照通常标准或者符合合同目的的特定标准履行。例如，殡仪馆接受某客户要求对遗体进行整容化妆，这种合同履行中只能按通常标准履行。

（2）标的价款的补缺性规定。我国合同法第六十二条第一款第二项规定："价款或者报酬不明确的，按照订立合同时履行地的市场价格履行；依法应当执行政府定价或者政府指导价的，按照规定履行。"因而，有的合同对标的价款没有明确规定，则应参照合同法中有关规定履行。

（3）履行地点的补缺性规定。合同履行中，因地点条款欠缺或约定不明确的情况屡有发生。根据我国合同法第六十二条规定，给付货币的，在接受货币一方所在地履行；交付不动产的，在不动产所在地履行；其他标的，在履行义务一方所在地履行。可见，合同法的规定明确了履行地点。

（4）履行期限的补缺性规定。当合同中关于履行期限的约定不明确时，各国合同法也都有补缺性规定。我国合同法这方面的规定与英美法系较为接近，也注重双方当事人利益的均衡。根据我国民法通则和合同法的规定，履行期限约定不明确的，债务人可以随时履行，债权人也可以随时要求履行，但应当给对方必要的准备时间。

（5）履行方式的补缺性规定。对合同中履行方式条款约定不明确的补缺性规定，有的国家法律规定得较为原则，有的则规定得较为具体。我国合同法之前的民事立法没有就履行方式约定不明确问题作出补缺性规定。合同法第六十二条第一款第五项规定："履行方式不明确的，按照有利于实现合同目的的方式履行。"

2. 合同保全规则

合同保全是指法律为防止因债务人的财产不当减少，而给债权人的债权带来危害，允许债权人对债务人或第三人的行为行使代位权或撤销权，以保护其债权。我国合同法明确规定了合同的保全制度。

合同的保全措施有代位权和撤销权两种。债权人的代位权是指债务人怠于行使其对第三人的财产权利而有害于债权人的债权时，债权人为保全自己的债权，可以以自己的名义代位行使债务人的财产权利。撤销权是指债权人对债务人所为的有害其债权的行为，请求法院予以撤销的权利。

（三）殡葬合同履行的政府规制

1. 理顺殡葬管理体制

随着市场经济的发展和公众殡葬需求的不断提高，特别是在建设和谐社会大背景下，我国原本并不健全的殡葬服务体系暴露出一系列问题，在一定程度上影响了殡葬改革顺利进行，主要体现在"法律法规尚未健全，政府监管难以到位；事业经费投入不足，基础设施建设薄弱；殡葬服务水平不高，经营行为尚需规范；从业人员素质偏低，服务质量有待提高；救助制度尚未普及，公共服务急需加强"等方面。

按照"政事分开、管办分离"的原则，加快推进殡葬改革，建立完善"政府主导、部门协作、社会参与"的殡葬管理体制和工作运行机制。政、事、企分离就是将政府的行政管理职能、宏观调控职能和事业单位的执行职能、服务性职能以及企业的经营管理职能分离开来，从而形成政府部门集中精力且比较客观公正地履行其社会管理职能，事业部门专注地提供社会公共产品和准公共产品，企业独立经营，自负盈亏，从而真正实现市场竞争。民政部门与殡葬管理部门、殡葬服务机构分离，实现各负其责，职能清晰，权责明确，进一步推动殡葬事业的公益化进程。要把现有的殡葬市场监管机构与殡仪馆、公墓等殡葬事业单位彻底分开，将经营性、事务性等工作彻底剥离，行政单位的职责在于制定和执行政策、协调与监管，管理单位的职能在于管理与执法，确保殡葬市场监管的公开、公正、透明，而服务单位的职责在于提供优质服务。

民政部门主要承担推进殡葬改革、加强殡葬管理、监督殡葬服务等方面的职能，做好政策研究制定和组织实施工作，做好公益殡葬舆论导向工作。殡葬管理型事业单位要切实履行殡葬管理职能，认真严格开展殡葬执法，做到有法必依，执法必严。加强对殡葬服务单位监督检查，规范服务标准，控制选择性殡葬服务价格，杜绝殡葬暴利，协调配合有关部门制止乱埋乱葬。不得从事殡葬经营活动，不应向殡葬服务单位和企业收取任何管理费用，在人、财、物等方面逐步与殡葬服务机构和殡葬企业脱钩。

殡葬服务型事业单位要将基本殡葬服务和延伸殡葬服务项目逐步分离，延伸殡葬服务项目实行市场化运作。殡葬用品价格实现公开透明，强化殡葬职业道德，提升殡葬服务质量，切实执行公益殡葬政策，将公益殡葬落到实处。殡葬服务机构是殡葬服务供给最直接和最主要的主体，包括各类殡葬服务事业单位和殡葬服务企业，服务责任是其核心责任，也是其社会责任的最大体现，形成了统一完整的责任体系。我国殡葬服务供给中存在不同主体职能定位不清、具体责任不明确等普遍性问题，在一定程度上影响了殡葬改革的深入开展及殡葬管理和服务水平的进一步提升。殡葬服务型事业单位要强化“依法诚信服务责任，文明优质服务责任，规范高效服务责任，绿色低碳服务责任，公益惠民服务责任”，积极参与社会公益慈善事业，回馈社会，广泛树立殡葬服务单位的良好形象。

2. 完善殡葬法规体系

殡葬是特殊行业，发达国家都有殡葬法，而我国只有国务院《殡葬管理条例》以及一些地方性法规，存在着法律和政策缺乏、不适用或不完全适用的“制度缺乏”现象。要加快修订《殡葬管理条例》，明确殡葬权利主体资格、权利内容和标准、服务供给主体、侵害公民殡葬权益的法律责任等，使殡葬事业发展走上法制化的轨道。

殡葬服务规范化涉及的领域很多，如殡葬业的法律规制、行政管理、技术标准、行业自治与自律、社会公众监督问题等。要完善市场准入制度，制定殡葬业推向市场的前提条件和应遵循的规则，将殡葬服务区分为基本殡葬服务和延伸殡葬服务：基本殡葬服务包括遗体接运、保存、火化和骨灰寄存，只能由国有公办的殡葬服务机构提供；基本殡葬服务以外的其他服务是延伸殡葬服务，包括遗体整容、防腐、告别、骨灰安葬、殡葬用品及其他殡葬特需服务，符合市场准入条件的主体均可提供延伸殡葬服务。殡葬主管部门要制定进入殡葬服务市场的条件，打破殡葬市场的垄断，实现充分的市场竞争。

3. 强化政府监管职能

由于殡葬市场是一个消费需求不断扩大、消费水平不断提升的巨大市场，而且开展殡葬经营活动具有投资少、见效快、风险小、盈利大的特点，越来越多的人开始参与殡葬经营。但是，市场机制并不是万能的，不可避免地存在着市场失灵的问题，需要发挥政府的作用，由政府部门制定市场规则，建立健全殡葬监管体系，强化执法责任，完善执法手段，规范殡葬经营者的行为，对于维护殡葬市场安全稳定、保护殡葬消费者的合法权益、保障殡葬经营者公平竞争以及确保殡葬改革和管理的顺利进行具有重要的意义。

依法行政是现代民主社会的必然要求，科学的制度体系是完善市场监管的前提。目前我国已初步建立由市场监管的一般制度和殡葬市场监管的特殊规定构成的殡葬市场监管制度体系，收到了一定的监管效果。但是，由于我国的市场监管脱胎于传统的行政管理体系，并且长期以来受到计划经济的束缚和影响，同时受制于不成熟的市场机制约束，监管资源尚未得到有效整合，监管过度与监管真空并存，重复监管与监管缺失同在，这些困扰我国殡葬市场监管的问题，都需要通过完善市场监管法律予以解决。

目前我国殡葬市场监管制度体系不完善：法律文件效力较低，缺乏严肃性；相关制度不配套，可操作性较差；立法相对滞后，殡葬市场监管存在真空地带。长期以来，我国对殡葬市场一直实行国家监管，形成政府多个职能部门共同监管的“政监合一”的复合型监管模式，确定了“国家监管”的原则，而且政府对于殡葬活动的监管范围广泛，包括了殡葬设施的管理、遗体处理和丧事活动的监管等方面。创新殡葬市场监管机制和体制，要处理好民政部门与工商行政管理等有关部门的关系，要处理好民政部门内部管理职能与服务职能之间的关系，重构市场监管体制，强化政府监管职能。政府部门要转变监管职能，实行分类指导，主管部门对殡葬市场的监管职能应尽快实现两个转变和一个衔接：

一是政府监管应从主管型向监管型转变。传统的行政管理方式面临的问题日益凸显，如不积极致力于政府职能切合实际地转变，殡葬事业公益性的实现就会受到威胁，殡葬事业的可持续发展就不能保持，殡葬市场就会失去公平性，必将制约殡葬行业的健康发展。随着体制改革的不断深入，行政职能分工的细化，上层的行政管理更多的是制定政策进行宏观指导，具体的行政管理职能将逐步下放，尽快使政事、政企职能分开，实现政府从市场竞争主体向市场监管主体的转变，弱化政府的经济管理职能，转化为保障公共利益的实现和对市场的监管，为市场主体提供公平的竞争环境，实现“小政府大服务”。

二是政府监管应从行政本位向市场取向转变。行政本位是政府管理目标取向在定位上的偏差，严重干扰了管理职能的实现，不适应市场条件下实现政府管理职能的需要。应当淡化监管部门的政治色彩，为监管部门准确定位，划清监管部门与一般行政部门之间的职责，实现监管功能单一化，把监管机构转变为专业性机构，真正建立起顺应市场经济需要的服务型政府。

三是要实现市场监管与公共服务的有效衔接。政府要把积极培育殡葬市场主体、优化殡葬市场环境、促进经济社会协调发展作为监管的出发点和落脚点，通过依法强化殡葬市场监管，找准市场监管与公共服务的结合点，在市场监管中严格执法，在公共服务中提供周到热情的服务，实现殡葬市场监管和公共服务的有效衔接。这就要求政府监管机构必须做到不缺位，不越位，不扰民。同时，要严格按照行政许可法、行政处罚法关于委托实施的规定，严格依照法律、法规进行监管，分清行政权力干预的范围和企事业单位自主经营的范围，依法正确使用许可权、处罚权，对于殡葬领域的事项进行监督和管理。

对殡葬服务机构按所有制形式不同实行分类指导：对国有公办的殡葬服务机构，将遗体接运、火化、骨灰寄存服务划入公益板块，实行事业化管理，火化必须严格执行政府定价，运尸、存尸、寄存费和租赁费用则实行指导价，政府采取购买服务的方式给予政策支持和资金补贴；将延伸殡葬服务划入经营板块，实行企业化管理，服务价格由市场调节。公办殡葬服务机构要带头降低市场调节价，发挥平抑物价的作用，规范殡葬服务收费项目，保证同类殡葬商品价格不高于市场价，中低价位殡葬商品足量供应；对国有民营及民办的殡葬服务机构要严格审查其资质，规范其经营行为，保障其合法权益，充分发挥其丰富殡葬服务项目，活跃殡葬市场，解决劳动就业，满足公众个性化殡葬需求等方面的积极作用。

殡葬市场监管涉及多个部门，要与多个部门进行相关的合作。要积极探索民政部门与其他相关部门合作的方式，科学划分执法权限，形成多部门协调的机制，提高殡葬市场监管效率。由于现代殡葬市场的复杂性、多元性和动态性，政府不可能监管到殡葬市场的每个角落，这就需要政府大胆地向社会组织分权，将政府所承担的技术性、服务性、协调性工作，从政府职能中分离出去，交给社会组织，通过大力培育和发展社会组织，实现殡葬市场监管职能合理分化。公众本身就是一个具有实际或潜在影响力的团体，建立社会公众参与的监督机制，要求各级政府要善于引导和保护公众参与的积极性。政府在制定殡葬市场政策和法规过程中，要充分听取公众的意见，保证决策的科学和民主；建立殡葬市场信息收集、整理、公开与获取的机制，形成有效的信息公开交流平台。要进一步发挥新闻舆论的监督作用，建立举报奖励制度，公布殡葬市场监管热线，充分调动公众参与殡葬市场监管的积极性。

4. 加强殡葬经营管理

一是强化内部管理，规范经营行为。殡葬服务机构要按照市场经济的要求创新管理，通过建立以产权清晰、责权明确、政企分开、管理科学为特征的现代企业制度，按照市场需求组织经营服务，健全管理制度，建立合理的用人机制、监督机制、分配机制和激励机制，提高殡葬综合效益。殡葬服务机构要遵守相关法律法规，严格执行统一制定的基本殡葬服务项目和标准，公开选择性消费项目和标准，实行项目和收费标准双公开。同时规范从业人员服务行为，推行服务标准和技术标准，不断提升殡葬服务的规范化水平。殡葬服务机构要诚信经营，共同营造殡葬市场公平公正的竞争环境，保护消费者的合法权益，构建“阳光殡葬”。

二是创新殡葬服务，实施人文殡葬。由于殡葬的实质是人的精神活动，因而围绕殡葬的所有消费都是典型的精神消费。精神消费的基本特征就是个性化、多样性和文化品位，要求殡葬服务机构在规范传统服务项目的同时，开展服务创新，提高服务层次和水平。殡葬服务机构要正确认识公众多层次的殡葬服务需求，严格细分不同的消费层次和服务项目，根据殡葬服务需求的差异性，正确进行定位，提供多样化的、可选择性的殡葬服务项目。在满足人们殡葬方面物质需求的同时，要关注其生理、心理、安全及精神等方面的高层次的需求。殡葬服务机构在开展创新服务的同时要不断增加服务的文化内涵，提升殡葬文化品位，要在继承发扬中国传统殡葬文化的基础上，融现代意识和时代色彩于殡葬礼仪中，研发、创新服务项目，丰富殡葬服务内涵，引导公众建立现代、文明的新型殡葬文化观。要从人文关怀入手，积极传播现代殡葬文明，弘扬优秀殡葬文化，构建“人文殡葬”，在殡葬服务过程中要充分体现人本性，既要尊重逝者，又要安慰生者；殡葬服务要满足不同人员的需求，既要让经济条件优越的逝者家属办好丧事，又要让困难群众办得起丧事。

5. 推行殡葬服务标准

殡葬服务机构能否合法经营，满足各种殡葬消费需求，管理部门对它们的指导和监督是必要的。这种指导和监督主要应当通过制定标准规范来进行，避免直接介入或干预具体的经营活动，避免过分追求一致性而扼杀殡葬服务机构的个性特点。殡葬管理部门应当根据总体水平提出相应的标准，作为指导和监督的依据。

标准是对重复性事物和概念所作的统一规定，它以科学、技术和实践经验的综合成果为基础，经有关方面协商一致，由主管机构批准，以特定形式发布，作为共同遵守的准则和依据。在殡葬行业推行标准化，对于用科学化的标准指导和管理殡葬领域，保障殡葬服务质量、保证依法行政、保护殡葬消费者的合法权益具有重要的意义。

要发挥政府战略指导作用，建立殡葬标准体系并提升到发展战略高度。殡葬服务标准体系就是殡葬领域规范服务活动的标准按其内在联系而形成的有机整体。随着人口的增长和经济发展，人们对殡葬提出了更多更严格的服务要求，只有建立科学的殡葬服务标准体系，才能实现规范化服务与管理，促进我国殡葬服务业健康有序地发展。建立殡葬服务标准体系，能为我国殡葬管理部门提供大量殡葬领域的标准化信息，有利于从技术上评价行业的发展现状及趋势，有利于管理部门的科学决策。

殡葬服务标准化是通过对服务标准的制定和实施，以及对标准化原则和方法的运用，以达到殡葬服务质量目标化、服务方法规范化、服务过程程序化，从而获得优质服务的过程。推进殡葬服务标准化，可以使殡葬服务的经营者向消费者提供规范的、可追溯和可检验的重复服务，有利于提高服务水平、保护消费者的合法权益、增强殡葬服务机构的竞争力，同时也有利于管理部门的监管。殡葬行业服务标准化应当涵盖殡葬服务的各个流程，包括接运、停放、火化、追悼、安葬、祭奠等全部服务及其管理的活动。首先应做到殡葬服务流程标准化，殡葬服务流程标准化着眼于整体的服务，采用系统的方法，通过合理分配整个殡葬服务体系内的分工和合作方式，优化整个服务流程，从而提高服务的效率，寻求服务质量的保证。其次应做到服务内容标准化，包括服务语言标准化、服务动作标准化和服务态度标准化。

要加强现有标准修订工作，引入竞争机制，推进殡葬高新技术标准和服务标准，对涉及人身健康、环境保护等方面的强制性标准，保证实施效果。一是要健全殡葬标准体系，抓紧制定急需的殡葬系列标准。二是要加强殡葬质量安全的检疫、检测体系建设，积极引进先进的检测技术和设备，努力缩小与发达国家在检验检疫方面的差距。三是要积极鼓励殡葬服务机构采用国际标准，加大对采标项目的资金投入，保证国际标准转化工作任务的落实。

6. 平抑殡葬服务价格

价格是市场经济的杠杆，是殡葬服务机构经营的注重点。在市场经济条件下，殡葬服务机构的竞争往往集中体现在价格的竞争上。由于殡葬服务机构的公益性质，政府的物价管理部门仍然对部分殡葬服务项目通过规定行政事业性收费标准的方法进行价格管制。1982 年，民政部规定：殡葬事业单位接尸、火化、骨灰寄存等基本服务项目的收费标准，由省、自治区、直辖市民政厅（局）会同当地物价部门制定；其他服务项目的收费标准，由市、县民政部门按保本或略有利润的原则确定。

近些年来，随着我国殡葬市场的发育和发展，有些地区的殡葬用品，物价管理部门也允许其价格随行就市，一些基本收费项目以外的定价权也下放到民政部门。这样的改变是有利于殡葬市场的健康发展的。但目前殡葬服务收费中有一块还是限制价格，这是政府为了制止殡葬必需项目的价格上涨而规定的。这种低价政策具有强制性，使低收入的人群可以获得必不可少的殡葬服务，是一种价格照顾。由于殡仪馆能够保持正常利润，因此政府对限制价格也不给予补贴，作为殡仪馆要理解政府的这种规定。殡仪馆具有的公益服务性质，决定了殡仪馆要注意满足低收入人群的殡葬消费需求，要提供收费低廉的服务项目和殡葬商品。目前仍由政府管制的部分价格，如一些服务价格、行政事业性收费等，存在如何依据价值规律和市场供求变化，实现价格制定规范化、法制化的问题。对于政府管制的价格，殡葬服务机构应当主动收集并反映市场的价格动态；对于需要调整的收费项目，应认真做好价格听证准备，按照规定的程序办理。由机构自行定价的项目将会随着市场的进一步开放，愈来愈多。因此要加快殡葬业改革步伐，形成科学、合理、相对透明的价格机制。

减轻公众负担，合理界定政府基本殡葬服务和延伸殡葬服务范围，逐步形成基本殡葬服务为主体、延伸殡葬服务为补充的服务格局，是实行公益殡葬制度的前提。基本殡葬服务均等化是殡葬公共服务的重要目标。遗体接运、冷藏、火化、骨灰寄存等作为基本殡葬服务项目，是政府公共服务的重要任务，由公益性殡葬服务单位提供，并可根据当地经济社会发展水平和需求状况，适当增加基本殡葬服务内容。在推行公益殡葬的过程中，要坚持以公益性殡葬服务单位为平台，全面落实惠民殡葬政策，保障公众的基本殡葬权益，逐步实现基本殡葬服务均等化的目标。对延伸殡葬服务，包括遗体整容、防腐、告别、骨灰安葬、殡葬用品及其他殡葬特需服务，建立行业规范，实行自愿选择，公平协商，市场运作，政府监管。

拉开价格档次，满足不同消费群体的需要是市场经济的特征之一。但从殡葬服务价格讲，在保证殡葬事业不断发展的前提下，必须切实考虑公众的切身利益。近几年，殡葬消费支出成为社会特别是新闻界关注的焦点。随着社会的发展，人们整体消费水平有了很大的提高，但对殡葬消费应大力提倡“厚养薄葬”、理性和健康消费。严格执行政府定价、政府指导价和市场调节价，平抑殡葬服务和殡葬用品价格。对基本殡葬服务项目，要严格执行政府定价，对选择性殡葬服务项目，要认真执行政府指导价、合理确定利润率，中低端产品和服务项目要多样化和足量供应，满足需要，充分尊重公众的选择权，保障同类产品和项目的服务价格低于行业平均水平。

五、生前预约殡葬合同的推行

（一）生前预约殡葬服务合同的特征

对生前预约殡葬服务合同这一概念，各国表述不同：英国称为“预付款计划”，加拿大安大略省称为“预付款合同”，德国称为“殡葬预先关心”，美国则称为“预需殡葬合同”，还细分为“预需殡葬服务合同”和“预需葬礼安排合同”两种，其实质内容基本相同，都是指当事人在生前对身后事提前作出的安排，即当事人依照自己的愿意，就本人或他人去世后所需殡葬服务的种类、方式以及殡葬用品在生前作出安排，并与有资格提供服务和用品的殡葬服务经营者签订的合同。

生前预约殡葬服务合同的法律特征如下：

一是合同的自愿性。合同的订立完全出于当事人的自愿，购买方必须声明订立合同完全出于自愿，没有受到任何强制和干涉。

二是属于要约合同。要约合同的内容必须具体明确，一旦经受要约人承诺，要约人即受该意思表示约束。法律规定这类合同必须以书面形式表达。美国部分州法律规定使用未经核准的契约为非法行为。

三是实行资格限制。提供服务者必须取得政府的特别许可，因此必须将殡葬服务经营许可证书编号在合同中予以载明。

（二）生前预约殡葬服务合同的要点

1. 生前预约殡葬服务合同的内容

为保护消费者的权益，美国法律对生前预约的殡葬服务合同内容作了详细规定。

应清楚载明合同各方当事人和利害关系人（购买人、受益人、生前预约服务提供者）的姓名或名称、住址、联系方法，明确列举和描述合同各方的权利和义务。

合同应包含一个价目表，列明各种将被提供的物品和未来殡葬服务的项目和价格。如果不能保证价格不变，需说明价格可根据政府公布的价格上涨幅度进行相应的调整。

合同应明确受益人死亡发生时的联络人，载明购买人付款的时间、方式以及宽限期。

购买者拥有解除合同的权利，提供服务和物品的一方和死者的继承人无此权利（除非购买人在约定的时间内拒绝付款），并规定解除合同的赔偿办法。

由购买人亲笔签名的意愿声明，表明所缔结的合同完全自愿，以排除他人的干扰。

由殡葬服务提供者签署严格按合同提供服务的陈述，并注明购买方的犹豫期限。

合同双方签名，签署地址、时间、合同份数及保管人。

2. 对预约殡葬服务提供者的限制

美国法律对预约殡葬服务提供者的资格，除了一般的经营许可和执业资格许可外，还有以下特别规定：

从事准备、商谈或者执行预约殡葬服务合同的机构，必须位于一家依法持证的殡仪馆内。持证殡仪馆应当具备对合同进行有效管理的设备和制度。

一旦政府主管部门提出任何查询要求，持证殡仪馆应提供每一个持有预约殡葬服务合同预付资金的机构和殡仪馆的总资产的完整的书面材料。

只有经过注册的殡葬工作者才有资格与购买方或者潜在的购买方商谈或者执行一份预约殡葬服务合同，才可以接受、控制或者管理用于支付合同中已指明的殡葬物品和殡葬服务的资金。

任何殡仪馆以及殡仪馆的代理和雇员，均不得将接受的与预约殡葬服务合同有关的任何资金挪作他用。

持证殡仪馆必须与保险公司或信托机构签订了资金管理合同。

规定经营者有义务向购买方通告变化的情况，这些变化的情况包括：殡葬信托条款的任何变化，该殡仪馆的所有权或者其资产发生的任何变化，该殡仪馆的财务状况发生的任何变化。这些变化自发生之日起，应在30天内发出通知。通知中应告知购买者有权撤销合同。

3. 生前预约殡葬服务合同的签订

生前预约殡葬服务合同签订前，服务提供方应向购买方提供一份合同指南，指南应告知消费者以下信息：

消费者在计划殡葬安排、打算订立合同时，不用预先为这些安排支付费用；预约合同所具体指明的殡葬物品和殡葬服务不能保证百分之百地一定会被提供；预约殡葬服务合同的各种融资方法，包括但不限于信托、预需保险单、殡葬保险、传统人寿保险单、养老金以及分立的银行账号；每一种融资方式都应该对税种、医疗保险、医疗补助对象的合格标准以及合同取消的结果附加简单明确的说明；合同执行期间，消费者拥有撤销该合同的合法权利，并不会因此受到任何处罚。

购买人提出申请后，殡仪馆应安排预备性谈话过程，弄清楚购买者处于什么样的情况和出于什么样的动机要提前预约殡葬服务，以及该当事人是为他自己还是为他人预备后事。在谈话阶段，还要说明提前预备后事的目的和利益，指出资金提供的途径。在预备性谈话的基础上，再进行签订合同方面的洽谈。除非接到购买人的书面邀请，服务提供者（或雇员）不得为了恳请或劝说对方而进行家庭访问，或者到医院、康复院、疗养院、养老院及其他保健机构探望病人。

下列两类行为被严格禁止：一是为了达到签约的目的，服务提供者（或雇员）采用虚假的、欺诈性的、误导的、强制性的、胁迫性的手段和方法；二是为了使对方撤销或取消业已存在的生前预约合同，服务的提供者（或雇员）使用有意诱导或极力劝说对方的手段和方法。

（三）生前预约殡葬服务合同的管理

1. 合同资金的管理

为了防止经营者非法运作资金，损害消费者权益，法律还规定由金融机构托管资金，并分别对各方当事人提出了明确要求：

殡葬服务和物品的提供者，应与银行、保险公司、信托公司联系，建立专门的殡葬信托账户。签约时必须向客户出示相关证明，告知客户殡葬账户，在客户的资金到位后，只能按比例收取10%的管理费。一些州政府制定了专门的殡葬信托条款，经营者可以根据条款规定，在任何一家拥有信托权的联邦或者本州的特许银行机构，或者一家信托公司开立一个殡葬信托账号。服务的购买人应按合同约定的时间和方式，将资金汇入殡葬信托账户。

金融机构作为资金托管人负责接受和管理资金，并对资金进行投资和管理，按规定收取费用。受托的金融机构收到存款后，应书面通知服务的购买人。资金只能用于债券、基金等风险极小而且容易清算的投资项目。

服务提供者每年需向主管机构提交包括以下内容的书面报告：上一年度签订的生前预约合同的总数，在上一年度签订的每一个生前服务合同的融资方式，管理上一年度合同资金的所有金融机构的名称和地址，所有已签订合同的保管地方和方式。

受益人去世后，殡葬服务的提供者在依约完成了殡葬服务后，凭有关证明，可以向资金托管人收取该受益人账户上的资金。

2. 合同价格的公开

实行政府核准的制度，即服务提供者应向政府管理部门提交一份殡葬服务和物品的价格清单和可能收取的服务清单，请求核准。

如果政府管理部门不接受价格单上的某个价格，应当对申报者立即作出书面通知，并说明理由。

生前预约殡葬服务提供者不得索要或接受高于申报的价格。如发现以高于政府核准的价格收取费用，应立即将超额部分赔付给购买人。

3. 合同变更和撤销

由于合同在受益人去世后才能够被执行，合同从签署到执行有较长的间隔时间。随着时间的推移，情况也可能发生很大变化，因此应当允许当事人对预约合同和信托条款进行修改。法律对合同变更的规定主要有：

一份预约殡葬合同可以在任何时候被服务提供方、购买方或者购买方的法律代表所修改。建议进行修改的一方应在所建议修改生效日期之前的至少10天向另一方发出建议修改的书面通知。所有修改必须采用书面形式并由合同双方共同签字。

只有获得了托管人和信托受益人共同签署的书面授权，才能对殡葬信托条款进行修改。这些修改包括但不限于受托人身份的改变以及信托资金投资形式或方式的改变。所有修改必须采用书面形式，并由合同双方共同签字。

为了确保购买方及时了解殡葬服务和物品的变化，服务提供方有义务每隔一段时间向购买方提供公开而透明的书面资料。在资料中说明服务的增减和物品的变化情况，并清楚地标明相应的价格，告知对方有修改合同的权利。

服务提供方还有义务通知影响合同或信托的变化情况。殡仪馆停止运行，所有权转让的任何事宜，根据法律申请机构破产或破产清算等事宜，都应向每一个合同的购买方以及受益人发出书面通知，解释此事件将如何影响合同双方的权利和义务。

如果生前殡葬服务和物品的提供者倒闭或破产，资金由破产管理部门退还给购买人。

如果购买人为自己购买生前预约殡葬服务，撤销权归购买人拥有。如果出现购买人为他人（即受益人）购买生前预约殡葬服务，则：

购买人和受益人中，只要有一人提出撤销合同，合同即可被撤销。因撤销合同收回的预付款，应交还合同中指定的人；如无指定人，则应交还购买人。

在受益人死亡之前，但在购买人死亡之后，受益人有权在任何时候撤销合同。因撤销合同收回的预付款，交还受益人。

在受益人死亡之后，只有受益人的代理人（丧事承办义务人）可以在所有约定的服务交付前的任何时候撤销合同，其他任何人（包括购买人）也不能撤销合同。因撤销合同收回的预付款，作为受益人遗产。

丧事承办义务人为一人时，应在合同中载明。义务人为数人时，为避免纠纷，法律对义务人顺序有明确规定。

为了加强对消费者的保护，美国法律规定购买人在签署合同后有10天的“冷静期”，给予了购买人一个重新考虑时间。在重新考虑时间内撤销合同的，无须赔偿任何费用。重新考虑时间期满后撤销合同的，购买方应支付：金融机构收取的与殡葬信托有关的所有费用；政府的税收；生前预约殡葬服务提供者收取的赔偿金，一般为合同金额的10%。

美国对生前预约殡葬服务合同的管理，特别强调政府的管制作用，对合同的内容、服务和物品的价格、谈判的方法、资金的收取与退回等都作了详细的规定。经营者在很大程度上像是在执行政府的法规和命令，这充分显示出与其他经济合同不同的管理方式。法律有关监督处罚措施的规定，也是主要针对服务提供方的。政府主管机构的惩罚措施包括：撤销或中止许可证书，或者暂时中止许可证书，罚款，冻结经营者的资产或殡葬信托资金。

将监管的重点对准服务和物品的提供者，强调的是经营者的义务，双方的权利和义务严重不对等。如法律规定生前殡葬服务提供者无权撤销合同，除非购买人未按约定付款。而购买人在殡葬服务合同未履行前，无须任何理由，有权随时以书面的形式撤销合同。这样的规定，加强了对消费者的保护，强化了服务提供者的义务。这种表面上的不对等，突出体现了立法的目的在于追求实质意义上的平等和对消费者权益的保护。

第三节　殡葬活动纠纷及其法律解决

殡葬服务属于社会性（或非经济性）的服务，丧事承办人向殡葬服务机构缴纳一定费用并接受殡葬服务机构提供的相应服务，这就明确了殡葬服务机构与丧事承办人的法律关系即殡葬服务合同关系。殡葬服务合同属于混合合同，兼具委托合同、劳务合同和技术合同的法律属性。殡葬纠纷沿袭了殡葬服务合同的复杂属性，不但涉及因违约行为给客户造成的物质损失，而且还涉及因违约或侵权行为造成的精神损害赔偿。

一、殡葬活动纠纷的内涵

纠纷，即争执的事情。任何事情发生争执，必须具备三个条件：一是必须有双方当事人；二是必然有一方受损；三是在自身协调过程中，意见不统一。

（一）殡葬活动纠纷的定义

殡葬活动纠纷，是指殡葬活动当事人双方对殡葬活动过程中造成的有损于殡葬消费者的不良后果及其产生的原因与处理等问题引发的纠纷。

广义而言，凡殡葬消费者对殡葬活动过程或结果不满，或者由于殡葬服务机构工作人员工作失误导致殡葬服务对象（遗体、骨灰等）受到损害，引发的殡葬服务机构或殡葬服务工作者与殡葬消费者之间的纠纷，均属殡葬活动纠纷。

狭义而言，殡葬活动纠纷仅指殡葬活动当事人双方就殡葬服务机构的殡葬服务行为是否存在过失，该过失是否与不良后果存在因果关系，是否构成殡葬业务事故而争议的纠纷。

（二）殡葬活动纠纷的构成

殡葬活动纠纷的构成，必须具备三个条件：

一是具有双方当事人。纠纷双方当事人只能是殡葬服务机构或其工作人员与殡葬消费者。殡葬服务机构不仅包括殡仪馆、火葬场、公墓、骨灰安置处等，还包括其派出机构（如公墓代办处等）。殡葬服务机构工作人员系指在上述机构工作的人员。殡葬消费者是指进行殡葬消费或接受殡葬服务的客户和有关消费者。从广义上讲，还包括消费者的亲朋以及在纠纷中代表消费者利益的工作单位等。如果双方当事人不是以上双方，如消费者与非殡葬服务机构的人员发生的纠纷，则属于其他民事纠纷，不是殡葬活动纠纷。

二是必然有一方受损。大多是由于殡葬消费者认为殡葬服务对象、殡葬消费者人身、财产、精神受到了侵害。在实践中，表现为殡葬消费者认为殡葬服务机构在提供服务过程中，由于工作人员的过失，给自己造成了人身、财产上的损害；或经过殡葬服务机构工作人员的服务，殡葬服务对象（遗体、骨灰等）产生不良后果、加速不良后果的发展，或者可能埋下了不良后果的隐患，进而对殡葬服务消费者带来财产上、精神上的损害。

三是协商意见不统一。殡葬活动当事人双方对不良后果的产生及其原因以及如何处理等问题出现了分歧。殡葬活动当事人双方对产生的损害及其原因或处理方式，没有形成共识，未能达成一致。

（三）常见的殡葬活动纠纷

殡葬活动纠纷因产生原因的差异有多种形式。常见的有以下几种：

1. 殡葬服务合同签约过失

殡葬服务合同的签订是在殡葬服务机构进行殡葬活动的前提。因殡葬服务合同签订过失而产生的纠纷，主要表现为：殡葬消费者认为，由于殡葬服务机构工作人员的过失，在合同签订过程中，造成消费者对合同内容的误解，进而导致多选、错选、漏选服务项目，造成消费者不必要的损失或缺憾。

2. 殡葬服务项目提供过失

殡葬服务项目提供过程，实际上就是殡葬服务合同履行过程。因殡葬服务项目提供过失而产生的纠纷，主要表现为：由于殡葬服务机构工作人员的过失，造成实际提供的殡葬服务项目与合同约定不符。

3. 殡葬服务提供质量过失

殡葬服务机构内部管理上存在过失，同样会给殡葬消费者带来人身、财产或精神上的损失。例如，在悼念仪式进行过程中，音响故障发生后，工作人员没有及时采取应急措施，造成悼念仪式中断和现场混乱，大大影响悼念效果，引起纠纷。由于殡葬服务机构工作人员的过失，造成遗体、骨灰（包括骨灰容器）的差错、毁损、灭失。遗体、骨灰作为特定物，具有不可替代性。一旦发生毁损或灭失，将会给殡葬消费者带来无法弥补和挽回的损失，而这种损失又是不能用金钱衡量的。所以这类过失通常造成的后果比较严重，影响也较大。

【案例4-4】

“豆腐饭”吃出的官司[1]

【案情】

“豆腐饭”吃到一半突然停了电，参加殡葬活动的人们情绪激动，更让中年丧夫的陆女士无法接受的是，殡仪馆经营的酒家居然拿出大红蜡烛来应急，“白事”竟当成“红事”来做。为了这顿“豆腐饭”，双方最后对簿公堂。

这是发生在清明节的一起纠纷。陆女士的丈夫因车祸不幸遇难，在料理

---

① http：//news.sina.com.cn/s/2009-04-03154315415292s.shtml。

后事过程中，为了便捷，陆女士选择了殡仪馆推出的一条龙服务，摆了 13 桌“豆腐饭”。然而饭吃到一半突然停电，酒家情急之下点燃了备用的红蜡烛。陆女士及亲朋好友当即愤然离席而去，8000 余元的餐费也未结。经交涉无果，酒家提起诉讼。

殡仪馆称，停电是因电网发生故障而造成，酒家在整个过程中并无过错。当天的丧宴仅点心和水果未上，其余菜已按双方确定的菜单上菜完毕，被告乘黑一哄而散，拒绝付款没有道理，请求法院判决陆女士支付餐费 8844 元。

被告陆女士则认为，作为餐饮企业，发生停电事故要有应急措施，事发后备用灯不亮，是酒家保养不当所致。酒家点燃有喜庆含义的大红蜡烛，令人在感情上难以接受。酒家在用餐合同履行过程中存有瑕疵，属违约行为。

【评析】

餐饮酒家不仅负有提供餐饮服务的义务，也负有为就餐方正常用餐提供便利的义务。本案中，电网瞬间断电后，供电部门已经及时恢复供电，酒家因自身原因没有及时恢复餐厅用电，存在一定过错，所采取补救措施，也存有瑕疵；陆女士已经享受了饮食服务合同中的大部分服务，也应付适当的价款，根据权利义务对等的原则，判决陆女士应当支付餐费 5700 元。

殡葬服务更应凸显人文关爱，设有餐饮、住宿等设施的殡葬服务中心，在提供相应服务时应注重以人为本的优质服务。在本案中，陆女士和某酒家之间已经形成了服务合同关系，既然是服务合同关系，双方应该有合同意识，应当恪守合同确定的权利和义务，任何一方违约都要承担相应的违约责任。特别应当指出的是，殡葬服务和其他服务性行业是有区别的，因为它的服务对象是殡葬消费者，是一个刚刚经历了精神创伤的被服务群体，因此它的服务理应更突出人文关爱。

二、殡葬业务差错与事故

（一）殡葬业务差错与事故概述

1. 殡葬业务差错与事故的定义

殡葬业务差错，主要指由于殡葬服务机构及其工作人员在提供殡葬服务的过程中，由于过失，影响殡葬服务活动的正常进行，而给殡葬消费者带来一定的损失或即将带来一定损失。差错如能及时发现，是可以及时纠正的，一般差错及时纠正后不会造成不良影响。如某殡仪馆把礼厅已安排给客户甲，由于工作人员没有及时登记备案，又把该礼厅同时安排给客户乙。这便是业务差错。如不及时发现，届时必将造成混乱。如在工作人员核查时发现了问题，及时纠正并通知客户乙重新作了安排，也得到了客户乙的同意，这一业务差错便没有造成什么不良后果。

殡葬业务事故，主要指由于殡葬服务机构及其工作人员在提供殡葬服务活动中，违反殡葬管理法律、行政法规、部门规章和殡葬服务规范，过失造成殡葬消费者物质和精神损害的事故。

业务差错与业务事故两者之间有着密切的联系，业务差错不等于业务事故，在一定的条件下，差错不一定发展成事故。但是，业务差错又是业务事故的基础，业务事故必定是由业务差错发展而来的。

2. 殡葬业务差错与事故的构成

殡葬服务业务差错、事故的认定有严格的条件和标准，要从多方面去衡量。一般来说，构成殡葬业务差错、事故必须具备四个条件。

（1）业务差错、事故的行为人是殡葬服务机构及其工作人员。只有殡葬服务机构及其工作人员造成的殡葬消费者或殡葬服务对象（遗体、骨灰等）损害，才构成殡葬业务差错或事故。非法的殡葬服务机构及其工作人员从事殡葬服务是不合法的，其造成的损害，也不属于殡葬业务差错或事故。由于非法殡葬服务机构及其工作人员的行为造成的损害，有关赔偿，由受害人直接向人民法院提起诉讼；触犯刑律的，依法追究刑事责任。

（2）殡葬服务存在行为过失。过失是由于疏忽大意或过于自信导致了不良后果，过失有疏忽大意的过失和过于自信的过失等。殡葬服务业务差错、事故是由过失构成的。其构成的过失行为必须具有违法性和危害性双重特点。违法性是指殡葬服务机构及其工作人员有违反《殡葬管理条例》、各项行政法规、部门规章和殡葬服务规范、常规的行为。其中殡葬服务规范、常规，是殡葬服务机构及其工作人员经验的长期积累形成的，是预防殡葬服务差错、事故的重要措施，殡葬服务机构及其工作人员在从业中必须遵守。危害性是由违反行为产生的结果。实践中，不能因为违反人有一般过失行为就与殡葬服务差错、事故相联系，必须视其行为实际上是否对殡葬消费者造成损害。

（3）发生在服务过程中且造成损失。必须是发生在殡葬服务提供过程中因提供殡葬服务的行为造成殡葬消费者的损失。殡葬消费者这种损失包括人身损失、财产损失和精神损失。

（4）行为与结果之间必须有直接的因果关系。即殡葬消费者的损失与殡葬服务行为有直接的因果关系。这里应注意非殡葬服务行为造成的损失不属于殡葬业务差错、事故。如殡葬消费者不配合为主要原因而造成的损失等。

（二）常见殡葬业务差错与事故分级

殡葬业务差错、事故产生的原因不同，其产生的后果、影响大相径庭。如有的是因为违反殡葬管理制度，如违反火化规定，混烧遗体或闷炉火化，影响骨灰质量。有的因为违反操作规范，未认真核对遗体信息，造成未经许可而提前将遗体火化。有的因为不认真履行本岗位职责，擅离职守，放手让不能胜任该技术的人员单独操作等。对这些不同的殡葬业务差错及事故应进行分级，而后按等级分别进行规范、约束与处理。

1. 殡葬业务差错与事故的分类

（1）业务接待与洽谈。填写接运遗体地点、时间出错，造成殡仪馆接不到遗体；接听电话联系接运遗体，登记接运询问不到位，分辨不清真假，甚至把活人当死人接；预订礼厅、墓穴时精神不集中发生漏写，错写，造成使用礼厅重复租赁，墓穴重复出售，使多家客户同时争用同一礼厅，或争用同一块墓地。

（2）遗体装殓与接运。在接运遗体时，不认真核对，错接遗体；遗体搬运时不轻抬轻放，严重损坏、损伤遗体，特别是面、手部造成遗体缺陷；在家中接运遗体时，没有与客户核对死者身上有无贵重遗物，造成双方猜疑、矛盾；遗体接运时对遗体腐败情况掌握不清，进殡仪馆后发现遗体已腐败。

（3）遗体防腐与整容。表示死者身份的标识与遗体分离，无法确定遗体，导致遗体火化错误；给遗体更衣时，没有仔细核对标识，造成张冠李戴，穿错衣服；遗体出厅时缺少鞋、帽；遗体接进馆后，没有及时防腐保存，造成遗体变质，影响遗体告别仪式的举行。

（4）遗体告别与追思。遗体告别时，因礼厅安排错误或遗体推错礼厅，致使客户哭错人；电子横幅、挽联文字出错；遗像、花圈花篮挽联摆放错误；礼厅其他布置错误；等等。

【案例4－5】

殡仪馆未给老军人遗体盖党旗，家属一纸诉状索赔30万[①]

市殡仪馆的工作人员怎么也没想到：在一次遗体告别仪式上，因为未给

① http：//news. sohu. com/3809/news200600938. shtml。

死者身体上覆盖党旗，竟会引发一场民事诉讼——死者家属以此举侵犯死者的名誉权且令家属遭受精神损害为由，将市殡仪馆告上了法庭，要求其承担侵权的民事责任。此案在区法院开庭审理。

市殡仪馆的有关负责人开庭前向记者表示，这种纠纷是他们建馆以来从未遇到过、也从未听说过的。据原告诉称，其父是1939年参军、1941年入党的老革命，生前曾任军区后勤部卫生部部长等职，并多次获得荣誉勋章，是一名副军级老干部。

2000年10月9日，老军人遗体告别仪式在市殡仪馆举行。此前，原告根据父亲的遗愿，在前往殡仪馆送遗体所穿军装时，一并送上了党旗大小各一面，并告知有关工作人员，要在举行告别仪式时将党旗覆盖在其父遗体上。然而当告别仪式即将正式举行时，人们却发现遗体上并没有覆盖党旗。在家属等人提出异议后，告别仪式暂停。在随后的约半个小时里，殡仪馆两次将遗体降下寻找，但始终没有找到党旗。为了不让在场的140多位部队首长、死者生前战友和好友再等下去，家属只有在极不情愿的情况下同意告别仪式开始举行。原告在法庭上表示，根据父亲的副军级级别、所获的重大荣誉及告别仪式的惯例，其遗体应当覆盖党旗。然而由于殡仪馆的过错，导致当场就有个别不明情况的同志开始私下议论：老军人在后期是否犯了什么错误、或是做了什么对不起党的事情，所以遗体上不予覆盖党旗。事后，也仍有个别人就这一点进行猜测和议论，还有的指责他这个做儿子的没有尽到责任。

原告认为，殡仪馆的行为严重损害了父亲的名誉权和荣誉权，也给他和姐姐造成了严重的精神损害。为此，他们曾委托律师向殡仪馆发出《律师函》，要求对此承担责任并作出相应的赔偿，但因为双方在道歉范围及方式上未达成一致意见，协商未果。为此，他们只好起诉到法院：要求市殡仪馆在各大媒体登报声明道歉，并为其损害名誉权、荣誉权的行为及对家属的精神损害赔偿人民币30万元。

（5）遗体火化过程。错误火化遗体；火化时识别遗体的标识离开遗体导致火化后造成骨灰无法确认以至错装；前一具遗体火化没有完全结束，就加入另一具遗体，造成混灰；客户送殡时，由于设备原因引起遗体进炉困难或炉门关闭困难等情况，不耐心解释，未及时采取应急措施取得客户谅解，而是简单粗暴地处理，引起客户不满。

【案例4-6】

遗体提前火化，“奔空丧”引发首例侵犯吊唁权诉讼[1]

【案情】

九旬老太太因病去世4天后，20多名亲友应邀到殡仪馆参加遗体告别仪式，却被告知老太太的遗体在两天前已被火化，由此引出一场关于吊唁权的侵权诉讼。

王老太太已有96岁高龄，膝下只有一个年近70岁的养女。2月初，王老太太因病住院。2月10日晚上，老太太病逝。由于生前与养女曾因赡养事宜打过官司，王老太太最近几年都住在其侄子家里。

2月11日，因为联系不上老太太的养女，老太太的侄子找到老太太养女的女儿及女婿商量如何办理老太太的后事，提出要让老家的亲戚见老太太最后一面，由于时间比较紧，他提议老太太的遗体告别仪式在2月14日上午举行。

养女的女儿及女婿对此没有异议，但表示要先通知母亲，其他事情听母亲安排。

2月14日一早，侄子与20多名亲友一起来到殡仪馆参加追悼仪式，却被告知，应王老太太养女的要求，王老太太的遗体已在两天前火化。

殡仪馆出具的“遗体火化委托书”上，有老太太养女于2月12日的确认签名。殡仪馆也证实，老太太火化当天有三人到场确认。

为搞清事情真相，王老太太的侄子把养女的女儿及女婿喊到殡仪馆，并拨打“110”报警。在民警的协调下，双方同意租用一间小礼堂，摆上王老太太的骨灰，举办追悼仪式。

同时，养女的女儿、女婿表示，老太太的遗体被提前火化是老太太养女一手操办的，他们并不知情。

但王老太太的侄子认为，养女的女儿、女婿不可能不知情，他们将老太太的遗体提前火化，剥夺了其他亲友见老太太最后一面的权利，侵犯了他们对死者的吊唁权。

今年6月，王老太太的侄子和其他三名外地亲属将王老太太的养女及其女儿、女婿一起告上法院，要求他们公开赔礼道歉，并赔偿外地亲属的路费、

---

① http：//www. yfzs. gov. cn/gb/info/alxc/msaj/2005－0820/2119298525. html。

住宿费等240余元。王老太太的养女没有出席庭审，只是委托女儿、女婿代她表示，她是王老太太唯一的法定代理人，有权独自处分老太太的遗体。三名被告一致否认了他们的侵权行为。

【评析】

我国法律中并没有明文规定吊唁权。但没有明文规定，不代表不受法律保护。我国民法中规定公民的人身权受法律保护。而人身权包括人格权和身份权。人格权是民事主体对自己人格利益享有的权利，如姓名权、名誉权等；身份权则是民事主体对他人人格利益享有的权利，如监护权、赡养权等。

吊唁权是死者亲属及其他与死者关系密切的人吊唁和追悼死者的权利，这是一种典型的身份权。因此，当吊唁权受到侵害时，法院应予以保护。

（6）骨灰存取过程。客户领取骨灰时，工作人员没有仔细核对姓名、火化编号，错发骨灰；骨灰盒装错骨灰；骨灰寄存室内的骨灰、骨灰盒失窃；骨灰寄存期未到将骨灰深埋处理。

（7）公墓服务过程。墓碑刻错字，姓名或生卒年月出现错误；墓碑石料出现裂痕等质量问题；墓穴安葬出错；墓穴内骨灰盒失窃等。

根据殡葬业务差错、事故的构成条件，可以看出，在殡葬服务过程中并非所有发生的不良后果都属于殡葬业务差错、事故。以下情形不属于殡葬业务差错与事故：

一是不可抗力。在现有的殡葬服务技术条件下，发生无法预料或不能防范的后果。例如，在遗体可能发生损坏前，殡葬单位向丧事承办人作了说明，并作了必要的努力，仍发生意外的。

二是意外事件。由于殡葬服务对象（遗体）本身异常或特殊性而发生的殡葬业务意外，或由于殡葬服务内容本身不能预见因素，影响服务或产品的提供，而发生的意外。例如，遗体严重腐败，经司法部门鉴定后，责任不属于殡葬单位的。

三是因殡葬消费者原因造成的不良后果。例如，丧事承办人错认遗体造成的。

2. 殡葬业务差错与事故的分级

殡仪馆、公墓在服务过程中因工作人员的失职失误造成的差错事故，具有一定的社会危害性，应当努力避免。事故依据发生的原因、损害的程度可以划分为：责任事故、技术事故、事故、差错。为了妥善处理殡葬业务纠纷，各地对殡葬业务事故的等级都有一些规定，大都是依据业务事故造成的影响进行分级的。

殡葬业务事故分以下三级：

一级殡葬业务事故：未经丧事承办人同意提前将遗体火化。

二级殡葬业务事故：遗体在殡葬单位内发生肢体和器官严重损坏，因殡葬单位保管不当发生遗体高度腐败。

三级殡葬业务事故：骨灰失窃，骨灰发放错误，接运遗体发生错误，错认遗体造成更衣错误，礼厅班次重复出租，遗体损坏。

【案例 4－7】

保留的遗体怎么火化了？①

【案情】

因为火化了一具遗体，不料惹出一场官司。74 岁的张老太在遭遇丧子之痛后，愤然将殡仪馆推上了法庭。张老太在诉状上称，她时年 50 岁的儿子因消化系统疾病在一家医院接受诊治过程中不幸病故，深谙医道的她对医疗过程有怀疑，认为有必要对儿子的死亡原因进行法医鉴定。为此她向殡仪馆提出，暂时保留儿子的遗体。在得到首肯后，她按照殡仪馆的要求，提供了申请书，交付了 1500 元押金，办妥了相关手续。

孰料三个月后，张老太在与有关部门进行医疗纠纷交涉时突然得知，儿子的遗体早在一个多月前就已火化了，已无法申请医疗事故鉴定。张老太又惊又气，相当一段时间里一直以泪洗面。她认为，殡仪馆的行为严重侵犯了她的合法权益，灭失了为查明死者病情真相而合法保留的重要证据，为此请求法院判令殡仪馆赔偿精神损失费 3 万元，返还押金 1500 元。

【审理】

庭审中殡仪馆方面辩称，本案遗体火化的合法与否姑且不论，原告提出的索赔诉讼基本上都是没有法律依据的。尸体火化与医疗鉴定并没有必然的联系，医疗事故有封存的医案，尸体火化不会影响医疗鉴定的结果，本案标的物已不是另案的证据。即使医疗事故的说法成立，原告也只能向医疗单位索赔，医疗事故的诉讼与本案不存在因果关系。

---

① http：//news. sina. com. cn/s/2009－04－03154315415292s. shtml。

【判决】

法院认为，殡仪馆在未征得客户同意的前提下擅自火化遗体，属履行合同不当，应承担一定的法律责任。但原告的部分诉讼请求理由不充分，法院难以支持。据此判决殡仪馆补偿张老太 4500 元。

【评析】

遗体保管纠纷的处理无法可依。遗体作为一种特定物，并非是通常民法意义上的物，无法确定其经济价格，遗体灭失无从复原，也无法计算赔偿数额。死者遗体保管的约定与一般意义上的保管合同毕竟是有所区别的，死者遗体保管纠纷的处理，目前尚无明确的法律法规可以适用。

三、殡葬活动纠纷的处理

（一）殡葬活动纠纷处理的要求

1. 纠纷处理的原则

殡葬纠纷处理机关在殡葬活动纠纷的处理中，应当遵循公开、公平、公正、及时、便民的原则，坚持实事求是的科学态度，做到事实清楚、定性准确、责任明确、处理恰当。

公开原则。殡葬活动纠纷的处理要透明，不能暗箱操作。殡葬服务差错、事故发生的原因、基本事实、过错责任的依据，最后的处理结果，都要向双方当事人公开。

公平原则。双方当事人要有平等的知情权利，证据的收集、处理的结果不能偏袒任何一方。

公正原则。殡葬纠纷处理机关在处理或调解时要站在中立的立场上。公正地运用法律，不偏不倚。既不能因为与殡葬服务机构有隶属或其他关系，作出有利于殡葬服务机构的解释或处理，也不能因为同情殡葬消费者，就不顾事实作出有利于殡葬消费者的解释和处理。

及时原则。一旦发生殡葬服务纠纷，殡葬服务机构要及时处理，要求有关机关调解的，要及时处置、及时作出结论，不能拖延不决。

便民原则。殡葬服务纠纷的处理要方便双方当事人。要求有关机关调解的，要力求方便公众，就近处理。

2. 纠纷处理的态度

因殡葬服务差错、事故发生的不良后果，对殡葬服务消费者来说是很大的不幸和损失，有时甚至是不可弥补的。这不仅会给消费者带来身体和金钱上的损失，也会给他们的精神产生难以估量的损失。但是事情已经发生，不可挽回，只能面对现实。当务之急是尽快查明原因，确定是否属于殡葬业务差错或事故。如确属业务差错、事故，则应劝导消费者积极配合处理，尽量不要激化矛盾。缺乏理智的冲动，不仅不利于问题的解决，反而会激化矛盾。对于造成事故的责任人员，殡葬服务机构、殡葬管理机关和司法部门应根据有关法律和法规进行处理。辱骂或者殴打有关人员不但解决不了问题，反而会使事态恶化。如果触犯了有关法律，还要受到治安或刑事处罚。

对于经济赔偿，纠纷双方要根据有关法律法规，有理有据地协商。协商不成，可以寻求殡葬管理部门公正地解决。实在不能合理地解决，还可以寻求司法诉讼渠道解决。

（二）殡葬活动纠纷处理的途径

1. 协商

“协商”又称为“和解”，是纠纷双方以平等协商、相互妥协的方式和平解决纠纷。如果纠纷主体一方以其优势强行解决纠纷的话，则是压制而不是协商。协商是纠纷双方以相互说服、讨价还价等方法，以达成解决纠纷的合意或协议。由于是纠纷主体自行解决纠纷，因而达成的解决纠纷的协议，其性质相当于合同，对于纠纷双方具有类似合同的约束力。

协商是依照纠纷主体自身力量解决纠纷，没有第三者协助或主持解决纠纷，协商的过程和结果均取决于当事人的意思自治。协商又具有非严格的规范性。协商的过程和结果不受也无须规范（尤其是法律规范）的严格制约，既不严格依据程序规范进行协商，也不严格依据实体规范达成协商协议。协商在形式和程序上具有通俗性和民间性，它通常是以民间习惯的方式或者纠纷主体自行约定的方式进行，甚至可以在宴请、电话交谈中达成协议。协商解决纠纷，往往不伤害纠纷双方当事人之间的感情，有利于维持纠纷主体之间原有的关系。

在现代法治社会，协商必须遵守合法原则，即协商的过程和内容必须不违背禁止性法律规定和社会公共利益。协商必须遵守最基本的公平与自治原则。即协商的过程和结果必须建立在纠纷主体平等和真实意志的基础上，其间不得存在强迫、欺诈、显失公平和重大误解等因素。通常情况下，协商协议并不具有强制执行力。协商方式的主要局限性在于，当争议双方分歧严重时，很难达成协议。此外，协商结果取决于双方讨价还价的力量，弱者可能无法获得应有的保护。

2. 调解

调解是由第三者依据一定的社会规范（包括习惯、道德、法律规范等），在纠纷主体之间沟通信息，摆事实明道理，促成纠纷主体相互谅解和妥协，达成解决纠纷的合意。

我国现有的调解形式主要有人民调解、其他社会团体组织的调解和行政调解等。人民调解是指村民委员会和居民委员会下设的人民调解委员会对民间纠纷的调解，在解决殡葬活动纠纷中并不适用。其他社会组织的调解，如消费者保护协会对消费者争议的调解、仲裁机构对民事纠纷实施的调解等。行政调解是行政机关在行使职权时附带地解决纠纷。如殡葬服务机构的主管部门在纠纷当事人的请求下，出面调解殡葬活动纠纷。

一般说来，这类调解并非仲裁或者诉讼的前置程序。纠纷主体可以不经调解而直接申请仲裁或者直接提起诉讼，调解不成的或者当事人对调解协议反悔的可以申请仲裁或者提起诉讼；调解者（即便是行政机关）均以中立的第三者身份解决纠纷，无权使用任何强制性手段。

调解具有下列三个主要特性：一是第三者的中立性。第三者（调解人）可以是国家机关、社会组织和个人，但是在调解过程中他们都是中立的第三方。这一点使调解与协商区别开来，协商没有第三者。二是纠纷主体的合意性。对于是否运用调解、调解协议的内容等，取决于纠纷主体的合意。而调解人只是以沟通、说服、协调等方式促成纠纷主体达成解决纠纷的合意。其间，调解人的高洁人格、较强的能力、较高的社会地位等，均有助于合意的形成，但这些并不构成一种强制力。三是非严格的规范性。与仲裁和诉讼相比，调解并非依据严格的程序规范和实体规范来进行的，具有较大的灵活性和随意性。调解的开始、步骤、结果，常随着纠纷主体的意志而变动。

相对于诉讼和仲裁而言，调解所内含的制度、规范的因素较少。但是与协商相比，内含的规范因素较多。因为在调解过程中，纠纷主体为了获得调解人的支持，往往要就自己的正当性对调解人进行说服。调解人越具有中立性，纠纷主体所主张的正当性就显得越重要；并且调解人基于多种因素（例如为了体现自己的公正、为了有利于解决纠纷等）的考虑，常常依据正当的社会规范（包括法律规范）来协调纠纷双方的利益冲突。

3. 申诉

向有关行政管理部门申诉主要是指向政府的行政主管部门和行政执法部门申诉，依靠行政的手段解决消费者权益纠纷问题。

申诉部门主要指民政部门、工商行政管理部门、技术监督部门和商品检验部门，一般是指向民政部门和工商行政管理部门的申诉。消费者受损害后不能协商解决时，可向行政部门申诉，直接到经营者的行政主管部门或所在地的行政执法部门出示证据，陈述自己受损害的经过，由行政主管部门依法作出处理决定。

4. 仲裁

仲裁是指纠纷双方在纠纷发生前或者纠纷发生后达成协议（仲裁协议）或者根据有关法律规定，将纠纷交给中立的民间组织进行审理，并作出约束纠纷双方的裁决的一种解决纠纷机制。

仲裁是指发生消费争议的当事人根据双方达成的仲裁协议，自愿将争议提交仲裁机关依法裁决。仲裁机构给出的仲裁决定，当事人必须全面履行。否则，权利人可以申请人民法院强制执行，以保护权利人的权益。仲裁必须以当事人之间在仲裁之前达成的仲裁协议为前提，是处理民事纠纷的手段之一。

5. 诉讼

民事诉讼是指法院、当事人以及其他诉讼参与人，依据民事诉讼法和适用民事实体法等解决民事案件的过程中，所进行的各种诉讼活动（或诉讼行为）以及由此产生的各种诉讼法律关系的总和。

民事诉讼是国家利用审判权解决纠纷。与其他民事纠纷解决机制相比，民事诉讼表现出国家强制性和严格的规范性。法院利用审判权来确定纠纷主体之间民事法律关系及民事法律责任的承担，又以国家强制执行权迫使法律责任承担者履行法律裁判。正因为如此，民事诉讼成为解决民事纠纷的最终方式。其他国家机关、社会团体和公民无权变更或撤销法院的民事判决。

民事诉讼正当、合理的程序制度提供给当事人双方平等的诉讼权利和诉讼手段并让其承担平等的诉讼义务，禁止当事人双方在诉讼中有上下主从之别。这就不同于调解和协商在实体和程序两方面缺乏制度保障，以至于在当事人双方的地位不平等的情况下达成的协议。

民事诉讼满足了当事人明确的权益要求，同时也较充分地实现权利人的民事权益。相反，和解与调解通常是以当事人妥协而解决纠纷，这种妥协使得某一方权利不能全面实现。所以有些当事人希望通过协商或调解得到与判决相同的结果，是难以做到的。

民事诉讼的严格规范性，在很大程度上减少甚至消除了对法律规范的背离，满足了国家和社会维护统一的法律秩序和社会秩序的要求。民事诉讼的国家强制力所能达成的最终结果是其他三种处理手段所不及的。

民事诉讼与其他民事纠纷解决机制相比，其程序复杂、繁琐，时间持久，成本高昂。而非诉讼纠纷解决机制，其程序简便，以简易的事实认定代替了严格的举证责任，使当事人可以不借助律师而自行解决纠纷，成本低廉、迅捷便利。同时，由于民事诉讼的严格规范性和国家强制力，在很大程度上限制了双方当事人的意思自治，不适应特殊个案所需的灵活性解决要求，也难以满足当事人之间不伤和气与维持原有关系的要求。协商、调解和仲裁等，都主张不以对抗的方式解决纠纷，较为尊重纠纷当事人之间的理性协商和妥协，因而比较容易获得符合个案和情理的解决结果，甚至获得双赢的结果。

【案例4－8】

李斌诉市殡仪馆骨灰盒丢失达成赔偿协议履行后反悔要求再行赔偿案[①]

【案情】

1988年，原告李斌之母白恩林在外地串亲戚时病故，为拜祭方便在当地火化后原告李斌将骨灰带回，寄存在被告市殡仪馆。此后，原告李斌经常回家祭奠母亲并逐年办理了寄存手续。1998年清明节，原告李斌再次回乡祭奠母亲时，发现被告市殡仪馆将其母的骨灰盒弄丢。原告李斌多次找市殡仪馆协商解决此事，后双方经协商于1998年8月20日达成一致意见，被告市殡仪馆给付原告李斌精神补偿费1300元整，并已实际给付完毕。但原告李斌以被告市殡仪馆给付精神损害赔偿费数额太少为由，诉至当地区人民法院，要求被告市殡仪馆赔偿其精神损害补偿费56000元。

被告市殡仪馆答辩称：在双方已协商解决处理完毕情况下，原告又起诉到法院不妥，应予驳回。

【审判】

区人民法院认为：被告市殡仪馆系寄存骨灰盒专业单位，本应严格管理，其将原告之母骨灰盒丢失，显系无理。原告要求赔偿，应予支持。但骨灰盒丢失事情发生后，双方按平等自愿的原则达成协议，其意思表示真实；原告已领取了协议中所约定的赔偿数额，实际已履行完结。原告现以同一请求事项诉至法院，不予支持。根据《中华人民共和国民法通则》第五十四条、第五十七条之规定，该院于1998年12月1日判决：驳回原告李斌的诉讼请求。

宣判后原告李斌不服，上诉至市中级人民法院，称：其母骨灰盒存放在市殡仪馆达十年之久，自己在发现存放的骨灰盒丢失后，遂要求市殡仪馆出具证明材料，但其不同意出具，只同意给付损失费1300元。为拿回证明材

---

① http://www.gsfzb.gov.cn/FLFG/ShowArticle.asp?ArticleID=25982。

料，迫不得已在市殡仪馆出具的调解材料上签字。但市殡仪馆弄丢骨灰盒一事给自己造成的精神损害远远不是1300元所能弥补的，当时签订的调解协议是在迫不得已的情况下签字的。故请求二审法院依法改判。

被上诉人市殡仪馆答辩认为原判正确，请求维持。

市中级人民法院在审理过程中经调解，李斌及其父李树森（未在调解书首部列其为当事人）与被告市殡仪馆于2000年3月8日自愿达成协议：被上诉人市殡仪馆给付李斌及其父李树森因骨灰盒丢失而造成的精神损害赔偿金人民币7000元整（不含已支付李斌的1300元，已执行）；此款由李斌和李树森自行分配各自应得数额。

市中级人民法院确认上述协议符合法律规定。

【评析】

这是一起典型的精神损害赔偿案。从一、二审的处理结果看，此案存在以下几个问题：

第一，原、被告之间达成的因骨灰盒丢失给付精神损害赔偿1300元的协议是否有效。从目前的审判实践上看，因骨灰盒丢失而引发的诉讼并不多见。“骨灰”是人死亡后其亲人祭奠情思的有形物质，死者骨灰的丢失势必给其亲人造成精神上的痛苦，于情、于理死者的亲人都应得到经济上的补偿。此类案件应由审判人员根据法律的有关规定及法学原理加以具体分析，准确判定。从本案的实际情况看，原、被告之间达成的因骨灰盒丢失给付精神损害赔偿金1300元的协议是有效的，一审法院的处理是正确的。因为精神损害赔偿没有一个明确的数额规定，对骨灰盒丢失发生的精神损害赔偿，法律对此没有具体规定，只要原、被告之间达成的协议是自愿、真实、合法的，就应确认它的效力。从本案的事实来看，尚没有证据能证明原、被告之间达成的协议是在被胁迫、违背自己真实意愿的情况下产生的，故应认定它的效力，不能因为该补偿的数额较少，就确认该协议显失公平。

第二，本案的审理应否必须追加李斌之父李树森作为本案的当事人。一审法院在实际审理过程中认为，诉权是公民、法人或其他主体自身应享有的权利，李树森之妻白恩林的骨灰盒丢失，李树森知道或者应当知道其权利受到侵害，是否提起诉讼是其本人应享有的权利。按照民法通则的规定，当事人有权处分自己的民事权益，也就是说李树森既可以就其受损害的事实提起诉讼，也可以放弃诉讼。故在李树森未提起诉讼的情况下，追加李树森为本案的共同原告无实质性意义。如果李树森自己申请参加诉讼，则另当别论。

第三，二审法院将李斌之父李树森列为二审调解的共同当事人一方，是否具有法律依据。二审法院就李斌诉市殡仪馆因骨灰盒丢失要求赔偿一案进行了调解，结果为：（1）被告市殡仪馆给付李斌及其父李树森因骨灰盒丢失而造成的精神损害赔偿金共8300元。（2）此款由李斌和李树森自行分配各自应得的数额。从这个调解结果看，李树森既不是本案一审判决的当事人，也不是二审民事调解书上的当事人，但在调解内容上却有其名字及份额，应当说这个调解内容是无源之水、无本之木。法院的判决书或调解书在给付条款上应加以明确规定各自应该享有的权利，否则此条款将产生歧义无法交付执行，在某些情况下还可能因此条款引发诉讼纠纷，导致法院的判决书或调解书缺乏明确性、严肃性、公正性。

骨灰盒寄放在殡仪馆，产生的是保管合同关系。殡仪馆将寄放的骨灰盒丢失，这种行为同时符合违约行为和侵权行为的构成要件，可同时产生违约责任和侵权责任两种责任，发生责任竞合的问题。责任竞合对权利人来说，就为请求权竞合。按照民法理论，在责任竞合或者请求权竞合情况下，权利人不能同时行使两种请求权，只能行使一种请求权。但权利人应当行使哪种请求权，不同的理论和规定是不同的。按照我国合同法第一百二十二条的规定，“因当事人一方的违约行为，侵害对方人身、财产权益的，受损害方有权选择依照本法要求其承担违约责任或者依照其他法律要求其承担侵权责任”。我国法律给予受损害方在责任竞合（请求权竞合）情况下以选择权，即择一而诉。选择权是受损害方的，法院应当依其选择来确定诉由和审理案件，不能改变其选择。本案原告选择的是侵权损害，只有如此，才能主张精神损害赔偿。如其选择违约损害，显然无法主张精神损害赔偿。

本案的处理在程序上是否属必要共同诉讼，是一个值得研究的问题。在实体上，殡仪馆丢失骨灰盒，对死者的配偶、子女等亲属均造成精神痛苦，但不能因此而说是侵害了他们的共同权利。精神权利是自然人独立享有的不与他人分享的权利，同一损害事实可以同时侵害多个自然人的精神权利，每一个受损害人仅就自己所受到的精神损害有获得赔偿的权利。因此，同一损害事实同时造成多个自然人精神损害的，每一个受损害人均享有自己独立的诉权，多个受损害人之间可能形成的是同种类的普通共同诉讼，不可能形成必要的共同诉讼。普通共同诉讼情形下，法院不应当主动追加没有参加诉讼的当事人参加诉讼，只应由其申请参加。据此，本案一审法院仅依原告的起诉审理案件，未追加原告之父参加诉讼，从实体和程序上都是恰当的。原告不服一审判决，并未提出一审遗漏当事人的上诉主张，因此，二审处理更不应当将原告之父列为调解中的权利人。

本案二审要审理的是，原、被告之间诉前达成的协议是否属自愿，是否有显失公平或重大误解。如果没有，则应当维持原判。因为，一方反悔已达成的协议，要么是要求变更，要么是要求撤销原协议，就必须以法定的变更或撤销理由提出，法院审理也就在认定是否有法定的变更或撤销事由存在。

第四节　殡葬服务限额赔偿和保价制度

殡葬服务机构在经营中，由于自身的过错，如操作、处置、保管等方面的失误，会造成遗体、骨灰的缺失或损毁，有关物件的短少，合约的不履行等，给客户造成精神损害。随着消费者权益保护意识的增强，损害赔偿的投诉与申诉案件不断增长。为了合理处理由于殡葬服务机构的过失造成的物质损失和精神损害，上海、河北等地殡葬管理机构制定了限额赔偿的规章制度，目前迫切需要法律法规作出相应的规定，以便应对类似事件的发生。

一、殡葬服务损害赔偿的法律依据与现状

（一）殡葬服务损害赔偿的法律规定

殡葬服务的损害赔偿是指殡葬服务机构对遗体、骨灰的缺失、损毁和有关物品的短少等的赔偿。

我国刑法、民法、行政诉讼法等法律、法规和有关司法解释对遗体、遗骨的保护等方面进行了明确的规范。刑法第三百零二条明确规定："盗窃、侮辱尸体的，处三年以下有期徒刑、拘役或者管制。"对于遗体的民法保护已形成两套请求权的体系。一是所有权的物权请求权体系。基于近亲属与死者之间的特殊关系及情感，死者的近亲属对遗体享有特定的所有权。二是侵权请求权体系。遗体受到侵害，权利人享有侵权请求权，可以请求除去损害、排除障碍以及恢复原状。受害人请求损害赔偿，包括财产利益和精神利益的损害赔偿，同时还可以请求侵权人承担其他侵权责任。最高人民法院《关于确定民事侵权精神损害赔偿责任若干问题的解释》第三条规定："对非法利用、损害尸体、遗骨，或者以违反社会公共利益、社会公德的其他方式侵害尸体、遗骨，死者近亲属遭受精神痛苦，起诉要求赔偿精神损害的，人民法院应当受理。"骨灰属于具有人格象征意义的特定纪念物，根据《最高人民法院关于确定民事侵权精神损害赔偿责任若干问题的解释》第四条规定："具有人格象征意义的特定纪念物品，因侵权行为而永久性灭失或者毁损，物品所有人以侵权为由，向人民法院起诉请求赔偿精神损害的，人民法院应当依法予以受理。"由于遗体、骨灰无法定价，并且主要是对死者家属精神上的损害，因此

很难确定损害赔偿数额。为了确保赔偿责任的顺利实施，法律应当按照限额赔偿的原则规定不同情况下的赔偿标准。以精神损害为主的精神损害赔偿中，宜适用抚慰与补偿相结合、赔偿数额应有所限制和社会评定与法官自由裁量相结合的三原则。

以上规定，明确了近亲属对遗体的独立精神利益以及遗体应受社会公共利益与社会公德（即“公序良俗”）保护的基本原则，明确了骨灰的法律保护意义，但是对于殡葬服务的损害赔偿缺乏操作性较强的配套规范性文件，特别是我国现行的《殡葬管理条例》对此也没有作出明确规定。

（二）殡葬服务损害赔偿的现状分析

20 世纪 90 年代以来，我国殡葬服务纠纷呈现逐年上升趋势。纵观殡葬服务纠纷处理情况，主要存在两种态势：一是人民法院根据《中华人民共和国民法通则》《中华人民共和国消费者权益保护法》《关于确定民事侵权精神损害赔偿责任若干问题的解释》等法律规范，对殡葬纠纷案件作出判决。二是殡葬服务机构与客户协商，根据纠纷的具体情况给予客户一次性经济补偿。随着消费者权益保护意识的增强，损害赔偿的诉求标的不断增长，有的甚至漫天要价，而殡葬服务机构由于缺少赔偿的参照标准，为平息事态被迫让步。这既不利于殡葬纠纷的妥善处理，充分保护双方的合法权益，也不符合我国目前的国情。如何全面、科学地对待殡葬纠纷，在充分保护殡葬服务机构和客户利益的前提下，结合我国国情，合理、妥善地解决殡葬纠纷，则显得越来越重要。

为确保殡葬服务机构的正常服务，使消费者的合法权益不受侵害，一些地区吸取经验教训，尝试以规范性文件的形式，发布了殡仪馆和公墓业务事故的赔偿规定，实行了殡葬服务限额赔偿和保价制度，给殡葬服务损害赔偿的处理提供了借鉴和依据。

二、殡葬服务限额赔偿和保价制度的理论

（一）限额赔偿与保价制度的含义与具体实践

限额赔偿制度是海商法为保护船舶所有人的利益而设立的一项法律制度。早期的海上运输，因造船技术落后、通信手段匮乏而承担着特殊风险。如果让船舶所有人承担货物损害的全部后果，常常因赔偿额超出船舶价值而使船舶所有人破产，这无疑妨碍了海运业的发展。为鼓励航海贸易，减轻船舶所有人的责任，世界各国的海商法均规定了海事赔偿责任限制制度，即法律对

某些领域损害赔偿限制其最高数额，从而限制责任方的赔偿责任。承运人责任赔偿限额制度后来被铁路、航空、公路、水路等运输业借鉴，形成了普遍意义上的承运人赔偿责任限额制度。为防止限额赔偿制度的滥用，1921 年《海牙规则》增加了“托运人于装货前已就该项货物的性质和价值提出声明，并已在提单中注明的，不在此限”的例外性规定。这种排除适用承运人责任赔偿限额的规定便是保价运输。

保价运输是为了明确那些难以确定实际价格的托运货物的价值而确立的一种运输制度，是承运人与托运人之间共同确定的以托运人对货物声明价值为基础的一种特殊运输方式，托运人除缴纳运输费用外，还按规定缴纳保值附加费，一旦因承运人的责任发生货物损失，承运人将按照实际损失给予托运人保价额度以内的赔偿。作为限额赔偿制度的必要补充，保价运输是承运人与托运人之间基于私权自治原则就承运人赔偿责任限额作出的一种商业安排，体现了当事人对承运人赔偿责任的自治以及合同当事人自由意志与法律衡平原则相结合的法律理念。保价制度已由运输行业拓展至包裹邮寄、航空托运、快递这类特殊行业，并向其他服务行业延伸。

（二）殡葬服务限额赔偿和保价制度的可行性

限额赔偿制度的建立基于三个重要因素：一是行业的特殊风险性，即由于行业特点，不管当事人尽何等注意义务，都难以避免损害的发生；二是全部赔偿的不妥当性，即一旦发生损害，若全部赔偿损失，便意味着当事人会遭受灭顶之灾，以致陷于破产；三是行业的重要性，即该行业对于社会公共利益或社会经济发展来说是不可或缺的。

我国殡葬服务事业是政府主管主营的具有社会福利性质的公益事业，殡葬服务实行低价收费，其主要行为不以营利为目的。目前大多数殡葬服务机构属于自筹经费的事业单位，遗体处理和骨灰寄存费实行国家定价，以遗体接运、存放、火化为主要内容的基本殡葬服务的业务经营入不敷出。经营性公墓作为经营性质的服务实体，多数地区受到土地资源、物价等限制，尽管有一定的利润，但由于经营性公墓多系殡葬服务机构举办，其收入多用于弥补殡葬事业经费的不足。随着消费者权益保护意识的增强，损害索赔的日渐增多，殡葬服务机构常常成为“被告”并支付巨额的赔偿，使殡葬服务的经营雪上加霜。因此，殡葬服务机构作为非营利性单位，适当限制其责任范围对其正常开展殡葬服务活动是有利的。

实行殡葬服务保价制度，将促使殡葬服务机构内部采取一系列的强化管理措施，进一步强化和完善殡葬服务责任制度，采取特殊安全防范措施，特别是对重点保价的殡葬服务项目，实行重点监管，进一步保障殡葬服务质量以及遗体和骨灰的安全，这将有利于提高殡葬服务质量，保障广大客户的合法权益。

开展殡葬保价服务的收入主要用于提高殡葬服务技术水平，加强安全防范，改善殡葬服务条件和殡葬服务场所的安全保障设施，直接促进和提高安全服务水平，使殡葬服务过程更加科学化、规范化和系统化，达到防止和减少殡葬事故的目的，做到取之于民，用之于民，充分发挥殡葬服务的社会效益。

三、殡葬服务限额赔偿和保价制度的实施

限额赔偿，指按照专门法中对合同关系特别规定的限制最高赔偿数额的具体规定。限额赔偿要求确定赔偿范围、赔偿项目、损失计算方法，对受害方的实际损失承担赔偿责任。

（一）实行殡葬服务限额赔偿和保价制度的原则

殡葬服务限额赔偿制度实施的目的在于充分保护殡葬服务机构的合法权益，以确保殡葬改革的顺利进行和殡葬服务水平的稳步提高。从制定法律法规的角度来看，实行殡葬服务限额赔偿，应遵循以下几条原则：一是注重殡葬服务过错的原则，只有在殡葬服务机构进行殡葬服务过程中有过错时才承担赔偿责任，没有过错则不应承担赔偿责任。二是保护殡葬服务机构和客户双方合法权益的原则，这也是推进殡葬改革顺利进行，构建社会主义和谐社会的要求。三是适时调整的原则。赔偿限额应根据国家或地方社会生活水平的变化而及时调整。

殡葬保价服务的目的在于充分保护客户的合法权益，客户本着自愿的原则选择殡葬服务机构的保价服务并按约定支付保价费。

（二）殡葬服务限额赔偿和保价制度的主要内容

1. 赔偿限额的确定

由于遗体、骨灰无法给出价值，在殡葬损害赔偿中，主要是对死者家属精神利益上的损害给予的赔偿。精神损害赔偿应适用抚慰与补偿相结合、赔偿数额应有所限制、社会评定与法院自由裁量相结合的原则。

精神损害的赔偿数额的确定应当考虑的法定因素主要有侵权人主观过错程度，侵权人是否获利，侵权行为的手段、方式、场合、范围等具体情况，受害人精神损害的程度和后果，侵权行为的社会后果及影响等。精神损害的

赔偿数额的确定应当考虑的酌定因素有当事人主体的类别，侵权人的认错态度和受害人谅解程度，侵权人的实际赔偿能力，诉讼地的经济发展水平以及社会公众的认可程度等。

各地可以通过地方性法规，根据本地区经济发展水平，确定当地精神损害赔偿限额标准，从而达到精神损害赔偿的数额在一定地区的相对统一。

2. 保价费率的确定

客户接受殡葬服务时，应在相关单据中填上“保价服务”字样，并注明遗体（或骨灰）的声明价值。殡葬服务保价费用按声明价值乘以所适用的殡葬保价费率计算。根据不同的殡葬服务项目，费率为0.5%～1%。

3. 免责范围的确定

殡葬服务保价期从殡葬服务机构承办之日起算，直至约定的服务期满之日为止。在此期间殡葬服务机构对殡葬服务事故，特别是遗体（或骨灰）的灭失、短少、污染、损坏等承担赔偿责任。但由于下列原因造成的事故，殡葬服务机构依法免责：一是不可抗力，指自然灾害、政府行为、社会异常事件等不能预见、不能避免、不能克服的客观情况；二是遗体或骨灰本身的自然属性或合理损耗，如骨灰本身引起的减量、变质等；三是其他经查证，确非殡葬服务机构责任造成的损失。

4. 殡葬事故的理赔

处理殡葬业务差错与事故引起的殡葬服务纠纷，应当遵循公开、公平、公正、及时、便民的原则，做到事实清楚、定性准确、责任明确、处理恰当。发生殡葬事故后，事故理赔应当通过殡葬服务机构办理。客户要求赔偿时，应在规定的期限内提出赔偿要求书，并附殡葬服务保价单及其他与事故有关的证明文件。

要求赔偿、退补费用的有效期为90天，自客户知道或应当知道事故发生的次日起算。责任方应在接到赔偿要求书的次日起5个工作日内向索赔人作出答复，双方协商一致后5个工作日内办理赔偿事宜；经协商未达成一致意见的，在民事诉讼法规定的时效内提起诉讼。

丢失的遗体或骨灰找到后，殡葬服务机构应尽快通知客户认可，撤销赔偿手续，收回全部或部分赔款。如发现客户有欺诈行为，或不肯按约定退回赔偿款项时，可通过法律手段追索。

（三）实行殡葬服务限额赔偿与保价制度的对策

1. 完善殡葬服务法规，推行殡葬格式合同

殡葬服务实行限额赔偿与保价制度是保障殡葬服务机构和殡葬消费者权

益的重要措施，也是提高殡葬服务机构的综合效益的重要途径。为适应殡葬服务限额赔偿与保价制度的需要，国家应加紧制定“殡葬服务限额赔偿与保价制度实施办法”“殡葬服务事故处理规则”等有关法规或规范以及格式条款等相关书面凭证。《殡葬管理条例》中应增加殡葬事故处理的原则，进而保护殡葬服务机构和消费者双方利益。

2. 引入专业保险机制，实现资源优势互补

保价与保险都是利用大数法则使危险分散的社会融资补偿（事后补偿）行为。保险是将风险从个人转移到社会团体，由社会团体分担损失的一种风险防范机制。保价是对殡葬服务过程中遗体（或骨灰）安全的事先防范，是殡葬合同责任的延续；而保险公司无法对遗体（或骨灰）采取安全保障措施，只对其承保的标的物因自然灾害、意外事故等造成的经济损失进行事后补偿，保险是对殡葬损害行为的补偿性解决途径。殡葬服务机构与保险公司联合起来，把殡葬服务保价与殡葬服务保险结合在一起，可以通过统一承保化解风险，降低服务成本，实现优势互补，共同发展。

3. 提高殡葬服务质量，构建和谐殡葬氛围

近年来遗体被盗特别是骨灰被盗现象屡有发生，殡葬服务机构的安全管理成为殡葬管理层与服务机构关注的重点和工作的重心，因遗体或骨灰被盗或灭失，殡葬服务机构要支付巨额赔偿金，也使社会对殡葬服务机构的信任度降低，因而殡葬服务机构应努力提高殡葬服务质量，积极采取有效措施，确保遗体和骨灰的安全，使人们的殡葬活动安全有序。

【思考题】

1. 选择一家殡葬服务机构，调查其殡葬业务差错与事故，试说明可通过哪些途径妥善解决？

2. 你如何看待国外生前预约殡葬服务合同？

3. 在殡葬损害赔偿中，可以参照当地殡葬服务机构处置单具遗体或骨灰的收入水平的倍数来确定最高赔偿额。沈阳市中级人民法院出台了《关于殡仪馆寄存骨灰盒丢失有关赔偿事项的暂行规定》，对殡葬服务机构里骨灰盒丢失的民事赔偿标准作出统一规定，规定此项赔偿包括经济损失和精神赔偿两部分，经济损失指在寄存单据或协议上写明的寄存骨灰盒及其他丢失的祭奠物品实际价值；经济损失有投保的，按投保确定的总价值计算，并先通过投保理赔程序解决；经济损失没有投保的或投保理赔的总价值低于骨灰盒和祭奠物品实际价值的，其经济损失或理赔后不足部分可作为民事赔偿解决。还特别规定，精神赔偿最高数额为人民币5000元并按骨灰寄存年限逐年递减，

即寄存当年丢失的，赔偿最高额为5000元，第二年丢失的最高额为4000元，以此类推。第六年以后丢失的，赔偿最高额为人民币800元，并逐年递减。即第六年为800元，第七年为600元，以此类推，第十年以后一律为100元。请你结合所学的知识分析这一规定的可行性。

4. 从殡葬法律尊重公序良俗的角度对下列案例进行分析。

【案例】 墓碑署名引出的祭奠权纠纷①

父母去世，亲情不再；一块墓碑，姐妹反目。姐姐于20世纪60年代响应国家号召去了云南支边，并且在当地成家立业。妹妹留在上海，后来同夫婿与父母一直在一个屋檐下共同生活。2007年春节前，当退休后的姐姐回上海探亲时，却吃惊地发现，老宅已经动迁。几经打听方才得知，父母一年前先后去世，妹妹一家已经搬到了新居。好不容易找到了妹妹的新家，可妹妹、妹夫一脸冷漠。于是姐姐只能在叔叔家落脚。清明将临，姐姐提出要去父母坟上扫墓，妹妹憋了半天才在一张纸条上写下了墓址。两位老人的骨灰盒安放在墓园的双穴墓中，墓碑的正面是父母的名讳。姐姐祭奠完毕，发现墓碑的背面只刻着妹妹一家人的名字，于是姐姐一气之下将妹妹告上法庭，以妹妹侵犯了她的祭奠权为由，请求法院判令妹妹赔礼道歉，重新立碑，并赔偿精神损失费3000元。

法庭上，姐姐诉称，父母之恩重如山，多年来，作为长女已经尽心尽力恪守孝道。没想到，父母过世，妹妹封锁消息，落葬立碑，既不告知，又不给署名。妹妹的所作所为，天理难容。作为被告的妹妹则辩解，这么多年了，是自己为父母养老送终的，姐姐从来没有给予父母实质上的照顾，相反在经济上还常常向父母伸手。现在父母去世了，姐姐说是探亲，其实是想分财产，分房子。看来，这两姐妹反目，还真的另有隐情，经法官耐心调解，最后姐妹俩达成协议，妹妹同意重新立碑，立碑的费用由姐妹俩均摊。

---

① http：//news. sina. com. cn/s/2009－04－03/154315415292s. shtml。

第五章　殡葬标准体系建设

【学习目标】 通过本章的学习，你应能够：

1. 了解殡葬标准化的基本概念；
2. 了解殡葬标准的制定程序；
3. 熟悉殡葬标准体系建设的主体结构和内容；
4. 熟悉主要的殡葬建设标准、殡葬设备用品生产标准、殡葬技术标准和殡葬环境标准；
5. 掌握主要殡葬服务标准的核心内容。

【核心概念】 殡葬标准化；殡葬标准体系；殡葬服务标准

【导入案例】

纸棺以小替大致体胖亲属遗体污损，两殡仪馆成被告①

5 月 10 日，两原告以两殡仪馆用小纸棺代替大纸棺，致使其亲属遗体外露受损，污物流出，遗体被污损，导致其身体和名誉受损为由，将两殡仪馆诉讼至人民法院，要求公开向其赔礼道歉并赔偿精神抚慰金 3 万元。

据原告肖氏母女俩称，肖女士的母亲于今年 3 月 11 日凌晨在某三甲医院病逝后，被安放在某医院太平间，由于老人体形很胖，肖女士要求太平间用大号纸棺安放母亲，但第一殡仪馆称没有大号纸棺，当天下午，肖女士来到市第二殡仪馆，看到并确认有大号纸棺后将此情况告知第一殡仪馆，工作人员表示，由他们负责联系第二殡仪馆的灵车，同时保证给其母亲使用大号纸棺。

肖氏母女称，13 日早上 6 时 30 分，原告发现灵车抬下的是小号纸棺，当即提出疑问，但太平间工作人员和司机却一同咬定这就是大号纸棺，考虑到老人的遗体已融化 10 多个小时，不便久存，原告只能忍气吞

① http：//www.china.com.cn/news/txt/2008－0611/content_ 15741702.htm。

声，小心翼翼地将老人硬放进小号纸棺中，由于纸棺太小，老人的两只胳膊只能耷拉在外面，不仅如此，由于小号纸棺的高度也很有限，放进老人之后，盖子根本无法盖上，太平间工作人员见此又趁机卖给他们一块盖尸布。好容易将小号纸棺和老人外露的遗体运到第二殡仪馆，由于无法忍受老人萎缩在小号纸棺中的悲惨情景，肖氏母女放声大哭，殡仪馆见此让其购买了大号纸棺换上，但由于原来纸棺过小，遗体外露，已出现多处损害，更令其无法忍受的是：在倒换纸棺时，老人口中污物外流，污染了寿衣，也流到脖子、面孔、头发和尸单上，纸棺也被沾染，对此，母女二人感到身心受到了极大的伤害。

第一节　殡葬标准体系的建立

法律法规和政策主要从宏观方面对带有原则性、制度性、框架性、机制性的问题进行规范，但难以对微观性、技术性、定量性的问题进行具体规定，而标准可以在法律法规的框架内，针对具体的管理、服务与技术内容进行规定。标准是监督管理者的工具和尺度，对被管理监督者则是约束或者是活动空间。设定标准是对一项事务依法进行管理、监督的前提。

随着科学技术突飞猛进和社会管理、公共服务的日益现代化、科学化，标准化工作领域也正由农业、工业、信息、能源、交通等领域向社会管理、公共服务领域延伸。在推进殡葬事业发展过程中，既需要建立和完善相应的殡葬法律法规体系，也需要建立和完善相应的殡葬标准体系。殡葬领域属于社会管理和公共服务范围，标准化是规范殡葬行业服务管理的重要手段。随着殡葬领域不断走向社会化、市场化和国际化，将会有越来越多民营企业、民间资本和国外机构、国外资本进入殡葬领域。在市场经济和行政许可法实施条件下，不能再简单通过行政手段来限制哪些组织机构可以进入这些领域，但可以通过标准（如机构开业资质、设施建设标准、服务管理规范、服务质量评价标准、从业人员专业资质、岗位设置标准等），通过质量认证认可制度、检验检测制度、星级评定制度对殡葬服务领域进行管理和规范。

殡葬活动要纳入法制化轨道，执法者要依法行政，必须推进殡葬标准化建设，确立和完善殡葬标准体系，使之成为普遍遵守的规范和制度，贯彻实施这一标准体系，促进我国殡葬活动、殡葬设施和商品生产、殡葬服务、殡葬环境保护工作都有明确的标准可参照，使管理者依标准行政，也将使殡葬服务组织与殡葬服务对象之间的纠纷有了解决的准绳。

一、殡葬标准及其标准化

（一）标准化概述

1. 标准化定义

（1）标准。标准是对重复性事物和概念所作的统一规定，它以科学、技术和实践经验的综合成果为基础，经有关方面协商一致，由主管机构批准，以特定形式发布，作为共同遵守的准则和依据。标准是法律法规的基础、延伸和补充。法律法规较为原则、抽象，定性要求多。标准较为具体，定量要求多。在我国，强制性标准相当于技术法规，具有法律效力。制定标准时应严格遵守、执行相关的法律、法规、政策。

（2）标准化。标准化是指在经济、技术、科学及管理等社会实践中，对重复性事物和概念通过制定、发布和实施标准，达到统一，以获得最佳秩序和社会效益的活动。标准化是一项制定条款活动，条款的特点是共同使用和重复使用，条款的内容是现实问题或潜在问题，制定条款的目的是在一定范围内获得最佳秩序。

标准体系是与实现某一特定的标准化目的有关的标准，按其内在联系，根据一些要求所形成的科学的有机整体。它是有关标准分级和标准属性的总体，反映了标准之间相互连接、相互依存、相互制约的内在联系。

广义的标准化法律是指调整涉及有关标准化的社会关系和社会秩序的法律规范的总和，它包括《中华人民共和国标准化法》以及与之相配套的各项法规和规章；狭义的标准化法律是指 1988 年 12 月 29 日全国人大常委会颁布的《中华人民共和国标准化法》，它是我国标准化管理工作的根本法。

国际标准化是指在国际范围内由众多国家、团体共同参与开展的标准化活动。目前，世界上有近 300 个国际和区域性组织制定标准或技术规则，其中影响最大的是国际标准化组织（ISO）、国际电工委员会（IEC）、国际电信联盟（ITU）。

（3）标准化的主要作用。标准化为科学管理奠定了基础。科学管理就是依据生产技术的发展规律和客观经济规律对企业进行管理，而各种科学管理制度的形式，都以标准化为基础。

标准化促进经济全面发展，提高经济效益。标准化应用于科学研究，可以避免在研究上的重复劳动；应用于产品设计，可以缩短设计周期；应用于生产，可使生产在科学的和有秩序的基础上进行；应用于管理，可促进统一、协调、高效率等。

标准化促进对自然资源的合理利用，保持生态平衡，维护人类社会当前和长远的利益。标准化的实施，能够在社会生产组成部分之间进行协调，确立共同遵循的准则，建立稳定的秩序。

标准化保证产品质量，维护消费者利益，保障身体健康和生命安全。大量的环保标准、卫生标准和安全标准制定发布后，用法律的形式强制执行，对保障人民的身体健康和生命财产安全具有重大作用。

标准化是科研、生产、使用三者之间的桥梁。标准化可使新技术和新科研成果得到推广应用，从而促进技术进步。随着科学技术的发展，生产的社会化程度越来越高，生产规模越来越大，技术要求越来越复杂，分工越来越细，生产协作越来越广泛，这就必须通过制定和使用标准，来保证各生产部门的活动，在技术上保持高度的统一和协调，以使生产正常进行。所以，标准化为组织现代化生产创造了前提条件。

2. 标准化管理

中国标准化工作实行统一管理与分工负责相结合的管理体制。按照国务院授权，在国家质量监督检验检疫总局管理下，国家标准化管理委员会统一管理全国标准化工作。

国务院有关行政主管部门和国务院授权的有关行业协会分工管理本部门、本行业的标准化工作。省、自治区、直辖市标准化行政主管部门统一管理本行政区域的标准化工作，省、自治区、直辖市政府有关行政主管部门分工管理本行政区域内本部门、本行业的标准化工作。市、县标准化行政主管部门和有关行政主管部门，按照省、自治区、直辖市政府规定的各自的职责，管理本行政区域内的标准化工作。

3. 标准的分级

《中华人民共和国标准化法》将标准划分为四个层次，即国家标准、行业标准、地方标准、企业标准。各层次之间有一定的依从关系和内在联系，形成一个覆盖全国又层次分明的标准体系。

（1）国家标准。国家标准是指对全国经济技术发展有重大意义，在全国范围内需要统一的技术要求，由国务院标准化行政主管部门制定并在全国范围内实施的标准。国家标准由国家标准化管理委员会编制计划、审批、编号、发布。国家标准代号为GB和GB/T，其含义分别为强制性国家标准和推荐性国家标准。国家标准是四级标准体系中的主体，在全国范围内适用，其他各级标准不得与之相抵触。为适应某些领域标准快速发展和快速变化的需要，国家标准化管理委员会于1998年规定，在四级标准之外增加一种“国家标准化指导性技术文件”，作为对国家标准的补充，仅供使用者参考，其代号为“GB/Z”。

（2）行业标准。行业标准是指国家有关行业行政主管部门对没有国家标准而又需要在全国某个行业范围内统一的技术要求制定的，是专业性、技术性较强的标准。行业标准作为对国家标准的补充，它的制定不得与国家标准相抵触，当相应的国家标准实施后，该行业标准应自行废止。行业标准由行业标准归口部门编制计划、审批、编号、发布、管理。行业标准的归口部门及其所管理的行业标准范围，由国务院行政主管部门审定。如民政行业标准代号为“MZ”，民政行业推荐性标准代号为“MZ/T”。

（3）地方标准。对没有国家标准和行业标准而又需要在省、自治区、直辖市范围内统一的要求，可以制定地方标准。地方标准的制定范围有：工业产品的安全、卫生要求，药品、食品卫生、环境保护、节约能源、种子等法律、法规的要求，其他法律、法规规定的要求。地方标准由省、自治区、直辖市标准化行政主管部门统一编制计划、组织制定、审批、编号、发布。地方标准在本行政区域内适用，不得与国家标准和行业标准相抵触。地方标准也分强制性与推荐性，代号分别为“DB”、“DB/T”。国家标准、行业标准公布实施后，相应的地方标准即行废止。

（4）企业标准。企业标准是对企业范围内需要协调、统一的技术要求、管理要求和工作要求所制定的标准。企业产品标准的要求不得低于相应的国家标准或行业标准要求。企业标准由企业制定，企业标准是企业组织生产与经营活动的依据，由企业法人代表或法人代表授权的主管领导批准、发布。企业产品标准应在发布后30日内向政府备案。

4. 标准的分类

根据标准的适用领域、发生作用的范围、标准对象和性质、功能等通常有下列五种分类方法。

（1）按标准发生作用的范围或标准的审批权限分类。按标准发生作用的范围或标准的审批权限分为国际标准、区域标准、国家标准、团体标准、行业标准、地方标准和企业标准。国际标准是指国际标准化组织（ISO）和国际电工委员会（IEC）所制定的标准，以及国际标准化组织已列入《国际标准题内关键词索引》中的27个国际组织制定的标准和公认具有国际先进水平的其他国际组织制定的某些标准。国外先进标准是指国际上有影响的区域标准，世界主要经济发达国家制定的国家标准和其他国家某些具有世界先进水平的国家标准，国际上通行的团体标准以及先进的企业标准。采用国际标准包括采用国外先进标准，是指把国际标准和国外先进标准的内容，通过分析研究，不同程度地纳入我国的各级标准中，并贯彻实施以取得最佳效果的活动。与国际标准的一致性程度为非等效的国家标准不属于采用国际标准，它是指我国标准与相应国际标准在技术内容和文本结构上均不同，它们之间的差异也未被清楚的标志。其缩写字母代号为 NEQ（not equivalent）。

（2）按标准的约束性分类。按标准的约束性分为强制性标准和推荐性标准。保障人体健康，人身、财产安全的标准和法律、行政法规规定强制执行的标准是强制性标准，其他标准是推荐性标准。这是中国特殊的划分法，其他实行市场经济的国家，标准都是自愿性的。强制性标准是国家通过法律的形式明确要求对于一些标准所规定的技术内容和要求必须执行，不允许以任何理由或方式加以违反、变更，包括强制性的国家标准、行业标准和地方标准。对违反强制性标准的，国家将依法追究当事人法律责任。推荐性标准是指国家鼓励自愿采用的具有指导作用而又不宜强制执行的标准，即标准所规定的技术内容和要求具有普遍的指导作用，允许使用单位结合自己的实际情况，灵活加以选用。

（3）按标准所属行业分类。目前我国按行业归类的标准已正式批准了 57 大类，行业大类的产生过程是：由国务院各有关行政主管部门提出其所管理的行业标准范围的申请报告，经国务院标准化行政主管部门（国家标准化管理委员会）审查确定，同时公布该行业的标准代号。

（4）按标准属性分类。通常按标准的专业性质，将标准划分为技术标准、管理标准和工作标准三大类。在标准化领域中，对需要统一的技术事项所制定的标准称为技术标准，技术标准是对标准化领域中需要协调统一的技术事项所制定的标准，主要包括基础标准、产品标准、方法标准和安全、卫生与环境保护标准。管理标准是对标准化领域中需要协调统一的管理事项所制定的标准，主要包括生产管理、技术管理、经营管理和劳动组织管理等标准。为实现工作（活动）过程的协调，提高工作质量和工作效率，对每个职能和岗位的工作制定的标准为工作标准。工作标准是对标准化领域中需要协调统一的工作事项所制定的标准，如作业方法、设计程序、工艺流程等标准。

（5）按标准的功能分类。基于社会对标准的需求，为了对常用的量大面广的标准进行管理，通常将重点管理的标准分为：基础标准、产品标准、方法标准、安全标准、卫生标准、环保标准、管理标准。按标准化对象在生产过程中的作用，一般有材料标准、零部件（半成品）标准、工艺和工装标准、设计维修标准、产品标准、检验与试验方法标准等。

5. 标准的制定

制定标准是指标准制定部门对需要制订标准的项目编制计划，组织草拟、审批、编号、发布的活动。标准化技术委员会是制定国家标准和行业标准的一种重要组织形式，它是一定专业领域内从事全国性标准化工作的技术工作组织。

标准备案是指一项标准在其发布后，负责制定标准的部门或单位，将该项标准文本及有关材料，送标准化行政主管部门及有关行政主管部门存案以备查考的活动。标准复审是指对使用一定时期后的标准，由其制定部门根据我国科学技术的发展和经济建设的需要，对标准的技术内容和指标水平所进行的重新审核，以确认标准有效性的活动。

标准的实施是指有组织、有计划、有措施地贯彻执行标准的活动，是标准制定部门、使用部门或企业将标准规定的内容贯彻到生产、流通、使用等领域中的过程。它是标准化工作的任务之一，也是标准化工作的目的。

标准实施监督是国家行政机关对标准贯彻执行情况进行督促、检查、处理的活动。它是政府标准化行政主管部门和其他有关行政主管部门领导和管理标准化活动的重要手段，也是标准化工作任务之一，其目的是促进标准的贯彻，监督标准贯彻执行的效果，考核标准的先进性和合理性，通过标准实施的监督，随时发现标准中存在的问题，为进一步修订标准提供依据。

国家标准的制定有一套正常程序，每一个过程都要按部就班地完成。同时为适应经济的快速发展，缩短制定周期，除正常的制定程序外，还可采用快速程序。

（1）制定国家标准的正常程序。我国依据《ISO/IEC 导则　第 1 部分：技术工作程序（1995 年版）》颁发了国家标准《国家标准制定程序的阶段划分及代码》（GB/T 16733－1997），将国家标准的制定程序划分为九个阶段：

预阶段。在充分研究和论证的基础上，提出新工作项目建议。

立项阶段。对新工作项目建议的必要性和可行性进行充分论证、审查和协调的基础上，提出新工作项目。

起草阶段。该阶段是制定标准的关键，主要工作内容包括编制标准征求意见稿、编制说明和有关附件。

征求意见阶段。向标委会委员和有关单位发送标准征求意见稿，通过各种方式广泛征求意见。标准起草工作组根据收集到的反馈意见对征求意见稿进行修改，并在此基础上编制标准送审稿、回函意见处理汇总表。

审查阶段。标准化技术委员会以会审或函审的形式对标准送审稿进行审查、表决，一般同意票数在全体委员的三分之二以上方可通过。通过的送审稿根据审查意见进行修改并编制报批稿。对于难度较大和争议较多的标准送审稿一般采用会议审查方式。

批准阶段。对标准报批稿进行审查、批准和编号，并提供标准出版稿。

出版阶段。由出版社印刷出版正式标准。

复审阶段。按规定定期对标准进行复审。

废止阶段。根据复审结果，通过一定形式宣布某标准废止。

（2）制定国家标准的快速程序。快速程序是在正常标准制定程序的基础上省略起草阶段或省略起草阶段和征求意见阶段的简化程序。原国家技术监督局于1998年发布了《采用快速程序制定国家标准的管理规定》，凡符合下列之一的项目，均可申请采用快速程序：

等同采用或修改采用国际标准制定国家标准的项目，等同采用或修改采用国外先进标准制定国家标准的项目，现行国家标准的修订项目，现行其他标准转化为国家标准的项目。

采用快速程序的项目，按《国家标准管理办法》的有关规定和GB/T 16733的要求进行管理。

制定行业标准和地方标准的程序与国家标准差不多，企业标准的制定程序可适当简化。

（二）民政标准化

标准化是现代民政的重要构成，是维护民政对象权益、提升民政管理与服务效能、加快民政事业发展的重要手段与技术支撑。为推进民政标准化工作，提高民政领域公共服务质量，提高民政部门依法行政水平，保障民政工作对象权益，民政部、国家标准化管理委员会联合编制了《全国民政标准2006—2010年发展规划》，主要以民政特殊行业产品、民政公共服务为对象，提出了民政领域内的国家标准及行业标准的指导思想、主要目标、重点领域和保障措施，对开展民政标准化工作具有重要的指导作用，是编制民政标准年度制（修）订计划、建立健全民政标准体系的主要依据。为全面推进“十二五”民政标准化建设，促进民政事业科学化、规范化发展，依据《中华人民共和国国民经济和社会发展第十二个五年规划纲要》《全国服务标准2009—2013年发展规划》《全国民政科技发展中长期规划纲要（2009—2020年）》及相关民政和标准化政策法规，民政部与国家标准化管理委员会联合编制了《全国民政标准化“十二五”发展规划》。

1. 主要成绩

一是制定和修订了一批标准。先后发布实施了97项国家标准、25项行业标准。地方民政部门积极探索，相继制定出台了一批地方标准。这些标准主要集中在康复辅具、殡葬、地名、减灾救灾、社会福利、民政信息化等专业领域。

二是加强了民政标准化基础研究力度。2005年成立了民政部标准化工作领导小组，组织开展了民政标准体系战略研究，制定实施了第一个民政标准专项规划《全国民政标准 2006—2010 年发展规划》，在民政相关公共服务领域推行了标准化体系建设，初步建立门类齐全、结构清晰的民政标准体系框架。民政部积极争取财政专项资金，组织开展民政领域标准基础研究，先后组织了“民政领域标准体系建设项目研究”“殡葬行业标准体系的建立”等国家级重大科研课题研究，组织开展了康复辅具、减灾救灾、殡葬、地名等领域标准化关键技术研究，有力地促进了民政标准化工作发展。目前已取得了 266 项民政标准基础研究成果，为制定民政标准打下了良好基础。

三是加强了标准化专业技术机构建设。成立了民政部标准化工作领导小组和标准化专家委员会，加强了全国残疾人康复和专用设备、地名标准化技术委员会能力建设，成立了全国减灾救灾、社会福利服务、临时性社会救助、殡葬、婚庆婚介标准化技术委员会。

四是加强了标准化工作的规范化管理。早在 2003 年民政部就发布了《民政部标准化工作管理暂行办法》，对民政标准制定范围、管理机构、标准计划、编制、审批、发布程序等内容进行了明确规定，加大了人才培养与归口管理力度，使民政标准化工作步入了制度化、规范化的轨道。

2. 指导思想

以邓小平理论和“三个代表”重要思想为指导，深入贯彻落实科学发展观，以保障和改善民生、提升民政管理与服务水平为目标，以服务现代民政转型、推进管理与服务标准化建设为主线，以标准研制为基础，以标准应用为重点，加强机制创新与能力建设，着力增强民政标准化的系统性、导向性、实效性与科学性，为民政事业科学发展提供坚实技术支撑与服务保障。

3. 基本原则

以民为本，服务发展。坚持“以民为本、为民解困、为民服务”的工作理念，将服务和谐社会建设、满足公众需求作为标准化工作的根本出发点和落脚点，加快民生急需标准研制，着力提升民政工作质量，以民政对象满意程度检验标准化建设成效。

部门主导，社会参与。充分发挥各级民政部门及民政范围社会管理与服务机构的主体作用与主动意识，加强部门之间协同配合，鼓励社会各界参与标准制定与实施，使标准化成为各方参与和支持民政事业发展的重要平台。

统筹规划，突出重点。把握标准化工作规律，统筹安排民政范围各类标准布局与优先次序，加快民政标准体系以技术标准为主向以管理标准、服务标准为主转型，加大行业标准制修订力度，支持与鼓励地方标准、民政企事业单位标准研制。

强化应用，注重实效。立足民政、面向社会及市场，加强标准宣传与贯彻执行，建立健全民政标准实施、监督、评估与反馈机制，推进管理标准化建设试点示范与成果推广，提高标准的适用性、实效性与普及性。

4. 发展目标

到2015年，基本建成覆盖民政领域、协调配套的民政标准体系，标准化理念在民政系统深入普及，管理标准化建设在民政范围全面推进，民政标准化管理体制与工作机制基本健全，标准化技术支撑作用得到充分发挥。具体目标有：

标准体系目标。健全层次分明、结构合理、科学实用、相互协调的民政标准体系，建成民政分业务领域标准体系框架，实现民政标准覆盖范围由分散化向系统化转型。

标准研制目标。研究与制（修）订不少于100项国家标准、80项行业标准，支持各地探索制定30项以上地方标准。标准制定周期控制在2年以内、标龄控制在5年左右。提出和参与国际标准制（修）订实现零的突破。基本完成民政业务领域重点急需标准制定，管理与服务类标准占新制定行业标准的比例不低于50%。

标准实施目标。民政标准实施推广模式与方法不断丰富，国家标准、行业标准在民政范围普遍实施，地方民政标准化建设成效明显。民政范围管理标准化建设全面推进，争取建立民政管理标准化建设试点示范地区50个、示范单位100家。

人才培养目标。大规模开展标准化专题培训，实现各类民政标准化人才规模大幅增加、专业素质明显提高，基本满足民政标准化工作需要。

5. 主要任务

（1）建立健全民政标准体系。一是完善民政标准体系框架。系统分析民政业务领域标准现状与需求，按业务领域构建标准体系框架，明确国家标准、行业标准布局和强制性标准、推荐性标准构成，留足地方标准对接空间。在分领域标准体系建设基础上，进一步完善民政标准体系总体框架，提升民政管理标准、服务标准与技术标准、基础标准之间的协调性与统一性。二是加快国家标准与行业标准研制。把握民政工作共性规律，科学总结实践经验，加快科研成果转化，推进民政各业务领域国家标准、行业标准研制。针对民政范围社会管理及行政管理需要，加强管理标准研制。针对民政工作对象对优抚安置、防灾减灾、社区建设、社会救助、社会福利、婚姻家庭、殡葬事务、社会工作等领域现实服务需求，加强服务标准研制。针对地名、康复辅具、福利彩票、殡葬等领域民政特色行业产品生产应用，加强技术标准研制。针对民政公共服务设施建设、人才队伍建设和信息化建设，开展相应标准研制。针对科技进步与民政业务新进展，对标龄超过一定年限、不适应实际工作需要的标准进行调整与修订，逐步解决标准老化问题。三是加强地方民政标准建设。发挥行业指导作用，支持有条件的地方重点围绕社区服务、公共地名服务、养老服务、殡葬服务等社会关注度高的民政业务开展地方标准研制，鼓励民政企事业单位、社区服务机构及相关社会组织开展内部标准研制。完善自下而上与自上而下相结合的工作机制，鼓励基层民政部门参与行业标准、国家标准研制，支持地方标准上升或转化为行业标准、国家标准，搞好地方标准与行业标准、国家标准之间的配套衔接，推进区域民政标准体系建设一体化进程。

（2）建设民政标准化推进体系。一是开展合格认证。依据国际质量管理体系、环境管理体系、职业健康安全管理体系等通用合格评定标准，结合民政所辖行业与领域生产、管理和服务组织的特点，探索建立适应形势发展、符合民政需要的管理认证体系合格评定标准。支持和鼓励相关民政工作机构导入相应标准，推进内部质量管理体系建设。按照政府主导、第三方认证、分级管理的原则对民政范围有关组织和机构的质量、环境、职业健康安全等管理工作进行体系认证认可，逐步提高内部管理的规范性与透明度。二是开展等级评定。参照《服务企业等级的划分》《企业标准体系》等国家标准，结合实际，制定社会组织、社会福利机构、农村五保供养服务机构、婚姻收养登记机构、救助管理机构、婚庆婚介服务机构、殡葬服务机构等民政所辖范围内的公益服务类组织，以及康复辅具、殡葬等民政特殊行业单位的“等级划分与评定”国家或行业标准，明确相关行业、领域组织等级划分原则和依据以及等级评定方式、程序和要求。按照政府主导、机构承担、分级负责原则，对服务对象、目标、功能相同但服务设施、项目、质量要求不同的服务组织进行等级划分与分类评定，提高各类民政机构和社会组织的规范化建设水平。三是开展示范建设。贯彻落实《民政部关于印发〈关于在民政范围内推进管理标准化建设的方案（试行）〉的通知》（民发〔2010〕86号），按照“先试点后示范”的原则，引导和鼓励工作基础较好、有积极性的地区和单位启动管理标准化建设试点工作，加快建立本地区本单位民政标准体系，探索民政范围管理标准化建设实现方式、运行规律与体制机制。尽快在民政范围形成一批民政管理标准化建设试点示范地区和试点示范机构，并在此基础上总结经验、逐步推广，推进民政范围管理标准化建设深入开展。

（3）建设民政标准化宣贯体系。一是广泛宣传民政标准化工作。从执行标准的实际需求出发，认真研究民政标准宣传的新思路、新方法，营造推行民政标准化的良好氛围。利用网站、电视、广播、报刊等媒体，采取会议、讲座、展览、简报、“标准日”活动、技能竞赛等形式，加强标准化理念推广与民政标准知识普及。根据社会需求与民政工作重点，策划组织重要民政标准化的宣传贯彻，使民政系统干部职工及社会各界更好地了解、支持和参与民政标准化建设。二是加强标准执行与评估检查。采用统一化、系列化、通用化、组合化和模块化等形式组织实施民政标准。鼓励基础较好地区与单位率先在民政管理、服务及生产领域采用新出台标准，及时总结和推广标准实施成果，扩大民政标准的社会影响力。将标准执行情况与相关激励政策与管理措施挂钩，加大国家标准、行业标准在民政范围企事业单位、社区工作机构及社会组织的执行力度。建立标准实施监督体系，通过质量检测、专家评估、现场检查等方式，定期对重点领域、关键部位、主要设施的标准执行情况开展质量评估。将公众满意度纳入评估指标体系，促进标准实施与民政工作质量提升同步。

（4）建设民政标准化技术支撑体系。一是加强民政标准化技术组织建设。在成立社会工作、社会救助、社区建设与服务等全国标准化技术委员会及相关标准化工作组织基础上，加强已有全国标准化技术委员会技术协调与服务保障能力建设，加快成立行业标准化技术委员会，形成覆盖民政各业务领域的标准化专业技术组织体系。鼓励地方民政工作者参与标准化技术组织活动，进一步充实民政标准化专家委员会，面向民政系统发挥专家咨询与技术指导作用。加强民政范围质量检测、计量认证机构建设，鼓励与支持部属单位及民政系统加强标准化研究机构建设，积极营造有利于民政标准化发展的条件平台。鼓励民政标准化技术组织参加与其对应的国际标准化组织有关活动，不断开阔民政标准化工作的国际视野。二是加强民政标准化人才队伍建设。围绕民政标准化人才培养、评价、选拔、任用、激励等环节，建立健全有利于民政标准化人才施展才能的长效保障机制。通过专题培训、课题研究、经验交流、现场观摩、顶岗实习、在职教育等多种方式，有针对性地培养和造就一批结构合理、素质优良的民政标准化专家队伍和工作队伍。探索建立民政标准化人才库，鼓励社会力量开展民政标准化理论研究与关键技术攻关，为民政标准化建设提供智力支撑。

（三）殡葬标准化

殡葬属于基本民生领域的专项社会事务，涉及学科多，影响范围大，服务对象广，开展活动多，在殡葬领域全面制定并实施殡葬标准，推行国家标准化战略具有特别重要的意义。

殡葬标准是以殡葬为对象的标准，是殡葬标准化专业部门对殡葬概念、殡葬事务与产品、方法和活动等作出的在确定范围内共同遵守的技术。殡葬标准的对象是殡葬领域“重复的事物和概念”，殡葬标准的实质是殡葬技术领域的“统一规定”，殡葬标准的基础是现代社会“科学技术和实践经验的综合成果”，殡葬标准的原则是在殡葬管理、科研、教学、宣传、生产、销售、使用、服务等过程中“经有关方面协商一致”，殡葬标准的权威是由殡葬标准化“主管机构批准”，殡葬标准的确立是“以特定形式发布”，殡葬标准的用途是在殡葬领域乃至全社会“作为共同遵守的准则和依据”。

1. 殡葬标准化主要成绩

殡葬标准化建设是殡葬法律体系中不可或缺的部分，也是对殡葬领域依法进行管理、监督的前提。殡葬领域标准化体系建设的意义在于用科学化的标准指导和管理殡葬领域，保障殡葬服务质量、保证依法行政、保护殡葬消费者的合法利益。

随着改革开放和经济社会快速发展，我国殡葬事业总体水平与科学发展观要求不相适应的矛盾日益突出，殡葬行业提供的服务不能很好地满足公众的殡葬需求。也正是基于这样的事实，我国殡葬行业开始关注标准建设。随着各行业贯彻管理体系国际标准进程的加快，殡葬行业在服务质量、环境保护、健康安全等方面进行了积极的探索，一些先进的殡仪馆与公墓积极实施国际标准体系认证（主要是ISO9000质量管理体系标准、ISO14000环境管理体系标准和OHSAS 18000职业健康安全管理体系标准），个别的开始实行以整理、整顿、清扫、清洁和修身为主要内容的5S管理或进行流程再造，有效地加强了殡葬工作的科学管理，促进了殡葬行业的可持续发展。

根据中共中央办公厅转发民政部党组《关于共产党员应简办丧事、带头实行火葬的报告》的通知（中办发〔1983〕75号）文件精神，为了迅速改变我国火化设备技术落后状况，民政部委托沈阳火化设备研究所拟订了民政部《燃油式火化机通用技术条件》部颁标准。1985年1月25日，民政部下发了《关于发布〈燃油式火化机通用技术条件〉的通知》（民〔1985〕8号），标志着我国进入了殡葬设备标准化管理阶段。此后，民政部陆续发布了《中小型殡仪车通用技术条件》（1987）、《燃油式火化机污染物排放限值及监测方法》（1992）、《燃油式火化机大气污染物排放限值》（2009修订）、《木质骨灰盒通用技术条件》（2009）等技术标准，这些标准的制定和发布为殡葬市场监管部门监管殡葬设备、用品质量提供了有力的技术支撑。民政部与原劳动和社会保障部于2006年发布了殡葬行业殡仪服务员等6个《国家职业标准》，对殡葬从业人员的职业技能作出了规定，民政部2007年12月下发了《关于在民政行业推行国家职业资格证书制度，开展职业技能鉴定工作的通知》，为规范从业人员资质、实行持证上岗提供了依据，现已经进入规模化的培训与鉴定阶段。全国殡葬标准化技术委员会于2008年成立并开展工作，提出了《殡葬标准体系框架》。民政部为进一步完善我国殡葬服务标准体系，全面提升殡葬服务水平，组织编制了《殡葬服务术语》《殡仪接待服务》《遗体告别服务》《遗体保存服务》《遗体火化服务》《骨灰寄存服务》《骨灰撒海服务》等7项殡葬服务标准并于2011年4月公布。这些标准为规范殡葬服务、满足社会需求，提供了重要依据，同时也为政府进行有效的市场监管提供了依据。

2. 殡葬标准化指导思想

以科学发展观为统揽，本着“以民为本、为民解困”的民政工作理念，着眼于社会主义和谐社会和新农村建设对殡葬事业发展的实际需要，充分利用殡葬系统和其他社会科研力量，全面加强殡葬标准化基础研究，建立健全殡葬领域标准体系，科学编制殡葬标准发展规划，加快制定一系列殡葬急需、社会适用的标准，为规范殡葬管理服务行为，提高殡葬依法行政水平，加强殡葬系统行风建设，提供标准依据和技术支撑。

3. 殡葬标准化工作目标

根据国家有关法律法规要求和殡葬行业现状，民政部成立了“全国殡葬标准化技术委员会”，负责本行业国家标准和行业标准的技术归口工作，指导全国范围内的地方标准化和企业标准化业务。殡葬标准化工作应该实现以下目标：

一是建立和健全重点突出、科学合理，强制性标准与推荐性标准定位准确，国家标准、行业标准相互协调，基础标准、方法标准、设施标准、产品标准、服务标准、管理标准、工作标准、安全标准、卫生标准、环保标准、建设标准相配套，与国际相关标准体系基本接轨，能支撑殡葬事业发展的标准体系。

二是大力宣传贯彻国家和部门标准化法规、提高全行业标准化意识。使各级民政管理部门和殡葬企事业单位都把标准化工作纳入重要议事日程。

三是加强行业标准化技术队伍的建设，培养出一大批专业骨干人员。通过开办培训班和网上教育等手段，进行标准化理论学习。通过组织开展各单位和部门的标准化工作实践活动，提高标准化人员的综合能力。

四是积极采用国际殡葬标准和国外先进殡葬标准，加强国际贸易和国际合作。为殡葬行业与国际接轨，消除行业技术壁垒做好标准化方面的技术准备。在完成标准制修订目标的前提下，凡是国际上有相关标准的，进行等同、等效或非等效采用，积极参与国际有关标准的制定工作。

五是建立殡葬设备用品生产销售的登记制度，推行质量认证认可和合格评定制度，推进产业标准化工作并规范殡葬产品市场。国家对各种火化设备和用品进行登记，只有达标的产品才能正式投入生产和使用。加强行业标准的实施与监督，开展殡葬设备用品行检、生产许可证发放和计量认证工作。

4. 殡葬标准化保障措施

一是完善殡葬标准化工作运行机制。殡葬领域标准化工作涉及面广，要充分发挥各方面的力量，按照“统一计划、分头起草、统一审查、统一编号、统一发布”的原则，有计划、有步骤地组织落实规划中提出的各项任务。按照国家标准化管理委员会有关政策要求，建立健全标准制（修）订工作机制，建立规范的国家标准、行业标准计划立项、起草、审查、审批、发布的程序和公开透明、协调一致、快速反应的管理模式。

二是加强殡葬标准化工作机构建设。在全国殡葬标准化技术委员会领导下，成立殡葬标准化研究机构，组织一批高层次、高水平的标准化专业人才，加强标准的基础研究和前期研究，加强对国外相关技术法规和标准的追踪研究，以科研带动标准化水平的提升，实现标准化工作的跨越式发展。

三是加强殡葬标准化人才队伍建设。以集中培训为手段，培养一批殡葬标准宣贯实施和应用人才；以理论、技术研究和标准制（修）订为基础，以培训、进修为手段，培养一批既懂殡葬业务，又熟悉标准化专业知识和国际相关标准化情况，能积极参与国际标准化活动和指导有关标准化工作的复合型高级人才，尽快建立起一支与殡葬标准化事业发展相适应的标准化专业人才队伍。

四是加强殡葬标准化信息体系建设。建立殡葬标准化管理信息系统，实现标准提案、标准计划立项、审批、标准制修订过程监督、标准征求意见、标准批准发布、标准复查复审等标准制（修）订活动的网络化、信息化，缩短标准制（修）订时间，提高标准制（修）订效率。加强国内外相关民政标准信息的收集、整理和加工工作，建立“准确、高效、权威、便捷”的殡葬标准化信息共享服务平台，为殡葬系统和全社会提供标准化信息服务。

五是建立殡葬标准化宣贯保障体系。积极探索标准宣贯的新途径和新方法，充分利用电视、网络、广播、报刊等媒体，通过培训、论坛、讲座、展览等多种形式，加大殡葬标准化工作的宣传力度，提高全社会对标准化的认知程度，让殡葬消费者能够利用标准作为武器维护自身权益，让殡葬系统从业人员能够利用标准提高工作效率和服务质量，动员更多的社会力量支持殡葬标准化工作。

二、殡葬标准体系的建立

殡葬标准体系就是各类殡葬标准按其内在联系形成的一个科学的有机

整体。中国殡葬标准体系是殡葬行业制（修）订国家及行业标准的技术依据和工作基础，是全国殡葬单位制定有关地方和企业殡葬标准的指导性技术文件。

（一）殡葬标准体系的意义

1. 适应殡葬行业发展的需要

随着人口的增长和经济发展，人们对殡葬活动乃至殡葬业提出了更多更严的要求。只有建立殡葬标准体系，加强对殡葬行业的规范，才能促进我国殡葬行业健康有序地发展，满足公众开展殡葬活动的需要。

2. 依法治理殡葬行业的需要

国务院《殡葬管理条例》第四章“殡葬设备和殡葬用品管理”中明确规定，“禁止制造、销售不符合国家技术标准的殡葬设备及用品”。没有殡葬产品的系列标准，就不能贯彻国家《殡葬管理条例》和标准化法，就不能改变现在大多数殡葬产品的无标准生产、粗制滥造、质次价高、恶性竞争的混乱局面。如果不制定各种岗位服务标准或规范，也就不能全面提高殡葬服务的整体水平。

3. 保护公众殡葬权益的需要

截至2011年年底，全国共有殡仪服务单位4386个，其中殡仪馆1745个，殡葬管理单位952个，民政部门管理的公墓1689个，殡仪服务单位职工共有7.6万人。此外，还有10万多个公益性公墓，40多万个红白理事会（不包括正在大量兴建的社区殡仪服务站）；作为殡葬消费者，现在全国每年有900万丧户。保护如此众多的殡葬消费者合法权益早已成为民政系统的突出问题，有时还成为影响社会稳定的敏感问题。没有殡葬质量标准和与其配套的质量检验标准，就无法保护广大殡葬消费者的合法权益。

4. 殡葬行业科学管理的需要

殡葬标准体系的建立，能为我国殡葬管理部门提供大量殡葬领域的标准化信息。这将为从技术上评价行业的经营现状及发展趋势提供依据，有利于管理部门的科学决策。在国家等级殡仪馆的评定，国家等级公墓的创建，殡葬设备用品生产许可证发放和殡葬改革等过程中，殡葬标准体系都将发挥其重要的基础作用，从标准化和规范化方面提高殡葬行业的管理水平。

总之，随着经济发展、殡葬业的科技进步和社会需求的提升，全面科学地开展本行业标准化工作是实现科学管理和提高殡葬质量的需要；是消除不公平竞争，建立最佳殡葬经营环境和秩序的需要；是促进殡葬改革和科技进步的需要；是保护生态环境的需要。

（二）殡葬标准体系的内容

1. 殡葬标准体系的级别

我国殡葬标准体系可以按标准的级别分成国家标准体系、行业标准体系、地方标准体系、企业标准体系。殡葬标准体系是国家标准体系的子体系，为行业一级（国家二级）体系。

2. 殡葬标准体系的层次

按照通用程度和使用范围，现阶段我国殡葬标准体系应分四层为宜：全行业通用的殡葬标准居第一层，专业通用的殡葬标准居第二层，门类通用的殡葬标准居第三层，个性殡葬标准居第四层。上层统领下层，下层支持上层。一般上层为共性标准，底层为个性标准。

（1）殡葬行业通用技术标准类。即第一层次。主要包括全国殡葬行业通用的术语、分类、安全、卫生、环保等共性标准。

（2）专业通用殡葬标准类。第二层次暂分为殡葬建筑、殡葬设备、殡葬用品、殡葬服务和殡葬管理等五个类别。这一层次标准中主要为通用技术要求。

（3）门类通用殡葬标准类。本层次主要按标准化对象的门类划分，包括殡仪馆建设规划要求与建筑设计规范、公墓建设规划要求与建筑设计规范、火化设备通用技术条件、殡葬用品通用技术要求、殡葬服务规范和殡葬管理技术要求等12类标准。

（4）殡葬产品等个性殡葬标准。第四层次都是产品的个性标准或具体技术要求。在这一层次中，每种产品都应该有相应的标准。主要产品的重要部件也要有相应的标准。本层次是地方和企业标准化的重点。按产品的具体用途，殡葬产品分为殡葬设备和殡葬用品两大类。殡葬设备可分为遗体冷冻箱、遗体冷藏棺、遗体告别装置、殡仪车、送尸车、火化机、遗物焚烧炉、骨灰处理机、火化消烟除尘器、除臭器、消毒器、节能器、挽联机、刻碑机和电子悼念屏等。殡葬用品包括骨灰盒、遗体包装物、墓碑、殡仪杂品等。殡葬产品标准主要在于规范产品的性能、设计、生产、使用和检验等技术要求与规定。

3. 建立标准体系的步骤

（1）深入调研，明确标准制定的必要性。制定任何一项标准都需要依靠实践中的基础数据，因此必须进行深入细致的基层调研工作，立足现状、分析需求、明确目的，掌握大量翔实、准确的基础数据。同时对标准进行必要性的评定，从制定标准的目的性、标准实施的可行性及目前制定标准的适时

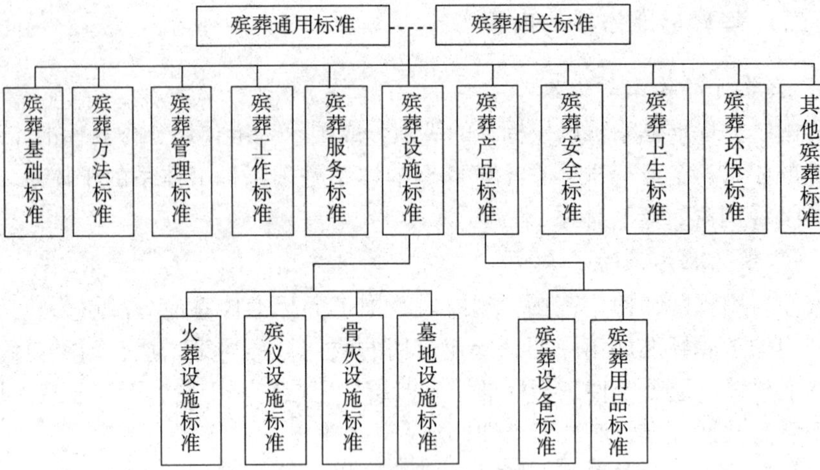

图5－1　殡葬标准体系层次结构图

性进行评定。

（2）整理文件，充分做好前期准备工作。收集有关的文件，主要包括与所编标准有关的法律法规、标准化方面的有关规定、各种相关标准及引用标准及本单位现行的通知、制度、规定、办法等各种形式的全部文件，并对其进行整理归类、查漏补缺，由有关使用部门和具体人员共同评估这些文件的适用性。

（3）转化形式，初步形成标准体系文件。将现行有效的文件按照标准化的要求，全部转化为标准文件体系表格形式；通过对整个标准文件体系表的研究和运用，发现新的需求和不足，从而再次完善、补充标准文件体系表。

（4）标准实施，运行标准以待逐步完善。将初步形成的标准体系文件经服务业组织决策层管理者批准后发布，并下发至各部门进行试运行。运行过程中需要有专人负责检查标准的试运行状况，对标准运行过程中的信息反馈做好记录，同时做好各部门的组织协调工作。

（5）实施评价，注重检验标准实施成果。确定评价方案，并确定专人进行评价。主要从符合性评价和实施效果评价两方面对服务业组织是否建立标准体系后进行有效实施，是否配备专职或兼职人员，标准化职责是否明确，全员是否经过标准化专业培训，最高管理者、中层管理者是否掌握标准体系文件有关内容等方面进行评价，形成评价报告。

（三）殡葬标准的制定程序

标准的制定工作包括制定新标准，修订老标准和复审现标准三项主要内容。制定殡葬标准大体分为如下四个阶段：

1. 学习准备阶段

制定标准前，一定要学习并把握住两方面内容。一方面是国家标准化及本行业有关行政法规，另一方面是国家编制标准的技术标准，即标准的标准，两者缺一不可。标准化工作导则中的标准都是标准的标准，与ISO组织的有关标准等效。特别是要学好GB/T 1.1－2009《标准化工作导则　第1部分：标准的结构和编写规则》及其TDS1.O标准编写电子模板的使用方法。

2. 计划立项阶段

根据上级要求和本行业实际，按年度提出标准制订计划项目并填报任务表。殡葬产品的国家标准要报国家标准化管理委员会，行业标准要报民政部人事司，地方标准报地方标准化管理部门，企业标准要报企业法人代表审批，正式立项后开始组织技术人员编写。殡葬行业标准化技术委员会和技术归口部门负责向管理部门推荐。

3. 标准编制阶段

项目批准后就要成立工作小组，确定编制方案。在广泛调研、试验和论证的基础上编写出征求意见稿和标准编制说明。征求各有关方面意见后，修改成送审稿。经标委会或专家组审定后确定报批稿，最后上报相应的标准化管理部门。

4. 批准发布阶段

报批稿由各级标准化主管部门或企业法人代表批准后编号、确定实施日期后，出版发布，尽快发行至各有关实施单位和部门。

（四）殡葬标准的有效实施

标准一经发布，就要通过各种媒体和培训等方式进行宣传解释，使执行单位和部门准确地理解条文的内容。提高实施标准的自觉性和责任感，对于强制性标准一定要强制执行，对推荐性标准，要积极执行。

1. 殡葬标准实施的问题

殡葬领域的标准化工作与新时期国家推行的标准化发展战略要求还有很大的差距，与相关领域的标准化发展水平还有一定的距离。尤其在标准的实施方面还存在的许多问题。

（1）执法不严，缺少有效监督机制。《中华人民共和国标准化法》第三条规定："标准化工作的任务是制定标准、组织实施标准和对标准的实施进行监督。"第十四条规定："强制性标准，必须执行。不符合强制性标准的产品，禁止生产、销售和进口。推荐性标准，国家鼓励企业自愿采用。"《中华人民共和国标准化法实施条例》第二十三条规定："从事科研、生产、经营的单位和个人，必须严格执行强制性标准。"现行有效的国家强制性殡葬标准和行业强制性殡葬标准都属于技术法规层面，都必须严格执行。多年来，全行业对于必须执行的强制性标准既没有严格的监督检查，也没有采取强制措施执行，更没有对不执行强制性标准的单位和个人进行处罚。对于推荐性技术标准同样缺少鼓励实施的机制。

（2）宣贯不足，标准工作意识淡薄。受殡葬领域传统意识强、开放程度差、区域差异大、科技普及率低等综合因素影响，许多殡葬从业人员的标准化意识淡薄，没有意识到社会科学技术的进步、全球经济和服务一体化对我国殡葬事业可持续有序发展提出的严峻挑战，没有意识到在本职岗位上规范管理和服务就能创造最佳秩序并取得最大效益。在标准的宣传贯彻方面，普及标准化基础知识不足，举行专题培训班等形式宣讲技术标准不够。对于现行有效的主要殡葬技术标准，还没有进行大规模的系统宣传贯彻培训，全行业对主要殡葬标准中的技术内容的缺少理解，对实施标准中相关标准不够了解，加上对标准作用的认识不足，导致目前殡葬技术标准整体实施效果较差的现象，使一些现行有效的标准没有发挥其应有的作用。

（3）合作面窄，标准实施效果偏差。殡葬标准涉及的行业和部门很多，殡葬领域的国家标准需要多方合作与支持。例如，在殡葬建设用地方面，需要国土资源部的合作与支持；在殡葬环境保护方面，需要环境保护部门的合作与支持；在绿色殡葬方面，需要同林业部门的合作；在国际运尸方面，需要同国家检验检疫和海关部门的合作；在殡葬卫生防疫方面，需要同卫生部门的合作；在殡葬从业人员的职业技能鉴定方面，需要同人力资源和社会保障部门的合作；在无名尸的规范化处理方面，需要同公安部门的合作；在少数民族墓地的规范管理与服务方面，需要国家民族事务和宗教事务管理部门的合作；在殡葬产品的质量检定方面，需要国家质量监督检验检疫部门的合作与支持；在殡葬设施建设和规划方面，需要住房和城乡建设部门的合作；在殡葬标准体系建设和国家标准制（修）订方面，需要国家标准化管理部门支持与帮助；在殡葬标准科研方面，需要科技部门和财政部门的支持等。民政部门与有关部门合作不够，导致标准实施的效果偏差。

（4）人才不足，缺乏人力资源保障。目前，殡葬领域没有标准实施方面的专门管理和技术人员，在兼职的殡葬标准化队伍中，普遍存在标准基础知识欠缺、标准化实践经验少、对标准的理解和实施能力差等问题，加上殡葬领域没有开展"标准试点"工作，不能进行标准实施的推广示范和技术交流，限制了标准的实施，从标准的研究、规划、制定、评价、复审、修订、转化、解释、实施、监督、管理等各环节都缺乏专业的人才保障。

2. 殡葬标准实施的对策

（1）制订殡葬标准化发展规划。研究制订标准发展规划是促进标准实施的一项基础性、前瞻性和战略性任务。2009 年 6 月，国家标准化管理委员会作出了“实施国家标准化体系建设工程”的重大战略部署，提出了用 3 年时间建成符合我国国情的标准体系、标准化技术体系、标准化推进体系和标准化保障体系。2009 年 7 月，民政部组织开展了民政标准化发展规划的前期研究工作并启动了民政标准化体系的建设工程。根据国家要求和行业发展需要，民政部应组织制订“全国殡葬标准化发展规划”，按照“统筹兼顾，合理布局；突出重点，以点带面；立足当前，着眼长远；强化实施，注重实效”的原则构筑科学的殡葬标准化体系框架，指导全国殡葬行业科学、合理、有力、有序地开展系列标准化工作，为促进殡葬事业的可持续发展提供战略保障。

（2）开展殡葬标准化试点工作。在殡葬服务机构开展服务标准化试点，通过制定和实施殡仪馆服务、火葬场服务、公墓服务、骨灰堂服务、遗体处理服务、骨灰处理服务、遗体接运服务、遗物祭品焚烧服务、国际运尸服务等标准和规范，系统地规范殡葬领域的服务设施、服务设备、服务流程、服务项目和服务质量等方面的技术要求，保证各项殡葬服务活动沿着规范化方向健康发展。通过实施殡葬服务标准，强化安全、卫生和环保意识，加强骨灰寄存和祭奠服务的安全防范，强化遗体接运和处理过程中的卫生防护，最大限度地控制火化等污染，建立环境友好型和资源节约型的殡葬服务标准体系，同时倡导健康文明的殡葬方式。在从业人员的规范化管理上，全面实施《殡仪服务员国家职业标准》《遗体接运工国家职业标准》《遗体防腐师国家职业标准》《遗体整容师国家职业标准》《遗体火化师国家职业标准》和《墓地管理员国家职业标准》，确定各职业不同职级的工作要求，规范各岗位工作内容和技能要求，为开展规范化的殡葬服务提供必要的人力资源保障。

（3）实施殡葬标准化人才战略。在争取国家和部门标准研究和制定经费的同时，争取标准实施与监督专项经费，为标准实施与监督提供财政保障。在标准宣贯活动中，继续争取财政资金用于标准培训补助费。利用试点项目、检测评定等方式积极疏通标准实施的经费渠道，在财政上保障标准的顺利实施。实施殡葬标准化人才培养工程，建立并完善标准化培训教育制度和人才培养选拔制度。在殡葬机构实行标准化从业人员资质制度，培养本领域的标准化工程师。对于优秀的中青年标准化骨干，推荐到高校接受标准化学历教育。在标准实施和监督工作中，对有突出贡献的个人实行奖励，努力营造出标准化人才快速成长的良好环境。

（五）殡葬标准的监督管理

标准的监督分为行政监督、技术监督和社会监督。殡葬行业的行政监督除国家和地方各级标准化行政主管部门外，主要是民政系统的有关行政部门的政策性监督。技术监督由各级行政主管部门授权的质检机构执行，社会监督主要靠社会团体、各企事业单位和公民实施。

标准的实施是一项坚持不懈的长期工作，只有建立起相应的支撑体系，形成长效机制，才能从根本上保证标准的实施，发挥标准的作用。创建实施监督体系，形成运行长效机制应从实施监督管理规定、机构、人员等几方面入手，采取纵向互动、横向联动、内外齐动的方式，扎实稳步推进。

1. 建章立制

殡葬行业应首先制定切实可行的标准实施监督管理规定，作为民政部门规章批准发布，在全国殡葬领域执行。在标准实施监督管理规定中，应明确监督的行政管理和技术管理机构、适用范围、监督对象、标准实施内容与途径、奖惩办法等，提高规定的可操作性。要完善有关管理制度，对标准的实施采取多途径监督。对于殡葬设施建设方面，应严格执行《火葬场卫生防护距离标准》《殡仪馆建筑设计规范》《殡仪场所致病菌安全限值》等强制性标准。在执行殡葬产品质检制度方面，应以《火化机通用技术条件》等殡葬设备、用品的产品标准为技术依据开展质检工作，同时推行殡葬产品生产许可制度，消除无标、无证生产的落后现象。在殡葬行业进一步落实国家有关环保、卫生和安全管理制度，全面实施殡葬领域的环保、卫生和安全标准。继续实施并完善职业资格证书制度，大力宣贯殡葬领域的国家职业标准，在提高殡葬从业人员职业能力的同时，提高其标准化意识。

2. 明确职责

民政部人事司和社会事务司作为殡葬标准实施监督的行政管理和业务管理部门，统一归口负责殡葬标准实施管理工作，对全国殡葬企事业单位标准的实施进行监督，负责监督结果的处理及监督备案等事宜，全国殡葬标准化技术委员会按规定开展标准实施监督的技术管理工作。各省级民政厅（局）负责本地区殡葬标准实施与监督的管理工作，组织所辖地（市）、区（县）开展殡葬标准的宣贯。殡葬管理、服务、科研、生产等企事业单位应设立标准化归口管理的内部机构，负责本单位殡葬标准的实施和监督管理工作，落实上级部门下达的有关具体工作任务。要通过媒介宣传、教育培训、引导帮扶等综合途径，进一步明确殡葬企事业单位在标准实施过程中的主体地位，让殡葬企事业单位承担起实施强制性标准的法律责任和实施推荐性技术标准的义务，提高其开展标准化工作的自觉性。

3. 确保质量

采取专兼职的形式，培养并聘任一批殡葬标准化监督员，履行国家、行业或地方标准实施的监督职责。要定期开展标准实施检查，监督并通报标准执行情况，对于强制性国家和行业标准，每年应组织一次标准实施情况大检查。检查标准的实施既可以促进标准的应用，也可以发现标准自身的不足，有利于标准的评价、复审和修订。每次检查活动完成后，都应及时通报标准执行情况，提出努力方向和改进措施。

第二节　殡葬建设标准

一、殡葬设施建设标准与规范

设施是由以设备为主要部件及相关附件构成的能完成特定功能的系列。殡葬设施包括遗体运送设施、遗体安放设施、遗体消毒设施、遗体防腐设施、遗体保存设施、遗体解剖设施、遗体化妆设施、遗体火化设施、骨灰安置设施、丧事办理场所等。

（一）殡仪馆建设标准

为了提高殡仪馆的建筑设计质量，创造良好的殡仪活动条件，把殡仪馆建设提高到一个新水平，1997 年 7 月，由民政部主持的《殡仪馆建筑设计规范》编制组正式成立。在对全国殡仪馆建筑设施进行了全面调查研究的基础上，有关专业技术人员起草了《殡仪馆建筑设计规范》，1999 年 5 月经专家审查委员会审议通过。1999 年 10 月 28 日，原建设部和民政部批准下发了《关于发布行业标准（殡仪馆建筑设计规范）的通知》（以下简称《规范》），作为强制性行业标准，自 2000 年 2 月 1 日起施行。该《规范》是我国第一部殡仪馆建筑设计的行业标准，它的制定填补了建筑设计领域的一项空白，为殡仪馆的科学建设和文明管理奠定了坚实基础。

《规范》对殡仪馆建筑设计提出了总要求。目的是为提高殡仪馆的建筑设计质量，创造良好的殡仪活动条件，符合适用、经济、安全、卫生等要求。适用范围是我国殡仪馆新建、改建和扩建工程的建筑设计。前提条件是殡仪馆的建筑设计充分考虑当地殡葬习俗，并保证有安静肃穆的活动空间。殡仪馆建筑设计除应符合本规范外，还应符合国家现行的有关强制性标准的规定。殡仪馆的选址应符合国家的土地使用原则和当地总体规划的要求；设有火化间的殡仪馆宜建在当地常年主导风向的下风侧，并应有利于排水和空气扩散；殡仪馆应选交通方便，水、电供应有保障的地方；殡仪馆在选址时应留有发展余地。

《规范》对总平面设计提出相应要求，包括功能区域的划分、总平面设计、室外环境设计等，要求殡仪馆不应少于两个出入通道，其中一个专供殡仪车通行，殡仪馆入口附近宜设馆前广场。

《规范》对建筑设计要求除了符合建筑设计的一般规定外，还对业务区用房、殡仪区用房、火化区用房、骨灰寄存区用房等各功能区域的设计进行了规定。

《规范》在对卫生防护进行规定外，还对防火设计进行了规定，要求殡仪馆建筑的耐火等级不应低于二级；骨灰寄存用房的储存物品的火灾危险性分类应按现行国家标准《建筑设计防火规范》中的储存物品类型丙类第二项划分，骨灰寄存室内的装修材料应采用A级阻燃材料；火化间应符合现行国家标准《建筑设计防火规范》中丁类设防的规定。

《规范》还对建筑设备设计作了规定，包括给、排水设计，规定采暖、通风、空调的设计，电气、照明的设计。

目前，《规范》正在由相关机构修订之中。

（二）公墓建设规范

公墓以集中安置（安放或安葬）骨灰的形式满足城乡居民殡葬需求，具有占地少、土地综合利用率高的特点，符合国家节约殡葬用地的殡葬管理方针，但并非最节约土地的殡葬方式，因而公墓的建设应根据当地的殡葬文化习俗、殡葬改革现状、社会经济状况等因素综合考虑。公墓在新时期仍有其存在的必要性，政府要加以正确的引导，以促进殡葬改革的顺利进行，又要对其进行严格控制，防止违法违规行为的发生，从而保障殡葬事业的健康发展，促进社会和人类文明的进步。

公墓建设规范是编制、评估和审批（行政许可）公墓建设项目可行性研究报告和规划设计的重要依据，是有关部门审查公墓工程项目初步设计和监督检查整个建设过程的建设规范。

鉴于公墓建设尚无国家标准和行业标准，为加强对殡葬公共服务的监督管理，规范殡葬行业建设和管理，提高公墓工程项目的决策效果，充分发挥公共服务事业投资效益，满足首都城乡居民基本殡葬需求并提高殡葬活动质量，全面提升首都殡葬行业建设的整体水平，提高殡葬管理和服务的社会公益性，最终推动首都殡葬改革深入开展和公共服务事业的可持续发展，北京市民政局委托民政部培训中心于2010年编制了《公墓建设规范》，编制组以理论与实践相结合的方式，在兼顾宏观与微观的同时侧重微观（即管理和服务）的需求，并体现出适度的超前意识，目的是通过标准规范公墓的建设和管理，引导人们健康文明的殡葬行为，推进构建社会主义和谐社会进程中的殡葬改革。《公墓建设规范》分为三个部分，即骨灰安葬设施、骨灰安放设施、遗体安葬设施。《公墓建设规范　第1部分：骨灰安葬设施》重点在骨灰安葬设施的选址与分类、功能分区与用地要求、墓区建设要求等方面作出了规定。

（三）国外殡葬设施建设标准

殡葬设施的建设标准，解决的是一个持证殡葬设施成立后，应该如何建设，应该具备的设备设施的种类、数量、标准等问题。国外殡葬设施建设标准大致可分为一般性要求和殡仪馆、公墓等专项标准。

1. *一般要求*

（1）私密性。设施设置的私密性，即设施与外界的隔离情况。例如，日本墓地法规定在墓地的边界，必须设置屏障或者以密布的矮树作为隔离物。遗体处理的私密性，即殡葬设施内接待公众部分与存放、处置遗体部分的隔离。美国和法国都规定，遗体准备室的每个门上都必须明显张贴“闲人免进”的告示或配备特殊设备，确保只有获得授权的人员才能出入。而且，这些房间必须连通，并与接待公众的礼厅分隔开，以确保公众无法看到遗体和棺木的通过。设施内各个接待部分之间的私密性。法国规定，接待礼厅的窗户应该用不透明玻璃或其他遮光设备，以确保毗邻礼厅或外部人员无法看到里面的一切。固定隔墙必须能隔断室内38分贝、室外30分贝的噪音。在德国殡葬服务行业标准中明确要求，殡仪馆的遗体告别大厅需防范未经许可的人员闯入，并应配置适宜的隔音系统。

（2）通道。殡葬设施内的通道必须保证到达任何公开部分。加拿大安大略省公墓法规定，必须保证地上所有墓位都可以通过正常的公共人行道或道路到达。此外，作为公共设施，通道的建设还要照顾到各类人群，尤其是残疾人的特殊需求。有的国家还对通道的修建材料和宽度作出硬性规定。

（3）对特殊群体的照顾。殡葬设施是一种公共设施，美国等国家明确要求其必须依法提供无障碍设施，确保残疾人能顺利进出。

（4）卫生要求。确保公共卫生，防止有毒污水、垃圾废渣、有害气体对环境的污染和对工作人员和公众健康的损害，是这些国家标准立法上的一项重要要求。他们对殡葬设施中配备的设备的种类、数量、标准都有强制性规定。要求殡葬设施必须设置排水通路，以便雨水或污水不会停滞积留，保持干燥、卫生。

2. 殡仪馆建设标准

一是丧礼礼堂（法国称为陈列室，类似我国的告别厅）的数量和最低面积标准。美国规定一个殡仪馆应至少有一个建筑面积不低于300平方英尺的礼堂，以备举行中等规模的丧礼活动。

二是隔离。包括殡仪馆与居民区、生活区的隔离，殡仪馆中接待公众部分与遗体准备室之间的隔离，各接待部分之间的隔离。

三是准备室、洗手间、厕所和其他卫生设施的数量与技术标准。

四是符合职业安全和卫生管理有关法律要求的职业安全和卫生保障设施。

五是遗体运输车、运柩车辆、制冷设备数量、标准、检测。

3. 准备室建设标准

准备室的概念见于美国法律，是指殡仪馆里用来存放遗体、对遗体进行整容、检查等的设施。在法国，与准备室概念类似的是停尸室中的技术部分（与接待公众的部分相对，主要用于存放、处理、检查遗体）。在德国是指遗体存放间和遗体处理间。准备室是殡仪馆里的核心部分之一。故各国法律对其有较详细的要求，主要内容如下：

（1）数量与规模。美国、法国、加拿大等国都明确规定，每个殡葬设施必须具有一个以上的准备室。美国要求最低面积为12×14平方英尺。法国规定其有效使用面积至少为12平方米。加拿大规定至少要11平方米。

（2）私密性。准备室必须始终处于私密状态，明确规定有权进入准备室的人员范围。每个入口处须张贴"闲人免进"的告示或配备身份验证设备，各准备室之间连通并设有遗体专用通道，确保遗体的搬运不被公众看到。

（3）易消毒性。美国、德国等对准备室的易消毒性都有明确的规定。要求准备室的内装修和配备的设备设施必须符合容易清洁、容易消毒和容易清洗等要求。

（4）卫生和安全保障设备。包括：地板的防渗措施，防渗材料的种类及铺设方式；空气分离装置，空气隔离回流阻碍装置，准备室空气的过滤净化以及避免被扩散到殡仪馆其他部分及毗邻建筑物的要求；通风设备和确保准备室有害空气的及时排除的要求；非手控垃圾桶数量与标准；遗体体液、用料残渣等废物的收集、处理。进水道必须安装止回阀，以避免污染公共饮用水网；下水道地漏的可拆卸和消毒。

（5）职业安全保障设备。包括：操作工具及工具标准；接触过有害物质的所有设备和用具的处理与使用；电器设备的密封和可冲洗；工具消毒和人员消毒设备，消毒程序与标准；防护性工作服及设备设施的可靠性和易消毒性；对工作人员手、面、眼、脚等特殊部位的特殊保护设备。

4. 墓地建设标准

（1）墓地分类。对不同的安葬方式，用法律条文进行明确的区分。

（2）墓地造型。德国规定，墓地的造型，应选择具有历史意义的结构。

（3）墓地维护。德国规定，墓地的日常维护，必须符合对安静和尊严方面的要求。

（4）安葬期限。德国规定土葬的占有期限最高为 20 年，骨灰盒安葬最高为 15 年，具体期限由墓地权利人规定。对超出规定期限的墓地，墓地权利人可以重新使用或另行使用。

（5）安葬要求。即占地面积与最低掩埋深度。加拿大安大略省规定，安葬 16 周岁以上的亡人的坟墓，必须保证在去除墓志位置后至少有 8 英尺长，3 英尺宽。埋葬遗体必须至少低于正常地表 2 英尺。坟墓周围 15 英尺内不得树立建筑物。

（6）其他要求。墓志和其他墓地物品的建造、安装、稳定、保护标准；墓穴位置、间隔、固定设备、篱笆及其他建筑的要求和标准；地表排水道、下水道和其他设施标准；墓穴、陵墓、骨灰安置处和其他设施及建筑物的标准；墓地道路。

5. 骨灰盒存放场建设标准

骨灰盒存放场是采用立体方式安置骨灰的殡葬设施，与墓地相比，具有骨灰安置数量大、集中程度高的特点。因此，除了墓地的一般标准外，还另有一些特殊标准：

周边空地、停车场的要求，需方便车辆的停放和人流的疏散，防火要求，如建筑材料的耐火标准，防火设施的设置，设备必须采用不可燃材料等，地板采用混凝土、瓷砖、石头等坚固的材料砌筑，通风与卫生，安全要求，入口以及骨灰存放装置必须是能够加锁的构造等。

二、殡葬设备和用品生产标准

（一）我国殡葬设备和用品生产

殡葬设备和用品生产是殡葬科技的重要组成部分。由于我国殡葬科技工作起步较晚，在殡葬设备的科研上虽有一定成果，但是在殡葬设备、用品的科研、生产的技术进步、行业与质量管理、标准化管理、技术成果与新产品管理等方面尚未建立起殡葬科研所、殡葬设备用品生产厂家、服务网络及销售网点的互动体系。殡葬设备品种较少，技术含量低，整体水平不高；火化基础理论和基础条件研究刚刚起步，遗体防腐技术落后；火化设备、殡仪车及其他殡仪用品的标准化、系列化和通用化程度较低。同时，殡葬科技开发经费和科研经费投入不足，殡葬设备生产企业无序竞争，缺乏行业统筹管理、国内外技术交流和技术合作等，也都影响和制约着殡葬科技的发展。

为适应殡葬事业科学发展，我国殡葬科技工作的奋斗目标是：火化机的生产达到国际先进水平，殡仪车的生产达到国内同类汽车的先进水平，遗体冷藏棺、冷冻柜等达到技术先进、性能可靠、质量有保证，先进的防腐技术得到普遍应用，显示电子屏、电视监控和微机管理得到推广应用，形成门类齐全、产品配套、系列化和现代化的殡葬设备和用品体系，进入世界殡葬科技强国行列。今后要建立殡葬设备、用品生产销售登记管理制度，包括火化机、殡仪车、骨灰盒、冷藏棺（柜）等技术通用条件和企业资质条件的登记制度；加强殡葬设备、用品生产企业的技术创新，抓好新产品的开发和老产品的更新改造；推进殡葬服务单位对先进技术和先进设备的采用；加强殡葬科技行业管理等。

（二）殡葬设备和用品生产标准

设备是指可供企业在生产中长期使用，并在反复使用中基本保持原有实物形态和功能的劳动资料和物质资料的总称。殡葬设备主要包括遗体运送设备、遗体安放设备、遗体消毒设备（含器具、材料）、遗体防腐设备（含器具、材料）、遗体保存设备、遗体解剖设备、遗体化妆设备（含器具、材料）、遗体火化设备、骨灰安置设备等。

殡葬用品分为：棺材、骨灰盒、骨灰坛（瓮、盅）、骨灰袋、寿衣、包尸袋、祭奠花篮、祭奠花圈、灵前用品、追思用品、墓葬用品等。

1. 完善殡葬设备和用品生产标准

设施是由以设备为主要部件及相关附件构成的能完成特定功能的系列。因此，殡葬设施的生产标准往往以殡葬设备的生产标准为重点。

近期已经制定或正在制定的殡葬设备标准主要有：《燃气式火化机通用技术条件》《火化机炉体技术要求》《火化机进尸系统技术要求》《火化机燃烧系统技术要求》《火化机电控系统技术要求》《火化机排放系统技术要求》《遗物祭品焚烧炉技术条件》《殡仪消毒装置技术条件》《骨灰处理装置通用技术规范》和《遗体包装物卫生标准》等。

（1）殡葬设备、用品质量标准。无论是哪一种殡葬设备或殡葬用品，其标准或技术要求都应至少满足《产品质量法》规定的产品质量要求。产品质量是指国家有关法规、质量标准以及合同规定的对产品使用、安全和其他特性的要求，也称适用性。一般包括性能（指产品为满足使用目的所具备的技术特性）、寿命（指产品能够正常使用的期限）、可靠性（指产品在规定时间和条件下，完成规定功能的能力）、安全性（指产品在流通、操作使用中保证安全的程度，如在使用中不能损害人的身体健康，不能发生人身事故等）、经济性（指产品从设计、制造到使用寿命周期的成本的大小）等五个方面。

（2）殡葬设备、用品的标识标准。产品质量法规定，产品或者其包装上的标识必须真实，并符合下列要求：有产品质量检验合格证明；有中文标明的产品名称、生产厂厂名和厂址；根据产品的特点和使用要求，需要标明产品规格、等级、所含主要成分的名称和含量的，用中文相应予以标明；需要事先让消费者知晓的，应当在外包装上标明，或者预先向消费者提供有关资料；限期使用的产品，应当在显著位置清晰地标明生产日期和安全使用期或者失效日期；使用不当，容易造成产品本身损坏或者可能危及人身、财产安全的产品，应当有警示标志或者中文警示说明。易碎、易燃、易爆、有毒、有腐蚀性、有放射性等危险物品以及储运中不能倒置和其他有特殊要求的产品，其包装质量必须符合相应要求，依照国家有关规定作出警示标志或者中文警示说明，标明储运注意事项。

（3）生产者的义务。生产者应当对其生产的产品质量负责；生产者不得生产国家明令淘汰的产品；生产者不得伪造产地，不得伪造或者冒用他人的厂名、厂址；生产者不得伪造或者冒用认证标志等质量标志；生产者生产产品，不得掺杂、掺假，不得以假充真、以次充好，不得以不合格产品冒充合格产品。殡葬设备、用品的生产，生产者还应执行国家强制标准。例如，火化机、运尸车、遗体冷藏柜等殡葬设备，必须符合国家规定的技术标准。禁止制造、销售不符合国家技术标准的殡葬设备和殡葬用品。

2. 建立殡葬设备和用品管理制度

有关殡葬设备、用品生产销售登记制度，在《殡葬管理条例》中并未作出明确规定。但由于殡葬设备、用品的生产和销售规范，直接对使用和提供的殡葬设备、用品的质量产生影响，各地在制定地方殡葬管理条例或办法时，对这方面的管理都作出了一些规定，其中包括生产、销售的登记管理制度。其内容有：

（1）制造、销售火化机、运尸车、遗体冷藏柜等殡葬设备和遗体包装物、骨灰盒、墓用石制品等殡葬专用品的单位和个体工商户，在开办前应当向当地殡葬管理部门提出书面申请。

（2）制造、销售寿衣、花圈的单位和个体工商户，在开办前应当向所在地的区、县民政局提出书面申请。

（3）取得批准书的，应当按照国家有关规定向工商行政管理部门办理工商登记手续。

（4）制造、销售包尸袋、骨灰盒、墓用石制品、寿衣、花圈等殡葬用品的企业和个体工商户，不得在批准的制造、销售场所以外从事经营活动。

行政许可法实施后，因民政部门对殡葬设备和用品的前置审批不符合行政许可法设定行政许可权限的规定，大多数地区已经取消了民政部门对这方面的管理所作出的规定。

3. 实行殡葬产品质量监督检验制

目前我国对产品质量实行以抽查为主要方式的监督检查制度，对可能危及人体健康和人身、财产安全的产品，影响国计民生的重要工业产品以及消费者、有关组织反映有质量问题的产品进行抽查。抽查的样品应当从市场上或者从企业成品仓库待销产品中随机抽取。监督抽查工作由国务院产品质量监督部门规划和组织。县级以上地方产品质量监督部门在本行政区域内也可以组织监督抽查。

鉴于殡葬设备、产品的特殊性，可成立专门的殡葬设备、用品质量监督检验机构。

（1）隶属关系。殡葬设备、用品质量监督检验机构应隶属于国家产品质量监督部门，在国家产品质量监督部门的授权和指导下开展对殡葬专用设备、产品的质量监督检验工作。

（2）质检范围。质检产品分为殡葬设备和殡葬用品两大类：殡葬设备主要包括火化机、殡仪车、遗体冷藏柜、遗体冷冻箱、遗物祭品焚烧炉、殡仪消毒装置、骨灰处理装置和殡仪专用电子设备等。殡葬用品主要包括骨灰盒、遗体包装物、火化棺、土葬棺等。

（3）质检标准。殡葬设备标准、产品标准。

（4）工作任务。负责全国殡葬设备及产品的质量监督和检验测试的各项工作。按质检目的划分，具体有以下工作任务：

监督检验：承担殡葬产品质量的日常监督检验；

鉴定检验：承担殡葬新产品批量投产前的质量鉴定检验；

认证检验：承担质量认证殡葬产品的质检；

许可检验：承担发放生产许可证产品的质检；

采标检验：承担采用国际标准殡葬产品的质检；

委托检验：接受殡葬产品国内外贸易、验收、科研等方面的委托性质量检验；

仲裁检验：承担殡葬产品质量仲裁检验；

验证检验：承担殡葬产品标准制修订过程中主要技术指标的验证检验；

技术管理：进行殡葬产品质量方面的技术管理，向上级提出有关提高殡葬产品质量的技术建议；

技术服务：帮助殡葬产品生产企业健全质量控制体系，开展有关产品质量自检的技术支持服务。

（5）质量管理。殡葬设备、用品质量监督检验机构的质量管理将严格按照国家对产品质检中心的有关要求执行。要编制《质量管理手册》并通过国家的有关审查与认证后执行。主要质检人员要通过国家的技术考核以确保质检结果的可靠性。

第三节　殡葬技术标准

殡葬属于基本民生领域的专项社会事务，涉及学科多，影响范围大、服务对象广，开展活动杂，所以在殡葬领域全面制定并实施殡葬技术标准，推行国家标准化战略具有特别重要的意义。

我国殡葬标准的制定工作起始于 1984 年，当时民政部委托沈阳火化设备研究所起草了《燃油式火化机通用技术条件》行业标准，审批后以标准号 MB 1-84 发布实施，这是我国殡葬领域的第一个行业标准，也是民政部成立后的第一号标准。随着社会的发展和国家标准化战略的逐步实施，殡葬技术标准的制定工作取得了较大的进展，建立了殡葬标准体系，成立了专业标准化组织即全国殡葬标准化技术委员会，制（修）订了不同层级的殡葬标准，为殡葬领域的标准化工作奠定了基础。

一、殡葬技术标准的发布

（一）现已发布的殡葬技术国家标准

迄今为止，殡葬领域已经发布了 8 项国家标准，其中：基础标准、产品标准、环保标准、卫生标准各两项。

表 5-1　已经发布的殡葬技术领域国家标准

序号	发布标准名称	标准号	性质	类别
1	燃油式火化机污染物排放限值及监测方法	GB 13801-1992	强制	环保
2	火葬场卫生防护距离标准	GB 18081-2000	强制	卫生
3	殡仪场所致病菌安全限值	GB 19053-2003	强制	卫生
4	燃油式火化机通用技术条件	GB 19054-2003	强制	产品
5	殡葬服务、设施、用品分类与代码	GB/T 19632-2005	推荐	基础
6	殡葬术语	GB/T 23287-2009	推荐	基础
7	木质骨灰盒通用技术条件	GB/T 23288-2009	推荐	产品
8	燃油式火化机大气污染物排放限值	GB 13801-2009	强制	环保
合计	8 项（强制性国标 5 项、推荐性国标 3 项）			

（二）现已发布的殡葬技术行业标准

民政部、国家质量监督检验检疫总局、原建设部等部门发布了 8 项殡葬领域的行业标准，其中两项已废止。

表 5-2　已经发布的殡葬领域行业标准

序号	发布标准名称	标准号	性质	类别	状态	归口部门
1	燃油式火化机通用技术条件	MB 1-1984	强制	产品	废止	民政部
2	遗体冷藏箱	YY 91114-1999	强制	产品	废止	医药局
3	中小型殡仪车通用技术条件	（民 1987）	强制	产品	有效	民政部
4	殡仪馆等级标准	（民 1990）	强制	管理	有效	民政部
5	殡仪馆建筑设计规范	JGJ 124-1999	强制	建筑	有效	住建部
6	入出境棺柩消毒处理规程	SN/T 1212-2003	推荐	卫生	有效	质检总局
7	入出境遗体、棺柩、骸骨卫生检疫查验规程	SN/T 1320-2003	推荐	卫生	有效	质检总局
8	入出境遗体和骸骨卫生处理规程	SN/T 1334-2003	推荐	卫生	有效	质检总局
合计		8 项（强制性标准 5 项、推荐性标准 3 项）				

（三）殡葬领域地方标准与企业标准

殡葬领域的地方标准既有技术监督部门组织制定的，也有地方民政厅（局）和殡葬协会组织制定的。殡葬企业标准主要分为产品标准和服务标准两大类，产品标准集中于殡葬设备和用品生产企业，如沈阳北松火化设备厂的“进尸车技术条件”等。服务标准集中于殡葬服务机构，如北京市八宝山殡仪馆的“殡仪引导员岗位服务规范、告别厅服务员岗位服务规范”等23项。

二、殡葬技术标准的编制

我国已经建立了殡葬技术标准编制计划，其主要内容见表5－3：

表5－3　殡葬技术标准编制计划

编号	标准名称	标准代号	标准主要内容
1	遗体分类和编码	GB/T	划分遗体的种类并进行编码
2	殡葬行业环境保护技术规范	GB	规范行业环境保护活动的整体技术行为
3	殡葬行业卫生防疫技术导则	GB	规范殡葬行业卫生防疫方面的通用技术原则
4	殡葬行业安全作业技术标准	GB	制定殡葬行业安全施工作业技术规范
5	火葬术语	MZ/T	规范火葬方面的专用名词术语
6	土葬术语	MZ/T	规范土葬方面的专用名词术语
7	传染性遗体处理规范	GB	规范传染性、腐蚀性遗体安全处理技术
8	事故性遗体处理规范	GB	规范各种事故性遗体安全、卫生处理技术
9	殡葬服务机构技术条件	GB/T	规范殡葬服务机构资质技术条件
10	存尸设备分类和术语	MZ/T	规范存尸设备类别划分和专用名词术语
11	运尸设备分类和术语	MZ/T	规范运尸设备类别划分和专用名词术语
12	殡葬设施分类和术语	GB/T	规范殡仪馆、殡仪服务站、公墓、骨灰堂等建筑类别划分和专用名词术语
13	火化设备分类和术语	MZ/T	规范火化设备的类别划分和专用名词术语
14	火化机类别与型号	MZ/T	规范火化机类别、型号与代号
15	殡葬设备分类和术语	MZ/T	规范殡葬设备的类别划分和专用名词术语
16	殡葬用品分类和术语标准	MZ/T	规范殡葬用品的类别划分和专用名词术语
17	殡葬服务程序的技术分类	MZ/T	规范殡葬服务的类别和有关技术方法

续表

编号	标准名称	标准代号	标准主要内容
18	火化烟气净化器和除尘器类别与型号	MZ/T	规范火化烟气净化器和除尘器类别划分与型号
19	骨灰盒类别与型号	MZ/T	规范骨灰盒的类别与型号
20	遗体检验的技术方法	GB/T	规范脑死亡、肺死亡和心死亡的综合检验技术方法并区分假死情况
21	殡葬设备噪声测量方法	GB/T	制定不同殡葬设备在各种工作场合的机械噪声强度的测定技术方法
22	等级殡仪馆评定方法	GB/T	制定国家不同等级殡仪馆的评定办法
23	等级公墓评定方法	GB/T	制定国家不同等级公墓的评定办法
24	运尸设备性能检测标准	MZ/T	制定运尸设备性能检测的基本技术方法
25	殡仪消毒装置技术检验方法	GB	制定殡仪消毒装置技术检验方法
26	遗体防腐装置技术检验方法	GB	制定遗体防腐装置技术检验方法
27	燃油式火化机炉体质量检验方法	MZ/T	制定燃油式火化机炉体的质量检验方法
28	燃油式火化机燃烧系统质量检验方法	MZ/T	制定燃油式火化机燃烧系统的质量检验方法
29	燃油式火化机电控系统质量检验方法	MZ/T	制定燃油式火化机电控系统的质量检验方法
30	燃油式火化机进尸系统质量检验方法	MZ/T	制定燃油式火化机进尸系统的质量检验方法
31	燃油式火化机排放系统质量检验方法	MZ/T	制定燃油式火化机排放系统的质量检验方法
32	燃气式火化机炉体质量检验方法	MZ/T	制定燃气式火化机炉体的质量检验方法
33	燃气式火化机燃烧系统质量检验方法	MZ/T	制定燃气式火化机燃烧系统的质量检验方法
34	燃气式火化机电控系统质量检验方法	MZ/T	制定燃气式火化机电控系统质量检验方法
35	燃气式火化机进尸系统质量检验方法	MZ/T	制定燃气式火化机进尸系统的质量检验方法
36	燃气式火化机排放系统质量检验方法	MZ/T	制定燃气式火化机排放系统的质量检验方法
37	火化除臭器检定方法	MZ/T	制定火化除臭器检定规则和技术方法

续表

编号	标准名称	标准代号	标准主要内容
38	火化烟气除尘器、除尘系统产品质量检验方法	MZ/T	制定火化烟气除尘器、除尘系统的产品质量检验方法
39	火化自动控制器安全检验规程	MZ/T	制定火化机自动控制器检测质控规程和方法
40	火化节能系统质量检验规范	MZ/T	制定火化节能器系统产品质量检验规范
41	火化节能器质量检验规程	MZ/T	提出火化节能器产品质量检验规程
42	火化推尸器质量检验规范	MZ/T	提出火化推尸器产品质量检验规范
43	火化送尸车产品质量检验规范	MZ/T	提出火化送尸车产品质量检验规范
44	骨灰处理机质量检测规程	MZ/T	制定骨灰处理机的质量检测规程
45	骨灰盒产品质量检验方法	MZ/T	制定骨灰盒的质量检验方法
46	骨灰寄存架质量检验方法	MZ/T	制定骨灰寄存架的质量检验方法
47	寿服产品质量检测方法	MZ/T	提出寿服的质量检测方法
48	殡葬用品质量检验规程	MZ/T	制定殡葬用品质量检验总则和工作规程
49	火化棺质量检验方法	MZ/T	提出火化棺的质量检验方法
50	殡葬设施验收技术规范	GB/T	制定殡葬建筑设施的验收规范和验收办法
51	殡葬产品开发的技术原则	GB/T	制定殡葬产品开发的指导原则与技术要求
52	绿色殡葬产品的技术要求	GB/T	规范绿色殡葬产品的通用技术要求
53	殡葬设备安全通则	GB	规范殡葬设备的安全使用运行通用技术要求
54	殡葬用品安全通则	GB	规范殡葬用品安全使用通用技术要求
55	殡仪车安全规范	GB	规范殡仪车安全方面的通用技术要求
56	殡葬设备卫生要求	GB	规范殡葬设备卫生方面的通用技术要求
57	殡葬用品卫生要求	GB	规范殡葬用品卫生方面的通用技术要求
58	殡葬服务安全卫生要求	GB	规范殡葬服务安全卫生方面的通用技术要求
59	殡仪馆卫生防疫标准	GB	规定不同规模殡仪馆的卫生防疫要求
60	殡仪车卫生标准	GB	制定殡仪车卫生基本技术条件
61	瞻仰台类设备卫生防疫标准	GB	给出瞻仰台类设备卫生要求
62	整形整容装置卫生条件	GB	规定整形整容装置卫生条件和要求
63	殡仪场所致病菌安全限值	GB	规定殡仪场所致病菌安全限值和卫生要求

续表

编号	标准名称	标准代号	标准主要内容
64	殡葬设备机械噪声限值	GB	制定不同殡葬设备在各种工作场合的机械噪声强度限制
65	绿色殡仪馆标准	GB	制定绿色殡仪馆基本条件和技术要求
66	绿色殡仪馆评定方法	GB	制定绿色殡仪馆技术评定程序和方法
67	绿色生态公墓评定资质条件	GB	制定绿色公墓基本条件和技术要求
68	绿色生态公墓评定标准	GB	制定绿色公墓技术评定程序和方法
69	燃油式火化机污染物排放限值及监测方法	GB	给出燃油式火化机污染物排放限值及监测方法
70	燃气式火化机污染物排放限值及监测方法	GB	给出燃气式火化机污染物排放限值及监测方法
71	墓地石材放射性安全限值	GB	制定墓地石材放射性安全限值及其监测方法
72	火葬场建设技术规范	GB	规范火葬场的选址要求、功能规划、平面和整体设计、施工等技术
73	公墓建筑设计规范	MZ/T	规范公墓选址、总平面设计、功能区划分等技术
74	墓地的选址原则和方法	MZ/T	规定墓地的选址原则和方法
75	骨灰寄存设施建筑设计规范	MZ/T	提出骨灰寄存设施建筑设计规范和技术要求
76	殡葬设备安装调试规范	MZ/T	提出殡葬设备安装调试技术规范
77	殡葬设备维护管理规程	MZ/T	规范主要殡葬设备的使用维护通用技术要求和管理规程
78	殡葬设备验收通则	MZ/T	规范殡葬设备的验收规程和验收技术
79	存尸设备技术性能及检测标准	MZ/T	制定各类存尸设备性能检测的基本技术方法
80	遗体冷藏箱通用技术条件	MZ/T	制定遗体冷藏箱技术性能指标、检测方法
81	遗体冷冻柜通用技术条件	MZ/T	制定遗体冷冻柜技术性能指标及其检测方法
82	常温遗体存放装置技术条件	MZ/T	制定常温遗体存放装置的通用技术要求
83	殡仪车通用技术条件	MZ/T	制定殡仪车基本技术要求和通用技术条件
84	殡仪消毒装置通用技术条件	GB	制定殡仪消毒装置通用技术条件
85	遗体防腐装置通用技术条件	GB	制定遗体防腐装置通用技术条件
86	整形整容装置技术通则	GB	给出整形整容装置技术通则
87	遗体整形装置通用技术条件	GB	制定遗体整形装置和设备的通用技术条件

续表

编号	标准名称	标准代号	标准主要内容
88	瞻仰台类设备通用技术通则	MZ	制定瞻仰台类专用设备的基本要求和技术通则
89	挽联机通用技术条件	MZ/T	制定挽联机的通用技术条件
90	刻碑机通用技术条件	MZ/T	制定刻碑机的技术条件和要求
91	殡仪专用电子设备通用技术条件	MZ/T	制定殡仪专用电子设备通用技术条件
92	殡葬专用电子设备检测规范	MZ/T	制定殡葬专用电子设备产品的技术检测规程
93	殡仪专用礼炮通用技术条件	MZ/T	制定殡仪专用礼炮的安全指标和通用技术条件
94	燃气式火化机通用技术条件	GB	制定燃气式火化机通用技术条件
95	燃油式火化机炉体技术要求	MZ/T	确定燃油式火化机炉体基本功能和技术要求
96	燃油式火化机燃烧系统技术条件	MZ/T	规范燃油式火化机燃烧系统的技术条件
97	燃油式火化机电控系统技术条件	MZ/T	规范燃油式火化机电控系统的技术条件
98	燃油式火化机进尸系统技术条件	MZ/T	规范燃油式火化机进尸系统的技术条件
99	燃油式火化机排放系统技术条件	MZ/T	规范燃油式火化机排放系统的技术条件
100	燃气式火化机炉体技术要求	MZ/T	确定燃气式火化机炉体基本功能和技术要求
101	燃气式火化机燃烧系统技术条件	MZ/T	规范燃气式火化机燃烧系统的技术条件
102	燃气式火化机电控系统技术条件	MZ/T	规范燃气式火化机电控系统的技术条件
103	燃气式火化机进尸系统技术条件	MZ/T	规范燃气式火化机进尸系统的技术条件
104	燃气式火化机排放系统技术条件	MZ/T	规范燃气式火化机排放系统的技术条件
105	火化烟气除尘器通用技术条件	GB	制定火化烟气除尘器的技术条件
106	火化烟气净化器通用技术条件	GB	制定火化烟气净化器的技术条件

续表

编号	标准名称	标准代号	标准主要内容
107	火化烟气净化器检验规则	GB	制定火化烟气净化器技术检验方法
108	火化除臭器技术要求	GB	制定火化除臭器技术指标和技术要求
109	火化送尸车技术条件	MZ/T	制定火化送尸车的技术指标和有关条件
110	火化推尸器技术条件	MZ/T	确定火化推尸器的技术指标和有关条件
111	火化机辅机类别与型号	MZ/T	划分并确定火化机辅机的类别与型号
112	火化引风机技术条件	MZ/T	制定火化送尸车技术条件
113	火化消声器技术条件	MZ/T	制定火化消声器技术条件
114	火化消声器性能检验规程	MZ/T	提出火化消声器产品质量检验规程
115	火化节能器类别与型号	MZ/T	划分并确定火化节能器类别与型号
116	火化节能器技术条件	MZ/T	制定火化节能器的技术条件
117	火化节能系统技术要求	MZ/T	制定火化节能器系统的技术条件
118	火化污染检测器选用的技术原则	MZ/T	制定火化污染检测器选用的技术原则
119	在线型火化污染检测器安装调试技术条件	MZ/T	确定在线型检测器的现场安装调试技术条件
120	在线型火化污染检测器现场检测质控规程	MZ/T	制定在线型火化污染检测器现场检测质控规程
121	简易型火化污染检测器使用技术规范	MZ/T	提出简易型火化污染检测器使用技术规范
122	火化烟尘黑度监控系统使用技术规范	MZ/T	对烟尘黑度监控系统给出使用技术规范及要求
123	骨灰处理机技术条件	MZ/T	确定骨灰处理机产品技术条件
124	遗物焚烧炉通用技术条件	GB	制定遗体焚烧装置的通用技术条件
125	祭品焚烧装置通用技术条件	GB	制定殡仪场所祭品焚烧装置的通用技术条件
126	殡葬用品使用技术规范	MZ/T	制定各类殡葬用品使用技术规范
127	遗体包装物技术条件	MZ/T	制定各类遗体包装物通用技术条件
128	骨灰寄存架通用技术条件	MZ/T	制定骨灰寄存架类产品的通用技术条件
129	火化棺通用技术条件	MZ/T	制定火化棺类产品通用技术条件与要求
130	火化遗体包装物技术要求	MZ/T	制定火化遗体包装物的技术要求

三、殡葬技术标准的实施

强制性殡葬标准是国家或行业“技术化、数字化、具体化的殡葬法规”，推荐性殡葬标准则是国家科技发展要求、行业技术积累和部门标准化水平在殡葬领域的具体体现，大力宣传贯彻殡葬标准就是技术执法，就是推进行业的科技进步。

多年来，殡葬领域的国家标准和行业标准在殡葬设施规范化建设、国家等级殡仪馆评定、火化机等殡葬产品的质量检验、国际运尸、职业技能鉴定、殡葬环境监测评价与治理等主要工作中，都起到了支撑和依据作用；殡葬领域地方标准的实施在相关领域规范了殡葬专项事务；殡葬领域企业标准的实施促进了殡葬产品质量和殡葬服务水平的提高。

我国殡葬技术标准化应用成果获得了多项省部级科技奖励：《燃油式火化机污染物排放限值及监测方法》国家标准获得了民政部1998年度科技进步奖，同时，该国家标准还被原国家技术监督局列为国际交流项目，全文译成英文后出版发行，在国际上进行了技术交流；《殡仪馆建筑设计规范》行业标准获得了北京市2002年度科技进步奖；《燃油式火化机通用技术条件》国家标准在全国火化机产品质检等领域得到了广泛应用，获得了民政部首届科技创新奖。

第四节　殡葬环境标准

环境标准是国家环境保护法律、法规体系的重要组成部分，是开展环境管理工作最基本、最直接、最具体的法律依据，是衡量环境管理工作最简单、最准确的量化标准，是为了执行各种环境法律法规而制定的必要技术规范，也是环境管理的工具之一。

一、环境标准概述

（一）环境标准的概念

环境标准是为了保护人群健康、社会财富和促进生态良性循环，在综合考虑本国自然环境特征、科学技术水平和经济条件的基础上，对环境要素的布局、组成以及对环境保护工作的技术要求加以限定或规定，对环境中的污染物（或有害因素）水平及其排放源的限量阈值或技术规范；是控制污染、保护环境的各种标准的总称。《环境保护标准管理办法》中的环境标准的定义为：环境标准是为了保护人群健康、社会物质财富和维持生态平衡，对大气、水、土壤等环境质量、对污染源的监测方法以及其他需要所制定的标准。

从管理角度说，环境标准是环境管理的技术手段，是环境评价的技术基础和环境科学的重要组成部分，是环境管理的前提。从立法角度说，又是环境资源立法的科学基础和环境资源法规的重要组成部分。环境标准是环境资源保护的技术规定和法律规范有机结合的综合体，是实现规划目标的重要依据。

具体来说，环境标准是为了对大气、水、土壤等环境质量进行管理，对污染源、监测方法以及根据其他需要所制定的标准。它一般包括环境质量标准、污染物排放标准、环境基础标准和环境方法标准等。其中环境基础标准和环境方法标准只有国家标准，环境质量标准和污染物排放标准分为国家标准和地方标准两级。

环境标准一经颁布，任何单位和个人不得擅自更改或降标，否则，要承担相应责任。国家权力机关和行政机关依法对环境标准的制定和实施进行监督检查，以保证环境标准切实得到贯彻实施。

（二）环境标准的作用

环境标准同环境法相配合，在国家环境管理中起着重要作用。从环境标准的发展历史来看，它是和环境法相结合同时发展起来的。最初是在工业密集、人口集中、污染严重的地区，在制定污染控制的单行法中，规定主要污染物的排放标准。如今环境污染已发展成为全世界公害，各国在加强环境立法的同时，开始制定全国性的环境标准，并且逐渐发展成为具有多层次、多形式、多用途的完整的环境标准体系，成为环境法体系中不可缺少的部分。

1. 制订环保规划的重要依据

国家在制订环境计划和规划时，必须有一个明确的环境目标和一系列环境指标。它需要在综合考虑国家经济、技术水平的基础上，使环境质量控制在一个适宜的水平上，这个目标应当使环境质量和污染物排放控制在适宜的水平上，也就是说要符合环境标准的要求，根据环境标准的要求来控制污染，改善环境。环境标准便成为制订环境计划与规划的主要依据。

2. 判断环境质量的基本准绳

评价一个地区环境质量的优劣、评价一个企业对环境的影响，只有与环境标准比较才有意义。在各种单行环境法规中，通常只规定污染物的排放必须符合排放标准，造成环境污染者应承担何种法律责任等。怎样才算造成污染？排放污染物的具体标准是什么？则需要通过制定环境标准来确定。而环境法的实施，尤其是确定合法与违法的界限，确定具体的法律责任，往往依据环境标准。

3. 环境法治建设的基本依据

环境标准用具体数字体现环境质量和污染物排放应控制的界限和尺度。违背这些界限，污染了环境，即违背环境保护法规。环境法规的执行过程与实施环境标准的过程是紧密联系的，如果没有环境标准，环境法规将难以具体执行。

4. 提高环境质量的重要手段

国家的环境管理，包括环境规划与政策的制定、环境立法、环境监测与评价、日常的环境监督与管理都需要遵循和依据环境标准，环境标准的完善程度反映一个国家环境管理的水平和效率。通过实施环境标准可以制止任意排污，促进企业进行治理和管理，采用先进的无污染、低污染工艺，积极开展综合利用，提高资源和能源的利用率，使经济社会和环境得到持续发展。

（三）环境标准分类

根据《环境保护法标准管理办法》的规定，我国的国家环境标准主要有：

1. 环境质量标准

是对一定区域环境中的各种污染物质或因素所作的限制性规定，是国家环境保护追求的目标，也是制定污染物排放标准进行监督管理，审查环境影响报告的重要依据之一。

环境质量是各类环境标准的核心，环境质量标准是制定各类环境标准的依据。环境质量标准对环境中有害物质和因素作出限制性规定，它既规定了环境中各污染因子的容许含量，又规定了自然因素应该具有的不能再下降的指标。我国的环境质量标准按环境要素和污染因素分成大气、水质、土壤、噪声、放射性等各类环境质量标准和污染因素控制标准。国家对环境质量提出了分级、分区和分期实现的目标。

2. 环保排放标准

环保排放标准即污染物排放标准，是根据环境质量标准及污染治理技术、经济条件而对排入环境的有害物质和产生危害的各种因素所作的限制性规定。是为实现环境质量标准目标，结合技术经济条件和环境特点，对排入环境的污染物或有害因子所作的控制规定，即排放的极限值，是实现环境质量标准的重要保证，是控制污染源的重要手段。排放标准包括浓度标准和总量标准两类，也可以是综合性排放标准和行业性排放标准两类。

由于各地区污染源的数量、种类不同，污染物降解程度及环境自净能力不同，事实上存在着即使达到了排放要求，也不一定达到环境质量标准的现象。为此应制定污染物的总量指标，将一个地区的污染物排放与环境质量的要求联系起来。

3. 环保基础标准

环境基础标准是对环境质量标准和污染排放标准所涉及的技术术语、符号、代号（含代码）、制图方法及其他通用技术要求所作的技术规定，这些标准是制定其他环境标准的基础，在环境标准体系中处于指导地位。

4. 环境方法标准

环境方法标准是为统一环境保护工作中的各项试验、检验、采样、统计、计算和测定方法所作的技术规定，是制定和执行环境质量标准和污染排放标准，实行统一管理的基础。方法标准与环境质量标准和污染排放标准紧密联系，每一种污染物的测定均需有配套的方法标准，而且必须全国统一，才能得出正确的具有可比性和实用价值的标准数据和测量数值。

5. 环境标准样品

环境标准样品是指用来标定仪器、验证测量方法、进行量值传递或质量控制的材料或物质。它可以用来评价分析方法，也可以评价分析仪器、鉴别灵敏度和应用范围。在环境监测质量控制中，它是分析质量考核中评价实验室各方面水平、进行技术仲裁的依据。目前，我国环境标准样品的种类有水质标准样品、大气标准样品、生物标准样品、土壤标准样品、固体标准样品、放射性物质标准样品、有机物标准样品等。

二、殡葬环境标准

我国殡葬环境标准的制定工作起始于1984年，《燃油式火化机通用技术条件》（MB 1－1984）行业标准是我国殡葬领域的第一个行业标准，也是民政部成立后的第一号标准。迄今为止，殡葬领域已经发布了15项国家标准，其中《燃油式火化机污染物排放限值及监测方法》《火葬场卫生防护距离标准》《殡仪场所致病菌安全限值》《燃油式火化机大气污染物排放限值》等4项环境保护和卫生标准。民政部、国家质量监督检验检疫总局等部门发布的《入出境棺柩消毒处理规程》《入出境遗体、棺柩、骸骨卫生检疫查验规程》《入出境遗体和骸骨卫生处理规程》等3项殡葬环境行业标准。多年来，殡葬领域的国家标准和行业标准在殡葬设施规范化建设、国家等级殡仪馆评定、火化机等殡葬产品的质量检验、国际运尸、殡葬环境监测评价与治理等主要工作中，都起到支撑和依据的作用。

我国对各类工业企业在生产经营活动中的环境保护问题有明确要求。环境保护法规定："产生环境污染和其他公害的单位必须把环境保护工作纳入计划，建立环境保护制度；采取有效措施，防治在生产建设或者其他活动中产生废气、废水、废渣、粉尘、恶臭气体、放射性物质以及噪声、振动、电磁波辐射等环境的污染和危害。"殡葬服务机构虽然从严格意义上讲不属于工业企业，但由于其服务产品的特殊性，在殡葬服务过程中也会产生大量废气、废水、废物，如果不加以规范，会对环境产生较大的影响。所以，殡葬服务机构的环境保护考核内容也应以环境保护法规定的环境标准达标情况为主。

（一）大气排放标准

1. 环境的空气质量标准

环境质量标准是评价环境质量优劣的尺度，也是衡量环境技术措施和管理措施取得实际成效的具体体现。《环境空气质量标准》由原国家环境保护总局于 1996 年 1 月 18 日批准，从 1996 年 10 月 1 日正式实施。《环境空气质量标准》根据地区功能不同分为三类，分别执行不同等级标准：一类区为自然保护区、风景名胜区和其他需要特殊保护的地区，执行一级标准；二类区为城镇规划中确定的居住区、商业交通居民混合区、文化区、一般工业区和农村地区，执行二级标准；三类区为特定工业区；执行三级标准。根据不同的分类分别执行不同的污染物浓度限值。

2. 大气污染物排放标准

污染物排放标准以减少单位产品或单位原料消耗量的污染物排放量为目标，根据行业工艺的进步和污染治理技术的发展，适时对排放标准进行修订，逐步达到减少污染物排放总量，实现改善环境质量的目标。排放标准的作用对象是污染源，污染源排污量水平与生产工艺和处理技术密切相关，必须采取综合整治措施才能达到环境质量标准。

大气污染物排放标准有国家排放标准和地方排放标准两种。

（1）《大气污染物综合排放标准》。由原国家环境保护总局于 1996 年 4 月 12 日批准，于 1997 年 1 月 1 日起实施。标准规定了 33 种大气污染物的排放限值，其指标体系为最高允许排放浓度、最高允许排放速率和无组织排放监控浓度限值。适用于现有污染源大气污染物排放管理，以及建设项目的环境影响评价、设计、环境保护设施竣工验收及其投产后的大气污染物排放管理。

按照《大气污染物综合排放标准》的规定，殡葬服务机构根据所处区域、污染源设立时间、排气筒高度的不同分别适用不同的标准值。标准规定了最高允许排放速率。现有污染源分一、二、三级，新污染源分为二、三级，一级标准最严格，三级标准最宽松。按污染源所在的空气质量功能区类别，执行相应级别的排放速率标准。即位于一类区的污染源执行一级标准（一类区禁止新、扩建污染源，一类区现有污染源改建执行现有污染源的一级标准），位于二类区的污染源执行二级标准，位于三类区的污染源执行三级标准。

（2）《恶臭污染物排放标准》。原国家环境保护总局1993年7月19日批准于1994年1月15日起实施。其中恶臭污染物是指一切刺激嗅觉器官引起人们不愉快及损坏生活环境的气体物质。臭气浓度是指恶臭气体（包括异味）用无臭空气进行稀释，稀释到刚好无臭时所需的稀释倍数。排入一类区的执行一级标准，一类区中不得建新的排污单位；排入二类区的执行二级标准；排入三类区的执行三级标准。一级标准最严格，三级标准最宽松。1994年6月1日起立项的新、扩、改建设项目及其建成后投产的企业执行二级、三级标准中相应的标准值。以殡葬服务机构为例，假设建在一般工业区，其排气筒高度为15米，污染源设立时间为1998年2月，其执行的环境标准指标为：硫化氢排放量限值0.33kg/h，氨排放量限值4.9kg/h；恶臭浓度不高于2000。

（3）殡仪馆建设中烟气排放执行标准。目前，国家尚未制定有关殡仪馆火化机产生烟气的污染物排放标准。为了对火化机排放大气污染物的烟气黑度和臭气浓度进行控制，原国家环境保护总局在2001年6月8日《关于殡仪馆建设中大气污染物执行排放标准问题的复函》中作了规定：殡仪馆火化机产生烟气黑度执行林格曼度一级，臭气浓度按《恶臭污染物排放标准》的规定执行。

（4）燃油式火化机污染物排放标准。《燃油式火化机污染物排放限值及监测方法》对烟气排放管道烟气流速及流量、烟气排放管道烟气中烟尘、一氧化碳、氮氧化物、二氧化硫、硫化氢、氨气的排放浓度及排放量进行限制，要求火化间异味嗅觉限值要求无异味。该标准根据燃油式火化机适用区域划分其执行标准的级别：大中城市、开放城市、旅游风景区和疗养地等执行二级以上标准；城镇和广大农村执行三级以上标准。标准对烟气黑度值作了规定：一级标准：燃油式火化机在正常运行情况下，排烟黑度应为林格曼零级；在起炉或清炉等特殊条件下，排烟黑度应小于林格曼一级。连续时间不得大于20s。二级标准：燃油式火化机在正常运行情况下。排烟黑度应为林格曼零级；在起炉或清炉等特殊条件下，排烟黑度应小于林格曼一级。连续时间不得大于60s。三级标准：燃油式火化机在正常运行情况下，排烟黑度应为林格曼一级；在启动或清炉等特殊条件下，排烟黑度应小于二级。连续时间60s。在对大气污染物排放标准已作规定的基础上，可由省、自治区、直辖市人民政府制定严于国家排放标准的地方排放标准。凡是向已经制定地方排放标准的区域排放大气污染物的，应当执行地方排放标准。

（二）水环境标准

水污染物排放国家标准由国务院环境保护部门根据国家水环境质量标准和国家经济、技术条件制定。如果执行国家水污染物排放标准还不能保证达到水环境质量标准的水体，省、自治区、直辖市人民政府可以制定更加严格的地方水污染物排放标准。

1. 国家标准

（1）《地表水环境质量标准》。由原国家环境保护总局、国家质量监督检验检疫总局于2002年4月28日发布，同年6月1日开始实施。该标准将我国地面水质环境依据功能和保护目标，依次划分为五类：一类主要适用于源头水、国家自然保护区，二类主要适用于集中式生活饮用水地表水源地一级保护区、珍稀水生生物栖息地、鱼虾类产卵场、仔稚幼鱼的索饵场等，三类主要适用于集中式生活饮用水地表水源地二级保护区、鱼虾类越冬场、洄游通道、水产养殖区等渔业水域及游泳区，四类主要适用于一般工业用水区及人体非直接接触的娱乐用水区，五类主要适用于农业用水区及一般景观要求水域。对应上述五类水域功能，将地表水环境质量标准基本项目标准值分为五类，不同功能类别分别执行相应类别的标准值。水域功能类别高的标准值严于水域功能类别低的。同一水域兼有多类使用功能的，执行最高功能类别对应的标准值。

（2）《污水综合排放标准》。由原国家技术监督局于1996年10月4日颁布，于1998年1月1日起实施。标准按照污水排放去向，分年限规定了69种水污染物最高允许排放浓度及部分行业最高允许排水量。适用于现有单位水污染物的排放管理，以及建设项目的环境影响评价、建设项目环境保护设施设计、竣工验收及其投产后的排放管理。标准根据排放去向规定不同的执行标准。例如，《海水水质标准》中一类海域，禁止新建排污口，现有排污口应按水体功能要求，实行污染物总量控制，以保证受纳水体水质规定用途的水质标准。

2. 地方标准

地方标准是指各省、自治区、直辖市人民政府为保证水环境质量而制定的水环境保护标准。如北京市制定了《水污染物排放标准》（DB11/307－2005），标准规定了75种污染物的排放限值，其中一类污染物13项，二类污染物62项，比《污水综合排放标准》（GB8978－1996）多设立8项。标准对污染指标控制的总体水平严于《污水综合排放标准》（GB8978－1996），其中

44 项指标的限值与《污水综合排放标准》（GB8978 - 1996）相当，23 项指标的限值严于国家标准；对于有毒有害有机污染物的排放控制，不设单位建设年限区分。

（三）噪声标准

噪声标准分为国家标准和地方标准两大类。国家环境噪声排放标准由国务院环境保护部门，根据国家环境噪声质量标准和国家经济、技术条件制定。省、自治区、直辖市人民政府可根据当地需要，在执行国家环境噪声排放标准的基础上，制定地方环境噪声排放标准。对国家标准已作出规定的项目，因特殊需要，又具有经济、技术条件的，可以制定严于国家标准的地方环境噪声排放标准。凡是在已有地方标准的生活区域排放噪声的，应当执行地方环境噪声排放标准。

1.《工业企业厂界环境噪声排放标准》

为贯彻《中华人民共和国环境保护法》和《中华人民共和国环境噪声污染防治法》，防治工业企业噪声污染，改善声环境质量，制定了《工业企业厂界环境噪声排放标准》（GB12348 - 2008）。标准规定了工业企业和固定设备厂界环境噪声排放限值及其测量方法，适用于工业企业噪声排放的管理、评价及控制。机关、事业单位、团体等对外环境排放噪声的单位也按本标准执行。该标准是对《工业企业厂界噪声标准》（GB12348 - 90）和《工业企业厂界噪声测量方法》（GB12349 - 90）的第一次修订且合并为一个标准。标准规定，夜间频发噪声的最大声级超过限值的幅度不得高于 10 分贝，夜间偶发噪声的最大声级超过限值的幅度不得高于 15 分贝。工业企业若位于未划分声环境功能区的区域，当厂界外有噪声敏感建筑物时，由当地县级以上人民政府确定厂界外区域的声环境质量要求，并执行相应的厂界环境噪声排放限值。当厂界与噪声敏感建筑物距离小于 1 米时，厂界环境噪声应在噪声敏感建筑物的室内测量，并将相应限值减 10 分贝作为评价依据。对于结构传播固定设备室内噪声排放限值，标准规定，当固定设备排放的噪声通过建筑物结构传播至噪声敏感建筑物室内时，噪声敏感建筑物室内等效声级不得超过规定的限值。

2.《社会生活环境噪声排放标准》

为贯彻《中华人民共和国环境保护法》和《中华人民共和国环境噪声污染防治法》，防治社会生活噪声污染，改善声环境质量，制定了《社会生活环境噪声排放标准》（GB22337 - 2008）（以下简称《标准》）。该标准根据现行法律对社会生活噪声污染源达标排放义务的规定，对营业性文化娱乐场所和商业经营活动中可能产生环境噪声污染的设备、设施规定了边界噪声排放限值和测量方法，适用于对营业性文化娱乐场所、商业经营活动中使用的向环境排放噪声的设备、设施的管理、评价与控制。《标准》规定，社会生活噪声排放源边界噪声不得超过规定的排放限值。在社会生活噪声排放源边界处无法进行噪声测量或测量的结果不能如实反映其对噪声敏感建筑物的影响程度的情况下，噪声测量应在可能受影响的敏感建筑物窗外1米处进行。当社会生活噪声排放源边界与噪声敏感建筑物距离小于1米时，应在噪声敏感建筑物的室内测量，并将相应的限值减10分贝作为评价依据。《标准》专门规定了社会生活噪声排放源位于噪声敏感建筑物内情况下，噪声通过建筑物结构传播至噪声敏感建筑物室内时，噪声敏感建筑物室内噪声的限值。

第五节　殡葬服务标准

殡葬服务标准是指根据相关法律原则和殡葬服务工作经验与实践总结出来的，规定殡葬从业人员在提供殡葬服务过程中应该具备的职业道德、熟悉的基本知识、掌握的基本技能。殡葬服务标准是以殡葬服务活动作为标准化对象，其内容涵盖殡仪馆、公墓等殡葬服务机构与殡葬服务有关的每项业务、每个流程、每个岗位，涉及范围包括殡葬服务行业中的全部服务及其管理的活动，是殡葬从业人员应该掌握的必须遵守的强制性要求。

随着改革开放和经济社会快速发展，我国殡葬事业总体水平与科学发展观要求不相适应的矛盾日益突出，目前殡葬行业提供的服务不能很好地满足公众的殡葬需求，反映了当前社会对于殡葬行业的认知评价倾向。一些先进的殡仪馆与公墓陆续引进ISO质量认证体系，有的开始实行5S管理或进行流程再造。但我国的殡葬服务标准化离形成体系还有很大的差距。

社会公众对于服务的很多批评主要是针对服务质量的，在我国殡葬行业纷纷觉醒并倡导“阳光殡葬”的时候，应当尽快实现服务标准化，以详尽的标准作为检验服务水平的标尺，这是协调业者和客户关系，转变殡葬行业形象的关键所在。在推进殡葬服务标准化的过程中，应逐步建立“结构合理、层次分明、重点突出”的殡葬服务标准体系，推动更多的殡葬服务机构通过标准化向集约型、品牌化、效益型方向发展，努力提升我国殡葬行业在管理、信誉、品牌、服务、理念等方面的“软实力”，实现殡葬行业形象的根本好转。

一、殡葬服务标准分类与内容

有关殡葬服务标准，不少国家和地区专门制定相关法规进行规定。例如，

《德国关于殡葬服务的行业标准》由德国实用性和服务业标准委员会殡葬服务工作委员会起草，由德国政府颁布，标准明确了殡葬服务的要求，从遗体运送、遗体存放、遗体入殓、咨询服务和丧事料理服务、提前预备后事等六个方面，分别规定了不同过程必须提供起码的服务和从业人员应具备的最低技能。法国1995年5月颁布了《法国殡仪馆服务规范》，叙述了殡仪馆与客户首次业务联系到提供服务和服务结束，殡仪馆所提供的各类服务，根据殡仪馆业务的性质不同，将殡仪馆服务分为标准服务、补充服务和特殊服务三类，并就不同类型的服务分别给出具体规定，对每一项服务都规定了基本服务项目内容、服务特点和要求规范，还对企业的信誉保证方式作出了规定，要求企业应符合外部环境的要求。

制定殡葬服务标准，应以殡葬服务活动基本规律、行业特点和社会公众的需求为基础，结合各地殡葬服务活动先进经验，充分考虑今后一段时期殡葬服务活动发展方向，借鉴其他国家和地区制定殡葬服务标准的经验，吸取其他服务行业规范标准制定的成果。

（一）殡葬服务标准的分类

殡葬服务标准可从不同角度分类。从殡葬服务标准的对象不同划分为殡葬服务工作者礼仪规范和殡葬服务过程规范。从殡葬服务标准的内容不同划分为殡葬服务项目规范、殡葬服务标准规范和殡葬服务内容规范。从殡葬服务提供的流程可分为咨询服务规范、接待客户规范、遗体接运规范、防腐整容规范、更衣规范、化妆规范、礼仪服务标准、殡仪场所布置规范、入殓规范、火化规范、捡骨规范、骨灰交接规范、骨灰寄存规范、安葬规范、祭扫活动规范等。从殡葬服务的提供者不同可划分为殡仪馆（含火葬场）服务标准、公墓服务标准、骨灰安置处服务标准、殡葬服务派出机构服务标准、殡葬代理服务机构服务标准等。

我国殡葬服务标准化的内容可以从不同的角度进行细化：一是服务流程层面，即服务的递送系统，向客户提供满足其需求的各个服务步骤的标准化，要求对适合这种流程服务标准的目标客户提供相同步骤的服务。二是具体服务层面，即在各个服务环节中同客户接触的每个瞬间，服务人员所展现出来的仪表、语言、态度及行为等的标准化，要求通过提供具有殡葬行为特点的体贴周到的服务，在客户心中建立质量可靠的形象。

（二）殡葬服务标准的内容

殡葬服务也具有类同于一般服务领域的标准化内容。工作重点内容包括建立健全殡葬服务标准体系、制定并组织实施殡葬服务标准、开展殡葬服务行业质量评价活动、通过典型示范培育和树立殡葬服务品牌。需要建立的服务标准的类型有服务基础标准、服务管理标准、服务质量标准、服务资质标准、服务设施标准、服务安全与卫生标准、服务环境保护标准和保护消费者权益的标准等。需要建立的服务标准实施评价体系包括组织内部质量管理自我评价体系、服务质量社会评价体系和服务质量认证体系。

1. 殡葬服务性能的标准化

殡葬服务机构服务产品的定位，要站在客户角度，优先考虑服务的性价比，服务机构要以技术和管理为后盾，做到低成本和高质量，为客户提供物有所值或物超所值的服务，实现最大的客户价值。

2. 殡葬服务技巧的标准化

在语言上要求能够同客户实现有效的沟通，有标准化的倾听、询问、推荐、解释等话语交流的流程，以更好地把握和满足客户的真正需要，处理好客户功能利益和情感利益的关系；在态度上能够让客户体会到超值的享受，有标准化的显现礼貌、敬重、热情、主动等态度的原则与操作规定，以争取更高的客户满意度和社会美誉度。

3. 殡葬服务效率的标准化

要在科学研究的基础上提高工作效率和工作质量，通过标准化为每个服务构成环节制定一种科学方法，设计出精确的工作程序，通过新的最佳方式使服务效率得到大幅提高。

4. 殡葬服务要求的具体化

一是定义明确。对殡葬服务中的服务主体、服务过程、服务场所、服务设施、工具等给出统一定义。例如，“遗体火化师”就要指出是履行哪些具体工作，不仅仅指火化操作本身，还包括火化的前期准备和后期操作过程的工作人员，给出明确的定义，以便具体应用。

二是划分过程。明确划分殡葬服务提供过程。例如，根据遗体的处理流程划分，可以列出：遗体接运、遗体整容、遗体防腐、遗体更衣、遗体化妆、入殓、火化、骨灰移交、骨灰领取、骨灰寄存、安葬等。而根据客户的活动划分，可以列出：电话接听、洽谈接待、殡葬用品销售、服务确认、礼厅布置、主持仪式、骨灰领取、骨灰寄存、安葬、祭扫等。

三是明确内容。明确每一过程的具体服务内容，例如，在遗体接运阶段的服务内容可以规定为：根据与客户的协商，在指定时间用指定工具将遗体从指定地点准确、安全地接运回殡仪馆。

四是制定标准。对具体服务内容应制定详细的标准，包括操作标准与具体要求。例如，遗体接运阶段的操作标准为：“按时到达接尸地点，确认遗体无误，安全行驶，不出事故等”，其中仅就“确认遗体无误”可以制定以下具体要求：遗体接运单作为接运遗体的依据，应保持清洁、完整、字迹清晰；仔细核对遗体信息，同遗体接运单逐项对照；认真检查遗体质量和随身携带物品，做好记录，并请相关人员验证；做好遗体交接工作，保持交接记录；为遗体配置本单位识别的信息卡，保证信息卡信息无误，并做到卡不离“身”等。

五是规定礼仪。对具体服务提供时的礼仪要作出规定。如业务洽谈时应该注意的语言规范、行为规范和着装规范等。

此外，殡葬服务过程中提供的合同、单据必须统一规范。对违反殡葬服务标准的要有具体的处理办法。当地民政管理部门或民政管理部门授权的机构对殡葬服务规范、标准的执行情况进行监督。

二、殡葬服务标准体系的建立

（一）殡葬服务标准体系的编制原则

一是全面系统的原则。所编制的殡葬服务标准体系要涵盖殡葬领域不同级别、不同门类、不同专业、不同性质、不同要求的服务标准子体系，力求全面系统地描绘出我国现阶段殡葬服务标准的发展规划。

二是层次分明的原则。根据殡葬服务标准的内在属性和使用范围，构建结构合理、层次清晰、内容完整、数量适中的体系框架。列入标准明细表中的每一项标准都应安排在相应的层次上，个性标准处于较低层次，共性标准处于较高层次，避免同一项标准同时列入两个层次或子体系的混乱现象。

三是简明实用的原则。鉴于我国殡葬服务标准化工作基础薄弱的实际情况，现阶段的殡葬服务标准体系应一目了然、清晰简明、突出重点、实用可行。

四是协调兼容的原则。殡葬服务标准体系的制定应与相关法律法规和技术标准相配套，形成标准间相互协调、相互补充的有机整体。殡葬业作为服务业中的特种行业，涉及的领域广、面对的问题多，有时标准化的对象会与其他行业相互交叉，因此应与相关行业间的标准应相互呼应和兼容，顺应提升改造传统殡葬服务和拓展新兴殡葬服务领域的需求，促进现代科技的应用，保证标准体系的先进性。

（二）殡葬服务标准体系的编制思路

殡葬服务标准化是一个制定和实施服务工作行为规范、共同准则或活动依据的过程，是对服务活动中重复出现并且具有重复利用价值的工作方式，进行总结、归纳、鉴别、比较、选择、归一、成文、施行、评价、修订的过程。殡葬服务标准化是一项系统工程，需要多方位、多渠道、多手段，整合各种资源协同推进方能建成。

1. 转变观念，厘清思路

这是殡葬服务标准化的基础。殡葬从业人员要大力弘扬社会主义价值观，遵循社会主义市场经济规律，在推进殡葬服务标准化中坚持以下原则：一是公平服务原则，坚持公平、公正、公开向客户提供服务，明示服务的价格、内容、流程、标准、要求，保障所有客户享受到优质殡葬服务的权利。二是个性化服务原则，按照客户不同文化背景、职业背景、支付能力等状况开展个性化服务，满足客户的多样性需求，不断提高客户服务的针对性和有效性。三是分类服务原则，对不同类别的客户实施相应的服务，做到分门别类、有的放矢，保证困难客户得到保障服务，一般客户得到满意服务，重点客户得到特色服务或高端服务。四是打造品牌原则，要始终把创殡葬服务品牌贯穿于服务的全过程，着力追求精细服务、周到服务、完美服务，打造卓越的殡葬服务品牌。

2. 广泛动员，形成合力

这是殡葬服务标准化的保障。殡葬服务标准化是不可能单靠某一方面的努力就能实现的，它需要政府主管部门、殡葬服务机构、各种专门机构及其各个层级的人员的共同参与和配合。各级殡葬管理部门要行使行政职能，在总体部署的同时，利用财政投入机制和市场筹资机制，引导、鼓励或组织殡葬企事业单位和行业协会参与标准的制定；各地殡葬行业协会要发挥自身专业力量的作用，在标准基础研究以及标准起草、技术审定、宣贯实施、知识培训等方面承担相应的任务；各殡葬服务机构要对员工进行标准化知识普及教育，增强标准化意识，倡导以标准为依据的服务和管理行为。只有在形成了政府、社会组织、企事业单位共同关心、支持并投入殡葬服务标准化建设的良好局面时，才能形成从标准基础研究到标准立项、从标准制定到标准执行的一体化工作机制，为殡葬服务标准化工作更好更快发展提供有力的保障。

3. 系统规划，精细设计

这是殡葬服务标准化的关键。殡葬服务标准化要着眼于服务的整体，采用系统的方法，根据行业特征和服务对象的特性从不同方面进行细节设计。殡葬服务标准化系统中无论主干还是枝节，均应以客户为中心。在系统流程的架构时，要摆脱传统模式中过于精细的分工羁绊，从服务人员工作导向彻底走向客户服务导向，注意时刻围绕客户价值设计每一项服务的流程与质量标准，注意顾及部分客户的个性需要，根据机构内部条件和客户特殊需求谋求标准化和个性化的平衡。要注意让各种服务标准得以清晰、准确的表述，尽量减少质量信息在服务施受双方间不对称的现象，避免因服务标准的人为屏蔽或理解歧义而发生的纠纷。殡葬服务标准的整体与细节设计，在当前诸多殡葬服务机构中是一个极其薄弱的环节，要想建立规范统一、协调配合、层次清晰、科学合理、全面完善、实用有效的殡葬服务标准化体系，除了转变观念外，还需要政府与机构为相关人员提供更多的有关知识和技能的学习、研究与实践的机会，需要培育一支既精通殡葬业务又熟悉标准化知识的复合型标准化工作队伍。

4. 典型示范，经验推广

这是殡葬服务标准化的捷径。殡葬服务标准化的进程中，在时间与空间上必定有长期、繁复的工作要做，整体推进的困难必定很多，因此可以在先期动员我国殡葬行业中的骨干机构和地方行业协会编制与执行企业标准或行业标准，开展殡葬服务标准化试点，再带动其他的组织；可以在某些服务标准形成后，开展旨在推动标准实施的服务明星大赛、标杆企业评比、星级机构评定、服务品牌排名等竞赛活动，通过典型示范推动整个行业的标准化；可以开展专题研究、理论研讨、经验交流等活动，总结殡葬服务标准化的经验，并将成熟经验作为培训教材，使标准化的经验得以复制，以促进行业整体服务水平的提升。

（三）殡葬服务标准体系的主体结构

根据 GB/T 13016－2009 的技术规定，标准体系的框架结构采用方框图分层次表示，上下层之间的关系用实线链接，同层关系按顺序排列。

1. 框架结构

殡葬服务标准体系的框架结构用平面方框图表示，结构图的纵向为层级分布；结构图的横向为逻辑和顺序关系排列。每个小方框均代表共同属性的一组标准，方框间用实线链接表示层次关系和序列关系，方框间用虚线链接则表示协调配套的关联关系，体系的总体框架结构如图 5－2 所示。

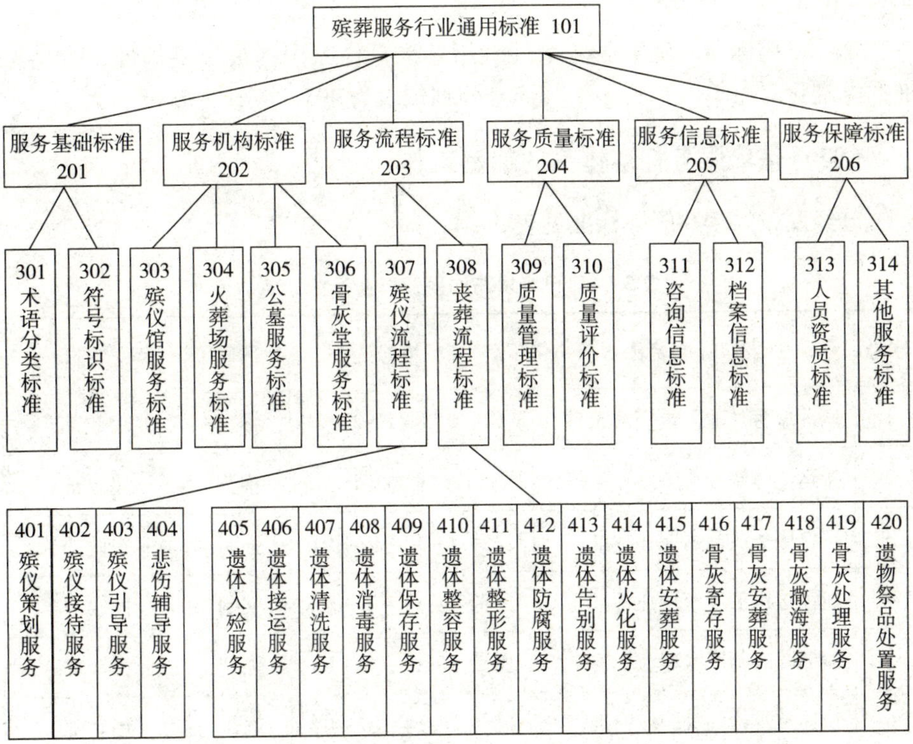

图 5－2　殡葬服务标准体系层次结构图

2. *层次划分*

按照殡葬标准的通用程度和使用范围我们把殡葬服务标准体系分成四个层次，划分方法为：行业通用标准和相关标准居第一层，专业通用的殡葬居第二层，门类通用的殡葬居第三层，个性专用标准居第四层。上层统领下层，下层支持上层。

行业通用标准。殡葬服务行业通用标准是体系中适用范围最广的标准，处于第一层，总代号为 101。主要包括殡葬服务标准体系表、殡葬服务标准化工作的导则、殡葬服务标准编写指南等标准。

专业通用标准。殡葬服务专业通用标准是体系中适用范围较广的标准，处于第二层，按殡葬服务标准的基本属性分为服务基础、服务机构、服务流程、服务质量、服务信息、服务保障等 6 个专业，其代号分别依次为 201、202、203、204、205、206。

门类通用标准。殡葬服务门类通用标准是体系中适用范围较窄的标准，处于第三层，按殡葬服务标准的类别分为 14 个门类，其代号分别依次为 301、

302、303……

个性专用标准。殡葬服务个性专用标准是体系中的最底层标准，本层标准的标准化对象单一、具体，其代号分别依次为401、402、403……

（四）殡葬服务标准体系的编制工作

已经发布的殡葬服务标准见表5-4：

表5-4 已经发布的殡葬服务行业标准

序号	发布标准名称	标准号	性质	归口部门
1	殡葬服务从业人员资质条件	GB/T 24441-2009	推荐	民政部
2	接运遗体服务	GB/T 26374	推荐	民政部
3	殡仪服务员国家职业标准	民劳4-14-07-01	强制	民政部
4	遗体接运工国家职业标准	民劳4-14-07-02	强制	民政部
5	遗体防腐师国家职业标准	民劳4-14-07-03	强制	民政部
6	遗体整容师国家职业标准	民劳4-14-07-04	强制	民政部
7	遗体火化师国家职业标准	民劳4-14-07-05	强制	民政部
8	墓地管理员国家职业标准	民劳4-14-07-06	强制	民政部
9	殡葬服务术语	MZ/T 017-2011	推荐	民政部
10	殡仪接待服务	MZ/T 018-2011	推荐	民政部
11	遗体保存服务	MZ/T 019-2011	推荐	民政部
12	遗体告别服务	MZ/T 020-2011	推荐	民政部
13	遗体火化服务	MZ/T 021-2011	推荐	民政部
14	骨灰寄存服务	MZ/T 022-2011	推荐	民政部
15	骨灰撒海服务	MZ/T 023-2011	推荐	民政部
合计		15项（强制性标准6项，推荐性标9项）		

正在编制或计划编制的殡葬服务标准见表5-5至5-12：

表 5-5　殡葬服务通用标准

序号	标准名称	标准代号	标准主要内容
101.1	殡葬服务标准体系表	GB/T	确定殡葬服务标准体系的整体框架，划分标准的层次结构，编制标准明细表、结构表和编制说明
101.2	殡葬服务标准化工作导则	GB/T	规定殡葬服务标准化工作原则、范围、内容、基本方法与主要技术事项
101.3	殡葬服务标准编写指南	GB/T	规范殡葬服务国家标准、行业标准、地方标准和企业标准的起草规则、编写要点与技术要求

表 5-6　殡葬服务专业通用标准

序号	标准名称	标准代号	标准主要内容
201.1	殡葬服务基础项目类别	GB/T	规定殡葬服务基础项目的类别划分、基本内容和代号
202.1	殡葬服务机构设置原则	GB/T	规范殡葬服务机构设置依据、规划原则与基本方法
203.1	殡葬服务流程的确定方法	GB/T	规范基本殡葬服务流程和项目的确定方法，给出不同殡葬服务阶段的流程编码规则
204.1	殡葬服务质量体系	GB/T	给出殡葬服务质量体系的建立方法和各构成要素，规范服务质量体系的运行模式
205.1	殡葬服务信息处理通则	GB/T	划分殡葬服务信息类别，制定殡葬服务书面信息和电子信息收集、处理、利用的技术通则
206.1	殡葬服务保障体系	GB/T	给出殡葬服务保障体系的构成要素，规范服务保障体系的创建途径、运行控制和评价指标

表 5-7　殡葬服务机构标准

序号	标准名称	标准代号	标准主要内容
303.1	殡仪馆服务	GB/T	规范殡仪馆、殡仪服务中心、殡仪服务站类殡仪服务机构资质条件、设施设备要求、人员配置、基本服务内容与服务质量要求等
304.1	火葬场服务	GB/T	规范火葬场类机构资质条件、设施设备要求、人员配置、基本服务内容与服务质量要求等

续表

序号	标准名称	标准代号	标准主要内容
305.1	公墓服务	GB/T	规范公墓类服务机构资质条件、设施设备要求、人员配置、基本服务内容与服务质量要求等
305.2	墓体制作服务	MZ/T	规定墓体制作服务涉及的术语和定义、机构资质要求、人员要求、设施设备要求、服务流程、质量要求与服务评价与改进等要求
305.3	公墓业务接待	MZ/T	规定公墓业务接待的服务机构资质、服务设施设备、服务人员、服务流程、服务质量、服务评价与改进等要求
305.4	公墓安葬服务	MZ/T	规定公墓安葬服务的服务人员、设备设施、服务流程、服务质量、服务评价与改进等要求
305.5	公墓祭扫接待服务	MZ/T	规定了服务设施设备、服务人员要求、服务种类、服务流程、高峰祭扫准备工作、服务质量、服务评价与改进等要求
305.6	公墓维护服务	MZ/T	规定公墓维护服务的资质要求、设施设备要求、人员要求、接待流程、质量要求、评价与改进等要求
306.1	骨灰堂服务	GB/T	规范骨灰堂类服务机构的资质条件、设施设备要求、人员配置、基本服务内容与服务质量要求等

表5-8 殡葬服务流程标准

序号	标准名称	标准代号	标准主要内容
307.1	殡仪服务项目与流程的确定导则	GB/T	制定殡葬服务项目的主要内容、确定原则；规定殡仪服务流程确定的技术途径和基本方法
308.1	丧葬服务项目与流程的确定导则	GB/T	制定丧葬服务项目的主要内容、确定原则；规定丧葬服务流程确定的技术路线和基本方法

表5-9 殡葬服务质量标准

序号	标准名称	标准代号	标准主要内容
309.1	殡葬服务质量控制要求	GB/T	规定殡葬服务质量控制的主体要素、辅助要素及其技术管理要求

续表

序号	标准名称	标准代号	标准主要内容
309.2	殡葬服务客户满意度调查途径与方法	GB/T	制定殡葬服务机构和基本服务项目的质量承诺、客户满意度调查主要途径与技术方法
310.1	殡仪馆等级评定标准	GB/T	规定国家一、二、三级殡仪馆的评定指标、评定内容和评定方法
310.2	公墓等级评定标准	GB/T	规定公墓等级评定指标、评定内容和评定方法
310.3	骨灰堂等级评定标准	GB/T	规定骨灰堂等骨灰寄存服务机构等级评定指标、评定内容和评定方法
310.4	殡葬服务标准化示范单位评审标准	GB/T	制定殡葬服务标准化示范单位评审指标、内容、评分标准和方法等

表 5－10　殡葬服务信息标准

序号	标准名称	标准代号	标准主要内容
311.1	殡葬服务咨询信息分类	GB/T	对开展殡葬服务活动业务咨询的信息进行分类并编码
312.1	殡葬服务归档信息分类	GB/T	对开展殡葬服务活动形成的归档信息进行分类并编码
312.2	人员档案技术管理规范	GB/T	制定死亡人员书面和电子档案立卷、保管、开发、利用服务技术规范

表 5－11　殡葬服务保障标准

序号	标准名称	标准代号	标准主要内容
313.8	殡葬礼仪师国家职业标准	GB/T	规定殡葬礼仪师职业概况、基本要求、工作要求及鉴定比重
313.9	殡葬策划师国家职业标准	GB/T	规定殡葬策划师职业概况、基本要求、工作要求及鉴定比重
313.10	骨灰管理员国家职业标准	GB/T	规定骨灰管理员职业概况、基本要求、工作要求及鉴定比重
313.11	遗体入殓师国家职业标准	GB/T	规定遗体入殓师职业概况、基本要求、工作要求及鉴定比重
313.12	殡仪引导员国家职业标准	GB/T	规定殡仪引导员职业概况、基本要求、工作要求及鉴定比重

续表

序号	标准名称	标准代号	标准主要内容
313.13	殡葬服务保障体系制定原则	GB/T	规定不同殡葬服务项目所需的基本殡葬设施、设备、用具、用品、人员等保障条件和安全、卫生、环保等保障体系的制定原则和方法
314.1	殡葬服务社会责任和信用规范	GB/T	规定不同殡葬服务机构的社会责任和社会信用通用要求

表 5－12　殡仪服务标准

序号	标准名称	标准代号	标准主要内容
401.1	殡仪策划服务	MZ/T	规范殡仪服务活动开展过程，策划殡仪服务内容与注意事项等
403.1	殡仪引导服务	MZ/T	规范殡仪引导服务活动的内容与基本要求
404.1	悲伤辅导服务	MZ/T	规范悲伤辅导、心理抚慰服务活动的主要内容与基本要求
405.1	遗体入殓服务	MZ/T	规范普通遗体和特种遗体入殓服务的基本内容与技术要求
406.1	国际运尸技术规范	GB/T	规范国际遗体接运服务的资质条件、业务流程、基本要求
407.1	遗体清洗服务	MZ/T	规范遗体清洗服务的基本内容与技术要求
408.1	遗体消毒服务	MZ/T	规范遗体消毒服务的基本内容与技术要求
410.1	遗体整容服务	MZ/T	规范遗体整容服务的基本内容与技术要求
411.1	遗体整形服务	MZ/T	规范遗体整形服务的基本内容与技术要求
412.1	遗体冷冻冷藏服务	MZ/T	规范遗体冷冻和冷藏服务的基本内容与技术要求
412.2	遗体化学防腐服务	MZ/T	规范遗体清洗服务的基本内容与技术要求
415.1	遗体安葬服务	MZ/T	规范遗体安葬服务的基本内容与技术要求
417.1	骨灰安葬服务	MZ/T	规范骨灰安葬服务的基本内容与技术要求
419.1	骨灰处理服务	GB/T	规范骨灰处理服务的基本内容与技术要求
420.1	遗物祭品焚烧服务	GB/T	规范遗物祭品焚烧服务的基本内容、服务要求与条件
420.2	遗物祭品生态化处置服务	MZ/T	规范遗物祭品生态化处置的技术原则、服务的内容与要求

【思考题】

1. 简述建立殡葬标准体系的意义。

2. 考察一家殡仪馆，根据殡葬从业人员和客户反映的问题，说明殡仪馆建设设计标准应考虑哪些主要方面？

3. 设计一个面向公众的调查问卷，问卷内容重点围绕殡葬服务质量的提升，整理并分析调查问卷，然后说明如何建立殡葬服务规范？

第六章　殡葬法律责任

【学习目标】通过本章的学习，你应能够：

1. 掌握殡葬活动中的民事责任；
2. 掌握遗体和骨灰的法律属性与相关权利；
3. 掌握殡葬活动中的行政责任；
4. 了解殡葬活动中的刑事责任。

【核心概念】民事责任；行政责任；刑事责任

【导入案例】

潘东不服县殡葬管理委员会殡葬管理决定案①

按照《殡葬管理条例》的规定，在土葬区亡故的国家干部可在当地县人民政府划定的墓地或指定的地点埋葬。潘东之父潘志生生前系县城建局干部，病故后，于1997年4月16日由其家属将遗体接回原籍，自选墓地予以土葬。因有他人举报，殡葬管委会于1997年4月28日对潘东下发了唐殡〔1997〕1号《通知》，限潘志生之子潘东于1997年5月30日前，将其父坟墓自行迁出。如在限期内未自行迁出，将按照殡葬管理有关规定强行起尸火化。潘东不服，向县人民法院提起诉讼。

原告诉称：其父病故拉回原籍土葬，是其母亲的事，殡葬管理委员会不应对原告下发处理决定；殡葬管委会未按行政处罚法规定的程序处理，存在程序违法；对此事的处理应是殡葬管理所的法定职责，不属殡葬管理委员会的法定职责；唐政〔1994〕75号文件第2条与国务院《关于殡葬管理的暂行规定》和《河南省殡葬管理暂行办法》的有关规定相抵触，因此适用法规错误，请求人民法院判决撤销被告对原告下发的《通知》。

---

① 郭烁：《社会主义新农村建设法律指导丛书：农村殡葬法律问题》，中国法制出版社2006年版。

被告辩称：被告具有殡葬管理及处理重大事宜和具体事宜的法定职权，对原告所下发的《通知》事实清楚，证据确凿，程序合法，适用法规正确，处理恰当，请求人民法院判决维持唐殡〔1997〕1号《通知》。

县人民法院经审理认为，原告之父潘志生病故后，理应按照当地县级人民政府划定的墓地或指定的地点进行土葬。其家属将遗体拉回原籍自选墓地埋葬，违反了《河南省殡葬管理暂行办法》第二十四条的规定。1985年2月8日国务院发布的《关于殡葬管理的暂行规定》和1986年6月27日河南省六届人大常委会第二十一次会议批准的《河南省殡葬管理暂行办法》没有明文规定土葬区的国家干部亡故后必须火化，但提倡火化。1994年6月13日县人民政府制定的唐政〔1994〕75号《关于进一步贯彻执行〈河南省殡葬管理暂行办法〉的通知》第二条规定的火化对象范围，是殡葬改革发展的必然趋势。且被告给原告下发的《通知》，只是限定时间自行迁出。只有不自行迁出，才强行起尸火化。被告对原告作出的具体行政行为，引用唐政〔1994〕75号文件第2条，并无不当。

我国现有法律法规只明文规定下级职能部门不能履行上级职能部门职责，没有明文规定上级职能部门不能处理下级职能部门所管理的具体事项，本案被告对原告作出的具体行政行为并不违法。原告系潘志生之子，被告对其作出处理，主体正确。潘志生病故后，其家属按照殡葬管理的有关规定实行土葬是其法定义务。被告对原告作出的具体行政行为不具有行政处罚性质，原告所诉被告没有按照行政处罚法规定程序处理的理由不能成立，不予支持。被告依据《河南省殡葬管理暂行办法》第二十四条和唐政〔1994〕75号文件第二条的规定，作出的唐殡〔1997〕1号《通知》事实清楚，证据确凿，程序合法，适用法规及规范性文件正确，处理恰当，应予以支持。

依照《中华人民共和国行政诉讼法》第五十四条第（一）项的规定，县人民法院于1997年5月26日作出判决：维持被告1997年4月28日作出的唐殡〔1997〕1号《关于对潘志生土葬问题的处理意见的通知》。

第一节　法律责任概述

一、法律责任的特征

（一）法律责任的界定

1. 责任的基本内涵

从语义学角度研究“责任”概念的内涵，是界定法律责任的前提条件。

在古代汉语中，“责任”一词大致有五种语义：求（索取），诘斥（非难），义务，处罚（处理），债。

在现代汉语中，“责任”一词有两种基本词义：一是积极责任。即分内应做的事，它是基于某种角色而应承担的义务，如岗位责任、举证责任等。二是消极责任。即没有做好应做的事而承担的不利后果，如违约责任、赔偿责任等。

责任概念具有多义性，在不同语境中具有不同含义且不断流变。但是，从根本上说，“责任”一词包括两个要素：

一是实质要素。可分为客观要素和主观要素。客观要素特指义务，即责任的产生必须基于对一定义务的违反，没有义务就没有责任。责任是义务的结果，义务是责任的原因。而义务的违反是一种事实状态，不以人的意志为转移，因而义务是责任的客观要素。主观要素指向归责原则和免责条件，即义务的违反是否必然引起责任的产生，这取决于行为人在主观上有无过错和社会对其所作的评价等。

二是形式要素。即负担或约束力，它是实质要素的外在表现形态，是责任得以存在和实现的要素。

总的来说，责任就是基于一定义务而产生的合理负担。

2. 法律责任的含义

在现代法律中，“权利—义务—责任”构成了法律的基本格局。一部法律总是通过规定人们必须或应当遵守的行为模式，以及违反法定行为模式的责任和受到制裁的方法及程序，来实现法律对社会关系的指引和调整的。因此，法律责任是法律运行中不可缺少的保障机制，是制止违法、保障权利的重要环节。为了有效地调整社会关系，对法律责任的规定要从法律责任的依据、范围、承担者、认定、执行来展开，司法也要以法律责任的认定、归结和执行为其重要职能。由于法律责任及其执行涉及人的自由、人格、财产乃至生命，因此构成了法学的一个专门的研究领域。

广义上的法律责任既包括法律规范所规定的不必强制履行的各种应尽的义务，一般被称为第一性义务；同时还包括由于实际违反了法律规定而应当具体承担的强制履行的义务，违法行为人必须依法接受处罚，这种义务不同于上述义务，它是由于违反了第一性义务而引起的义务，一般被称为第二性义务。因此，广义的法律责任是这两种义务的总和。狭义的法律责任则专职后一种情况，即所谓的第二性义务，是指因违法行为而必须承担的具有强制性的法律后果。实施一定的违法行为即违反了第一性义务是承担法律责任的必要前提，而以国家强制力为后盾的法律制裁即第二性义务则是该违法行为引起的后果。

法律责任有两个含义，一是揭示了违法行为与法律责任之间的因果联系，即法律责任是违法行为引起的后果。没有违法行为发生，就不会也不应该有法律责任的出现。因此，只有实施了某种违法行为，才谈得上追究法律责任。二是强调法律责任的国家强制性，即法律责任的认定和归结是国家权力运行的具体体现，是国家对责任人的财产或人身自由的强行限制或剥夺。因此，法律责任作为一种社会责任，其区别于其他社会责任的特点在于：在法律上有明确具体的规定，运用国家强制力来保证其执行，并且由国家授权的机关来依法追究。

从狭义的法律责任的概念中可以看出，法律责任与两个条件相关：一是行为人因自身违法行为或违约行为而引起的不利法律后果，如触犯刑律而入罪、不当得利返还、侵权损害赔偿等。二是其他法定事由出现而引起的不利法律后果，如饲养动物致人损害应承担的无过错责任，医患纠纷中的医疗机构因不能举证排除自身过错而承担赔偿等。

3. 法律责任的特征

法律责任是由特定法律事实所引起的对损害予以补偿、强制履行或接受惩罚的特殊义务。法律责任不同于道德责任、纪律处分等，它具有如下特征：

第一，法律责任必须以具体的法律规定为前提。承担责任的具体情形，即特定的法律事实和承担法律责任的方式都是由法律事先规定的。

第二，法律责任的追究和实现均以国家强制力作为保证。由于追究当事人的法律责任意味着要求其接受某种约束或负担，甚至是一种严厉的惩罚，因此，必须依靠国家强制力的直接适用或者以其为后盾。

第三，法律责任的认定和归结需由国家特设的或授权的专门机关依法进行。认定和追究法律责任是国家司法机关和其他授权机关的专门职权，任何其他个人和社会组织都不能行使这一职权。

以上三点，即法律责任的法律规定性、国家强制性和专权追究性是其他社会责任所不具有的。

法律责任是由特定法律事实所引起的对损害予以补偿、强制履行或接受惩罚的特殊法律责任义务。法律责任首先表示一种因违反法律上的义务（包括违约等）关系而形成的责任关系，它是以法律义务的存在为前提的。法律责任还表示为一种责任方式，即承担不利后果。法律责任具有内在逻辑性，即存在前因与后果的逻辑关系。法律责任的追究是由国家强制力实施或者潜在保证的。

（二）法律责任的本质

1. 法律责任的基本理论

法律责任的本质，是从更深层次上回答法律责任是什么的问题。目前影响较大的有三种理论：

（1）道义责任论。行为人出于自由意志作出的违法或违约行为，应当受到道义上的谴责。对违法或违约者的道义责难，就是法律责任的本质所在。

（2）社会责任论。根据行为人的行为环境和行为危害性，来确定法律责任的有无和轻重。维护社会秩序及让违法者适应社会生活，共同体现为法律责任的本质。

（3）规范责任论。通过法律责任的认定和归结，来体现对行为人违反规范的否定评价。因此，行为的规范评价，才是法律责任的本质。

2. 法律责任的本质特点

规范责任论侧重于强调法律责任与法律规范之间的相关性，能够更加全面揭示法律责任的本质。与此同时，由于在依据法律规范评价行为时，不能排除对行为责任有关主客观要素的考虑，所以，这一理论是从研究法律责任的形式要素入手，把主观要素、客观要素和形式要素三者进行了有机的统一。从这一理论出发，法律责任的本质有以下三个特点：

这一归纳涵盖了法律责任的全部构成要素，即法律义务、可归责性和法律负担，便于建立一个客观、公正的法律责任制度。法律责任应是主观与客观相结合，内容与形式相统一的三位一体的复杂实体，它需要明确人们应当做什么，若没有做什么时应当负担何种后果，负担后果时应具备怎样的条件。

这一归纳指出了三个要素的有序关系，为专门国家机关确认、归纳法律责任提供了行为模式。也就是说，解决法律责任的条件，首先要确认是否存在违反法律义务的事实，然后再考虑这一事实的发生是否具有可归责性。只有在此基础上，才能强制责任主体承受相应的法律负担。

这一归纳从有责主体与国家两个方面进行双向揭示，既说明了法律责任的当为性，又说明了法律责任的必为性。法律责任是有责主体违反法律义务后，在法律价值判断上应当承受的合理负担。同时，法律责任也是由专门国家机关依法运用强制力使有责主体承受的负担，具有必然承担和实现的性质，而不管有责主体的意愿如何。

二、法律责任的构成

（一）法律责任的构成要件

法律责任的构成是指法律责任认定的必备条件。一般而言，违法行为和违约行为是最主要、最基本的产生法律责任的原因。

法律责任的构成要件是指构成法律责任必须具备的各种条件或必须符合的标准，它是国家机关要求行为人承担法律责任时进行分析、判断的标准。根据违法行为的一般特点，法律责任的构成要件包括以下五个方面：一是行为的社会危害性。即行为人的行为侵害了法律所保护的社会关系，造成了某种损害。二是行为的违法性。违法行为是指违反法律所规定的义务、超越权利的界限行使权利以及侵权行为的总称，一般认为违法行为包括犯罪行为和一般违法行为。三是违法行为或违约行为与损害结果之间的因果关系。法律责任构成所要求的因果关系，只能是行为人的行为与损害结果之间内在的、必然的、直接的联系。四是行为人主观上的过错。即承担法律责任的主观故意或者过失。五是行为人的行为能力。行为能力的实质是辨认能力和控制能力，它总是与一定的年龄和精神状态相适应。如果行为人在主观意志的支配下实施了危害社会的行为，但其不具备行为能力或责任能力，则不承担法律责任。

我们依据违法行为和违约行为的构成要素，可将法律责任的构成概括为责任主体、心理状态、违法或违约行为、损害事实和因果关系五个方面。

1. 责任主体

责任主体指因违法或违约行为而承担法律责任的人，包括自然人、法人和其他社会组织。但是，并非任何人都可以成为违法或违约行为的实施者，责任主体对于法律责任的有无、种类、大小有着密切的关系。主要表现在以下两个方面：

一是法律责任与主体行为能力相关。比如，我国刑法规定，已满16周岁的人具有完全刑事行为能力，应当承担全部刑事责任；已满14周岁不满16周岁的人为限制刑事行为能力人，只对若干重大犯罪负刑事责任；已满14周岁不满18周岁的人犯罪，应当从轻或者减轻处罚。同时，不同法律的规定也有所区别，民法通则规定，18周岁以上，以及16周岁以上不满18周岁以自己的劳动收入为主要生活来源的，具有完全民事行为能力；10周岁以上的未成年人为限制民事行为能力人，不满10周岁则无民事行为能力，相应法律责任也有所不同。

二是法律责任的继受或转移。现实生活中，法律责任可能会被另一主体所继受，如继承法的相关解释规定，财产继承人在接受遗产范围内，必须继受被继承人生前应归还的相应债务。法律责任也经常出现从某一主体转移到另一主体的现象，如当事人债务转让、企业兼并或注销后的责任移转、担保责任随主体权利变动等。

2. 心理状态

心理状态是行为人实施违法或违法行为时的主观方面。在人类社会早期，按照客观原则进行归责，因而主观过错对法律责任的构成没有什么意义，即只要有危害他人或社会的行为，不管行为人是否有过错，就得承担法律责任。现代社会将主观过错作为法律构成的要素之一，不同的主观心理状态决定了某行为是否有责及承担何种责任。现代刑事责任一般采用过错责任原则，主观过错对于区分罪与非罪、此罪与彼罪、一罪与数罪、重罪与轻罪具有重要作用；现代民事责任则以过错责任为原则，以无过错责任为补充。

过错包括故意和过失两类。故意是指明知自己的行为会发生危害社会的结果，仍希望或放任这种结果发生的心理状态；过失是指应当预见自己的行为可能发生损害他人、危害社会的结果，因为疏忽大意而没有预见，或者已经预见而轻信能够避免，以致发生这种结果的心理状态。过失行为一般要负民事责任，但只有在法律明文规定时才负刑事责任。

过错与动机不同。过错系指行为人实际做何事或不做何事；动机则关系到他为何做或不做某事。比如，杀人在过错上只存在故意与过失之分，那么从动机上为何杀人，可能是复仇或谋财等。动机一般对责任的有无不产生影响，而是权衡责任轻重的因素。

3. 违法行为

行为是由人的意志控制的任何事件。自然界发生的事件（如地震、洪水、电击）和人的无意识动作（如梦游、精神失常），不是由人的意志控制，也不是法律上讲的行为。另外，行为与思想有联系，如果思想活动公开表露出来，有时也构成法律上的行为，如诽谤、泄密。

违法或违约行为是法律责任的核心要素。违法或违约行为可以分为作为与不作为。作为是指直接做了法律所禁止或合同不允许的事，自然要导致法律责任，如抢劫、故意杀人必须承担刑事责任，侵犯他人专利应予赔偿，逾期付款要加付滞纳金等。不作为是指行为人能够履行自己的应尽义务而不履行该义务，也要承担法律责任，如公民不积极服兵役、政府行政不作为、义务人疏忽导致重大责任事故等。

4. 损害结果

损害结果指违法或违约行为给他人或社会的合法权益造成的损失或伤害。损害形式包括实际损害、已得利益和期待利益三种；损害结果可以是人身损害、财产损害、精神损害和其他方面的损害，但必须是业已发生的事实，而非主观虚构、推测或臆想；损害结果的认定，可以依据法定、约定、公理甚至一般的公众意识。合法行为对他人造成的损害，在法律明文规定的情形下也要承担责任，比如，行政或司法机关的合法行政行为或司法行为损害了他人的合法权益，应当承担赔偿责任。另外，有些责任的承担，不以实际损害的存在为条件，如危害国家安全罪，不一定已对国家安全造成实际损害，但也要承担刑事责任。

5. 因果关系

因果关系即行为与损害之间的因果关系，它是存在于自然界和人类社会中的各种因果关系的特殊形式，即违法或违约行为与损害结果之间的必然联系。

如果某种现象的出现是另一现象的存在引起的，则两者之间就存在因果关系。因果关系的有无，是认定法律责任的重要环节。法律上的因果关系有别于一般的因果关系，一个损害结果可能是多种原因造成的，法律只考虑其中与法律责任认定有关的因素，如松花江污染事件是由于吉化公司爆炸造成苯类污染物流入松花江所致。其中，法律所关心的是爆炸起因这一异常事件，以便确定法律责任的有无和归属。法律上的因果关系包括直接因果关系和间接因果关系两大类，前者指一个现象直接导致另一现象的产生，如债权人为逼债而非法拘禁债务人，直接造成债务人失去人身自由；后者指一个现象是另一现象出现的必要条件，如高层窗台放置花盆，被狂风刮下致人伤亡，在窗台放置花盆这一行为就是致人损害的必要条件。一般来说，对直接因果关系造成损害，应当承担责任；而对间接因果关系造成的损害，只有法律明文规定时，才承担责任。

6. 主观过错

主观过错是指行为人实施违法行为或违约行为时的主观心理状态。在人类社会的早期，按照客观原则进行归责，因而主观过错对法律责任的构成没有什么意义，仅仅对法律责任的大小有一定关系。现代社会将主观过错作为法律责任构成的要件之一，不同的主观心理状态对认定某一行为是否有责任及承担何种法律责任有着直接的联系。主观过错作为犯罪的主观方面的内容，是犯罪构成的要件之一，对于认定和衡量刑事责任具有重要作用。在民事责任方面，一般也要考虑主观过错，采用过错责任原则。

主观过错包括故意和过失两类。故意是指明知自己的行为会发生危害社会的结果，希望或者放任这种结果发生的心理状态。过失是指应当预见自己的行为可能发生损害他人、危害社会的结果，因为疏忽大意而没有预见，或者已经预见而轻信能够避免，以致发生这种结果的心理状态。

（二）法律责任的主要分类

由于违法和违约的具体情况错综复杂，加之法律又规定了许多既非违法又非违约，但可导致法律责任的特定情况，使得法律责任的具体形态多种多样，十分丰富。从不同的角度，依据不同的标准，可以将法律责任的具体形态进行概括、归纳和分类。

根据违法行为所违反的法律的性质，可以把法律责任分为民事责任、行政责任、经济法责任、刑事责任、违宪责任和国家赔偿责任。民事责任是指行为人（公民或法人）因为违反民事法律、违约或者由于民事法律的规定而应当承担的法律责任。刑事责任是指行为人因其犯罪行为所必须承受的，由司法机关代表国家所确定的否定性法律后果。行政责任是指行为人因违反行政法律或者因行政法律规定的事由而应承担的责任。它包括违法行政责任和行政违法责任，前者是行政机关及其公职人员在行政行为中滥用职权，违法失职行为而导致的法律责任；后者是行政管理相对人违反行政管理法规而承担的法律责任。违宪责任是指由于有关国家机关制定的某种法律和法规、规章，或有关国家机关、社会组织或公民从事了与宪法规定相抵触的活动而产生的法律责任。违宪通常是有关国家机关制定的某种法律、法规和规章，以及国家机关、社会组织或公民的某种活动与宪法抵触。任何一种违宪的法律、法规、规章和活动都是无效的，我国违宪责任的认定由全国人大及常委会负责。国家赔偿责任是指国家机关及其工作人员在执行职务的过程中违法行使职权，造成公民、法人或者其他组织的人身权或者财产权的损害，依照国家赔偿法而由国家承担的赔偿责任。

根据主观过错在法律责任中的地位，可以把法律分为过错责任，无过错责任和公平责任。根据行为主体的名义，分为职务责任和个人责任。根据责任承担的内容可以分为财产责任和非财产责任。这是根据主观过错在法律责任中的地位对法律责任所作的分类。过错责任是以行为人存在主观过错为必要条件的法律责任，无过错即无责任。无过错责任是不以行为人存在主观过错为必要条件的法律责任，即法律责任的承担不考虑行为人是否存在主观过错，行为人只要造成一定的权益损害，就必须承担法律责任。公平责任是法律无明文规定适用无过错责任，但适用过错责任又显失公正，因而不以行为人有过错为前提并由当事人合理分担的一种特殊责任。

财产责任与非财产责任。这是根据责任内容是否涉及财产而对法律责任的划分。财产责任是以财产为责任承担内容的法律责任。非财产责任是不以财产为责任内容，而以人身、行为等为主要内容的法律责任。

职务责任与个人责任。这是根据法律责任由行为人自己承担还是由其所代表或代理的组织或个人承担，对法律责任进行的分类。职务责任指行为人在以职务名义从事活动中违法或违约所引起的法律责任，它是由行为人所在组织承担责任。比如，刑法中的单位犯罪规定，业务员持介绍信以公司名义对外签约发生违约、公务人员履行职务致人损害等，均由行为人所在单位承担责任。个人责任是行为人以自己名义从事违法或违约活动引起的法律责任，如公务人员从事非职务行为时致人损害，由其本人承担责任。

（三）承担法律责任的形式

法律责任的承担形式一般具有如下两种形式：

1. 惩罚性行政法律责任

惩罚性行政法律责任具体表现为这样一些形式：通报批评，行政处分，行政处罚。其中既包括精神上的惩戒也包括对实体权利的罚则。

【案例6-1】

假骨灰盒引发行政诉讼案①

【案情】

2003年6月25日，来自南京玄武区纪检、监察、税务、工商、市容、技监、民政等部门的干部，在玄武区法院旁听了一起由骨灰盒引发的南京市殡葬管理处不服行政处罚诉市质量技术监督局的特殊行政诉讼案件。

2003年年初，被告（南京市质监局）在对原告（南京殡葬管理处）进行现场检查时发现，原告销售的骨灰盒标签与事实不符，涉嫌以假充真。被告以原告出售的骨灰盒标签与事实不符为由，于2003年2月13日作出宁质技监罚字（2003）028号行政处罚决定，没收原告价值19812.60元的骨灰盒并处以180187.40元的罚款。市殡葬管理处不服，分别于2003年3月24日和31日，先后两次向江苏省质量技术监督局申请行政复议，省质监局于5月4日作出维持市质监局作出行政处罚的决定，认为原决定“事实清楚，证据确凿充分，适用法律正确，程序合法”。

【审理】

庭审中，南京市质监局称，市殡葬管理处有关负责人在今年1月13日的调查笔录中，明确承认自己的违法行为，并愿意接受处罚。被告提供了《被抽检的骨灰盒厂家2001—2002年其所查盒子在我馆销售情况》，该证据详细地说明了涉案物品的进价、销售价、送货数、实销数、库存数，据此被告计

① http：//www.sina.com.cn 2003年06月26日；《南京晨报》，2003年6月26日.

算出原告涉案物品的货值金额。市殡葬管理处则认为，从程序上讲，市质监局对他们处以 20 万元的罚款，并没有告知其有听证的权利，违反了行政处罚法的有关规定，依法不能成立。从实体上讲，市质监局在没有查明他们销售额的情况下，对他们进行罚款，违反了产品质量法的有关规定，依法也不能成立。

【判决】

玄武区法院经审理，当庭依法作出维持对南京市殡葬管理处行政处罚的决定。

2. 补救性行政法律责任

补救性行政法律责任是指行政主体及其公务人员给行政相对人造成一定损失，由行政主体所承担的一种补偿性的行政法律责任。这类法律责任形式比较多，主要有：承认错误，赔礼道歉；恢复名誉，消除影响；履行职务；撤销违法；纠正不当；返还权益，恢复原状；行政赔偿等。可见，补救性行政法律责任是仅限于行政主体承担的行政法律责任形式。

三、法律责任的实现

（一）法律责任的实现类型

法律责任的实现，可分为两类：法律责任的实际承担、法律责任的自动解除。

1. 法律责任的实际承担

是指义务人应当承担的法律责任变为现实，它分为主动承担和被动承担。主动承担，是指强制力并未直接介入而义务人主动履行了相关义务，从而法律责任归于消灭。比如，违约方主动按合同规定向对方支付约定违约金，侵权人按调解协议向对方支付赔偿金等；被动承担，是指法律责任的强制实现，如人民法院判决违约方承担违约责任，并经权利人申请强制执行。

2. 法律责任的自动解除

是指法律责任追究开始后，出现了程序性质的法定事由，导致责任的自动解除。

（1）责任主体死亡。行为人在其应承担法律责任前死亡或消灭，法律责任因失去承担人而自然灭失，如自然人死亡、公司法人注销等。但在某些特殊情况下，责任可能会承转给其他人，如继承人在接受遗产范围内承担法律责任，公司被兼并后的单位对以前的债务承担偿还责任。

（2）权利人撤诉。在不告不理的案件中，法律责任的追究是基于原告起诉而产生，原告在诉讼期间撤诉，责任就自行解除。

（二）法律责任的实现方式

法律责任的实现方式，是指承担或追究法律责任的具体形式，包括制裁、补偿和强制。

1. 制裁

制裁，就是通过国家强制力对责任主体的人身、财产和精神实施惩罚的方式。包括：

（1）民事制裁。它是指依照民事法律规定对责任主体实施的惩罚性措施，主要指向支付约定违约金。

（2）行政制裁。它是指依照行政法律规定对责任主体实施的惩罚性措施，主要包括行政处罚、行政处分。行政处罚，是指特定的行政机关对违反行政法律规定的责任主体给予警告、罚款、没收、行政拘留、劳动教养等惩罚措施；行政处分，是指对违法失职的国家工作人员或受委托的执法人员给予警告、记过、记大过、降级、降职、撤职、留用察看、开除等惩罚措施。

（3）刑事制裁。它是指依照刑事法律规定对责任主体实施的惩罚性措施，它是一种最严厉的制裁。我国的刑罚分为主刑和附加刑两类，包括自由刑、生命刑、资格刑和财产刑。主刑包括管制、拘役、有期徒刑、无期徒刑、死刑，附加刑包括罚金、剥夺政治权利、没收财产。

（4）违宪制裁。它是指依照宪法的规定对责任主体实施的措施。主要有撤销同宪法相抵触的法律、行政法规、地方性法规，罢免国家机关的领导人员等。

2. 补偿

补偿，是通过国家强制力或当事人要求责任主体以作为或不作为的形式弥补或赔偿所造成损失的方式。补偿的意义在于：否定不法行为、进行精神安慰、弥补实际损失。补偿的主要方式为财产性补救。

（1）民事补偿。它是指依照民事法律规定责任主体承担的停止、弥补、赔偿等责任方式，具体包括：停止侵害、排除妨碍、消除危险、返还财产、恢复原状、修理、重作和更换、赔偿损失、消除影响、恢复名誉等。

（2）国家赔偿。包括行政赔偿和司法赔偿。行政赔偿，是行政主体及其工作人员行使职权造成相对人受到损害，而由国家进行赔偿的一种责任方式，主要是因违法行政行为侵犯人身权或财产权的赔偿。此外，因征地等合法行政行为而造成相对人受到损害的行政补救，也属于行政赔偿。司法赔偿，是司法机关及其工作人员行使职权造成当事人受到损害，而由国家进行赔偿的一种责任方式，主要为由于认定事实、适用法律的错误，致使当事人受到损害的，国家应当给予相应的赔偿。

3. 强制

强制，是指国家通过强制力迫使不履行义务的责任主体履行义务的责任方式。强制的功能在于保障义务的履行，从而实现权利，使法律关系正常运转。强制包括对人身的强制和对财产的强制。比如，强制传唤、强制戒毒、强制拆迁、强制划拨、强制扣缴和强制拍卖等。

四、法律归责与免责

（一）归责

法律责任的认定和归结简称“归责”，亦即责任的归咎，它是指对违法行为所引起的法律责任进行判断、确认、归结、缓减以及免除的活动，是指行为人在何种情况下承担法律责任的标准或准则，它是法律责任制度的核心。

1. 与心理状态无关的归责原则

归责原则体现了立法者的价值取向，是责任立法的指导方针，也是指导法律适用的基本准则。根据现行各国和地区立法状况，以与行为人的心理状态是否有关。与心理状态无关的，可分为责任法定、责任相当和责任自负三个原则；与心理状态有关的，可分为过错责任、无过错责任和公平责任三个原则。

（1）责任法定原则。责任法定原则，有三个基本层面的内涵：一是法定性，表现为法律责任作为一种否定性法律后果，必须由法律预先设定，排除任何法律明文规定以外的责任。二是时效性，表现为摒弃对行为人不利的溯及既往，强调“法的不溯及既往”，不能以法的溯及力扩大制裁范围或加大制裁程度。三是节制性，表现为法律责任的设定，应当追求以最小责任运作成本来实现最大社会效益。这是由于法律责任并非总是解决社会纠纷的最佳方式，特别是惩罚性责任的使用必须是节制的。只能在其他方式不足以达到责任的目的和功能时，才考虑设定相应的法律责任。根据责任法定原则，违法行为发生后应当按照法律事先规定的性质、范围、程度、期限、方式追究违法者的责任；作为一种否定性法律后果，它应当由法律规范预先规定；排除无法律依据的责任，即责任擅断和“非法责罚”；在一般情况下要排除对行为人有害的既往追溯。

（2）因果联系原则。一是在认定行为人违法责任之前，应当首先确认行为与危害或损害结果之间的因果联系，这是认定法律责任的重要事实依据。二是在认定行为人违法责任之前，应当首先确认意志、思想等主观方面因素与外部行为之间的因果联系，有时这也是区分有责任与无责任的重要因素。三是在认定行为人违法责任之前，应当区分这种因果联系是必然的还是偶然的，直接的还是间接的。

（3）责任相称原则。一是行为的差序格局与差别性责任安排应当相适应。包括：法律责任的性质与违法或违约行为的性质相适应，法律责任的种类和轻重与违法或违约行为的情节相适应，法律责任的轻重和种类与行为人的主观恶性相适应。二是惩罚性责任与补偿性责任不同的责任相当方式。由于法律运用惩罚性责任的节制要求，责任相当在立法上大多体现为设定一个幅度，由执法人员考察具体个案进行自由裁量；补偿性责任则寻求更直观的对等性，它是在裁判者的参与下，经过当事人各方的讨价还价而就责任达成一致。三是责任相当最根本的衡量标准，在于使行为人不能从违法或违约行为中获得比守法或守约更大的利益。尤其是对惩罚性责任，要使惩罚所带来的损失略高于违法或违约的利益，但不能过高，过高则显得不合理，还可能导致更大程度的违法或违约行为。比如，如果对抢劫的刑罚变得和谋杀的刑罚一样，我们可以减少抢劫的数量，但会大大增加抢劫杀人的数量。罪犯可能会想，抢劫是死刑，杀人也是死刑，不如抢劫之后把人杀掉，这样还可以减少证据来源。

（4）责任自负原则。一是违法或违约的行为人应当对自己的违法或违约行为负责，必须独立承担责任；二是不能让没有违法行为的人承担法律责任，即反对株连或变相株连；三是要保证责任人受到法律追究，也要保证无责任者不受法律追究，做到不枉不纵；四是在特殊情况下，为了社会利益保护的需要，会产生责任转移承担的问题，如监护人对被监护人、担保人对被担保人、上级对下级承担替代责任。

2. 与心理状态有关的归责原则

（1）过错责任原则。是以行为人存在主观过错为前提而承担法律责任。它的核心是强调行为人的主观过错，将责任与行为人的主观过错联系在一起。其含义有：一是以过错为归责要件，只有行为人具有主观过错，才承担法律责任，即无过错就无责任。二是以过错确定责任范围和责任大小的依据，如受害人与侵害人共同过错导致损害，侵害人只对自己的过错部分承担责任；如损害是数个行为人造成的，则各自按过错的程度大小分担责任。

（2）无过错责任原则。又称严格责任原则，指这种法律责任不必考虑行为人是否存在主观过错。无过错责任是近现代工业化过程的产物。由于工业化导致了高度危险行业的大量兴起，发生损害事件的机会明显增多。同时，致害方和受害方往往经济实力相差极为悬殊，出于合理分担不幸损害的目的，同时也为维持社会的稳定和发展，现代法制逐渐建立了无过错责任制度。

由于无过错责任是对没有过错或无须证实其有过错的主体追究法律责任，其适用范围相当有限。承担无过错责任必须具备以下构成要件：一是损害事实的发生；二是受害人没有受害的故意；三是有法律上的特别规定为依据，如侵权责任法规定，因环境污染致人损害的，污染者承担无过错责任。

现实社会中，无过错的合法行为也会造成损害，但要证明过错和损害的关系往往十分困难，法律为此设定了在某些特殊情况下适用无过错责任的制度。一般而言，无过错责任原则不适用刑法。无过错责任与过错推定责任是不同的，过错推定是过错责任的一种特殊表现形式，是在某些法定情形下推定一方有过错，该方必须证明自己没有过错才能免除责任承担，这解决的是举证责任的分配问题，实质仍是过错责任。

（3）公平责任原则。是指法律无明文规定适用无过错责任，但适用过错责任又显失公平，因而不以行为人的主观过错为前提而由当事人合理分担的一种特殊责任。它与无过错责任一样，不以行为人的主观过错作为责任承担的前提。但是，与过错责任不同的是，它的适用范围只限于：法律无明文规定适用无过错责任，适用过错责任又显失公平。公平责任原则实际是一种利益平衡原则，也反映了道德意识与法律意识、社会责任与法律责任的有机统一趋势。比如，我国民法通则第一百三十二条规定，当事人对损害都没有过错的，可以根据实际情况，由当事人分担民事责任。这一规定所体现的就是公平责任原则。

（4）连带责任原则。连带责任是因与行为人之间的特殊关系而对行为人的行为承担的法律责任。在现代法制中，在追究刑事法律责任的过程中，由于严格遵循个人责任的原则，所以不存在也不应存在连带责任。但在民法和行政法的某些特殊情况下，考虑到“与行为者的关系”的特定因素，则允许连带责任的存在。如，由于父母子女之间关系、上下级关系、雇佣关系的存在，有时就要求父母对未成年子女、上级对下级、雇主对雇员的侵权行为负责。连带责任具备以下构成要件：一是损害事实的发生，二是责任人与行为人之间有特殊的关系，三是有法律上的规定为依据。

（二）免责

免责是指行为人存在违法或违约的事实，实施了危害社会的行为，应当承担法律责任并且具备承担法律责任的条件，但是由于法律的特别规定，可以被部分或全部地免除其法律责任。免责与无责任、不负责任存在很大区别。无责任、不负责任，是指行为人虽然存在违法或违约的事实，但不具备法律上应负责任的条件，故不承担法律责任，比如，正当防卫、紧急避险、责任能力、不可抗力。

免责有以下几种情形：

1. 时效免责

即违法者在其违法行为发生一定期限后不再承担法律责任。我国刑法和民法分别规定了追诉时效和诉讼时效。超过了追诉时效期间就不再追究当事人的刑事法律责任；超过诉讼时效期间即使受害人提起诉讼，法院也不予受理，从而使民事法律责任免除。

2. 不诉免责

在我国，绝大多数的民事违法行为和少数的刑事违法行为采取“不告不理”的方式来处理。这类情况如受害人不提起诉讼，加害人应该承担的法律责任亦被免除。

3. 协议免责

即基于双方当事人在法律允许的范围内的协商同意的免责，即所谓的“私了”。这种一般不适用于犯罪行为和行政违法行为，只适用于民事违法行为。

4. 其他免责

国家机关依法免责。即对于那些在违法之后有法定情况的行为人，依法免除其部分或全部法律责任。这些法定情况包括立功、自首、及时补救和赦免等。

有效补救免责。即对于那些实施违法行为，造成一定损害，但在国家机关归责之前采取及时补救措施的人，免除其部分或全部责任。

自助免责。自助免责是对自助行为所引起的法律责任的减轻或免除。所谓自助行为是指权利人为保护自己的权利，在情势紧迫而又不能及时请求国家机关予以救助的情况下，对他人的财产或自由施加扣押、拘束或其他相应措施，而为法律或公共道德所认可的行为。

人道主义免责。在权利相对人没有能力履行责任或全部责任的情况下，有关的国家机关或权利主体可以出于人道主义考虑，免除或部分免除有责主体的法律责任。

第二节　殡葬民事责任

一、殡葬活动民事责任概述

（一）民事责任的含义

民事责任是指由民事违法行为或其他特定情况而引起的具有强制性的法律义务。民事责任的典型形式是由违反民事义务所引起的法律责任，包括违约责任和侵权责任。此外，非典型意义上，也包括无过错责任。主要表现为财产责任，即补偿性的责任。

一般民事责任的构成要件包括以下方面：第一，客观存在致人损害的事实。第二，行为的违法性。第三，除外情况。有些行为不属于违法行为，如职务授权行为、正当防卫行为、紧急避险行为等。第四，违法行为与损害事实之间存在因果关系。第五，行为人的过错。

【案例 6－2】

殡仪馆遗体接运工不请自来而被告上法庭

【案情】

2002 年 6 月 12 日，某殡仪馆遗体接运工不请自来，高喊市民老王的名字，要“运尸”。原来是有人搞恶作剧，给殡仪馆打电话说老王已死，请接运工来运尸。老王将该殡仪馆告上法庭，索赔误工费、交通费 1500 元，并索赔精神抚慰金 1 万元。

【评析】

从主观上讲，某殡仪馆根据电话要求，为老王提供殡仪服务是被动的，无故意侵害老王的意思。但从客观上看，在没有核实老王是否死亡的情况下，殡仪馆便来运尸，显然这一做法不妥，给健在的老王造成了精神伤害，侵犯和损害了他的人格权。殡葬服务机构及其工作人员的职业行为造成侵犯老王人格权、名誉权的民事责任。民事责任的主体是某殡仪馆及其遗体接运工（民事责任最终由某殡仪馆承担）。违反的是不得侵权的民事责任。考虑是“有人搞恶作剧”，某殡仪馆没有侵害老王的故意，因而只负担民事责任。判处某殡仪馆向老王赔礼道歉，并赔偿其精神损害抚慰金1000元，驳回了老王的其他诉讼请求。

既然民事责任是违反民事义务所应承担的法律后果，那么就必然以民事义务的存在为前提。而民事义务的发生总是基于法律的规定（如法律规定不得侵害他人的人身或财产。本案例中某殡仪馆侵害老王的人格权、名誉权，造成了老王精神伤害），或则基于当事人的约定（如合同之订立）。违反义务，即应负担责任。

（二）民事责任的承担

民事责任的承担方式，又称为民事责任的形式，是指民事主体承担民事责任的具体措施。根据民法通则第一百三十四条的规定，承担民事责任的方式主要有以下几种：一是停止侵害。即责令违法行为人立即停止或请求人民法院制止正在实施的侵害行为，以避免损害的发生或扩大。二是排除妨碍。即权利人权利的行使受到他人不法阻碍或妨害时，要求侵害人排除或请求人民法院强制排除，以保障权利正常行使。三是消除危险。即行为人的行为对他人人身或财产具有危险时，他人请求消除已经存在或正在发生的危险。四是返还财产。即将非法占有的财产归还所有人或合法占有人，以回复到权利人合法占有的状态。五是恢复原状。即财产损失或性状被改变而有复原可能时，受害人请求回复到原有状态。此外，承担民事责任的方式还有修理、重作、更换、赔偿损失、支付违约金、消除影响、恢复名誉、赔礼道歉等。

（三）民事责任的分类

1. 违约责任

（1）违约的概念及其构成要件。违约责任指合同当事人一方不履行合同义务或者履行义务不符合法定或约定条件时所应承担的民事法律后果。违约责任是违反合同义务的法律后果，违约责任方式和范围的确定具有一定的任意性。违约责任的构成要件有：一是违约行为，包括不履行、逾期履行、不适当履行、受领迟延等；二是主观过错，即违约行为是由于履行义务人的主观过错造成的。

（2）承担违约民事责任的方式。一是赔偿损失。这是违约责任中最重要的责任方式，系指由于违约方不履行合同义务而给对方造成损失时，以其相应价值的财产给予补偿。二是违约金。是当事人一方不履行合同时依法律规定或合同约定向对方支付的一定数额的金钱。三是强制实际履行。是指合同生效后，合同当事人一方应当实际履行而未履行时，另一方可以请求法院强制义务人实际履行合同。

2. 侵权责任

侵权责任指公民、法人由于过错侵害国家的、集体的财产，侵害他人财产、人身的应当承担的民事责任，或者没有过错，但法律规定应当承担的民事责任。根据所适用的法律不同，侵权行为分为一般侵权行为和特殊侵权行为。行为人以自己的行为致人损害，适用民法上的一般责任条款的，称为一般侵权行为。基于与自己有关的他人行为、事件而致人损害时，适用民法上特别责任条款或违法特别法有关规定的，称为特殊侵权行为。侵权责任的构成要件包括：行为具有违法性，存在损害事实，违法行为与损害事实之间存在因果关系，行为人应当承担民事责任。

(1) 一般侵权的民事责任。一般侵权的民事责任是指行为人因过错而实施的、适用过错责任原则和侵权责任的一般构成要件的侵权行为的民事责任。一般侵权行为的构成要件包括：有加害行为、有损害事实的存在、加害行为与损害事实之间有因果关系、行为人主观上有过错四个方面。其处理要点是：一般侵权行为的行为人必须是具有民事行为能力的人；一般侵权行为责任是行为人对自己所实施的过错行为负责，而不是对自己所占有、所有管理的物致人损害的后果负责；一般侵权行为责任适用过错责任原则。

(2) 特殊侵权的民事责任。特殊侵权行为是指由法律直接规定，在侵权责任的主体、主观构成要件、举证责任的分配等方面不同于一般侵权行为，应适用民法上特别责任条款的致人损害的行为。在我国民法通则中，属于特殊侵权行为的情况都有具体的条文明确加以规定。主要内容包括：国家机关及其工作人员职务侵权的民事责任，产品致人损害的民事责任，高度危险作业致人损害的民事责任，环境污染致人损害的民事责任，地面施工致人损害的民事责任，建筑物致人损害的民事责任，动物致人损害的民事责任，被监护人致人损害的民事责任等。对于以上特殊侵权行为，民法通则、民事诉讼法及证据规则都规定了特殊的处理方式，维护受侵害一方当事人的合法权益。如，根据最高人民法院关于民事诉讼证据若干规定，因环境污染引起的损害赔偿诉讼，由加害人就法律规定的免责事由及其行为与损害结果之间不存在因果关系承担举证责任；饲养动物致人损害的侵权诉讼，由动物饲养人或者管理人就受害人有过错或者第三人有过错承担举证责任；因医疗行为引起的侵权诉讼，由医疗机构就医疗行为与损害结果之间不存在因果关系及不存在医疗过错承担责任。

（四）殡葬民事责任

殡葬活动中的民事责任是指殡葬服务过程中，殡葬服务机构或殡葬消费者由于违反合同义务或法定义务而承担的法律后果。

我国民法通则第四十三条规定："企业法人对它的法定代表人和其他工作人员的经营活动，承担民事责任。"第一百零六条规定："公民、法人违反合同或者不履行其他义务的，应当承担民事责任。公民、法人由于过错侵害国家的、集体的财产，侵害他人财产、人身的应当承担民事责任。没有过错，但法律规定应当承担民事责任的，应当承担民事责任。"

在殡葬服务过程中，由于合同一方或双方违反合同义务，殡葬服务机构没有按合同规定提供服务、产品，殡葬消费者没有按合同规定支付服务产品的对价，都应承担相应的民事责任。由于殡葬服务机构或殡葬消费者的过错，给对方带来人身、财产和精神上的损害，也应该承担民事责任。

二、殡葬服务遗体法律责任

在市场经济条件下，殡葬服务是一种特殊的商品，是指殡葬服务机构在开展殡葬活动中为客户提供的各种有偿服务。殡葬服务主要是围绕着遗体而展开，如遗体的收殓、清洗、消毒、更衣、接运、保存、防腐、整容、告别、火化或土葬等。分析研究殡葬服务中涉及遗体的相关法律问题对于提高殡葬机构服务水平、保护公众合法权益，妥善解决遗体相关法律纠纷具有重要的意义。

（一）遗体的法律属性及其特性

遗体，在法律上称之为尸体，是人死亡后遗留下来的躯体。确定遗体的基本属性是确立其权属并对之进行保护的前提。关于遗体的法律属性，一直存在很大的争议，其中最大的分歧点在于遗体是否是法律意义上的物？对此存在两派观点：

一种观点认为遗体非物，主张遗体作为丧失生命的人体物质形态，其本质在民法上表现为人身权客体在权利主体死亡后的延续利益，简称为身体的延续利益。法律对其进行保护，是保护遗体所承载的权利主体的人身利益在人死亡后的客观延续①。

另一种观点认为遗体是物。人死之后，主体资格不复存在，遗留的人体即肉身，即回归为自然物。作为自然物，它是一种客观存在，只是在文明社会里它不像其他自然物那样可以为人们随意处置乃至丢弃，但它的确是一种

① 王道强《谈对尸体、尸骨的法律保护》，http：//news. 9ask. cn/flal/mfal/qthyfal/201001/295928. html。

存在的、脱离生命不再具有主体资格的物[①]。

关于遗体的本质法律属性问题，殡葬服务法律认为遗体是特殊的物，其特殊性主要体现在以下几方面：

1. 遗体包含着确定的人格利益

任何人在其生前都已形成自己的姓名、性别、独特的容貌特征、名誉、荣誉以及个人隐私等人格利益，这些人格利益负载于身体的物质表现形式之中。在其死后，这种人格因素不会随着人的生命丧失而丧失，而是仍然存在，包含在遗体的物质表现形式之中，并且长期存在。因此，所有的遗体都包含确定的人格利益。遗体包含的这种人格利益因素，不仅属于死者本人，并且会对其近亲属的利益以及社会利益产生影响。对遗体的侮辱与毁坏，既是对死者人格的亵渎，也是对人类尊严的毁损，因此，社会以及死者的亲人都是不能容忍的。世界各国和地区民法都对遗体给予保护，更重要的不是保护遗体这种物的本身，而是要保护遗体所包含的人格利益。

2. 遗体具有社会伦理道德内容

遗体作为一种特殊物，也表现在它负载着社会的伦理和道德因素。我国古代称自己的身体为父母的“遗体”。《礼记·祭义》：“身也者，父母之遗体也。”《孝经》：“身体发肤，受之父母，不敢毁伤，孝之始也。”在今天，亲人逝世，人们对亲人的遗体举行祭奠仪式，以示对亲人不幸的悲痛与缅怀。几千年的社会伦理使人们对遗体有一种崇敬的感情，人们对亲人的遗体格外尊重，体现了家庭和家族的伦理观念。在社会上，对遗体的尊重体现了对死者的人格尊重。亵渎、猥亵遗体被视为对死者本人的侵害，也是对死者近亲属精神上的折磨与侵害。侵害他人遗体的人，为社会舆论所不齿。正因为遗体负载了这样的伦理因素和道德因素，而使其与其他一般物相区别，具有特殊的属性。

3. 遗体具有可利用性与价值性

遗体的可利用性和价值性体现两个方面。一是遗体的医学研究价值。遗体可以制作标本，可以进行生理解剖实验等，为医学科学的发展作出贡献，造福于人民。二是遗体的临床治疗价值。现代器官移植技术的发展，使刚刚死去的人的器官或者组织可以移植给他人，救助病患，重新使器官或者组织在新的人体上发挥功能，使病患者重获新生。后一个价值大大扩展了遗体的利用价值，遗体的有用性更为突出，更表现了遗体的物的属性。

4. 遗体具有鲜明的不可复制性

相对于不特定物而言，遗体对死者近亲属来说是特定物。不特定物是指

---

① 张良《浅谈对尸体的民法保护》，载《中外法学》，1994 年第 3 期。

当事人仅依抽象的种类、品质、数量予以限定的物。特定物是指依当事人的意思具体指定的物。某物是特定物还是不特定物，完全依当事人的主观标准进行区别。在普通公众眼中，两具体貌特征完全相异的遗体并没有本质的不同。但对死者近亲属来说，由于遗体负载着情感因素，即使是两具孪生兄弟的遗体也有着不同的意义。正是由于遗体的这种特定性与不可替代性，遗体一旦损毁灭失是无法复制的。

（二）遗体的权利主体及其限制

1. 遗体权利主体的确定

遗体是特殊的物，关于遗体的所有权和对遗体的处置权问题，主要有三种观点：一是死者有权处置，二是国家或社会有权处置，三是死者近亲属有权处置。

遗体的所有权不能归属于死者。认为遗体仍由死者所有是荒谬的，因为自然人作为民事主体，其具有的民事权利能力和民事行为能力是享有民事权利和承担民事义务的前提，自然人死亡时，其民事权利能力和民事行为能力即归于消灭，不可能再享有所有权，也不可能行使和实现其所有权。

遗体的所有权也不能归属于社会或者国家。认为遗体应作为一种社会资源由国家所有，对其应充分利用以促进社会的发展，是不顾及社会传统文化、伦理道德及现实情况，人们的心理不可能接受这样的意见。

从所有权的角度出发，遗体的处分权应当是其所有权的权能。但是，由于自然人生前可以处分自己的遗体，因此，遗体的处分权包括两种不同的情形。

（1）死者生前的处分权来自于对身体权的支配力。遗体的基本处分权来自于死者本人。自然人对于自己死后的遗体有权作出处分，可以通过协议或者遗嘱，处分自己死后的遗体。例如，很多人生前公开声明，或以遗嘱、契约的形式表示，将自己的遗体或者器官捐献给科研、医疗、教学单位或者他人，这是自然人行使身体权的处分权的表现。他人和社会应当尊重这种处分行为，确认其效力。这样的处分行为，不是自然人对自己遗体的物权处分行为。因为这时候自然人的主体资格存在，其身体也不是所有权的客体，且身体也没有变为遗体。这样的处分行为是对自己的身体及其利益的处分行为，属于人格权处分行为，与死者近亲属对遗体处分行为的性质是完全不一样的。

（2）死者近亲属基于遗体所有权的处分权及其效力。基于近亲属与死者之间的特殊关系及情感，遗体的所有权由死者的近亲属享有是最为合适的。死者对遗体的处分权，就是来自于对遗体的所有权。其近亲属作为权利人可以在法律规定的范围内，对遗体进行处分。但是这种处分权不能对抗死者生前对其死后遗体的处分决定。如果死者生前以声明、协议或者遗嘱的形式处分了自己的遗体，其近亲属就不再享有对该遗体的处分权，不能违背本人生前的意志而作出新的处分决定。因为死者本人对自己的遗体的处分权属于人格利益的处分行为，是依据身体权对自己的人格利益所作的处分，因此应当优先于他的近亲属在其死后对遗体的处分权。另外，从尊重人权、尊重死者遗愿的角度来看，也不允许死者近亲属违背死者生前的意志而任意处置死者的遗体。

死者近亲属的范围包括第一顺序的近亲属（即配偶、父母、子女）和第二顺序的近亲属（即祖父母外祖父母、孙子女外孙子女、兄弟姐妹）。第一顺序的近亲属有权对遗体行使处置、保护的权利。如果第一顺序的近亲属不存在，或者存在行使权利的障碍，则由第二顺序的近亲属行使遗体权利。如果在同一顺序上有两个以上的近亲属，那么，对遗体的所有权就是共有，就会在行使权利时发生争执。例如，父子之间为保管妻子及母亲的骨灰、儿子和女儿为处置父母的遗体等，都有发生争议的案例。对于这种争议，应当遵守协商一致、少数服从多数的原则。如仍不能解决争议，应由与死者关系最亲近的亲属决定或由法官裁决。

【案例6-3】

遗体火化引发罕见“遗体处分权”诉讼案①

【案情】

宋某诉称，2002年11月3日，其子王某被他人殴打致死，公安机关对王某遗体作出初步鉴定后，将遗体交给原告。因原告对王某的死亡时间、致死原因存在疑问，欲申请重新鉴定，便将遗体交由县殡仪馆冷冻保存，且交纳了相应费用。然而，当原告经多次申请，争取到重新尸检的机会时，却得知遗体已于12月9日由殡仪馆火化，且是经过县公安局批准的。两被告在火化遗体时没有跟原告打招呼，且在遗体被火化后一直没有告知原告，侵犯了原告对王某遗体的处分权，因而要求法院判令被告县殡仪馆返还原告之子王某的骨灰；判令两被告赔偿原告精神损害抚慰金5万元。

县殡仪馆的3名当事人在其出具的一份“遗体处理经过”材料中称，

① http://news.sohu.com/20041116/n223015220.shtml。

2002年12月5日，遗体在殡仪馆冷藏已过30天。按照规定，遗体在单位保存7天应当火化。同日，单位委托于某电话通知其亲属陶某，让死者家属3天内到殡仪馆办理有关手续。陶表示说“好”。3天内其家里仍没有亲属到单位。12月9日上午10时许，县公安局刑警队两名警察送来现金3000元，告知此款包括火化费、冷藏费、遗体接运费等，遗体可以处理。当日下午5时，殡仪馆遂将王某遗体火化了。

县公安局刑警大队在今年7月29日出具的一份“证明”材料中说，该队在2002年12月9日接县政法委通知，将犯罪嫌疑人家属交来的3000元现金交付殡仪馆，作为死者王某的火化、停尸、接运等一切费用，将遗体火化。

原告认为，原告并不知道殡仪馆事先通知过陶某，且陶某系死者王某的表姐，这能算是通知了死者亲属吗？再者，公安部门怎能让犯罪嫌疑人亲属交纳王某的遗体火化费呢？原告称，当年12月9日上午，他们曾到县政法委申请重新尸检，县政法委有关负责人口头答应了他们的请求，并要求将书面申请及尸检费用交来。当他们12月16日去交申请书时，却被告知王某遗体已于9日下午火化了。

【审判】

宋某第一次向县法院起诉时，被该法院裁定不予受理。宋某不服，向市中级法院提起上诉。市中级法院经审查认为：县殡仪馆未得到死者的亲属同意而擅自将王某的遗体火化，其行为侵害了上诉人对其子遗体的处分权，给上诉人造成了精神伤害。上诉人有明确的被告和具体的诉讼请求，人民法院应予受理。

2. 行使遗体权利的限制

依据民法相关理论，所有权是财产权的一种，所有权人可以随意的占有、使用、收益、处分其拥有的标的物。遗体的法律性质是物，近亲属拥有死者遗体的所有权，近亲属对死者的遗体所享有的所有权并不是完全的所有权，而是受到限制的所有权。死者近亲属取得的这种所有权，更多的是对死者的身份关系的承继和对死者感情的保留，因此体现的是身份利益。这种所有权不能像亲属继承死者的遗产那样享有完全的所有权，它不具有充分的所有权权能，而只具有所有权的部分权能。不能以收益、抛弃、长期占有遗体而不埋葬等为其内容，而只能对遗体享有管理、保护和埋葬等形式的权利。对遗体享有的部分处分权，仅限于不违背善良风俗的遗体捐献与遗体的部分器官、组织的捐献，对于捐献遗体或者器官给予补偿的收取权及保护遗体的权利。当其所有的遗体受到侵害时，享有防止侵害、损害除去的请求权以及损害赔偿的请求权。由于遗体是特殊的物，遗体绝非可以随意地占有、使用、收益、处分，必须对遗体所有权的行使进行一定的限制。

（1）处置遗体不得违背公序良俗。遗体是人死后遗留下来的躯体，是人曾存于世的证明，是死者亲属哀思的寄托，其对死者，死者亲属甚至对社会伦理道德都有重大的影响。如果容许任意非法占有遗体，随意破坏、利用遗体，抛弃遗体或者是侮辱遗体，则会蔑视人的尊严，伤害死者亲属的感情，破坏善良的民族习惯和传统，有害社会风化，严重扰乱社会公共秩序。故此，对遗体的处置一般的以埋葬、祭奠、管理为主要内容，不得抛弃，不得用于非法收益，不得进行非法利用（不违背善良风俗的捐献除外），不能长期占有而不予安葬。

（2）处置遗体应遵守法律的强制规定。在特定条件下，为了公共利益，国家可以通过制定法律干预遗体的处置。如我国卫生部1979年5月21日颁布的《解剖尸体规则》第二条规定："涉及刑事案件，必须经过尸体解剖始能判明死因的尸体和无名尸体需查明死因及性质者；急死或突然死亡，有他杀或自杀嫌疑者；因工、农业中毒或烈性传染病死亡涉及法律问题的尸体；疑似职业中毒、烈性传染病或集体中毒死亡者，可以进行强制性的法医解剖。"再如2003年卫生部和民政部联合发布了《关于做好传染性非典型肺炎患者遗体处理和丧事活动的紧急通知》，要求对传染性非典型肺炎患者的遗体要本着就近的原则，及时、就地火化，不得转运，不得采取埋葬等其他方式处理遗体。

（3）处置遗体应尊重死者本人的意愿。死者生前基于自己的人身权享有对自己遗体的处分权。如果死者通过遗嘱的形式对自己遗体的处置作了安排，其亲属应予以尊重并使其实现。如周恩来总理去世后，邓颖超同志按照他的遗愿将遗体火化，骨灰撒向祖国大地；邓小平同志去世后，按照他的遗愿捐献了眼角膜，遗体捐作医学研究，骨灰撒向大海。

一般情况下，遗体的处置权归属于死者的近亲属，在不违背法律、公序良俗及死者本人意愿的情况下，近亲属对遗体享有管理、保护和埋葬等权利；享有捐献遗体及遗体的部分器官、组织以及收取相应补偿款的权利；当死者遗体受到侵害时，享有停止侵害、排除妨碍、赔偿损失的请求权。因此，任何人均不能非法侵害遗体，否则对死者近亲属构成侵权。

（4）处置遗体不得侵害他人的合法权益。《殡葬管理条例》规定："办理丧事活动，不得妨害公共秩序、危害公共安全，不得侵害他人的合法权益。"另外，如果同一顺序上有两个以上的近亲属，那么，对遗体的权利就是共有，一方处置遗体不得侵害其他权利人的权利。

【案例6－4】

知名教授好心解剖患儿尸体，家属起诉获赔①

【起因】

患童不明原因死亡，知名教授好心查因。上海某三甲医院的方教授是有名的遗传病学专家。浙江某地的罗氏夫妇仅6个月大的女儿患有肝脾肿大，在当地医院怀疑为脂肪代谢障碍，属于一种疑难的遗传疾病。罗氏夫妇慕名而至上海，请求方教授诊治。患者星期五下午一入院，方教授即前去看望，初步考虑患者为中链脂肪酸乙酰辅酶A脱氢酶缺乏症。患者于周末入院，很多得特异性的检查要等到下周一才能开始做。等到星期一上班的时候，方教授被告知罗氏夫妇的女儿在星期天晚上已经死亡。方教授了解到罗氏夫妇已经离开上海，其女儿的遗体委托医院代为火化并表示遗体送往火葬场后，不看、不要骨灰。由于很多的特异性检查未做，患者的病因不能查清。如果查出病因，假如罗氏夫妇再次生育的话，在怀孕期间可以抽羊水进行产前诊断，预知胎儿是否有相同的疾病，以避免再次生育后后代遭受遗传疾病的折磨，做到优生优育。患者已经死亡，要查清其病因，取出其部分组织做病理检查和基因检查就可以。于是方教授在遗体送火葬场火化之前，从遗体上取出了部分的肝脏和肌肉组织标本。然后方教授打电话告知罗氏夫妇，他已从遗体上取出了部分的组织标本作相关的检查以明确患者的病因，有结果后会告诉他们，以避免再生这样的小孩。方教授以为自己做了一件大善事，没想到反而受到涉嫌犯罪的指控。

【指控】

遗体被损家属控告，无犯罪故意不立案。罗氏夫妇接到电话后，当天从浙江返回上海某医院，发现其女儿的遗体果然受到损害。经咨询，罗氏夫妇得知刑法中有关于侵犯遗体的犯罪规定，于是委托当地的律师提出控告。刑法第三百零二条规定："盗窃、侮辱尸体的，处三年以下有期徒刑、拘役或者管制。"本罪客体为社会风尚和公共秩序，在客观方面表现为盗窃、侮辱尸体的行为，本罪的主观方面表现为故意。方教授在取出部分组织后主动告知了罗氏夫妇，不存在盗窃问题。方教授是为了罗氏夫妇的家庭及后代考虑而取出遗体的部分组织，显然不存在对遗体侮辱的问题，经公安部门审查，认为

① http：//www.66law.cn/goodcase/961.aspx。

方教授无犯罪故意，不构成犯罪，决定不予立案。罗氏夫妇不服该决定，向检察机关提出审查要求。检察机关审查后认为公安机关说明的不立案理由成立。公安机关、检察机关不予立案的决定，使方教授摆脱了涉嫌犯罪的指控。正当方教授以为万事大吉时，没想到又被罗氏夫妇推向了民事被告席。

【诉讼】

善意与法律相冲突，法院判决医院担责。摆脱了涉嫌犯罪的指控，方教授收到了法院民事法庭的传票。罗氏夫妇认为，虽然检察机关及公安机关认为被告方教授无犯罪故意，不构成犯罪，但方教授未经原告同意，擅自切割遗体组织，侵犯了原告的合法权益，给原告及其家人造成了巨大的心灵伤痛。为维护自己的合法权益，请求法院判令被告向原告书面赔礼道歉并赔偿精神损害抚慰金等费用15万元，赔偿被毁损的肝脏和肌肉组织损失费（具体数额根据法院委托价格鉴定结果）。原告此次提起民事诉讼，被告不止是方教授。原告认为方教授系上海某医院的职工，该院在其女儿遗体被擅自切割事件中未尽管理责任，要求该院承担连带责任。

【审判】

法院经审理后认为，被告方教授系被告上海某医院的员工，其实施切割原告之女遗体上部分组织的行为系工作时间内履行职务的行为，且被告上海某医院对这一行为系职务行为也表示认可，故原告要求被告方教授承担民事责任的诉讼请求，法院不予支持。保护遗体的完整，不受任何非法的毁损和利用，这是人类社会共同的道德理念，也受到法律的保护。侵犯遗体，伤害了死者近亲属的感情，既是对民法中公序良俗的违反，亦是对死者近亲属人格尊严的侵犯。依据《最高人民法院关于确定民事侵权精神损害赔偿责任若干问题的解释》第三条第（三）项的规定，自然人死亡后，其近亲属因非法利用、损害遗体，或者以违反社会公共利益、社会公德的其他方法侵害遗体、遗骨而遭受精神痛苦，可向人民法院起诉要求赔偿精神损害。这一规定，实际上已经明确了法律保护的是死者亲属的人身权利，而非基于遗体本身产生的权利。因此被告上海某医院的行为侵犯了原告作为死者家属的人身权，原告要求被告赔礼道歉及赔偿精神损失的请求，可予以支持。赔偿精神损失的具体金额，应考虑到被告实施该行为的主观恶性程度、侵权所造成的后果、侵权的手段等因素予以酌定。至于原告要求被告赔偿被毁损的肝脏器官及肌肉组织的费用等诉讼请求，于法无据，法院不予支持。据此，依据《中华人民共和国民法通则》及《最高人民法院关于确定民事侵权精神损害赔偿责任若干问题的解释》的相关规定判决被告上海某医院向原告书面赔礼道歉并赔偿精神损害抚慰金6000元，其余的诉讼请求不予支持。

【评析】

法院的判决考虑到了被告的善意。如果被告不是出于良好的动机而擅自损害遗体，法院判决的精神损害抚慰金肯定会更高一些。从一般道德层面来说，原告的举动似乎有些过分，但被告取出原告女儿的部分组织是为了找出病因，这对原告再次生育一个健康的后代显然是有利的，实际上原告的起诉可能得不偿失。

3. 遗体权利争议的处置

遗体所有权有的是单独所有权，有的是多人共有。如果是单一的近亲属享有所有权，那么，一个人依照自己的意志行使权利，履行义务，就不会发生争议。除非行使权利的行为引发公共利益的损害发生争议。

如果数个近亲属享有遗体构成共有权，就会在行使权利时发生争执。例如，对于遗体究竟由谁占有，由谁行使保护的权利？父母与子女之间、儿子和女儿、兄弟姐妹之间为处置遗体等发生争议，都有这样的案例，需要有明确的处置规则。解决这种争议，应当遵守以下原则：

一是协商一致原则。凡是所有权有数人的，在行使遗体所有权时，应当进行协商，依据一致的协商意见办理。

二是少数服从多数原则。享有所有权的数人意见不一致，进行协商又不能达成一致意见时，能够形成多数意见的，应当按照多数人的意见作出决定，按此办理。

三是最亲近关系决定原则。如果享有所有权的多人不能协商一致，又不能形成多数意见，那么应当由与死者关系最亲近的亲属作决定。例如，在第一顺序的近亲属发生争执的时候，配偶、父母和子女的排列是法定的排列，应当视为体现了亲属关系的亲近程度。因此，有配偶的由配偶决定；没有配偶或者配偶不愿意决定的，由父母决定；配偶、父母都不在或者不愿意作决定的，由子女决定。如果子女有数人，无法决定，则应由长子或者长女决定。在没有第一顺序的近亲属的情况下，第二顺序的近亲属才可以作出决定。

四是法官裁决原则。在最终无法处理争议，或者争议无法用上述三种规则处理时，或者有人对决定提出异议时，可以请求法院审判，由法官决定该所有权应当怎样行使。

（三）侵害遗体的法律责任分析

遗体这种特殊的物蕴含着人格利益、伦理道德和社会利益，因此，侵害遗体的行为，既是对死者人格尊严的一种漠视，又是对死者近亲属的人身利益和心理情感的粗暴践踏，更是对社会公序良俗和公共利益的公然挑衅，理应受到社会的谴责和法律的制裁。

1. 侵害遗体的行为表现

在殡葬服务中，侵害遗体的行为主要有以下形式：

（1）侮辱遗体行为。是指采用猥亵、破坏、抛弃或其他方法侮辱遗体的行为。这种行为以故意为要件，行为人的动机和目的可能是多种多样的，包括泄愤报复、敲诈勒索等。如2003年，广西某殡仪馆火化工由于受迷信思想的影响，担心夭折的孩子会“缠”上自己，而对未成年死者遗体进行了剃头、剪碎衣物等侮辱行为①。

（2）买卖遗体行为。是指双方以约定的价格转让遗体所有权的行为。这种行为也以故意为要件，目的主要是完成火化任务、移植遗体器官等。如2005年，我国广东省有些乡镇为完成上级下达的火化指标，伙同犯罪分子从广西壮族自治区某殡仪馆购买待火化的无名遗体②。各地发生的火葬区公众从土葬区购买遗体顶替火化的事件也有殡葬服务机构参与其中。

（3）非法利用遗体。这种侵权行为包括未经死者亲属同意或者没有遗嘱，利用人擅自利用遗体；或虽有利用遗体协议或死者遗嘱，但超出约定或遗嘱规定的范围而利用；超过合法的强制性利用范围而利用。例如，吴姓公民因盗开汽车被公安机关收容审查，12天后因病取保候审，住院治疗4天死亡。其父要求公安机关进行尸检，查明死因。公安机关聘请省医学院派人员在该医学院进行尸检，医学院教师主持，并组织近百学生到场观摩。遗体的管护人在场制止，解剖组织者不予理睬，边解剖边讲解，并提取多种脏器，部分交公安机关作检材，部分由医学院留作教学标本。在本案中，对于解剖遗体进行检查，是死者近亲属与公安机关共同协商的，是合法的行为。但在尸检中，利用该遗体进行教学活动，并采集部分脏器作标本，超出了尸检查明死因的约定，构成侵权行为。遗体与死者的人格利益和其近亲属的人格利益以及社会道德因素密切相关，对遗体的利用必须严格依照法律规定进行。一般认为下述利用遗体行为为合法利用：公民生前立有遗嘱捐献身体或者身体的一部分用于科学研究和医学事业的；依照法律规定对遗体进行利用的，如为侦破案件的需要而对遗体进行解剖；经死者近亲属同意，在不违法、不违背公共秩序和善良风俗的情况下的合法利用。

① 《火化工讲迷信侮辱尸体》，华商新闻 http：//hsb. hsw. cn。

② 《买卖尸体的行为如何认定》，百度空间 http：//hi. baidu. com。

（4）损毁遗体的行为。是指由于保管或操作不当致使遗体损毁灭失的行为。这种行为与侮辱遗体行为的最大区别在于行为人的主观心理状态是过失而非故意，即行为人并不希望危害后果发生，但是由于疏忽大意或过于自信而导致了危害后果的发生。如 2007 年，由于医院太平间工作人员疏于管理，一死者的家属私自烧纸告慰，引燃了周围的易燃物质导致火势迅速蔓延而失去控制，造成了太平间内存放的许多遗体烧毁①。又如，某殡仪馆曾接收一具治安案件致死的遗体，由于保管不当，致使遗体腐败而无法进行司法鉴定②。再如 1999 年，某殡仪馆因工作失误，提前将遗体火化，因怕死者家属知道，用另一具遗体冒充③等。

（5）其他侵害遗体的行为。包括盗墓毁尸，非法陈列遗体，遗体接运过程中将遗体跌落在地，遗体清洗、消毒、进炉过程中的野蛮操作等。

2. 侵害遗体的法律责任

根据侵害遗体行为性质的不同，行为人需承担的法律责任包括民事责任、行政责任和刑事责任，这里重点讨论民事责任。

民事责任是指由民事违法行为或其他特定情况而引起的具有强制性的法律义务。基于遗体的物的本质属性，侵害遗体并造成损失的，可以适用某些物权的保护方式，如返还原物、恢复原状、赔偿损失等。但因为遗体是凝结着人类感情的特殊物，对遗体的损害不仅是对死者的不尊重，更多地造成了其近亲属情感及精神方面的伤害，因此，侵害遗体的民事责任更主要的是精神损害赔偿的方法。根据最高人民法院《关于确定民事侵权精神损害赔偿责任若干问题的解释》第三条的规定："自然人死亡后，其近亲属因下列侵权行为遭受精神痛苦，向人民法院起诉请求赔偿精神损害的，人民法院应当依法予以受理：（一）以侮辱、诽谤、贬损、丑化或者违反社会公共利益、社会公德的其他方式，侵害死者姓名、肖像、名誉、荣誉；（二）非法披露、利用死者隐私，或者以违反社会公共利益、社会公德的其他方式侵害死者隐私；（三）非法利用、损害遗体、遗骨，或者以违反社会公共利益、社会公德的其他方式侵害遗体、遗骨。"根据这条规定，侵害遗体，追究侵害人侵权责任的请求由死者的近亲属提出，死者的近亲属作为遗体的保护人和管理人，享有诉权，有权向人民法院提起诉讼。

在殡葬服务实践中，考虑到与殡葬服务机构相比，死者家属处在相对弱势的地位，且由于遗体对于死者家属的特殊重要意义，在具体确定侵害遗体

① 《极度惊魂：太平间尸体着火》，山西新闻网忻州频道 www. xizhou. org。

② 《殡仪馆因尸体腐败无法尸检被告》，新民网 www. xinmin. cn。

③ 《尸体能否成为民事法律关系客体》，新浪博客 http：//blog. sina. com. cn。

的法律责任时，应更加侧重对死者家属合法权益的保护。

【案例6－5】

某殡仪馆擅自将保管的遗体火化赔偿案

【案情】

1999年11月，居民张老太50岁的儿子因病去世。张老太对医疗过程有怀疑，为此委托了律师准备打医疗官司。追悼会举行前，其律师向殡仪馆提出暂时保留遗体，随后家属与殡仪馆签订字据并交付了1500元押金。然而2000年1月，家属在与有关部门交涉时突然得知遗体早在1999年12月就被火化了，无法再申请医疗事故鉴定。又惊又气的张老太认为，殡仪馆毁灭了打医疗官司的重要证据，给自己带来不可估量的经济与精神损失。2000年4月张老太向法院起诉，要求殡仪馆返还遗体，如不能返还，则赔偿经济损失8万元，精神损失费2万元，返还1500元押金。

殡仪馆提出三点理由：一是追悼会当天死者的女儿女婿签过“准化证”，同意火化。二是死者家属曾写下“遗体保留一周后如出现问题，与殡仪馆无关”的字条。保管金为每小时10元，1500元刚好能保管一周，因此一周后殡仪馆火化了遗体。三是火化与医疗诉讼没有必然联系，医疗事故有封存的医案在，火化不会影响鉴定结果。遗体火化后一个月，张老太的律师曾发函明确表达“立即火化，无须再作医疗鉴定，不影响诉讼”。可见，并无经济损失。

张老太指出，这封律师函是惊悉遗体被火化后他们试探性的一招，目的是为证实殡仪馆究竟有没有火化遗体。张老太认为，儿子遗体的处分权在自己而不是孙女。尽管孙女签字同意火化，但殡仪馆实际收取了押金并保管了遗体，这意味着一个新的要约成立，“准化证”已失去法律效力。另外，由于双方没有对遗体保存的方式、价格作明确约定，家属一直认为保管金是每天10元，而不是每小时10元。“保留一周”的字条实际上是说，如果遗体质量出问题与殡仪馆无关。

【审判】

法院认为，双方关于遗体保存的约定，是一种特殊的保管合同，对双方当事人均有约束力。殡仪馆在收取遗体保存费押金后，应当妥善保管遗体，若变更或解除约定，应征得原告同意。现在殡仪馆在未通知原告并征得其同意的情况下，擅自将遗体火化，是保管合同履行不当，应该承担一定法律责任。而原告要求的经济损失，由于原告曾发函明确表示遗体可以火化，说明保存遗体已无必要，所以索赔理由不充分，法院不予支持，精神赔偿亦然。另外，由于殡仪馆实际为原告保存了遗体，所以原告应该按实际支付保管费，1500元不应退还。殡仪馆因擅自将保管的遗体火化，判决赔偿死者家属4500元。

【评析】

本案中有两个问题值得深入探讨。一是在权利人是多人的情况下，谁是遗体的最终决定权人。根据前面的探讨，死者的父母、配偶、子女均是死者遗体第一顺序的权利人。在存在多个权利人的情况下，应由各权利人协商死者遗体的处理方式。协商不成可以提起诉讼，由法院确定遗体的最终权利人。二是合同的相对性问题。殡仪馆已与张老太签订了遗体保管合同，应受该合同约束，对张老太负责。即使死者的女儿女婿签过"准化证"，殡仪馆也应根据合同相对性原则，及时告知张老太，并与张老太协商合同的变更或解除事宜。

另外，遗体保管的约定与一般意义上的保管合同毕竟是有所区别的。按照1999年10月1日起施行的《中华人民共和国合同法》第三百六十五条的定义，"保管合同是保管人保管寄存人交付的保管物，并返还该物的合同"。显然，寄存人交付保管物，保管人返还该保管物是保管合同的基本特征。而本案中的保管物是死者的遗体，寄存人或者说保管物的所有权人不享有完全意义上的所有权，其处置权利相当程度上要受制于国家的其他法律法规。殡仪馆作为保管人，在遗体作为寄存物时是不可能返还的，遗体的保管只能是暂时的，其中的权利义务要受到很大的限制。遗体作为一种特定物，并非是通常民法意义上的物，无法确定其经济价格，遗体灭失无从原物赔偿，也无法计算赔偿数额。死者遗体保管纠纷的处理，目前尚无明确的法律法规可以适用。

但殡仪馆应该认识到，殡仪馆作为一种特殊行业，近年来，已多次被告上法庭，也反映了殡葬管理不完善的问题。根据国家有关殡葬服务的相关行业标准规定，殡仪馆有义务告诉死者家属服务项目。

3. 问题遗体的处理方式

（1）问题遗体的定义。问题遗体是指那些因某种原因得不到及时处理的遗体。这些遗体主要分为三类：一类是无名遗体，这类遗体主要由警方送交，要求殡仪馆予以保存。在没有找到死者亲属的情况下，警方无法下达火化令；第二类是死者亲属出于各种原因不让殡仪馆及时处理的遗体，主要有医疗纠纷、诉讼纠纷和遗产纠纷等；第三类是亲属放弃了对遗体的处理权，或由于死者亲属无法联系，所以殡仪馆无法擅自处理的遗体。

（2）遗体处理的规定。人死亡后应当对遗体进行处理，既是对死者的尊重，也是对生者的慰藉，不仅符合社会伦理，也是社会生活的需要。国家法律也规定人死亡后必须在规定期限内处理遗体，以免造成污染。

《殡葬管理条例》规定：火化遗体必须凭公安机关或者国务院卫生行政部门规定的医疗机构出具的死亡证明。这清楚地表明处理遗体是公共事务，殡葬部门处理遗体的权利来自于法律的授权，公安部门和卫生行政部门开具的死亡证明是殡葬部门火化遗体的依据。我国法律这样规定，就是将遗体处理纳入公法的调整范围，即遗体处理必须按照国家法律规定，不允许私人按照个人意志处理遗体。如果任凭公民按照自己的意愿处理遗体，不仅不符合我国殡葬改革方针，增加资源消耗，而且会阻碍社会主义生态文明建设进程。所以，国家将遗体处理规定为社会公共事务，将处理遗体的职能赋予了公安、卫生行政部门和民政部门。

随着市场经济的建立，殡仪馆逐步成为殡葬服务机构，遗体处理出现了新的问题。由于遗体处理工作涉及人类的情感、宗教信仰，关系到各种利益的纷争，随着人们权利意识的增强，殡仪馆在遗体处理方面遇到了新的问题。殡葬服务行业进行市场化改革后，根据殡葬法规成立的殡葬机构逐渐成为殡葬服务市场的主体，其承担的对遗体处理的职能逐步淡化，为社会提供殡仪服务的功能逐渐增强，殡仪馆成为依据合同为公众提供殡葬服务的市场经济主体。殡仪馆依据行政法规取得的对遗体处理的权力逐渐成为殡葬服务合同的一项内容，对遗体处理的法规授权演变成死者家属委托的权利，死者家属的签字成为处理遗体的依据。所以，即使是正常死亡的遗体，只要死者家属对殡葬机构的服务不满意，也会出现遗体不能及时处理的情况。这是不符合我国殡葬法律规定的，死者家属在追悼会结束后的签字，只是表明死者家属对殡葬服务机构提供殡葬服务项目和服务过程的认可，是对殡仪服务机构履行服务合同的确定，不能认为死者家属不签字就不能处理遗体。

殡葬部门依职权火化遗体与为死者家属提供殡仪服务是殡仪馆两种不同的工作职能。前者是按照法律规定履行规定的义务，是完成行政职能；后者是按照与死者家属订立的殡仪服务合同履行服务义务，是一种市场经济行为。所以，死者家属因对殡仪服务不满意而拒绝签字而使遗体得不到及时处理的，殡葬服务机构完全可以按照合同法有关规定，通过司法途径解决问题。

虽然殡仪馆处理遗体的职责来自于法律的授权，但是殡仪馆也不能擅自处理遗体，在处理遗体时必须充分尊重人类的情感，尽量满足死者家属追悼亲人的需要，既要充分尊重死者家属与遗体告别的权利，也要尊重死者家属放弃告别的权利。

按照我国的传统，放弃对亲人遗体处理权即抛弃遗体行为会受到社会的谴责，会被指责为对死者和生命的不敬。城市化使遗体处理不再是个人的事情，负责城市管理的政府通过设立的公益性殡葬服务机构为市民提供殡葬服务。当人们由于种种原因而放弃对亲人遗体的处理时，应当被社会所接纳，殡仪馆在死者家属明确表达了放弃与遗体告别时，应当尊重死者家属的选择，只要进行相关的证据保存后，就可以对遗体进行处理。

（3）问题遗体的处理。公安、司法部门送到殡仪馆的遗体主要是无名遗体、无主遗体和涉及刑事案件的遗体，目前占各殡仪馆长期保存遗体的绝大多数。根据我国的《殡葬管理条例》，只要公安部门不出具火化遗体的证明，殡仪馆就不能火化无名遗体、无主遗体和涉及刑事案件的遗体，有些遗体作为证据被长期（甚至是无限期）保存。

对于刑事案件的遗体，应当有一个合理的保存期限。公安部门送来的刑事案件死亡遗体一般都经过了司法部门的尸检，有明确的死因鉴定，就是说已经完成了取证过程。从这个角度来说，公安部门送到殡葬部门的这部分遗体应当是等待火化的遗体，是已经有了死亡归因的遗体，公安部门应当及时出具火化证明，通知家属办理遗体处理手续。

随着社会经济各项事业的不断发展，我国流动人员逐年增多，因疾病、流浪、乞讨、事故等原因死亡的无名尸体，数量也呈逐年上升趋势，这给无名尸体规范化管理带来很大的困难，也成为困扰我国殡葬事业的一个重要问题。从维护无名尸的合法权益的立场出发，运用法学观点和理论，并在“法”“理”“情”的基础上提出解决“无名尸”人身损害赔偿问题的对策；如何维护无名尸的合法权益，尤其是如何追讨“无名尸”人身损害赔偿，已经成为社会热点问题，也成了相关部门不可推卸的责任。对于“无名尸”人身损害赔偿，国内尚无法律明文规定，不同地区有着不同的方式方法，并且不同地方的法院在同一事件的判决裁定上出现以下几种不同的结果：

一是由检察院以原告身份对肇事者及其单位提起刑事附带民事诉讼，替被害人索赔。相关案例：2007 年 7 月 4 日凌晨，天津市红桥区发生一起交通事故，某单位一辆班车撞死一名女子。经交警检测，班车司机属醉酒驾车，对事故负全部责任。但通过多种途径始终无法确认该被害女子的身份，警方只得将其作无名尸体处理。红桥区检察院在接到公安机关移送此案后，为了保证被害人的合法权益，决定以原告身份对肇事者及其单位提起刑事附带民事诉讼，向被告人及其单位索赔285660元。红桥区人民检察院认为本案中死者已没有能力为自己提起民事诉讼，可以作为她代理人的家属也暂时无法找到，为维护被害人的权益，检察机关为死者打的这场特殊官司，并不违背有关立法的精神。对于此次民事诉讼获得的赔偿款，检察机关将代为保管4年。这期间，如果找到被害人家属，这笔款项将如数交给家属。如果超过这个期限，检察机关将会把这笔款项移交民政部门，由他们安排款项的具体用途。

二是由民政部门以原告身份对肇事者及其单位提起刑事附带民事诉讼，替被害人索赔。相关案例：2006年6月6日，湖北省宜昌市的卢某开车撞死一名流浪人员。该市民政局以原告的身份向法院提起刑事附带民事诉讼。同年11月14日，在宜昌市伍家岗区法院的主持下，卢某及其工作单位与原告达成调解协议，由卢某和单位支付无名流浪人员赔偿款6.2万元。但是这种做法并非得到所有法院的支持。与上面的案例结果相反的是，2006年4月，在高淳县人民检察院的建议下，高淳县民政局以社会救助部门及流浪汉监护人的身份，将肇事司机和相关保险公司告上法庭，并索赔30余万元。2006年12月，高淳县法院作出一审判决，认定民政局不符合原告主体资格，驳回其替流浪汉维权的诉求。

目前，我国对于无名尸的法律救济制度尚属空白，这暴露出社会救济体系的盲点。如果单纯的以没有法律支持为由，否认国家行政机关以原告身份对肇事者及其单位提起刑事附带民事诉讼，替不明身份死者索赔，这是客观上帮助侵害人逃脱、推卸了其应负的民事责任，这显然是不公平的。法院如果僵化地适用现有法律法规的规定，否定行政部门的诉讼主体资格，势必陷入受害人死了白死，侵害人不需承担侵权责任的尴尬境地。立法部门应当从法律上作出规定，尽快明确相关部门为此类困难群体的人身财产权损害进行维权，保证法律的统一实施，体现社会公平正义。针对以上的问题，可以通过以下几种方式解决：一是通过立法方式解决，这是最根本的，也是最彻底的解决方式。在国务院修订的《殡葬管理条例》中增加相关的内容，赋予民政部门为不明身份死者维权的诉讼权利 。理由是民政部门承担着扶贫济困、排忧解难的职责，尽管从单位性质来说属于行政机关，但根据有关法律规定它又可以成为民事主体。民法通则第二章第二节有关监护的规定就有民政部门可以担任未成年人或者无民事行为能力、限制民事行为能力精神病患者的监护人的条款说明，民政部门履行的不单纯是行政职能，而且可以作为监护人履行一定的监护职责，从事相关的民事活动。因此，民政部门比其他组织或单位更适于提起民事诉讼。民政部门作为法定的救助机构代被害人以原告身份提起刑事附带民事诉讼，不仅及时保护了被害人的合法权益，也解决了长期找不到被害人亲属使案件久拖不决或者案件审结后被害人亲属重新起诉浪费司法资源的难题。二是各地根据当地的实际情况，制定地方性法规和行政规范性文件，明确各行政机关对于无人认领尸体的职责。例如，2010 年 1 月，根据《道路交通事故处理程序规范》第八十二条和《城市生活无着的流浪乞讨人员救助管理办法》及最高人民法院《关于审理交通肇事刑事案件具体应用法律若干问题的解释》等有关法律规定，内蒙古自治区乌海市交警支队与市民政局积极协商，制定了《乌海市无名尸处理办法和民政部门代理无名尸赔偿的实施意见》，规定：对发生交通事故死亡的无名尸，由市民政局作为无名尸的诉讼代理人参与事故处理；对无名尸的民事赔偿，由交通管理部门和当地人民检察院、人民法院协调配合，将受害人应得的赔偿金及保险理赔金一并交由民政部门专户管理。5 年后，除从两项赔偿金的总额里扣除必要的处理费用外，剩余的赔偿金全部移交到市交通事故救助基金管理部门，作为救助基金专用。三是设立交通事故社会救助基金，同时通过相应层次的立法明确对交通事故死亡人员身份无法确认的，参照城镇人口赔偿标准计算相应的损害赔偿金，该赔偿金由救助基金提存保管，保管期限不低于 20 年。如果 20 年中相关权利人出现，可以向救助基金主张给付相应款项；如果超过 20 年无人主张，相关款项作为救助基金的资金来源，纳入救助基金统一使用管理。

对于无名遗体和无主遗体，应当按照殡葬法规及时进行处理，可以借助现代科技手段对遗体进行取证，将遗体的照片、随身物件等资料做成证据保存，便于查找死者亲属，甚至可以通过 DNA 保存技术，起到保存遗体同样的作用。对这类遗体，通过公安、民政部门共同协商制定解决遗体办法，对无名遗体、无主遗体进行法律规范。

从殡葬部门完成工作职责考虑，要使问题遗体彻底解决，应当建立遗体处理承办人制度，有些省市的《殡葬管理条例》就设立了丧事承办人制度，在国外的殡葬法规中也有丧事承办人的相关规定，通过设立丧事承办人制度，就可以进一步细化遗体处理工作的权利和义务，为殡仪馆正确履行职责，及时处理遗体提供法律支持。

从实践中看，遗体送交殡仪馆有三个途径：一是由死者亲属送交殡仪馆，此时丧事承办人为死者亲属；二是单位送交殡仪馆，丧事承办人为单位；三是公安司法部门，此时的丧事办理人为公安司法部门。

遗体一旦送交殡仪馆，就进入了法律规定的遗体处理程序，殡仪馆就取得了对遗体的最终处理权，殡仪馆为了完成法律赋予的职责，有权要求遗体送交人作为丧事承办人履行相应的义务，丧事承办人应当按照相关规定履行自己的义务。对于拒不履行义务的丧事承办人，法律应当为殡仪馆设立相应的救济手段，使殡仪馆在履行了必要的手续后，能够及时对遗体进行处理。

综上，遗体是包含确定的人格利益，具有社会伦理道德内容，具有可利用性、价值性和不可复制性的特殊的物。死者的近亲属有权处置遗体，但应以管理、保护、埋葬、祭奠为主要内容。处置遗体不得违背公序良俗，且应遵守法律的强制规定并应尊重死者本人的意愿。对遗体的尊重和保护是死者亲属的精神需求和道德要求，也是社会公众的精神需求和道德要求。殡葬服务机构及工作人员应遵守国家有关政策法规，并恪守职业道德，尊重生命，善待逝者，发扬光大传统的伦理道德，在工作中坚持以人为本，弘扬人文关怀，不断减少事故差错，提高服务水平，引导公众关注殡葬事业，理解殡葬改革，配合殡葬管理，共同构建社会主义和谐社会。

三、殡葬服务骨灰法律责任

（一）骨灰的法律属性及相关权利

1. 骨灰的法律属性

根据物权法的规定，物是存在于人身之外、能够为人力支配且能满足人类某种需要的物质。骨灰是人体焚烧后骨骼化成的灰，是火化后的身体遗存。在人们的观念中虽然无法断然割断其与生者的伦理与情感联系，但是根据物权法关于物的定义，将骨灰归入物的范畴应无大碍，但是，骨灰具有不同于其他物的特殊属性。

（1）骨灰包含着死者的人格利益。任何人在其生前都已形成自己的姓名、性别、独特的容貌特征、名誉、荣誉以及个人隐私等人格利益，这些人格利益负载于身体的物质表现形式之中。在其死后，这种人格因素不会随着人的生命丧失而丧失，而是仍然存在，包含在人体的遗存之中，并且长期存在。因此，骨灰包含着死者的人格利益。对骨灰的侮辱与毁坏，是对死者人格的亵渎。

（2）骨灰是死者近亲属精神利益的载体。人的骨灰是由遗体转化而来的。一般而言，骨灰不具有生命形态，无任何意义。但对死者的近亲属而言，骨灰还是有着非常重要的意义的——成为近亲属寄托思念、表达孝心、报答恩情、纪念先人、索源求根等特殊情感的载体。对死者近亲属来说，侵害骨灰，实质上是对死者近亲属伦理感情的侵犯，必然造成死者近亲属精神上的痛苦。

(3) 骨灰承载着社会公共利益。由于骨灰包含着死者的人格利益，是死者近亲属精神利益的载体，因此，社会公众对骨灰格外尊重。对骨灰的侮辱与毁坏，既是对死者人格的亵渎，也是对死者近亲属精神上的折磨与侵害，更是对人类尊严的毁损，违背社会伦理道德，为社会舆论所不齿。

2. 骨灰的相关权利

(1) 骨灰的权利主体。基于近亲属与死者之间的特殊关系及情感因素，学界普遍认可死者的近亲属为骨灰的权利主体，对骨灰享有所有权。我国继承法根据亲疏之别确定了法定继承人范围与继承顺序，可以作为确定骨灰权利主体的依据。根据继承法：死者近亲属的范围包括第一顺序的近亲属（即配偶、父母、子女）和第二顺序的近亲属（即祖父母外祖父母、孙子女外孙子女、兄弟姐妹）。第一顺序的近亲属有权对骨灰行使处置、保护的权利。如果第一顺序的近亲属不存在，或者存在行使权利的障碍，则由第二顺序的近亲属行使骨灰权利。如果在同一顺序上有两个以上的近亲属，那么，对骨灰的权利就是共有，就会在行使权利时发生争执。例如，父子之间为保管妻子及母亲的骨灰发生争议等。对于这种争议，应当遵守协商一致、少数服从多数的原则。如仍不能解决争议，应由与死者关系最亲近的亲属决定或由法官裁决。骨灰权利人有可能会存在行使权利的障碍。这主要有两种情况：一是权利人不具备相应的行为能力，如年幼或精神智力状况异常；二是权利人丧失权利。

(2) 权利人对骨灰的权利。骨灰是物，死者近亲属对其骨灰享有所有权。依据民法相关理论，所有权人可以占有、使用、收益、处分其拥有的标的物。

占有。即权利人对物的实际控制。可以是权利人自己亲自占有，如自己保管骨灰；也可以是依据某种法律关系让别人为自己占有，如依据保管合同关系将骨灰寄存。

使用。即权利人直接利用物，获得物的使用价值。如权利人利用骨灰进行亲子鉴定，使用骨灰对死者表达追思与怀念等。

收益。即权利人凭借拥有的标的物获得益处。如权利人响应国家号召，采用绿色环保的方式处置骨灰，从而获得政府补贴。

处分。即权利人对拥有的标的物作出永久的处置。如权利人将骨灰撒海等。

由于骨灰是特殊的物，对骨灰绝非可以随意地占有、使用、收益、处分，必须对骨灰权利的行使进行一定的限制。处置骨灰应遵守法律的强制规定，应尊重死者本人的意愿，不得违背公序良俗，不得侵害他人的合法权益。

【案例6－6】

私自取出骨灰处理案

【案情】

张建娟、张秀娟、张秀敏、张秀芳等四姐妹与张明德系同胞兄弟姐妹。张明德因认为父母在财产处理上偏袒女儿而与父母、姐妹不和。1982年其父亲去世，后事由四姐妹负责料理，父亲遗体火化后骨灰也由四姐妹出面寄存于某烈士陵园。此后，其母亲常年生活在女儿家，张明德对母亲未尽赡养义务，同母亲、姐妹也不往来。2000年，其母亲去世，张明德不愿办理母亲丧事，在被亲戚拉到葬礼现场后还同亲戚争吵、打架。其母亲遗体火化后的骨灰由四姐妹出面办理手续，支付费用，寄存于某镇安乐堂。

2001年2月，张明德在未通知四姐妹的情况下，私自将父母的骨灰从寄存处领出。四姐妹知悉此事后，于同年5月向人民法院提起民事诉讼，要求张明德交出父母的骨灰。张明德称其已将父母的骨灰一半海葬、一半土葬，骨灰已经找不到了，并辩称其行为系响应国家号召，不违法，也无不当。

【评析】

根据张明德与父母不和，对母亲未尽赡养义务，同母亲、姐妹不往来，不愿办理母亲丧事等情况，认定张明德丧失对其母亲骨灰的所有权。考虑到被告对父母生前长期不尊重、不赡养，死后不料理丧事的因素，可以推定被告私自取出父母骨灰、擅自处置的行为是恶意的，所谓的海葬、土葬行为（只是被告的一面之词，并无证据证实）不大可能含有对父母的怀念、哀思、拜祭等为我国社会主流价值观念所颂扬的情感成分。从公序良俗的原则出发，被告的上述行为，一方面可能违父母生前意愿，甚至是对死者亡灵的亵渎，另一方面则构成对原告的侵权。从情理上讲，被告的行为违背了民族传统道德与生活习惯，是对善良风俗的对抗。在这个意义上，不能简单地认为被告的行为“并未违法”。

【案例6－7】

侵害悼念权案

【案情】

原告德晓明与被告德永善本是同胞兄妹，他们的母亲李玉珍于2003年6月15日去世。虽然原、被告并不信奉天主教，但其母李玉珍生前是天主教徒，老人去世后，儿女将其安葬在某天主教陵园内。因其兄长未将安葬母亲的地址告诉原告，并且在安葬老人骨灰的灵塔内贴了一张落款上没有原告名字的表达儿女思念父母的字条，同时拒绝将灵塔的钥匙给原告，为此在与被告多次协商不成的情况下，将被告诉至法院。请求依法排除妨害，使原告能顺利实现悼念权，向原告赔礼道歉，赔偿精神损失费及相关费用共计22820元。

【评析】

按照民俗习惯，亲属之间在共同尊亲属逝世的时候，应该进行祭奠、悼念。同辈亲属之间应当互为通知，共同进行祭奠、悼念。尤其是直接奉养尊亲属的一方或同辈亲属中的长者，有责任通知其他人，使其能够及时、顺利参加对尊亲属的祭祀、悼念。本案被告作为长子应该依照民俗习惯的伦理道德规范，使原告顺利行使悼念权。被告在行使自己的悼念权的时候不得妨碍原告行使悼念权，否则，就侵害了他人的合法权益。被告的这种行为既不合法，也不合乎社会公德的要求。

（二）侵害骨灰权利的行为方式

殡葬服务机构由于工作疏忽、保管不善、或过失会造成事故或业务差错，主要有以下情形：

1. 遗失骨灰

【案例6－8】

骨灰丢失案

1996年5月3日，俞秀英等六人将装有其亲属陈训忠骨灰的骨灰盒一只寄存于市殡仪馆，寄存期为5年，市殡仪馆收取寄存费360元，并发给骨灰寄存证一本。2001 年 4 月 8 日，俞秀英等六原告前往市殡仪馆欲领取骨灰盒时，发现骨灰盒已丢失。市殡仪馆多方寻找，并于2001 年4 月17 日在广播电视报上刊登遗失公告，仍未找到。之后，双方因对损失赔偿额协商未果，俞秀英等六人遂诉至法院。

2. 骨灰差错

如，2005 年 3 月 17 日上午 8 点半，在市殡仪馆的捡骨大厅里，一家几十口人在等候九旬老母的骨灰出炉。10 点半左右，工作人员拿着 27 号、40 号的骨灰出来，家属上前问，“28 号的什么时间会出来?”工作人员答三五分钟后就出来了。大约过了不到五分钟，工作人员又拿着 28 号、29 号的骨灰出来。家属接过28 号骨灰，觉得骨头很大，不像一个不足1.6 米的90 多岁老太太的骨头。仔细观察，竟然发现在其中的一块骨头上有一个很大的黑点，小心把灰吹掉，看到一个很大的接骨专用的螺丝钉的帽。把骨头翻过来，看到一个螺丝钉的头穿过骨头伸了出来。“这不是我母亲的。”家里人立即这样反应，因为老太太从来没有动过骨骼方面的手术。这时，27 号、29 号的家属已经离开了大厅，余下的40 号的家属听到这边的议论，过来一看，说：“我们的父亲在去年因为车祸动过手术，大约就在这个部位，并且打了钢板和骨钉。”“我们刚刚翻看骨灰时没有看到钉子，还以为是都烧化了或是都掉了。”“这应该是我父亲的骨灰。”

3. 污损骨灰

因保管不当致使骨灰变质、污染、缺损等。如，1996 年 8 月 10 日，顾某花费 3010 元购买陵园墓穴一处，用于安放其父的骨灰盒，安葬期为 20 年。陵园给其发放了骨灰安放证，载明：骨灰墓在保管期间内受陵园管理保护，但如遇到自然灾害或自然风化损坏，陵园不负赔偿责任。2002 年 2 月 20 日，顾某准备将亡母的骨灰与其父的骨灰合葬，在打开墓穴时发现内有约 10 厘米的积水，骨灰盒已严重腐蚀，覆盖在骨灰盒上的中国共产党党旗、其父的照片均有被水浸泡的痕迹。

4. 骨灰遗撒

交接、搬运、安置骨灰等过程中致使骨灰盒跌落等。如，陆某去世后，亲属花 6000 多元为他在某公墓购买了一处墓地。当天上午 10 点多钟，送葬人员到达墓地后，大约过了 10 多分钟，来了一位下葬工，当这位下葬工从死者女婿手中接过骨灰盒时，死者的大女儿还特意叮嘱请轻一点放。谁知这位下葬工却将骨灰盒重重地放下，盒子落地时侧翻，将骨灰撒出。

【案例6－9】

抛撒骨灰以泄私愤

【案情】

李家人将李某的骨灰安葬在赵某的承包地后，赵某竟把坟墓掘开，把死者骨灰撒弃。更让李家人痛苦和不解的是，当公安机关以侮辱尸体罪申请逮捕赵某时，检察机关认为法律没有这方面的规定，根据法无明文规定不为罪的原则不予批捕。虽然李家人接二连三地申诉，甚至惊动了最高人民检察院，但结果仍是由于此案触及到法律的盲区而无法给赵某定罪。

【评析】

此事件一时引起轩然大波。首先从立法上看，我国刑法第三百零二条规定的侮辱尸体罪所侵犯的客体是公共秩序，也就是说这种行为破坏了善良的民族习惯和传统，伤害社会风化，具有一定的社会危害性，因此刑法对此专门规定为一种犯罪。“掘墓扬灰”的行为与侮辱尸体的行为一样，破坏了善良的民族习惯和传统，有伤社会风化，具有一定的社会危害性，如果对此行为不规定为犯罪，显然违反我国法律的公平原则。

从司法实践上看，侮辱尸体罪中所规定的“尸体”指的是遗体和遗骨，对遗体采取奸淫、鞭打、暴露等贬损手段被定罪处罚的判例居多，对遗骨采取暴露、抛弃、毁损等贬损手段被定罪处罚的也不少。遗骨和骨灰都与遗体有区别，而又都从遗体演变而来，那么既然对遗体腐化后变成遗骨进行贬损的行为以侮辱尸体罪定罪处罚，而对遗体直接被火化后的骨灰进行贬损的行为不以侮辱尸体罪定罪处罚，无疑显失公平。我国刑法明确规定，法无明文规定不为罪。因此，法律界人士为此发出呼吁，国家立法机关应加快刑法修改的进程，并将侮辱尸体罪的概念进一步明确，应尽快对原司法解释进行修改，明确规定“骨灰”属于刑法第三百零二条规定的“尸体”以适应司法实践的需要。

（三）侵害骨灰的法律责任分析

民法通则第七条规定：“民事活动应尊重社会公德，不得损害社会公共利益，不得损害他人的合法权益。”侵害骨灰的行为根据其情节轻重，需承担民事、行政甚至刑事责任，这里重点探讨民事责任。

1. 赔偿物质损失

如案例6－8中，死者骨灰寄存在市殡仪馆，寄存期为5年，殡仪馆收取寄存费360元，并发给死者亲属骨灰寄存证一本。这说明死者亲属和殡仪馆之间成立了骨灰寄存保管法律关系。该法律关系的内容，对市殡仪馆来说，主要权利为收取寄存费，主要义务为妥善保管死者骨灰，并在死者亲属前来祭拜时，提供祭拜之便利，在寄存期满时，向死者亲属交还骨灰；对死者亲属来说，主要义务是交纳寄存费，主要权利为祭拜骨灰和按时收回骨灰。该法律关系指向的标定物，即为特定的死者骨灰。现市殡仪馆在寄存期限内将保管的骨灰遗失，导致不能在寄存期满时向死者亲属交还骨灰，这首先是违反合同的行为。保管标的物灭失，保管人当负赔偿保管物之责。根据《中华人民共和国合同法》第三百六十九条、第三百七十四条的规定，保管人应当妥善保管保管物，保管期间，因保管人保管不善造成保管物毁损、灭失的，保管人应当承担损害赔偿责任。

法院最终判令市殡仪馆赔偿俞秀英等六原告骨灰盒的损失300元，并返还寄存费360元。

2. 赔偿精神损失

骨灰既然可以作为保管法律关系之标的物，说明它对死者亲属具有某种价值。这种价值就是精神寄托、精神安慰价值。死者亲属通过安葬死者或存放死者骨灰，虽然也表示了对死者的哀思和精神寄托，但并不因此就不再存在精神寄托的问题。每年的忌日或清明节的祭拜、扫墓，仍然是精神寄托、精神安慰之需要。这说明人们寄存死者骨灰是为了满足其一定的精神需要的。骨灰被遗失，使死者亲属失去拜祭之特定物，当然会造成精神痛苦。而这种精神痛苦往往只是人们的一种精神状态，不一定会给其带来直接经济损失。故对这种精神痛苦需要有一定的精神安慰，包括精神上的安慰和物质上的安慰。

最高人民法院《关于确定民事侵权精神损害赔偿责任若干问题的解释》第三条规定："非法利用、损害遗体、遗骨，或者以违反社会公共利益、社会公德的其他方式侵害遗体、遗骨，死者近亲属遭受精神痛苦，起诉请求赔偿精神损害的，人民法院应当受理。"第四条规定："具有人格象征意义的特定纪念物品，因侵权行为而永久性灭失或者毁损，物品所有人以侵权为由，向人民法院起诉请求赔偿精神损害的，人民法院应当依法予以受理。"

在案例6-8中，六原告中俞秀英作为死者陈训忠的妻子，其丈夫的骨灰是俞秀英怀念、追思其丈夫的精神支柱，被视为不可或缺的珍宝，神圣而不可亵渎。骨灰盒的丢失，必然对俞秀英精神上造成极大的打击，使其对与其常年共同生活的丈夫的思念无以寄托，其受的伤害相对其子女更大。其余五原告作为陈训忠的子女，其亲生父亲的骨灰，是其赖以对父亲怀念、追思的精神寄托。骨灰的遗失，必将使他们精神上受到伤害，他们所受到的伤害相对其母亲小。市殡仪馆丢失了六原告寄存的骨灰盒，与六原告的精神损害之间有因果关系，六原告中的每个人均是独立的主体，均有单独主张赔偿的权利。一、二审法院按照六原告所受的精神损害程度的不同，判令被告赔偿六原告精神损害赔偿金合计 38000 元是正确的。

3. 精神损害赔偿数额的确认

我国目前立法对精神损害赔偿的标准尚无具体明确的规定可以参照，根据《最高人民法院关于贯彻执行〈中华人民共和国民法通则〉若干问题的意见（试行）》第 150 条规定："公民的姓名权、肖像权、名誉权、荣誉权和法人的名称权、名誉权，荣誉权受到侵害，公民或者法人要求赔偿损失的，人民法院可以根据侵权人的过错程度、侵权行为的具体情节、后果和影响确定其赔偿责任。"之后最高人民法院的有关司法解释也有类似精神。实践中，一些地方立法机关和高级人民法院根据各地的具体情况，对精神损害赔偿数额作出了比较具体的规定。

第三节　殡葬行政责任

一、行政责任与行政违法

（一）行政责任

1. 行政责任的含义

行政责任的含义是指行政法律关系主体由于违反行政法律规范或不履行行政法律义务而依法应承担的行政法律后果。行政法律关系主体应承担行政责任有两个原因，一是因为作为，但违反了行政法律规范；另一个是因为不作为，不履行法律义务。

行政责任按承担的主体不同，可分为行政主体及其公务员承担的行政责任和行政相对方承担的行政责任。

2. 行政责任的特征

行政责任的主体是行政法律关系主体，包括行政主体和行政相对方；它是基于行政法律关系而发生的；它是一种法律责任，具有强制性，由有权的国家机关来追究。显然，行政责任的构成要件有：存在违反行政法律义务的行为，存在应承担责任的法律依据，主观上有过错。在实践中，行政领域的行政违法行为只要被定性下来，一般不再问及行为人的主观因素，除非法律另有规定。

行政责任与民事责任有着显著的区别，主要表现在：

（1）民事责任是基于平等主体之间的民事法律关系发生的；而行政责任则是基于不平等主体之间的行政法律关系发生的。

（2）民事责任的形式是补救性的；而行政责任的形式既有补救性的，也有惩罚性的。

（3）民事责任的追究机关主要是法院，追究责任程序适用民事诉讼法；而行政责任的追究机关包括权力机关、行政机关和人民法院，责任追究的程序也是不统一的。

3. 行政责任的构成

（1）行为人已构成行政违法及部分的行政不当。法律责任的本质就是通过法律裁判的手段对超越法定权利义务界限的违法行为所给予的一种否定性评价和谴责，通过让由责任主体承担相应的带有否定性结果的强制义务来使被破坏了的法定权利义务得到恢复，违法行为得到纠正，并使由违法行为而引起的利益矛盾或价值冲突得到合理的调整和解决。因此法律责任必须以违法行为的产生为前提，没有违法行为就不会有法律责任。

行政不当也称行政失当，是指行政法律关系主体实施的合法但不合理的行为。根据法律对行政行为的规范程度可以把行政行为划分为羁束行为和自由裁量行为。羁束行为是指在法律作出规定的条件下行政主体严格依照法律做出的行为。自由裁量行为是指行政主体在法律规定的自由裁量范围内，对法律没有作出相近规定的时间根据实际情况自行选择作出决定的行为。羁束行政行为只发生违法与否的问题，不发生适当与否的问题，而自由裁量行为则存在是否适当的问题，对于那些不合理地行使自由裁量权的行为则构成行政不当。

根据行政行为所发生的领域可以把行为行政不当划分为组织管理中的行政不当、人事管理中的行政不当、公安管理中的行政不当、经济管理中的行政不当、财政管理中的行政不当、教科文卫管理中的行政不当等，其中许多方面都涉及教育；根据行为不当的不同主体可以把行政不当划分为行政主体的行政不当和相对人的行政不当，但相对人的行政不当不会影响其行为的法律效力，而且也不会对国家、集体及个人的利益造成损害，所以对其行政不当行为不必追究法律责任，因此只有行政主体的不当行政才成为行政法律责任的条件；根据行政不当的行为方式可以把行政不当分为行政失衡和行政迟缓。行政失衡主要指行政主体在行使行政自由裁量权时对相对人作出的相同的行为作出截然不同的处理决定，因而使相对人无所适从的不当行政行为，如对做出相同违法行为的两个相对人作出轻重不同的处罚，从而显失公平就属行政失衡。行政迟缓是指行政主体在实施具体行政行为是不是当地迟缓自由裁量权的行使，从而给行政相对人造成损失的不当行政，如行政机关对教师或学生依法向其提起的申诉久拖不决或迟缓作出处理的行为就属行政迟缓。

（2）行为人须具有行政法律责任能力。与自然人不同，组织在法律上的合法资格是衡量组织是否具有责任能力的唯一标准。企事业单位、机关团体包括大多数的非法人团体，只要是依法成立、享有法律或有关机关授予的权能，则具备了法定的承担行政法律责任的能力，如果该组织违反有关行政法规，则必须承担与其违法行为相对应的行政法律责任。如果某组织不是依法成立，如非法办学的组织，则没有行政责任能力，不承担行政法律责任。但这并不意味着对其实施的违反行政法规的行为不予追究责任，只是责任不由其承担而已。

（3）行为须具有相应的情节。这里所说的情节是指行政法规定或认可的，体现行为人的主观恶性程度和行为的社会危害程度，并直接影响到违法行为的认定和责任承担方式的选择的主客观情况的总和。情节主要包括行为的时间、地点、程度、方式、目的、动机、态度等要素，这些要素能反映行为人与后果有直接联系的主观恶性，同时也能反映行为对法律所保护的社会关系的危害程度。行为人之所以要承担法律上的责任，是因为其行为侵害了受法律保护的社会关系，衡量侵害与否，侵害到什么程度，情节是一个重要的标志。因此，情节是行政法律责任的法定构成要件。

情节是承担何种行政法律责任的依据。行政违法行为的情节不同，则承担行政法律责任的形式也就不同。一般来说，情节较轻，承担的责任形式就较轻，情节严重，承担的责任形式就较重。

4. 行政责任的方式

行政主体承担行政责任的具体方式有：限期履行职责，撤销或变更违法或不适当的行政行为，确认行政行为违法并予以行政赔偿等。公务员承担行政责任的具体方式有通报批评、赔偿损失、行政处分等。

行政相对方承担行政责任的具体方式主要为接受行政处罚，行政处罚包括警告、罚款、责令停产停业、吊销营业执照、没收非法财产、没收违法所得、拘留等。

（二）行政违法

1. 行政违法的含义

行政违法是指行政法律关系主体违反行政法律规范，侵犯受法律保护的行政法律关系，对社会造成一定程度的危害，尚未构成犯罪的行为。

行政违法是一种独立于民事违法、刑事违法，并与民事违法、刑事违法相并列的违法行为。行政违法的主体必须是行政法律关系主体（即行政主体或行政相对人），国家机关、社会组织以及公民个人只有在成为行政法律关系主体时才能承担行政法律责任，也就是说，只有当他们以行政主体或行政相对人的身份从事活动时，其行为才有可能构成行政违法。

2. 行政违法的要件

行政违法的构成要件是指行政法律规范所规定的，构成行政违法行为必须具备的条件。即行为主体必须是行政法律关系主体，行政法律关系主体具有相关的法定义务，行政法律关系主体具有不履行法定义务的行为，有的行政违法要具备主观要件。

3. 行政违法的分类

行政违法根据违法主体的不同可以划分为行政主体的行政违法和行政相对人的行政违法；根据违法行为的方式和状态可以划分为作为的行政违法和不作为的行政违法；根据违法行为的内容和形式的不同可以划分为实质上的行政违法和形式上的行政违法；根据行政行为的效力范围，行政违法又可以划分为内部行政违法和外部行政违法。

4. 行政违法的免责

行政违法行为的免责是指行为已构成行政违法，但依法可以不承担行政法律责任。通常情况下，只要行为已构成违法，行为人就应承担相应的法律责任，但为了体现教育与惩戒相结合的原则，或者体现法律的公平原则，法律也规定一些特殊的行为可以不承担法律责任，这就是法律中的免责。根据我国现行法律规定及行政实践，行政违法行为的免责条件大致有以下四类：

一是行为人无责任能力。

二是超过时效。对违法行为的处理必须在实施违法行为后的一定期限内完成，如果所实施的违法行为已超过法律所规定的处罚时间，则再追究行为人的法律责任就失去了实际意义，因此违法行为经过了法定追究时效，行为人就不再承担行政法律责任。

三是情节显著轻微。违法行为情节轻微，后果不严重，在一定条件下（如经批评教育，主动认错，态度较好等），可以免予处罚。情节显著轻微可以免责在我国的行政法规中规定得最为广泛。

四是符合社会价值取向或者特殊需要。这主要包括：正当防卫行为、紧急避险行为、利害关系人同意的行为、执行必须执行的命令的行为等，这些在行政实践中已普遍适用。

二、殡葬活动的行政责任

明确殡葬行政和殡葬行政法律关系主体的含义，是确定殡葬行政责任的前提。我国《殡葬管理条例》和地方政府制定颁发的关于殡葬活动管理的法规、制度都是要由各级政府部门和乡镇管理人员贯彻实施的。这些部门工作人员代表政府部门对殡葬活动实施的监督管理，是殡葬行政活动，它是政府行政管理不可或缺的一个部分。各级政府民政部门是殡葬业务活动的主管部门，有时还涉及政府其他部门如工商、税务、土地、环保等，也都参与到对殡葬活动的监管中来，它们便可能成为殡葬法律关系的主体。这些部门在殡葬活动监管中总要有管理的对象，如被管理者、被处罚者、被勒令停止活动者，这些人和组织便成为殡葬行政活动的相对方。当他们与政府管理部门发生矛盾冲突，形成殡葬行政法律关系时，也是这一行政法律关系的主体。

（一）殡葬管理相对人的行政责任

在殡葬管理法律关系中，殡葬服务机构、丧事承办者及社会公众是殡葬管理相对人，他们在殡葬活动中应遵守有关殡葬政策法规，服从管理，否则要承担相应的行政责任。

1. 殡葬机构的行政责任

《殡葬管理条例》第五章“罚则”的第十八条规定：“未经批准，擅自兴建殡葬设施的，由民政部门会同建设、土地行政管理部门予以取缔，责令恢复原状，没收违法所得，可以并处违法所得1倍以上3倍以下的罚款。”第十九条规定：“墓穴占地面积超过省、自治区、直辖市人民政府规定的标准的，由民政部门责令限期改正，没收违法所得，可以并处违法所得1倍以上3倍以下的罚款。”第二十二条规定：“制造、销售不符合国家技术标准的殡葬设备的，由民政部门会同工商行政管理部门责令停止制造、销售，可以并处制造、销售金额1倍以上3倍以下的罚款。”

2. 社会公众的行政责任

《殡葬管理条例》第五章“罚则”的第二十条规定：“将应当火化的遗体土葬，或者在公墓和农村的公益性墓地以外的其他地方埋葬遗体、建造坟墓的，由民政部门责令限期改正；拒不改正的，可以强制执行。”第二十一条规定：“办理丧事活动妨害公共秩序、危害公共安全、侵害他人合法权益的，由民政部门予以制止；构成违反治安管理行为的，由公安机关依法给予治安管理处罚……”《中华人民共和国治安管理法》第六十五条规定：在公共场所停放尸体或者因停放尸体影响他人正常生活、工作秩序，不听劝阻的，处5日以上10日以下拘留；情节严重的，处10日以上15日以下拘留，可以并处1000元以下罚款。

社会公众应尊重死者遗体、骨灰，尊重死者近亲属对遗体、骨灰的相关权利，否则要承担相应的责任。治安管理法第六十五条规定：故意破坏、污损他人坟墓或者毁坏、丢弃他人尸骨、骨灰的，处5日以上10日以下拘留；情节严重的，处10日以上15日以下拘留，可以并处1000元以下罚款。

（二）殡葬管理主体的行政责任

根据《殡葬管理条例》的规定，县级以上地方人民政府民政部门负责本行政区域内的殡葬管理工作，民政部门（及相关部门）是殡葬管理主体。这些部门在履行殡葬管理职责时应遵守合法、合理、程序正当、高效便民、诚实守信、权责统一等原则。当殡葬管理主体不适当履行殡葬管理职责时，殡葬管理相对人可以通过行政复议、行政诉讼等途径追究殡葬管理主体的责任，殡葬管理主体可能要承担以下后果：一是管理主体不履行或拖延履行法定职责的，会被要求限期履行，如审批机关对兴建殡葬设施的申请迟迟不予审批的；二是管理主体的具体行政行为不合法或不适当的，会被撤销或变更，如违法作出的行政处罚；三是具体行政行为尽管违法，但现实上不具备可撤销性的，会被确认为违法，继而启动行政赔偿程序，如对符合土葬条件的死者强行起尸火化的。

【导入案例评析】

殡葬管理是我国民政工作的重要组成部分。强化殡葬管理，有助于推动殡葬改革，促进社会主义物质文明和精神文明建设。本案中，原告之父作为县城建局干部，亡故后应按当地人民政府划定的墓地或指定的地点土葬。但受传统观念的影响，其家人将遗体拉回并自选墓地埋葬。尽管原告之父遗体不在县规范性文件划定的必须火化之列，但此殡葬一事已属于县殡葬委员会的管辖范围。作为当地殡葬事宜的主管部门县殡葬管理委员会，有权对此事依职权作出处理，以规范当地的殡葬行为。被告《通知》里所述的“火化”，是以不迁出原告之父遗体为前提，是对“强行迁出”的善后处理措施，并非行政处罚，其目的是为了维护当地的殡葬管理秩序。因此，法院判决维持唐殡〔1997〕1号《通知》是正确的。

【案例6－10】

姜玉全不服丰县民政局殡葬处罚案①

【案情】

法院经审理查明：原告姜玉全之父姜艳玲于1993年农历九月十七日病逝，原告违反殡葬管理有关规定将其父遗体入棺偷埋。埋后约三天，又将遗体移到县八里井村土葬。1993年12月25日再次将遗体移往另地后，主动向被告县民政局提供县殡仪馆的火化费收据。1994年3月，被告调查核实该收据是假火化证明。1995年7月25日上午，被告根据群众举报找到了原告之父土葬的确切地点，但原告趁被告准备到现场起尸火化之际又起尸用棺材转移他处，一直不交代遗体埋葬地点。1995年12月15日，被告依据市民政局徐民〔1995〕99号文规定作出丰民字第10号行政处罚决定，责成姜玉全负担调查、起尸等费用1355元，并处以5倍罚款6775元。

【审判】

法院认为：原告之父去世后入棺土葬，又多次移尸藏匿，违反了《市殡葬管理办法》的有关规定；在诉讼中，原告向法院提供的其父已在县殡仪馆火化的证据经本院核查确属伪证，原告的诉讼请求本院不予采纳。被告县民政局依据《市殡葬管理办法》第22条、市民政局徐民〔1995〕99号文第3条规定作出的丰民字第10号行政处罚决定事实清楚，证据充分，适用规章正确，程序合法，应予支持。

县人民法院依据《中华人民共和国行政诉讼法》第五十四条第（一）项规定，判决如下：

维持县民政局1995年12月15日作出的丰民字第10号行政处罚决定。案件受理费80元由原告负担。

① 郭烁：《社会主义新农村建设法律指导丛书：农村殡葬法律问题》，中国法制出版社，2006年版。

第四节 殡葬刑事责任

一、刑事责任的基本内涵

（一）刑事责任的内容与主要特征

刑事责任是指犯罪行为应当承担的法律责任，即对犯罪分子依照刑事法律的规定追究的法律责任。

1. 刑事责任的内容

（1）犯罪。根据我国刑法的规定，一切危害国家主权、领土完整和安全，分裂国家、颠覆人民民主专政的政权和推翻社会主义制度，破坏社会秩序和经济秩序，侵犯国有财产或者劳动群众集体所有的财产，侵犯公民私人所有的财产，侵犯公民的人身权利、民主权利和其他权利，以及其他危害社会的行为，依照法律应当受刑罚处罚的，都是犯罪；但是情节显著轻微危害不大的，不认为是犯罪。

构成犯罪，必须具备以下四个基本要件：

一是犯罪的客体。指犯罪行为侵犯的我国刑事法律所保护的社会关系。任何犯罪都必然要侵犯某一客体，不侵犯客体的犯罪是不存在的。例如，销售假药罪，侵犯的客体是国家对药品的监督管理制度以及公民的健康权利。如果侵犯的不是刑事法律所保护的社会关系如合同关系，就不构成犯罪。

二是犯罪的客观方面。指刑法所规定的犯罪活动的客观事实特征，包括危害社会的行为、危害后果及其因果关系等。危害社会的行为包括作为和不作为。作为是指不当为而为的积极行为，即实施法律所禁止的行为，如杀人。不作为是指当为而不为的消极行为，是指行为人有条件、有义务实施某些行为而不实施，以至于使刑法所保护的客体受到严重危害的行为，如玩忽职守。

三是犯罪的主体。指实施犯罪行为依法应当承担刑事责任的自然人或者单位。关于自然人，我国刑法规定只有达到一定年龄并且精神正常的人，才能成为犯罪的主体。关于单位犯罪主体，是指为牟取单位的非法利益，由单位负责人或者经单位集体讨论决定，实施了刑法明文规定的单位犯罪的企业、事业单位、机关团体，其中包括法人单位和非法人单位。

四是犯罪的主观方面。指刑法规定的成立犯罪必须具备的犯罪主体对其实施的危害行为及其危害后果所持的心理态度。包括犯罪的故意、犯罪的过失、犯罪的目的和动机。犯罪的故意是指明知自己的行为会发生危害社会的结果，并且希望或者放任这种结果发生的心理态度，分为直接故意和间接故意。犯罪的过失是指应当预见自己的行为可能发生危害社会的结果，因为疏忽大意而没有预见，或者已经预见而轻信能够避免，以致发生这种结果的心理态度，所以犯罪的过失分为疏忽大意的过失和过于自信的过失。

（2）刑罚。刑罚是由国家最高立法机关在刑法中确定的，由人民法院对犯罪分子适用并由专门机构执行的最为严厉的国家强制措施。我国刑法规定，刑罚分为主刑和附加刑。

主刑是对犯罪分子适用的主要刑罚方法，只能独立适用，不能附加适用，对犯罪分子只能判一种主刑。主刑分为管制、拘役、有期徒刑、无期徒刑和死刑。

附加刑是既可以独立适用又可以附加适用的刑罚方法。即对同一犯罪行为既可以在主刑之后判处一个或两个以上的附加刑，也可以独立判处一个或两个以上的附加刑。附加刑包括罚金、剥夺政治权利和没收财产。对犯罪的外国人，也可以独立或者附加适用驱逐出境。

此外，我国刑法还规定了非刑罚的处理方法，即对犯罪分子判处刑罚以外的其他方法。包括：由于犯罪行为而使被害人遭受经济损失的，对犯罪分子除刑事处罚外，判处赔偿经济损失；对于犯罪情节轻微不需要判处刑罚的，根据情况予以训诫或者责令具结悔过、赔礼道歉、赔偿损失，或者由主管部门给予行政处罚或者行政处分。

2. 刑事责任的特征

（1）刑事责任包含对犯罪行为的非难性和对犯罪人的谴责性。刑事责任并不只是对犯罪行为本身的否定评价，也不只是对犯罪人的谴责，而是二者的统一。

从犯罪行为与犯罪主体的关系来看，犯罪首先是一种行为。行为是人在意识支配下的活动，因此，实施犯罪行为必须有犯罪人。反过来，实施了犯罪行为的人才能构成犯罪主体。行为人基于自己的主观能动选择，而实施犯罪行为时，由于危害了国家与人民利益，所以受到否定评价；由于犯罪行为是犯罪主体的主观能动选择，反映出犯罪主体的人身危险性，因而应谴责犯罪主体。

从追究刑事责任的目的来看，国家追究刑事责任固然是以犯罪行为为前提，但追究刑事责任的目的是为了预防犯罪；要预防犯罪就必须使刑事责任的惩罚性作用于犯罪人，使之认识到自己实施的是危害国家与人民利益的犯罪行为，认识到犯罪后必然受到刑事责任的追究，从而改恶从善。

（2）刑事责任具有法律性与社会性。法律性是所有法律责任的特点，刑事责任的法律性是指刑事责任的法律根据必须是刑事法律，在刑法意义上，对犯罪行为进行否定评价和对犯罪人进行谴责。法律性表明对刑事责任的追究实际上是刑事法律内容的实现，进一步说是立法者意志的实现；刑事责任是刑事法律强制犯罪人向国家所负的一种法律责任，而不是向被害人承担的一种责任。

刑事责任的社会性是指刑事责任不只是一种法律形式，而且体现了国家、社会在伦理上、政治上对犯罪行为的否定评价和对犯罪人的谴责。这既是由刑事法律与伦理、政治的一致性关系决定的，又是由犯罪行为的法律性、阶级性、社会性的一致性关系所决定的。

（3）刑事责任具有必然性与平等性。刑事责任的必然性的基本含义是指行为人实施了犯罪行为，就必然要承担刑事责任。或者说，行为人实施了犯罪行为就必然追究其刑事责任。行为人一旦选择了一定的行为，就必须对该行为及其结果承担责任。同样，行为人选择了犯罪行为，就必须承担作为犯罪行为的法律责任——刑事责任。从刑法的任务来看，为了保护国家利益与公民的权益，对严重危害国家利益与公民权益的犯罪人必须追究刑事责任，从而预防犯罪人及其他人实施危害社会的行为。

刑事责任的平等性是指任何人犯了罪都应根据刑事法律的规定承担刑事责任。这里包含了两层意思：一是在是否承担刑事责任的问题上是平等的，犯罪就承担刑事责任，没有犯罪就不承担刑事责任；二是在承担多大的刑事责任的问题上也是平等的，犯重罪的就承担较重的刑事责任，犯轻罪的就承担较轻的刑事责任。我国刑事法律不允许有人犯罪后不承担刑事责任和没有犯罪而承担刑事责任，也不允许有人犯重罪后承担轻刑事责任和犯轻罪后承担重刑事责任。

（4）刑事责任具有严厉性与专属性。法律责任多种多样，刑事责任只是法律责任的一种。在所有法律责任中，刑事责任是最严厉的法律责任，这种严厉性主要体现在刑事责任的表现形式上。在现阶段，刑事责任的基本表现形式是刑罚。刑罚是一种最严厉的强制方法，它不仅可以剥夺犯罪人的财产权与政治权，还可以限制或有期、无期地剥夺犯罪人的人身自由，甚至可以剥夺犯罪人的生命。之所以如此，是因为作为刑事责任前提的犯罪行为，是所有违法行为中危害最大的违法行为，立法者根据法律责任与违法行为的危害相适应的原则，将刑事责任确定为最严厉的法律责任。

刑事责任的严厉性只是针对犯罪人而言，不能因为刑事责任严厉而将之施及于没有犯罪的第三者身上，这便是刑事责任的专属性。具体是指，只有实施了犯罪行为的本人才需承担后果刑事责任。刑法的基本原理告诉我们，犯罪是刑事责任的前提，因此，谁犯了罪就由谁承担刑事责任。犯罪行为与犯罪人的关系表明，犯罪行为是犯罪人实施的，行为人因实施犯罪行为而成为犯罪人；或者说，行为人因实施犯罪行为而成为刑事责任的承担者。所以没有实施犯罪行为的人，不是犯罪人，不能成为刑事责任的承担者。

（二）刑事责任与行政责任的区别

一是追究的违法行为不同：追究行政责任的是一般违法行为，追究刑事责任的是犯罪行为。

二是追究责任的机关不同：追究行政责任是由国家特定的行政机关依照有关法律的规定决定，追究刑事责任只能由司法机关依照刑法的规定决定。

三是承担法律责任的后果不同：追究刑事责任是最严厉的制裁，可以判处死刑，比追究行政责任严厉得多。

二、殡葬活动的刑事责任

殡葬活动中的刑事责任不在于这种刑事责任的性质与其他刑事责任有什么不同，而在于它同样符合以下三点：即追究刑事责任的是犯罪行为，追究刑事责任只能由司法机关依照刑法的规定决定，追究刑事责任是最严厉的制裁。所不同的是构成犯罪的基本条件与殡葬活动有关，是发生在殡葬活动中的犯罪行为。

《殡葬管理条例》中对殡葬活动中的刑事责任有两条规定：第二十一条规定："办理丧事活动妨害公共秩序、危害公共安全、侵害他人合法权益的，由民政部门予以制止；构成违反治安管理行为的，由公安机关依法给予行政处罚；构成犯罪的，依法追究刑事责任。"与此对应的罪名有故意伤害罪、寻衅滋事罪等。第二十三条规定："殡仪服务人员利用工作之便索取财物的，由民政部门责令退赔；构成犯罪的，依法追究刑事责任。"与此对应的罪名为公司、企业人员受贿罪和对公司、企业人员行贿罪、受贿罪等。

【案例6－11】

镇殡葬管理服务站原站长黄某等四人受贿案

【案情】

镇殡葬管理服务站黄某等4人以开假火化证明、默许死者土葬等手段敛财10万元，分别被判刑。

敛财招数一：开假火化证明。据法院审理查明，被告人黄某、黎某与被告人简某、潘某弄虚作假，给死者家属开假火化证明，3 次收受死者家属钱财共 6.7 万元，减除其开支的火化费、骨灰盒费，实际收受贿赂 6.41 万元。2002 年，何某去世，其家属想搞假火化真土葬，问被告人黄某要多少钱。黄某与收殓工简某联系，简某说要 2 万元。当天晚上家属亲手将 2 万元人民币交给黄某。第二天上午，简某指使潘某等人去假装拉尸体，黄某把其中 1.5 万元交给被告人潘某，黄某拿 4000 元回办公室分给黎某等 7 位队员，每人 500 元，他自己也分得 500 元。并向队员说，这是死者家属与殡仪馆收殓工搞假火化，为此给服务站队员 4000 元。潘某从死者家属给的 1.5 万元中扣除火化费 1190 元和骨灰盒费 250 元，共计 1440 元，将余下的 1.35 万元转交给被告人简某。简某于当天下午在殡仪馆休息室将 1.35 万元分给被告人潘某等 7 人，每人分得 1700 元。

敛财招数二：默许土葬。被告人黄某、黎某默许死者土葬，然后 7 次收受死者家属钱财，共 2.84 万元，减除其开支的服务站经费 5400 元，实际收受贿赂 2.3 万元。2001 年下半年，吴阳街村委会的沈某去世，次日上午，沈某的亲属吴某要求服务站默许死者家属将死者秘密土葬。黄某向吴某提出要 5000 元，经讨价还价后定为 4000 元，吴某即拿 4000 元人民币给黄某。黄某回到办公室后，将 4000 元分给黎某等 7 人，每人 500 元，他自己也分得 500 元。

敛财招数三：借投诉受贿。死者亲属将尸体秘密土葬被揭发后，被告人黄某、黎某收受其亲属钱财，不予起尸火化共两宗，共 5000 元，减除其开支的服务站经费 600 元，实际收受贿赂 4400 元。2001 年 1 月，曾某去世，其家属秘密将其土葬。几天后，有群众向服务站投诉，黄某派服务站人员进行调查。次日下午，死者女婿林某给黄某 3000 元，要求不再追查，黄某同意。黄某将 3000 元分给黎某等人，每人 300 元。

【审判】

法院认为，被告人黄某、黎某、简某、潘某的行为已触犯刑律，均构成受贿罪。法院对镇殡葬管理服务站原站长黄某等四人互相勾结，利用职务之便，违反殡葬规定，搞假火化真土葬受贿一案进行了一审宣判：被告人黄某、简某、黎某、潘某四人犯受贿罪，分别被判处有期徒刑 7 年 6 个月、有期徒刑 7 年、有期徒刑 6 年和有期徒刑 5 年。

【评析】

该案例中，犯罪的客体是侵犯了《殡葬管理条例》的规定和死者家属的权益。犯罪的客观方面既有不当为而为之的方面：收受贿赂，开假火化证明，又有不作为的方面：未要求其火葬、默许土葬。犯罪的主体是殡葬管理服务站站长黄某等四人，属自然人。犯罪的主观方面是黄某四人作为殡葬管理服务站工作人员，明知受贿是犯罪却收受巨额贿赂，具有犯罪的故意。

另外，我国刑法第三百零二条明文规定："采用秘密盗取的方法非法占有尸体，或者采用猥亵、破坏、抛弃或其他方法侮辱尸体的，处三年以下有期徒刑、拘役或者管制。"与此对应的罪名盗窃、侮辱尸体罪。第二百七十四条规定："敲诈勒索公私财物，数额较大的，处三年以下有期徒刑、拘役或者管制；数额巨大或者有其他严重情节的，处三年以上十年以下有期徒刑。"若通过窃取骨灰敲诈勒索的应当承担刑事责任。

【案例 6-12】

窃取骨灰敲诈勒索

【案情】

哥哥李野在台安县以开出租车为生，弟弟李田在盘锦做小生意，但生意总没起色。2009 年 10 月，李田提出盗挖他人坟墓窃取骨灰盒勒索钱财，要求李野帮忙，李野同意。不久，李田驾车跟踪一个下葬队伍，记下下葬地点和逝者的家庭住址。随后，伪造了一张名为"李占"的身份证，用该身份证在某银行办理了一张储蓄卡，同时购买了两个不记名手机卡和牛皮纸信封。2010 年 10 月 12 日夜间，李田伙同李野来墓地，将坟墓挖开，并将两个骨灰盒取出并掩埋于墓地西侧约 30 米处，随后将装有信件的牛皮纸信封扔在死者家门口，信件上写着"你父母的骨灰盒在我手里，不许报警，给我汇 5 万元钱，把骨灰盒给你送回去，说话算数，不然把骨灰给你扔厕所里。"并留有用"李占"的名字办理的银行卡卡号和不记名手机号码。此事因被勒索人报警，两人未能得到钱财。10 月 28 日夜，两人又采取同样方法勒索另一人，但同样因对方报警没有得逞，最终被警方抓获。

【评析】

李田、李野以非法占有为目的，采用盗掘他人父母骨灰的手段勒索财物，数额巨大，其行为侵犯了公民的合法财产所有权，已构成敲诈勒索罪。虽没能获得财物，但两人的犯罪行为违背了社会公序良俗，给被勒索人及其亲属造成了较大的精神伤害，社会影响恶劣，酌情对其从重处罚。为此，法院以犯敲诈勒索罪判处李田有期徒刑4年6个月，以同样罪名判处李野有期徒刑4年。

【思考题】

1. 结合所学知识，谈谈侵害遗体（或骨灰）行为对死者亲属造成的精神损害应如何赔偿。

2. 对一家殡仪馆（或医疗机构太平间）进行调查，试说明和谐社会背景下如何对“问题遗体”进行妥善处理。

3. 请根据以下案情分析如何作出公正的裁决？

1999年8月31日，农民工幸万强因讨薪被人杀害（已另案处理），尸体停放于医院一年后，幸万强之父母幸永怀、李正芳从老家赶至医院希望见儿子一面，但医院却以公安机关未批准为由拒绝幸永怀、李正芳的请求。不久，区殡仪馆接到市公安局通知，到医院领走了幸万强尸体，2000年8月19日，区殡仪馆在未通知幸永怀、李正芳的情况下将幸万强的尸体火化，2000年11月，幸永怀、李正芳得其子尸体已被通州殡仪馆领走后又速赶至区殡仪馆，却被告知经公安机关批准他们已将幸万强尸体火化，当幸永怀、李正芳提出领取幸万强骨灰时，却被区殡仪馆告知骨灰存放已逾两个月，区殡仪馆依据其内部管理规定已将其视作无主骨灰丢弃。幸永怀、李正芳多次找区殡仪馆及其负责人索讨幸万强骨灰或火化有关凭证，但区殡仪馆直至2006年1月11日，才正式书面出具证明承认幸万强的骨灰已于2000年8月19日在其处火化，但其却无法将骨灰交付幸永怀、李正芳。幸永怀、李正芳认为，区殡仪馆经由公安部门通知收殓幸万强的遗骸，不应该不知道死者亲属的联系方式或联系渠道，幸万强的尸骨也不属于无主尸骨，但是，其却无视幸永怀、李正芳对幸万强骨灰所享有的特定的无可取代的民事权利，擅自处分该具有人格象征意义的特定纪念物品，给幸永怀、李正芳带来无可挽回的损失和巨大的精神伤害。由于区殡仪馆的过错和侵权行为，导致幸永怀、李正芳永远失去了亲人的骨灰，无法有针对性地表达自己的追悼之情，无法按人之常情使自己对亲人的思念有具体的寄托，人格权和亲情受到无法弥合的巨大伤害。因此，幸永怀、李正芳等幸万强直系亲属将区殡仪馆起诉至人民法院，希望人民法院依法判令区殡仪馆承担人格权侵权的民事责任，以维护幸永怀、李正芳的合法权益。

第七章　殡葬法治建设

【学习目标】 通过本章的学习，你应能够：

1. 了解我国法治建设的历程；
2. 掌握殡葬执法的风险防范；
3. 熟悉提高守法质量的对策；
4. 熟悉我国的殡葬管理体系。

【核心概念】 法治建设；执法；守法；殡葬管理

【导入案例】

民政部门是否有权对违法土葬行为进行处罚[①]

2003 年 1 月 7 日，尹某的母亲刘某病故，尹某将刘某的遗体土葬在其早年去世的父亲的坟墓内。市民政局所属的殡葬管理所接到举报后立即对此进行了调查、核实、取证等工作，并于 2003 年 1 月 20 日以殡葬管理所的名义作出了〔2003〕第 1 号行政处罚决定书，限令尹某三日内将刘某遗体起尸火化，处罚尹某起尸费、有害费、青苗损失费等各类费用 4000 元。该处罚决定书由尹某所在镇政府一包村干部于 2003 年 1 月 21 日转交给尹某之妻叶某。2003 年 1 月 24 日上午，市民政局执法人员强行将刘某的遗体当场火化。尹某遂向当地法院提起行政诉讼。

原告尹某诉称：被告市民政局所属的殡葬管理所无权作出〔2003〕第 1 号行政处罚决定书，且没有向原告尹某告知申辩权利，违反了法定程序，该处罚决定书无效；被告市民政局将原告之母刘某的遗体当场起尸火化行为违法。请求法院依法撤销市民政局所属的殡葬管理所作出的〔2003〕第 1 号行政处罚决定书，确认被告市民政局 2003 年 1 月 24 日对刘某遗体当场起

---

① http：//www.66law.cn/laws/60099.aspx。

尸火化行为违法。并判令被告市民政局在一定范围内向原告尹某赔礼道歉，消除影响，赔偿其全家族58人每人2000元共计116000元的精神损害赔偿。

被告市民政局辩称：被告民政局所属的殡葬管理所负责本市殡葬管理的具体工作，其〔2003〕第1号行政处罚决定书认定事实清楚，证据确凿，运用法规正确，程序合法，应予以维持。被告市民政局执法人员2003年1月24日上午的强制执行行为是根据国家和省市有关法律法规和〔2003〕第1号行政处罚决定书进行的，行为合法有效。

【审 判】

市人民法院经审理认为，按照《省殡葬管理办法》第十六条第二款"凡在火葬区死亡的人，除国家另有规定的外，均应就地火化"的规定，处于火葬区的原告尹某将其母刘某遗体土葬的行为违法，依法应当受到相应的行政处罚。但是，按照国务院发布的《殡葬管理条例》第二十条和《省殡葬管理办法》第三十八条第一款第一项之规定，对违法土葬行为具有执法主体资格的是民政部门，而非民政部门所属的殡葬管理机构。被告市民政局所属的殡葬管理所不具备执法主体资格，无权对原告尹某的违法行为作出行政处罚决定。被告市民政局所属的殡葬管理所在对原告尹某的行政处罚决定中在仅适用市《殡葬管理实施办法》时没有引用具体哪一项条款，且适用法律不当。因此，被告市民政局所属的殡葬管理所作出的〔2003〕第1号行政处罚决定书依法应当予以撤销。被告市民政局将原告尹某之母刘某遗体强制用汽油和煤油混合物当场火化违反了市人民政府2002年8月28日发布的《关于大力推进殡葬改革的通知》第一条"全市的火化任务由本市殡仪馆承担"的规定，且被告市民政局未能提供有关法律、法规证明其行为合法。因此，法院确认被市告民政局将刘某的遗体强制当场火化的行为于法无据。原告尹某提出的其他诉讼请求不属于本案审理范围，不予支持。综上所述，依照《中华人民共和国行政诉讼法》第五十四条第二项、《最高人民法院关于执行〈中华人民共和国行政诉讼法〉若干问题的解释》第五十六条第四项之规定，依法判决撤销被告市民政局所属的殡葬管理所作出的〔2003〕第1号行政处罚决定书，确认被告市民政局2003年1月24日上午的强制执行行为于法无据，且不符合地方人民政府制定的规范性文件；驳回原告尹某的其他诉讼请求。尹某不服一审判决提起上诉，坚持要求被告向原告赔礼道歉，支付精神损害赔偿11.6万元。2003年年底，市中级人民法院作出终审判决：维持原判，驳回上诉。

第一节　社会主义法治建设

一、法治概念及其内涵

自古希腊和古代中国先秦哲人提出“法治”并阐述其思想以来，历代思想家前仆后继地探索着这一亘古的命题。纵观法的历史，法治至少具有以下五层含义：

（一）法治是宏观的治国方略

汉语“法治”一词从被使用开始，就与“以法治国”、“依法治国”等词相结合，主要是被作为一种治国方略来理解的。“以法治国”一词在中国古籍中首先见于《管子》一书，其后的商鞅、韩非子等人又对此进行了发展并付诸实践。在古代中国思想体系中，法治总是与“礼治”“德治”“人治”等治国方略相并列、相对称、相对立。西方思想体系中，“法治”也首先是被作为与人治相对立的治国方略，即“法律的统治”。“人治”与“法治”的争论都在于对治国方略或手段进行权衡与选择。法治作为一种治国方略，是指一个国家在多种社会控制手段面前选择以法律为主的手段进行控制，即我们今天重新提倡的“依法治国”。

（二）法治是理性的办事原则

在制定法律之后，任何人和组织的社会性活动均受既定法律规则的约束。所谓“既定法律规则”强调的是法律已经制定、人们在“在法律面前”该怎么做的问题。所以，“法治”一词又经常被理解为“依法办事”，而不是依感情办事，或者依照其他缺乏确定性的实质标准办事。之所以说法治是理性的，是因为法律是人们事先设定的规则，具有稳定性、连续性、普遍性和一致性，它不受事发当时的人的情感和意志所左右。在法律面前只有先承认形式的合理才能承认实质的合理，这是法治建立的基本要求。

（三）法治是民主的法制模式

法治又常常被理解为“以民主为基础和前提的法制”。历史上看，法制历来具有多样性，通常可以划分为专制的法制和民主的法制两大模式，“法治”就是后一种法制模式，以民主为社会条件和制度基础。法制并不必然是民主的，法制可以与专制结合，成为专制的工具。如中国历代法家所主张的“法治”。真正意义上的法治是以民主为社会条件和制度基础的法制模式。近代资产阶级在追求经济自由、渴望政治民主、反抗封建专制的过程中逐步建立法治这种民主的法制模式。所以在当代中国社会主义法治的理念强调“执法为民”也正是体现这一民主的精神。

（四）法治是文明的法律精神

法治往往与理念、原则、观念等词连用，如“法治理念”、“法治原则”、“法治观念”等。离开法治精神的法律就会像一种失去控制的工具。这种精神导源于文明的社会条件和制度基础，是文明在法律上的转化形式，与人类精神文明一脉相承。法治的这些精神表现为一整套关于法律、权利和权力问题的原则、观念、价值体系，它体现了人对法律的价值需要，成为人们设计制度的价值标准和执行法律的指导思想。考察和分析近代以来的法治思想与实践，我们可以对法治所蕴含的法律精神进行归纳：法律至上，即法律具有极高的权威，法大于权；善（良）法之治，即法律的制定是经过民主、公开的程序进行，能够反映广大人民群众的意志并尊重客观规律；权利本位，即法律以关怀和尊重人权为宗旨和目标；正当程序，即法律的执行必须有严格的制度和程序保障，权力的运行必须接受法律的制约和程序的控制；普遍适用，即法律的适用不承认个别情况，只承认普遍规则的效力；权力控制，即所有的权力都必须受到合理的制约和控制。

（五）法治是和谐的社会状态

法治可以被理解为一种社会关系或者社会状态。在“法治社会”状态下，由于权力受到制约，权利得到伸张，同时争议又通过正当的程序设计得以和平解决，正如有人所说的“法治……在法律规束住了国家权力和政府后而使权利在人与人之间得到合理配置的社会状态”，所以说法治所追求的目标就是这样一种和谐的社会结构和社会秩序。

作为治理国家的方法和原则，法治和人治的主要分歧在于：第一，治理国家主要依靠具有很强确定性的法律，还是模糊性很强的道德或者领导人的意志？法治往往要求通过具有强制力的法律来治理；人治则要求由具有高尚道德的明君、清官和圣贤通过道德感化进行治理。第二，对人的行为的指引，主要依靠一般性的法律规则，还是依靠针对具体情况的具体指引？法治强调具有可预测性的一般规则，人治强调具体指引，视具体情势而定，法律规范作为行为指引的预测水准较低。第三，在政治制度上施行民主还是专制？现代法治国家的法治是与民主密切结合的，人治则往往建立在某种专制政体之上，最终会导致独裁。

法治和法制是一对相近的概念。法制是法律和制度的总称，而法治指依据法律的治理。法治相当于英文中的 rule of law，法制相当于英文中的 legal system，主要指称法律的体系、体制与架构的整体。法治要求法律在社会生活中的最高权威，而法制没有这样的要求，因此一个法制健全的国家未必是一个法治国家，而一个法治国家必然首先是一个法制的社会。一般来说，法制是法治的前提，只有先形成完备的法律和制度，才有可能进行依据法律的治理；但有法制却未必有法治，法律和制度也可能是为人治服务的。简而言之，法制是一种社会制度，属于法律文化中的器物层面；法治是一种社会意识。前者的核心是强调社会治理规则（主要是法律形式的规则）的普适性、稳定性和权威性；后者的核心是强调社会治理主体的自觉性、能动性和权变性。

二、法治国家及其建设

（一）社会主义法治国家

1. 法治国家及其标志

（1）法治国家的基本内涵。“法治国家”或“法治国”，最初是相对于“警察国家”（Polizeisteat）的一种关于国家形式和治国方式的统称。“警察国家”的特点是，只有君主才是主权者，他是不受任何制约的公权力的承担者，臣民对君主没有任何权利。早期“法治国”是指中世纪欧洲的某种国家形式，尤其是德意志帝国，当时被认为是“和平与法律秩序的守卫者”。国家权力的限度基本上由法律所规定，并具有权利平等和个人自由等民主特征。现代意义上的“法治国家”，亦称“自由主义”法治国（德文 Rechtsstaat），它是德国资产阶级宪政运动的产物。在德国 18 世纪末期开始的宪政运动中，康德的国家学说发展成为“法治国”理论，其意思是国家权力，特别是行政权力必须依法行使，所以也称“法治行政”或“法治政府”（government by law）。我们今天所讲的“法治国家”，就是指主要依靠正义之法来治理国政与管理社会从而使权力和权利得以合理配置的社会状态。“法治国家”的优点是：吸收并突出了“善法之治”这一法治的基本前提问题；从“治国方略”到“社会状态”，说明了建设法治国家的过程性，表述了手段与目的、形式与实质的关系；能够说明法治国家中的核心问题，也是实质问题——权力与权利的合理配置关系。

（2）法治国家的基本思想。当代社会要求国家经济职能的扩大，即国家对于社会经济活动的规划和调控职能的普遍增加。与此同时，当代社会在公民权利方面也有较大的扩展，表现为自由权本位向福利权本位的发展。这种变化显然是对传统法治观念的挑战。当代法学家关于法治的理论问题主要涉及：一是法治与政府自由裁量权的关系。在现代社会，政府不可避免地要运用自由裁量权。有人怀疑政府自由裁量行为是对法治的否定，是法治的危机。实行法治反对人治不是排除行政机关具有自由裁量权力，只是反对人治中的专横、任性、自私自利因素。问题的关键是要建立防范政府滥用自由裁量权的有效制度，规定一些肯定的标准作为权力对私人权利干预范围的界限，政府活动的扩展必须伴之以取消政府责任豁免权等。二是法治与平等的关系。出于社会经济的考虑，立法必须把各种人区分开来，使雇主与受雇者等各式各类的人受不同法律管辖，法律平等的传统观念会使法律归于无效。三是法治和允许批评法律。批评法律的目的是促使法律的修改，但不能由于批评法律的缘故而拒绝服从法律。合法成立的法律未经修改以前，任何人都有服从的义务。国家对于受批评的法律可以放弃执行，或者改进执行的态度。法治理论本身是一个开放型的体系，在不断变化的现代社会中，该理论体系也在不断调整自身内部的结构。

（3）法治国家的制度特征。法治国家的目标是针对国家制度的基本构造而提出的。从国家制度的基本构造来看，法治国家必须具备以下特征：

第一，政治统治模式是民主政体形式。政治统治模式实际上主要是政治体制的问题。法治国家在这方面的基本要求是实行民主政体。从世界各国来看，民主政体是法治国家的根本的政治基础。因此真正建立法治国家的也是在近代革命以后的各民主国家。社会主义国家的现行体制属于民主共和政体，这为社会主义国家实现法治国家提供了坚实的政治基础和条件。

第二，国家权力结构是分工制约的关系。法治国家在这方面的核心要求是国家权力的合理分工与有效制约。一个国家由谁来掌握统治权，政权机构如何组织，权力如何分配和制约，按照什么原则和规则来运转和行使，社会各种力量通过什么方式和途径来参与政治等问题法治国家权力结构的基本问题。国家权力结构与法治国家关系十分密切。能否实现法治国家，也取决于其权力结构中是否实行分工和制约。

第三，社会控制原则是服从法律治理。国家对社会进行控制的手段是多种多样的。执政党的政策、社会道德、宗教、传播或宣传思想、领导人个人权威、当政者的强制权力、政府的行政命令、物质利诱等都可能产生较大的影响，甚至各自都有某些特别的作用和优点。但是，无论哪种手段都不能与法律相比，法律的手段具有更明显的优势。法律的优势在于它的理性。具体表现为：它是明确的、可事先预见的、普遍的、稳定的强制性规范，这为社会秩序的稳定提供了保障；它以权利和义务双重、双向的利导机制指引和评价人们的行为，给人们以日益丰富和扩大的选择机会和自由行动；它通过规范、原则、技术等因素，使法律不仅具有对行为和社会的灵活的调节功能，还具有效率化的组织功能。这是自觉而有计划的社会发展所不可或缺的。法治国家的目标要求必须主要通过法律实行社会控制，其他手段都服从法律，社会整合主要通过法律实施和实现。法治国家的社会条件也是多方面的，它主要包括经济与文化两方面。市场经济机制是法治国家的经济条件，理性文化基础是法治国家的文化条件。

第四，经济基础是市场经济机制。法治是以市场经济为基础的。纵观法治历史，法治总是与商品经济相关，而与自给自足的自然经济和以国家垄断为内容的产品经济无缘。对于任何一种经济形态来说，规则都是必要的共同要素。不过，市场经济与自然经济、产品经济这三种不同的经济状态或体制所需要的规则，在量与质两方面都存在显著的差别。量的差别反映出社会生活规则化、法律化的程度，质的方面则使法治与专制泾渭分明。在量的方面，市场经济形态比自然经济形态和产品经济形态更需要法律规则。在质的方面，市场经济形态所需要的法律规则与自然经济形态和产品经济形态所需要的法律规则有着根本的区别。商品生产与交换中形成的契约关系和契约观念是法治生成的最重要的决定因素。因为商品经济、契约观念、权利自由平等三方面之间有着天然的联系。就拿竞争来说，当市场主体不平等、没有自主权时，就不可能有真正的竞争。商品交换的特性决定了交换主体对“意志自由”和对权利平等的要求，市场对自由、平等和权利总是积极要求的。市场机制也有缺陷，市场经济无法克服经济周期性波动、社会总体运行失衡、垄断、经济活动的“外部性”问题、分配不公平等，所以国家以主要通过法律形式对市场进行干预或宏观控制。所以商品经济或市场经济是法治生成、存在和发展的肥沃土壤。

第五，文化基础是理性的文化。法治需要特定类型的文化为其文化基础（或“文化生态环境”）。这特定类型的文化就是理性文化。理性文化既不同于跟着感觉走的非理性文化，也不同于空想浪漫的超理性文化。就厉行法治的文化需要来说，科学精神、人权思想、公民意识、权利义务观念等理性文化要素有着特别重要的作用。只有当这些文化要素成为根深叶茂的社会意识时，法治国家的理想才会变成现实。人治需要愚昧、无知、迷信和愚忠等非理性因素来支持，法治则需要科学精神来支持。科学精神要求正视事实，实事求是地看待人性固有的弱点、社会固有的矛盾以及由此派生的法律的局限性。人权思想成为当代社会的普遍意识，尊重人权成为政治生活、经济生活和社会生活的基本准则。社会成员能够明确认识到自己是摆脱了人身占有和人身依附的社会主人，是一个公民，而不是一个臣民，是社会政治生活和公共事务中的主体，而不是无足轻重的客体。他们是作为一个有独立意识、独立地位、独立人格的政治权利主体加入社会政治关系和政治程序之中的。社会成员具有正确的、强烈的权利义务观念也是实行法治国家的重要条件。从根本上说，法治国家要靠社会成员行使权利和履行义务来实现的。公民的权利义务观念应当包括：知晓自己权利及其正当性、合法性、可行性和界限；在法定范围内主动追求和行使自己的权利，勇敢地捍卫自己的权利，但不可无视社会所能提供的物质和精神条件以及社会承受能力而盲目主张自己的权利，滥用自己的权利；对他人一切合法的权利给予同等的尊重；认同并履行自己依法对他人、社会和国家负有的义务。

（4）法治国家的核心标志。根据不同时期法治的原理和各国法治的实践，可以把不同法治国家的共性化的标志分为形式标志与实体标志。

所谓法治国家的形式标志是指法治国家的外在表现方式以及实现法治国家的技术条件。它主要包括完备统一的法律体系、普遍有效的法律规则、严格的执法制度、公正的司法制度、专门化的法律职业等。任何法治国家都具备这些共性的标志。所谓法治国家实质标志是指依据法治的精神而形成的涉及重大关系的理性化制度的确立和运行。具体来说它涉及法律与政治、公共权力与国家责任、权力与权利、权利与义务等方面的关系。区分法律善与恶，也主要是从这些方面来确立标准。善法也就是指涉及这些重大关系的理性化法律制度，它们也都在不同程度上表明法治国家的共性。

法治国家的形式标志由实质标志决定，实质标志则由国家的基本构造和社会条件决定的。形式标志反映并影响实质标志，实质标志需要通过形式标志来体现。仅有理想的实质标志而缺乏形式标志，法治国家是不完整的。

不同国家进行法治建设有不同的国情条件和本土资源，因此法治国家也势必存在差异。任何国家依靠政府运用强制力推进法治建设的同时，还应当注意到法律对于社会经济、民族文化和历史传统的依赖关系。我们要寻找并利用本民族法治建设的资源，必须从社会生活中的各种习惯、道德、非正式制度中去发现对于中国现代法治有用的东西。

2. 社会主义法治国家

社会主义法治国家是对资产阶级法治国家的批判与继承。社会主义国家同样需要建设法治国家，同时社会主义的本质决定了这种“法治”之“法”在根本上属于“善法”，在根本上能够反映社会发展规律和时代潮流，体现人民的意志和利益，它能够兼顾国家、社会、群体和个人的利益，处理好权利保障与权力制约的关系，处理好权利与义务的关系。

中国的法治是社会主义的法治，所以要树立社会主义法治理念。这个法治理念要根据我国社会的性质以及当前的经济与社会发展状况来认识。我国当前的经济与社会发展中有若干个突出的问题：第一，利益分配不均衡情况比较明显，而且差距在扩大，贫困问题比较突出，我国的法律法规有了相当多的数量，无法可依的情况初步解决，但有法必依、执法必严、违法必究的问题并没有解决。所以我们在强调依法治国的同时，还要强调执法为民、公平正义、服务大局、党的领导。其中依法治国是社会主义法治的核心内容，执法为民是社会主义法治的本质要求，公平正义是社会主义法治的价值追求，服务大局是社会主义法治的重要使命，党的领导是社会主义法治的根本保证。

我们要把坚持党的领导、人民当家做主和依法治国三者有机统一起来。党的领导与依法治国的关系主要体现在：一是要加强党对立法工作的领导，推进科学立法、民主立法，从制度上、法律上保证党的路线方针政策的贯彻实施。二是各级党组织都要在宪法和法律范围内活动，全体党员都要模范遵守宪法和法律。三是要督促和支持国家机关依法行使职权，依法推动各项工作的开展，切实维护公民的合法权益。

法治对于社会主义而言，其重要性和必要性主要表现在：第一，法治是当代中国共产党的执政方式。中国共产党依法执政是新的历史条件下马克思主义政党执政的基本方式。依法执政，就是坚持依法治国、建设社会主义法治国家，领导立法，带头守法，保证执法，不断推进国家经济、政治、文化、社会生活的法制化、规范化，以法治的理念、法治的体制、法治的程序保证党领导人民有效治理国家。第二，社会主义民主建设从根本上要求我们实行法治，建设社会主义法治国家。没有民主就没有社会主义，而法治是社会主义民主的根本保障。社会主义法治是社会主义政治制度趋于完善的重要标志。第三，社会主义市场经济从客观上要求我们实行法治。社会主义的主要任务是发展生产力，这就要求我们把市场经济引入社会主义制度，不实行法治就难以保证社会主义市场经济的建立和运行。所以社会主义法治国家是社会主义市场经济的内在要求。第四，社会主义精神文明本身就包括对法治思想的内在要求，是繁荣科学文化事业的重要保证，同时法治还能促进社会全面、协调、持续地发展。第五，社会主义国家的稳定、社会的和谐、人民生活的幸福安宁，也要求实行法治，建设法治国家。第六，社会主义的终极目标要求各种制度（包括法律制度）充分体现对人的关怀，以人为本，只有实行法治，才能保障人权，体现对人的尊严的尊重和爱护。

（二）我国法治发展进程

1. 初创法制时期

我国社会主义法治的进程，从某种意义上说是开始于新中国成立初期。20世纪50年代初，我们制定了宪法、组织法、选举法等涉及国家政治经济制度和国家权力分配的重要法律。但由于“左”的思潮泛滥，法律虚无主义盛行，特别是“文化大革命”对法制的肆意践踏和破坏，曾使我国的法治建设受到严重挫折，法治这项伟大的工程在1957～1977年的20年时间内停顿下来。

2. 法制恢复时期

从1978年起，邓小平同志提出了“发展社会主义民主，加强社会主义法制”、“一手抓建设，一手抓法制”等一系列关于民主与法制建设的基本方针，为社会主义法治建设指出了方向。邓小平关于实行法治的主张集中体现为：“为了保障人民民主，必须加强法制。必须使民主制度化、法律化，使这个制度和法律不因领导人的改变而改变，不因领导人的看法和注意力的改变而改变”。目前我们取得了社会主义法治建设的空前成就，这主要体现为这样一系列已经完成和正在完成的转变：一是从无法可依到有法可依再到社会主义市场经济法律体系的初步建立。二是从民主制度的不完善到完善，再向民主制度的真正落实转变。三是从行政权力缺乏制约到行政执法制度的初步建成，再到行政法治的实现。四是从司法制度不健全到初步建成，再走向健全而公正的司法制度。五是从执法人员数量缺乏到建成一支基本适应社会需要的执法队伍，再到高素养执法队伍的建成。六是从公民法律意识淡薄到全民普及法律知识，再走向全民法治观念的树立。

3. 法治创新阶段

以法治目标被写进宪法为法治创新的标志。1997年，党的十五大把“依法治国，建设社会主义法治国家”确定为党领导人民治理国家的基本方略。1999年3月15日，九届全国人大二次会议通过的《中华人民共和国宪法修正案》，又把“中华人民共和国实行依法治国，建设社会主义法治国家”写入了宪法第五条。“法制国家”变为“法治国家”——虽然只改了一字，但内涵和外延都发生了变化，“法治”强调通过法制对国家和社会事务进行治理，它与“人治”是直接对立的。

目前，法治被确定为执政党的执政方式。2004年，胡锦涛同志在纪念全国人大成立50周年大会上的讲话中把依法治国与共产党执政结合起来作了论述，认为法治就是执政方式。他指出：“依法治国不仅从制度上、法律上保证人民当家做主，而且也从制度上、法律上保证党的执政地位。”“要适应新形势新任务的要求，不断改革和完善党的领导方式和执政方式，坚持依法治国的基本方略，把依法执政作为党治国理政的一个基本方式，坚持在宪法和法律范围内活动，严格依法办事，善于运用国家政权处理国家事务。”

（三）我国法治建设目标

当代中国依法治国的方略已经选定，法治国家的目标已经明确，推行法治的条件也日臻成熟。在进行法治国家建设的同时，我们应当坚持走有中国特色的社会主义道路，把法治建设与中国国情、本土资源结合起来。

1. 形式标志的现实目标

就形式标志而言，我们建设社会主义法治国家，应当首先从以下四个方面进行努力：

第一，完备统一的法律体系。避免法律之间矛盾、法律与地方立法矛盾、法律与解释之间矛盾。法律体系是一个完整、科学、严谨的规范系统。法律体系中各部门应当分工配套、功能协调，法律规范具有易知、明确、肯定、具体和可操作性。立法机关能够积极地根据社会发展需要创制法律，必要情况下可以进行超前的有预见性的立法，而不是消极被动地等待立法时机。立法存在层级和时差，因而要对立法活动进行及时审查和监督，对法律、法规、规章等法律文件进行整理、编纂及清理。

第二，普遍有效的法律规则。法律对社会生活的概括性表述与一般性调整。法律规范设定人的行为的两种模式，把允许、肯定和鼓励的行为概括为权利，把禁止、命令和否定的行为概括为义务，所有具体与个别的行为尽收其中，不承认例外。法律适用中“一致性”，即“类似情况类似处理”、“类似情况反复适用”，排除执法过程中的随意性、偶然性和差别对待。法律普遍被遵守和服从。同类主体享受相同权利，履行相同义务，特权被彻底消除。法律在实施中发生实效，而不是把效力限于纸面上。

第三，依法行政的法治政府。依法行政是实现由“人治”到“法治”转变，推进依法治国方略在全社会进一步实施的关键所在，也是建设社会主义政治文明的关键所在。这里包括行政执法制度与司法制度两方面。“依法行政”的本质是依法规范和制约行政权力，建设法治政府的关键是摆正政府与公民的关系、权力与权利的关系。具体来说：一是“政府要守法”。在法治国家里，行政权力是法律赋予的，在通常情况下，行政主体必须遵循“无法定依据即无权力”的原则。这与公民的“法无规定即自由”原则有区别。二是各级行政机关及其工作人员要努力提高依法执政、依法行政、依法办事的能力，自觉地在宪法和法律的范围内活动。越是工作重要，越是事情紧急，越是矛盾突出，越要坚持依法办事。三是在现代社会，法律允许行政机关在有限范围内的自由裁量行为，但必须受“合法性”和“合理性”双重原则的约束和检验。四是要善于运用法律手段促进经济的繁荣发展和社会的全面进步，管理经济和社会事务，妥善处理人民内部矛盾和其他社会矛盾，切实维护广大人民群众的权益。

第四，公平正义的司法制度。司法制度的基础框架与司法过程的要求应当符合法治的基本要求。这主要体现在：一是良好的司法体制才能保障司法公正，所以我们要推进司法体制改革，按照公正司法的要求，完善司法机关的机构设置、职权划分和管理制度。二是司法权是终极性的权力，它是定纷止争的最后一道屏障。所以司法机关应当独立行使司法权，任何行政机关、社会团体和个人都不得进行干涉，只接受监督不接受命令，保持中立追求公正。三是司法活动有公正的程序制度。程序不仅具有消极限制权力的功能，还具有积极引导和促进权力行为合乎正义的作用。程序能保证法律面前人人平等；程序还意味着有严明的冤案、错案责任追究制度。

2. 实质标志的现实目标

从实质标志的要求看，我们建设社会主义法治国家应当着重以下制度的建设：

（1）法律与政治关系的理性化制度，包括：①大部分政治行为被纳入法律调整范围，非理性的权力习惯被立法修正为理性的政治经验，政治活动实现程序化。②国家权力受控制，包括受法律的控制、受权力的制衡、受权利的约束。这就是我们倡导的社会主义“法治行政”、社会主义“政府法治”的理由。③政策或政治主张可以指导立法但不能取代立法，可以作为适用法律的参照以补充法律遗漏，但不能直接作为审判依据。④实行“依法治国”必须具备付出政治性代价的心理准备。为政者或当权者要牺牲和放弃某些希望取得并可能取得的正当目标和要求，比如行政手段、政策手段使用范围受限制，法外的地方利益、部门利益被取消，权力在质与量上的缩减，为了形式正义而在一定范围内牺牲某种个别的实质正义，部分社会危害性的行为不受法律调整，办事效率下降的可能等。⑤法律确认和保障民主的体制、民主的权利、民主的完善与发展。

（2）权力与责任关系的理性化制度，包括：①权力与责任相统一，国家责任无可回避。②无论哪种权力主体，不管是具体权力行为还是抽象权力行为，也不管是自己执行或是受托代行，只要启动了权力，就应预设其责任。③与权力相对应的责任除了由侵权和怠权所导致的消极责任外，还包括现代社会满足公民请示的积极责任和由管理而带来的保证责任。④立法应当持续、及时地发现和补充被遗漏的国家责任，避免权力侵害发生后却找不到归责依据的现象。

（3）权力与权利关系的理性化制度，包括：①权力的取得合法化。对于公权力而言，无授权即无权力，一般情况下只能在授权范围内行使权力。所以权力的授予实际上意味着权力的限制。②对于权利而言，国家承认“法不禁止即自由”，自由不局限于法律，承认在法律不禁止的地方存在大量的自由，并同样予以尊重不加干涉。③权力受权利的制约。私权利的授予意味着对公权力的限制或者意味着公权力主体义务和责任的增加。④当对公权力规定必要的自由裁量幅度时，必须充分考虑到并尽量避免对私权利的侵害可能；当公权力实施自由裁量时，并不意味着可以任意对待私权利。

（4）权利与义务关系的理性化制度，包括：①权利受到平等的保障。不根据主体的身份，而是根据主体的行为平等地被授予权利和义务。在权利发生矛盾时，既要保护多数人的权利，又要保护少数人的权利，既保护基本权利，又保护一般权利。②义务的法律化与合理化。义务的设定必须通过立法机关与正当程序来进行，义务必须避免模糊措辞，并充分论证义务设定之理由。③与义务的相对化。没有无权利的义务。④权利与义务相统一原则被公民、立法者与执法者加以正确的理解和执行。权利是基本的，应占主导地位，在立法、执法和司法的各个环节均应关怀和尊重人权。

总之，依法治国，前提是要建立科学完备的法律体系，实现有法可依；核心是要坚持以人为本，尊重和保障人权，切实保障人民当家做主；关键是要坚持依宪治国、依法行政，监督制约公权力，切实保证公权力依法行使；重点是依法治权、依法治官，切实保证国家各项工作都依法进行，逐步实现社会主义民主的制度化、法律化。

建立中国特色社会主义法治体系包括六部分：一是有比较完备的法律体系；二是执政党依法执政；三是构建法治政府；四是建立独立、公正、廉洁、高效、权威的社会主义司法制度（独立、公正、廉洁、高效、权威，一个都不能少，合起来才能保证司法按照法治国家的要求运转）；五是全社会普遍守法，各政党、武装力量、国家机关、社会组织和公民都要普遍守法；六是实现对法律的有效监督，保障人民的权利和社会秩序、保证制定的每部法律都有效发挥作用。

法治的灵魂在于公正，法律的生命在于实施。建立中国特色社会主义法治体系，应当努力做好以下工作：第一，更加重视和加强宪法和法律的实施，把法治建设的工作重心转移到实施宪法和法律上来，实现宪法和法律实施与法律体系构建的紧密结合、协调发展。第二，切实维护宪法和法律的权威和尊严，坚持公民在法律面前一律平等。一切国家机关和武装力量、各政党和各社会团体、各企业事业组织都必须遵守宪法和法律，任何组织或者个人都不得有超越宪法和法律的特权，一切违反宪法和法律的行为必须予以追究。第三，切实坚持依法治国、依法执政、民主科学立法、依法行政和公正司法，保证党在宪法和法律范围内活动，保证和监督国家机关严格按照法定权限和程序办事，依法行使公权力。第四，从宪法和法律实施效果的角度来检验、评价和推进法律体系的完善和发展，根据法治各个环节协调发展的内在要求和宪法法律实施状况，通过"立改废"等方式，进一步完善现行法律体系。第五，更加重视立法与执法、司法、守法、法律监督的衔接与配合，实现法律体系构建与宪法和法律实施协调发展；更加重视公民法律意识和法治观念的培养，充分发挥宪法和法律在政治生活、经济生活和社会生活中的作用，使我国法律体系不仅形成和表达于条文规范的形式之上，而且完善和落实于现实生活的实践之中，真正成为全体公民信仰和遵从的行为规范。

第二节　殡葬执法与守法

一、执法及其风险防范

执法有广义与狭义两种理解。广义的执法是指一切执行法律、适用法律的活动，包括国家行政机关、司法机关和法律授权、委托的组织及其公职人员，依照法定职责和程序，贯彻实施法律的活动。狭义的执法仅指国家行政机关和法律授权、委托的组织及其公职人员在行使行政管理权的过程中，依照法定职权和程序，贯彻实施法律的活动。本节所讲的执法，仅指行政执法，不包括国家司法机关及其公职人员依照法定职责和程序，贯彻实施法律的活动。

（一）执法的特征与原则

1. 执法的特征

（1）执法主体具有特定性。执法权是宪法与法律赋予行政机关的职权。在我国，只有行政主体，包括行政机关及其公职人员、法律或法规授权的组织及其工作人员、行政机关委托的组织或个人，才能作为执法的主体，其他任何组织或个人都不能构成执法的主体。

（2）执法内容具有广泛性。执法是以国家名义对社会实行全方位的组织和管理行为，它涉及政治、经济、外交、国防、财政、文化、教育、文化、卫生、科学、工业、农业、商业、交通、建设、治安、社会福利、公用事业等各个领域，内容十分广泛。特别是在现代社会，随着科技的日新月异，社会变迁的增快，社会事务愈加复杂，行政管理的范围更为广泛，执法的范围也日益扩大，执法对社会生活的影响也日渐深刻。

（3）执法活动具有单方性。在行政法律关系中，行政主体往往占据支配地位，其意思表示和处分行为对该法律关系具有决定意义，执法机关只要是在法律规定和授权的范围内，即可自行决定和直接实施执法行为，无须行政相对人的同意。例如，行政主体依法对市场上商品质量进行抽查监督，无须与行政相对人商量以及必须征得其同意。当然，这种执法的单方性也并非绝对，随着现代行政实践的变化，大量的行政行为，包括行政裁决、行政复议、行政契约等都不具有明显的单方性。

（4）执法行为具有主动性。执法是行政主体的法定职责，因此，行政主体在执法中，一般都采取积极主动的行动去履行职责，保证法律的贯彻实施，而不需要行政相对人的意思表示。依行政相对人申请的行政许可、行政给付等行政行为，其程序的启动上是相对被动的，但在决定实质内容时，行政主体仍具有主动性。执法行为的主动性还表现在行政主体具有自由裁量权。

（5）执法体系趋于整体性。执法体系是指由具有不同职权管辖范围的行政机关、社会组织执法而构成的互相分工、相互配合的有机联系整体。它主要可以分为根据法律规定的行政机关的执法、根据法律授权的社会组织的执法以及行政委托的社会组织的执法三类。行政机关的执法是我国执法体系中最重要与庞大的执法系统，根据我国宪法和法律规定，它包括政府的执法和政府工作部门的执法。

人民政府执法包括中央人民政府的执法和地方各级人民政府的执法。根据宪法与法律的规定，中央人民政府即指国务院；地方各级人民政府包括省、自治区、直辖市人民政府，县、自治县、县级市人民政府，乡、民族乡、镇人民政府。在很多地方，省级人民政府与县级人民政府之间还设有一级人民政府，即设区的市、市管县的市、自治州的人民政府。中央人民政府的执法主要是宏观方面的执法，即制定行政法规，规范行政行为，从而贯彻执行宪法、法律。地方各级人民政府负有执行宪法、法律、行政法规和地方性法规的重要职能。民族区域自治地方政府还负有依照宪法以及相关法律规定的权限行使自治权，根据本地方实际情况贯彻执行国家法律的职能。

政府部门是指各级人民政府的下属机构，包括中央人民政府即国务院下属机构和地方各级人民政府的下属机构，如工商、公安、税收、物价、环保、食品卫生等各类执法机构。这些政府工作部门按照法律的规定，在自己的职责范围内行使执法权。随着我国社会控制模式、社会管理模式的转变和依法治国观念和制度的确立，政府工作部门将主要通过执法来进行行政管理。

（6）执法权行使的优益性。执法主体在行使执法权时，依法享有法定的行政优益权，即执行权具有优先行使和实现的效力。行政优益权是国家为了确保行政主体有效地行使职权，以法律、法规等形式赋予行政主体享有各种职务上或者物质上优越条件的资格。这种优益权可以表现在：例如，特定国家工作人员，在依法执行紧急任务时，在出示相关证件的前提下，可以优先乘坐公共交通工具，遇交通阻碍时，可以优先通过。

2. 执法的原则

我国行政法学界主流认为，行政主体的执法主要遵循合法性原则和合理性原则。合法性原则适用纠正违法的行政行为，而合理性原则适用纠正不当的行政行为。国外大多数国家和地区的行政法律都强调与贯彻这两项基本原则，这两项基本原则贯穿于行政法特别是行政程序法的主要内容之中。

（1）合法性原则。执法的合法性原则也即依法行政原则，是法治原则在执法中的具体体现。合法性原则是现代法治国家对执法的基本要求，也是执法的最重要的一项原则。现代法治国家要求依法行政，保障行政活动的权威性，防止行政权力的滥用。

合法性原则是指执法主体的设立和执法活动不仅要有法可依，行使行政职能必须由法律授权并依据法律规定。首先，执法主体要合法。执法主体的设立及其职权的设定必须要有法律依据，必须具备法律直接或间接赋予的职权能力和行为能力。执法主体必须在法律规定的职权范围内活动，非经法律授权，不可能具有并行使某项职权。其次，执法内容要合法，执法主体的一切能产生特定法律效力和法律后果的行为都是执法的内容。执法必须以有事实根据为前提，且必须证据确凿。执法的内容必须有法律依据，是根据法律的规定作出的，而且不得背离立法目的、法律精神及社会公共利益，执法要保护人权，维护公民的合法权益，在执法活动中采用的方式必须是法律规定的方式。行政机关对违法侵权行为承担法律责任。最后，执法程序必须合法。程序伴随着执法活动的全过程和一切方面。执法程序要符合法定步骤、顺序，必须按照各自不同的执法内容来决定所适用的程序，不能任意简化、改变、调换和省略程序；同时，执法还要符合法定时限。

我国法学界认为行政法的行政合法性原则的基本内容，主要有下列五点：第一，行政机关的行政职权由法律设定并依法授予。一切行政行为以行政职权为基础，无职权便无行政。然而行政职权必须合法产生，或由法律、法规设定，或由国务院或者其他上级行政机关依法授予。第二，行政机关实施行政行为必须依照和遵守法律、法规等法律规范。它要求每一个行政机关既要依法管理行政相对人，又应在其他行政机关的管理中遵守法律、法规和规章。行政机关不得享有法律以外的特权。第三，行政机关的行政行为违法无效。行政机关的行政行为必须合法，违法的行政行为不具有法律效力，无论是实体上的违法，还是程序上的违法，都使行政行为归为无效。第四，行政机关必须对违法的行政行为承担相应的法律责任，这是违法必究精神的体现。第五，行政机关的一切行政行为必须接受人大监督、行政监督和司法监督。任何行政行为必须受到监督和救济，否则任何责任都是空谈。无救济便无权利，无监督便无行政。各级人大及其常委会对同级人民政府行使职权的监督制度、行政复议制度以及行政诉讼制度等，都是这一内容的体现。

（2）合理性原则。执法的合理性原则是指执法主体在执法活动中，特别是在行使自由裁量权进行行政管理时，必须做到适当、合理、公正，即符合法律的基本精神和目的，具有客观、充分的事实根据和法律依据，与社会生活常理相一致。

行政管理是一项范围广泛、内容复杂的活动，法律不可能都作出具体的规定，在许多领域只能规定基本原则、基本规则，给行政主体留有较大的自由裁量权。行政机关在法律规定的权限内，要根据具体情况使执法活动适宜、恰当、合理。为此，执法主体要平等对待行政相对人，对于实施了同样或类似行为的行政相对人应予公平对待处理；行使自由裁量权时要以法律精神为指导，考虑相关因素，尽可能照顾到各方利益，在多方利益之间衡量时要合情合理，禁止偏袒，禁止谋私，严格控制自由裁量权的行使；对于法律只有原则规定或没有规定的，就应以客观、充分的事实根据为基础，依据法律的基本精神和目的，遵循与社会生活公理相一致原则，公平合理地处理，执法要符合当地的善良风俗；执法要做到程序公正，不单方接触行政相对人，不在事先未通知和听取行政相对人申辩意见的情况下作出对相对人不利的处理；对于不适当、不合理等显失公平的执法行为应依法及时予以纠正，宣布无效并予以撤销。

行政合理性原则的基本内容主要有二项：一是正当性。即行政主体作出行政行为，在主观上必须出于正当的动机，在客观上必须符合正当的目的。二是平衡性。即行政主体在选择作出某种行政行为时，必须注意权利与义务、个人所受损害与社会所获利益、个人利益与国家集体利益之间的平衡。

合理性原则是现代行政法治精神的应有内涵，是依法行政的基本要求。执法主体在执法活动中遵循合理性原则，要平等对待行政相对人，公平、公正，不偏私、不歧视；行使自由裁量权时应当符合法律目的，排除不相关因素的干扰；所采取的措施和手段应当必要、适当；可以采用多种方式实现行政目的，应当避免采用损害当事人权益的方式。

(3) 效率的原则。执法的效率原则是指在依法行政的前提下，行政机关对社会实行组织和管理过程中，以尽可能低的成本取得尽可能大的收益，取得最大的执法效益。

与国家立法机关、司法机关相比，行政机关更强调效率，要求执法主体从保护公民权利和国家利益出发对行政相对人的各项请求及时作出反应，对各种行政事务及时通过执法作出反应。执法主体必须严格按照法定程序和法定时限执法，不能借口效率而违反法律规定，效率原则是建立在合法性基础上的。执法遵循效率原则还应做到执法行为的准确，避免出现不适当、不合理的执法而影响执法效率。各执法主体要相互配合、相互协调，保证执法活动有序、正常进行。执法主体要正确运用执法中的自由裁量权，及时决策，有效地实现国家行政职能。

执法的效率原则是依法行政的基本要求之一，它要求行政机关在执法时尊重科学，考虑客观规律，作必要的可行性分析和一定的成本——效益分析，使执法行为具有最大可能的合理性，尽可能给国家、社会、公民带来益处，尽可能避免或减少对国家、社会、公民利益的损害。

(4) 程序化原则。执法的正当程序是指执法机关在实施行政执法行为的过程中必须遵循法定的步骤、方式、形式、顺序和时限，目的是使执法行为公平、公开、民主，保障公民、法人和其他组织的合法权益，促进行政权行使的合法性和合理性，提高行政效率。正当程序原则要求：

一是程序合法。执法程序通常由行政程序法或者其他法律、法规规定。法律、法规未作规定的，应当符合公平、理性和效率原则。

二是程序公开。执法行为的进行应当对当事人、利益相关人和社会公开，应当向当事人、利益相关人提供与执法有关的事实和法律依据等信息。执法机关及其工作人员所提供的信息应当符合及时、准确、充分的要求。涉及国家秘密、商业秘密或者个人隐私的事项，依法不应当公开的，行政机关、当事人、利益相关人对相关信息应当保密。当事人、利益相关人有权要求行政机关未经其许可，不得公开其个人隐私或商业秘密，但为公共利益所必需者除外。

三是听取当事人意见。公民、法人或者其他组织的合法权益可能受到行政执法行为影响的，行政执法机关应当听取公民、法人或者其他组织的意见，为公民、法人或其他组织提供陈述事实、表达意见的机会。行政执法机关应当告知公民、法人或其他组织享有陈述意见的权利。

四是参与。当事人、利害关系人有权参与行政程序的各个阶段的活动。行政执法机关应当告知当事人、利害关系人享有参与权，并应当为当事人、利害关系人参与行政程序提供便利。

五是公正。行政权力的行使应当公正。行政执法机关应当以不偏不倚的方式对待执法程序中的所有当事人。行政执行程序中负责调查、主持程序或作出决定的人员与行政程序结果有利害关系，或者是当事人或利益相关人的近亲属或有其他利害关系，可能影响程序公正进行的，应当回避。当事人和利害关系人有权申请回避。

六是理性化。行政执法程序应当符合理性。行政执法机关实施行政行为的程序，应当按照法定或者合理的顺序进行；应当向当事人和利益相关人告知事实并说明理由：对相同或相似情况所实施的行政行为，应当体现一致性。

七是诚信。行政机关实施行政行为，应当遵循诚实信用的原则，保护公民、法人或其他组织对行政机关正当合理的信赖。行政行为由于所依据的法律、法规修改、变更、废止，或者由于实施行政行为所依据的客观情况发生变更需要废止行政行为的，由此给公民、法人或者其他组织造成损失的，行政机关应当依法给予补偿。

八是权利救济。行政机关实施行政行为可能影响公民、法人或其他组织合法权益时，公民、法人或其他组织可以申请行政复议，也可以提起行政诉讼。行政机关应当告知公民、法人或其他组织救济的途径、方式和期限。

（二）法律监督及其机制

1. 法律监督的内涵

法律监督又称法制监督。狭义的法律监督是指有关国家机关依照法定职权和程序，对立法、执法和司法活动的合法性进行的监察和督促。广义的法律监督是指由所有的国家机关、社会组织和公民对各种法律活动的合法性所进行的监察和督促。

（1）法律监督是对法律实施中严重违反国家法律的情况所进行的监督。法律监督不包括对立法活动的监督，而只是对法律实施情况的监督，并且是以监督严重违反法律的情况为主。从法律的有关规定看，人民检察机关的法律监督，在内容上受到严格的限制，即对法律执行情况的监督只限于对国家公务员职务活动中构成犯罪的行为进行立案、侦查和公诉，对法律遵守情况的监督只限于对严重违反法律以至构成犯罪的行为进行追诉，对法律适用情况的监督只限于对诉讼活动中确有错误的判决、裁定以及违反法定程序的情况进行监督。

（2）法律监督是一种专门性的监督。法律监督的专门性突出表现在两个方面：一是法律监督权作为国家权力的一部分，由人民检察院专门行使，法律监督是检察机关的专门职责。检察机关如果放弃对严重违反法律的行为进行监督，就是失职。因而它不同于其他一切社会活动主体都能进行的一般性监督。二是法律监督的手段是专门的。按照宪法和法律的规定，检察机关进行法律监督的手段是由法律特别规定的。如对职务犯罪立案侦查、对刑事犯罪提起公诉，以及对诉讼过程中违反法律的情况进行监督等，都是只有检察机关才有权使用的监督手段。

（3）法律监督是一种程序性的监督。法律对检察机关的法律监督规定了一定的程序规则，这些程序规则可能因监督的对象不同而有所不同。如对职务犯罪立案侦查有立案侦查的程序，对刑事犯罪提起公诉有提起公诉的程序，对人民法院已经生效的判决、裁定提起抗诉有提起抗诉的程序，纠正违法有纠正违法的程序。程序性的另一层含义是法律监督的效果在于启动追诉程序或者救济程序。对于严重违法构成犯罪的，法律监督的功能是启动追诉程序，提请有权审判的法院进行审判；对于构成违法的，法律监督的功能是提请对行为人有管辖权的主体追究责任；对于违反法律的判决、裁定或决定，法律监督的功能是提请作出决定的机关启动救济程序以纠正已经出现的错误。

（4）法律监督是一种事后性的监督。只有当法律规定的属于法律监督的情形出现以后，检察机关才能启动法律监督程序，实施监督行为。并且，司法活动、行政活动、国家工作人员的职务活动中可能出现的各种违法行为，在程度上是不同的，只有在违法行为达到一定程度之后，检察机关才能启动法律监督程序实施监督。

2. 法律监督的意义

法律监督是国家实现其职能的重要手段，对健全国家法制具有十分重要的作用。

（1）法律监督是维护国家法制统一的需要。法律监督有利于我国实行依法治国方略，有利于发展社会主义民主政治、建设社会主义政治文明。

（2）法律监督是制约权力滥用的基本手段。法律监督有利于促进国家机关及其工作人员正确行使权力，全心全意为人民服务。

（3）法律监督是完善国家法制的内在要求。法律监督有利于人民行使监督权，有利于巩固人民当家做主的政治地位，有利于促进法制逐步趋于完善。

3. 法律监督的分类

法律监督的分类，是指按照不同的标准，从不同角度对法律监督所作的基本分类，通常也称为法律监督的种类。

根据法律监督的来源不同，可以把法律监督分为：系统内的监督和系统外的监督（也可称为内部监督和外部监督）；根据法律监督的阶段不同，可以将法律监督分为事前监督、日常监督和事后监督；根据法律监督的主体不同，可以将法律监督分为国家法律监督和社会法律监督①。

从不同的角度，可以对法律监督进行分类：根据监督主体不同可以分为国家监督（又称国家机关的监督）和社会监督两大类；根据监督主体和被监督的国家机关的地位和相互关系的不同，可以分为纵向监督和横向监督；根据监督主体和被监督的国家机关是否属于同一系统，可以分为内部监督和外部监督；根据监督实行时间的先后，可以分为事前监督和事后监督；根据监督的性质和效力，可以分为具有法律效力的监督和不具法律效力的监督；根据监督的内容可分为立法监督和法律实施的监督②。

4. 法律监督的主体

法律监督的主体可概括为三类：

一是国家机关。包括国家权力机关、行政机关和司法机关。这种监督是以国家的名义进行的，具有法律强制力，在一国的法律监督体系中处于核心地位。

二是社会组织。包括各政党、社会团体、群众组织和企业、事业单位。这种监督不同于国家机关的监督，它不以国家名义进行，不具有法律效力。但是它有组织性、广泛的代表性，因而是监督体系中的重要力量。

三是公民。按照人民主权原则，每个公民是政治权利的主体和国家的主人，因而每个人都可以成为监督主体。这种监督广泛、直接而具体，起作用不可忽视，是法律监督体系的基础。

5. 法律监督的客体

对于法律监督客体的范围，法学界有两种理解。

一种观点认为，法律监督的客体包括从事各种法律活动的国家机关、社会团体和公民个人。另一种观点认为，法律监督的客体是国家机关及其公职人员。两种理解都有其合理性。从法律监督的宗旨与目的来看，应当将国家机关及其公职人员作为重点监督对象。因为历史的经验表明，对宪政、民主和法治最大的威胁和最大的破坏因素主要不是来自社会团体和公民个人，而是来自公权力的拥有者即国家机关及其公职人员。法律监督是针对公权利的拥有者和运用者而设计的一种防范机制。因此，法律监督的主要客体是国家机关及其公职人员的各种公务活动，即公权力的拥有者与运用者具体操作公权

---

① 孙国华主编：《法理学》，法律出版社，1995 年版，第 436～437 页。

② 李龙主编：《法理学》，武汉大学出版社，1996 年版，第 396～397 页。

力的行为。

6. 法律监督的内容

法律监督的内容，主要是指国家机关及其公职人员的公务活动的合法性。这里的合法性包括两个方面：行为内容是否合法与行为程序是否合法。根据国家机关的性质及其权力操作的方式和内容，法律监督内容的范围包括：对国家机关制定的规范性法律文件的合法性的监督、对行政执法和司法活动的合法性的监督，每一个方面都包括内容和形式是否合法。

从宪法和法律的有关规定看，法律监督是指运用国家权力，依照法定程序，检查、督促和纠正法律实施过程中严重违法的情况，以维护国家法制的统一和法律正确实施的一项专门工作。

（三）殡葬执法风险防范

随着社会主义法治建设的不断深入，公民、法人和其他组织的法制观念和维权意识的不断增强，对行政执法机关及执法人员的执法行为提出了更高的要求，行政执法机关和执法人员面临的执法风险也越来越大。殡葬执法属于民政行政执法的一个具体内容，在民政行政法治建设中占有重要的地位。殡葬执法风险一旦发生，将影响法律的正确实施，严重损害执法机关的权威和公信力，执法机关和执法人员也将承担相应的责任，甚至会引发社会矛盾，因此，必须高度重视和正确对待执法风险防范这一重要问题，确保执法取得良好的法律效果和社会效果。

1. 殡葬执法风险的定义

行政执法风险是行政执法机关及其执法人员在执法过程中，由于人为或客观原因给执法对象和社会造成危害而面临的被司法、纪检监察部门追究责任的潜在危险。狭义上的殡葬执法风险，是具备执法资格的殡葬执法人员按照《殡葬管理条例》和各地方人民政府制定的有关殡葬管理方面的条例、规章、办法等所赋予的权力或履行职责的过程中，存在有未按照或未完全按照条例、规章、办法要求的行为执法或履行职责，侵犯损害了国家和公众的利益，给国家和公众造成一定的物质或精神上的损失以及应履行而未履行职责所应承担的责任。广义上的殡葬执法风险，即殡葬执法过程中潜在的因为执法主体的作为和不作为可能使殡葬管理职能失效，以及这种作为和不作为可能对执法主体和执法人员本身造成伤害的各种危险因素的集合。

2. 殡葬执法风险的类型

根据发生执法风险后行政执法机关和执法人员可能承担的责任类型划分，行政执法风险的类型有党纪政纪责任风险、行政赔偿责任风险、刑事责任风险。党纪政纪责任风险是行政执法人员在执法过程中，可能因故意或过失违反党纪政纪，而受到党纪政纪处分的危险。这类行为主要包括行政执法人员工作马虎，不认真负责；不按规定执法，野蛮执法；不廉洁执法，以权谋私，搞权钱交易。行政赔偿责任风险是行政执法机关在执法过程中，可能因侵犯执法对象人身权利或财产权利，而承担赔偿责任的危险。国家赔偿法第三条、第四条规定了行政机关及其工作人员在行使行政职权时因侵犯人身权和财产权而应承担赔偿责任的九种情形。行政赔偿虽由赔偿义务机关向受害人赔偿，但根据国家赔偿法第三十一条规定，赔偿义务机关在赔偿损失后，应当向具有该法条规定情形的工作人员追偿部分或者全部赔偿费用，因此，执法人员也面临承担赔偿责任的风险。刑事责任风险是行政执法人员在执法过程中，可能因故意或过失触犯刑律，而受到刑事处罚的危险。刑法规定了与行政执法有关的罪名，如玩忽职守罪、滥用职权罪等，也规定了与利用职务有关的罪名如贪污罪、受贿罪等。

（1）殡葬管理风险。殡葬管理风险是指在殡葬管理过程中由于执法主体在执行或解释条例和其他规范性文件所赋予的职责职能中应作为而未作为、未完全作为或作为了未赋予的职责范围内的管理事务而形成的影响和后果。主要表现为：第一，基础管理工作不到位，殡葬人员对相关政策法规理解不到位，对执法事件定性不准确，易引发未来潜在的殡葬执法风险。第二，政务公开不及时，殡葬法规政策宣传不到位，执行错误，提前或延缓，未依法保障或侵犯了相对人的合法权益的行为。就殡葬执法人员个人来讲，可能被监察、人事部门给予行政处分，重则将会承担被司法机关追究刑事责任的执法风险。

（2）执法司法风险。殡葬执法司法风险是指殡葬执法主体因实施殡葬执法行为，在殡葬执法过程中产生行政争议而引起的行政复议撤销、行政诉讼败诉、行政赔偿等后果和影响，使殡葬执法主体处于不利地位，在诉讼中面临败诉风险。其表现是违背合法行政原则要求、殡葬执法程序违法、执法依据错误等。殡葬执法败诉的主要原因是程序不合法或不规范、实体应用错误两方面。而实体行为违法的表现是：在调查取证时手续不完善，应当告知的事项未告知，侵犯相对人的知情权；取证来源手段不合法；殡葬行政处理和处罚不合理等问题。这些极易导致殡葬行政诉讼案件的败诉和殡葬行政风险。

（3）执法渎职风险。殡葬执法渎职风险是指殡葬执法过程中因主观过失、未履行或未完全履行职责，造成触犯殡葬管理条例和其他规范性法律文件行为的当事人没有得到有效制止，从而被追究行政执法责任，甚至面临被检察机关以涉嫌职务犯罪提出指控。殡葬行政执法人员渎职性犯罪归纳起来包括：

贪污、受贿、挪用公款、滥用职权、玩忽职守、徇私舞弊、隐瞒情况、弄虚作假等行为，从而违反殡葬管理条例和其他规范性法律文件，造成国家土地资源浪费和环境污染。上述行为一旦涉及追究刑事责任，风险极大。

3. 殡葬执法风险的影响

（1）严重影响殡葬执法机关的权威和公信力。殡葬执法机关权威主要指执法具有至上的地位和应该受到绝对的尊重，它体现在公众对执法行为的信任和认同以及对执法结果的遵从。发生殡葬行政执法风险必然削弱法律的严肃性和权威性，降低公众对执法机关的信任度，破坏执法机关权威。殡葬执法公信力体现了行政执法机关的权威性、信誉度和在公众中的影响力以及人们对法律的信仰和遵从。执法机关公信力越高，社会公众对殡葬执法机关的信任度就越高。发生殡葬行政执法风险则损害殡葬执法机关的公信力，导致公众对法律对执法机关丧失信任，势必影响法律的顺利实施。

（2）严重影响殡葬执法的主动性和积极性。殡葬执法人员工作主观能动性所表现的执法主动性和积极性，是殡葬执法机关履行职责的根本保证。发生殡葬行政执法风险，不利于充分调动执法人员的主动性和积极性，执法人员可能因为执法风险的阴影对执法工作有畏难甚至畏惧的心理，这将导致执法人员不思进取，不努力工作，甚至不愿执法的严重后果，进而影响殡葬行政执法机关不能正常履行管理社会秩序和市场秩序的职责。

（3）严重影响殡葬机关履行行政管理职能。国家的政治统治和社会管理都是通过进行行政管理得以实现，而行政执法是实现国家行政管理的重要方式，是国家行政管理的具体措施和有效手段。因此，行政执法在实现国家行政管理职能中占有十分重要的地位。发生执法风险，不仅使执法行为难以执行，而且使国家的行政管理职能难以正常履行。

（4）极易演变为执法事件并引发社会矛盾。社会目前处于转型期，由于涉及社会各阶层的利益调整和分配问题，不可避免会产生一定的社会矛盾，如果忽视执法风险，没有正确的权力观，执法不以法以理服人，不以人为本，而是以权压人，执法简单粗暴，极可能让执法对象产生抵触情绪，甚至暴力抗法，这样可能引发社会矛盾，导致正常的行政执法行为演变为执法事件，甚至发展成为社会事件，不利于和谐社会的建设。

4. 殡葬执法风险的防范

（1）提高风险防范意识。执法风险虽然仅是一种可能性，不一定必然发生，但随着社会利益主体的多元化、群体利益诉求的多样化，行政执法机关面临执法风险的可能性越来越大，执法机关和执法人员一定要在思想上高度重视，要充分认识到防范执法风险的重要性，防范风险要贯彻到整个执法过程的始终，要特别认识到，发生执法风险不仅削弱了执法机关的权威和公信力，执法机关和执法人员要承担相应的法律责任，更为严重的是损害了党和政府的形象，因此，不能麻痹大意，不能有丝毫懈怠，必须从党和人民的利益、从社会大局的高度，始终把执法风险防范工作放在重要位置，坚持不懈地切实抓好，最大限度地预防风险的发生。

（2）完善殡葬法治建设。现行《殡葬管理条例》是国务院1997年制定颁布，内容老化，明显滞后。使殡葬执法人员无所适从，难以正确执行到位，导致殡葬执法风险。完善殡葬法治建设，要完善殡葬法律体系，提高殡葬法规层次，提高法律效力，完善司法保障体系，加强与建设、土地管理、公安、市政、环保、工商等部门之间的协调与配合，明确责任，建立信息共享机制，形成相对平衡和相互制约的法律机制，促进殡葬执法公平与公开，还应从以下三个方面进行改进：

一是建立健全行政执法标准和行政执法责任制。行政执法机关应根据法律法规从执法主体、执法条件和标准、执法程序等方面制定执法标准，严格按标准执行，保证行政执法依法进行，规范进行，有效防范不作为、不当作为和乱作为。禁止对《殡葬管理条例》作扩大解释或类推解释，避免殡葬执法的随意性。在制定规范文件的时，保证文件的合法性，避免与相关法律、法规发生冲突而引起风险。行政执法机关应通过梳理执法依据、分解执法职权、确定执法部门和执法人员的具体执法责任，从执法责任分解、执法依据管理、执法行为管理、执法人员管理、执法行为监督、执法行为考核等六方面建立完善行政执法责任制，并建立行政执法评议考核制度，将行政执法情况交由有关部门和公众评议，通过健全工作机制，实施有效的法律监督和制约，保证在殡葬立法和执法方面的公正、公开规范和准确，从制度上确保行政执法责任制的执行和取得良好效果。

二是建立行政执法过错责任追究制。与实行行政执法责任制相配套的是建立行政执法过错责任追究制，所谓行政执法过错责任是行政机关在执法过程中，因工作人员故意或者过失，不履行或者不正确履行法定职责，造成行政执法行为违法，侵犯行政行为相对人合法权益，直接责任人员和直接主管人员应当承担的行政责任。行政执法过错责任追究制是行政执法责任制的核心，实行行政执法过错责任追究制，有利于建立完善权责明确、行为规范、监督有效、保障有力的行政执法体制，有利于提高行政执法水平和保证法律法规的有效实施，有利于维护公民、法人及其他组织的合法权益和维护法律的权威和尊严。按照行政执法过错责任追究制的要求，行政执法机关要根据法律法规的规定，明确“执法过错”的具体标准、范围、应追究的执法过错责任的各种情形，以及追究责任的种类、追究主体、归责原则、追究程序和方式内容。对作出违法或者不当行政执法行为的部门和有关责任人要根据过错形式、危害大小、后果严重程度、情节轻重，给予处理。

三是制订行政执法风险应急预案。执法风险应急预案作为应急体系建设工作中的重要内容，是行政执法的基础工作。事前有预案，事发才有准备，在风险发生时才能正确、有序应对，才能将风险的危害降到最低点。因此，行政执法机关必须制订执法风险应急预案，预案不仅要找准执法风险点，合理界定执法风险范围，排查执法风险点，按照风险发生概率、危害程度进行风险评估并确定风险等级；还要根据不同的风险点和风险等级，制定具体的、易操作的防控措施，形成执法风险应急防控机制。

（3）改善殡葬执法环境。一是坚持可持续发展观念，建立良好的执法环境。要加强与公安、市政、工商、环保、建设、土地管理等相关部门协调配合，定期召开联席会议，明确各自的职能职责，交换意见，形成综合执法合力，改变有些部门不愿配合的现象。二是坚持公平公正执法。公正执法是正确执行法律、树立维护法律权威的重要手段。行政执法涉及面广，对执法人员要求高，执法机关要组织开展法律和业务培训，提高执法人员的政治素质和业务素质，全面提升执法能力，确保执法人员具有较高的执法素质和执法水平，为公正执法提供必要保障，从而做到执法结果公平，防止出现执法不公的情况，以充分体现法律面前人人平等的法治基本原则，达到法律效果和社会效果的有机统一。在执法过程中，行政执法机关要特别注意正确行使自由裁量权，要在建立行政执法责任制的基础上，对执法职责进行分解，对执法权限进行逐条细化，明确执法人员适用法律法规的标准以及自由裁量细化标准，制定执法自由裁量权适用规则，统一执法尺度，引导执法人员正确行使自由裁量权，做到公平裁量，防止随意裁量。执法机关要树立以人为本、执政为民的理念，坚持人性化、文明化执法，坚持说理式执法，杜绝粗暴执法；要通过教育劝导的方式，引导行政相对人消除对抗心理，自觉配合执法工作；通过认真履职尽责，避免作为不当或者不作为，努力防范和化解行政争议，将执法风险化解在萌芽之中。三是加大宣传力度。利用好各种宣传工具，加强殡葬改革宣传力度，让广大人民群众充分认识殡葬改革、破除陋习的重要性和必要性，从而创造良好的执法环境。

（4）积极规范殡葬行为。一是必须公开执法。公开执法是贯彻落实公开原则的重要举措，行政执法机关要在办公场所和网站公开、公示行政执法主体、行政执法的事项、依据、条件、程序、结果，并公布行政执法人员姓名、职位、职责，让公民、法人和其他组织知晓公开的内容，公民、法人和其他组织有权按规定查阅，这样既利民便民，又接受其监督。二是执法程序必须合法。程序正义被称为“看得见的正义”，程序合法是执法公正和行政执法行为合法的保证，程序有瑕疵的执法行为，难以达到预期的法律效果，难以体现法律的公平正义，因此，行政执法必须强化程序意识，建立完善执法程序和工作程序，使执法活动程序化，并严格按公开的步骤、程序执法。在执法过程中，要根据陈述申辩与听取意见制度、告知和说明理由制度、听证制度的规定，认真听取当事人的陈述和申辩，该告知当事人的必须告知，对符合听证条件的，应按规定告知当事人有要求举行听证的权利，当事人要求听证的，应组织听证，以保证执法程序公开、合法地进行。三是执法文书必须规范。执法文书是执法活动的客观反映和原始记载。行政执法机关要注重执法文书标准化、规范化建设，执法文书选用要准确、制作要严谨，执法文书应与执法行为、执法程序、执法事实相符，做到内容符合程序，准确反映步骤；要确保执法文书认定事实清楚，适用法律正确，语言文字规范，格式统一，表述清楚，内容完整，案卷装订统一，做到材料齐全，一案一卷。

（5）提高执法队伍素质。我国殡葬执法人员业务素质和综合素质相对滞后于殡葬改革发展的需要。一是实行行政执法人员资格管理制度。由于部分殡葬执法人员知识面不宽、法律知识更是缺乏，综合素质不高、业务不精、能力不强，在执法过程中就难免出现错误。所以，执法机关要根据国家公务员法、行政处罚法等规定，建立执法人员资格管理制度，对执法资格的条件、执法资格的取得及考核等方面作出规定，从事行政执法工作的人员必须依法取得行政执法资格，做到持证上岗、亮证执法，以确保执法质量。必须强化殡葬执法人员的法治教育和自我学习意识，有重点地进行法律知识的培训，尽快提高殡葬执法人员的业务知识水平和执法水平，控制和防范殡葬执法风险。二是健全殡葬工作人员的监督考核、绩效管理制度。用制度规范殡葬执法人员行为，强化他们的责任意识。充分发挥激励机制作用，奖优惩劣，发挥主观能动性。殡葬管理部门、殡葬执法人员必须清正廉洁、礼貌待人、文明服务，尊重和保护当事人的合法权利，依法接受监督；殡葬执法人员不得索贿、受贿、徇私舞弊、玩忽职守。这些都是对殡葬管理机关执行职务最基本的要求，也是防范殡葬执法风险的基础工作。按照行政执法过错责任追究制的要求，行政执法机关要根据法律法规的规定，明确“执法过错”的具体标准、范围、应追究的执法过错责任的各种情形，以及追究责任的种类、追究主体、归责原则、追究程序和方式内容。对作出违法或者不当行政执法行为的部门和有关责任人要根据过错形式、危害大小、后果严重程度、情节轻重给予处理。三是殡葬执法人员要善于做思想工作和法规政策解释工作，以情感人、以理服人，化解矛盾纷争。四是将防范执法风险与落实执法责任结合起来，通过强化殡葬执法风险意识，促使殡葬执法人员转变观念，增强执法工作中的责任意识和风险意识，自觉规范和约束自己的执法行为，杜绝随意执法行为的发生。

【导入案例评析】

本章导入案例涉及两个问题，一是市民政局所属的殡葬管理所是否依法具有行政主体资格，二是市民政局是否有权对违反法规土葬的遗体当场起尸火化。

第一，民政部门是对违法土葬行为进行行政处罚的行政主体。行政主体是指享有行政职权，能以自己的名义行使国家行政职权，作出影响行政相对人权利义务的行政行为，并能由其本身对外承担行政法律责任的组织。只有具有法定处罚权的行政机关，法律、法规授权组织或者由行政机关依法委托的组织才能在法律、法规所规定的权限范围内对某种具体违法行为实施处罚，否则处罚行为无效。本案中对尹某的违法行为进行行政处罚的行政主体是市民政局还是市民政局所属的殡葬管理所呢？国务院 1997 年 7 月 21 日发布的《殡葬管理条例》第三条规定："国务院民政部门负责全国的殡葬管理工作。县级以上地方人民政府民政部门负责本行政区域内的殡葬管理工作。"第二十条规定："将应当火化的遗体土葬，或者在公墓和农村的公益性墓地以外的其他地方埋葬遗体、建造坟墓的，由民政部门责令限期改正；拒不改正的，可以强制执行。"省人大常委会 1999 年 7 月 30 日通过的《省殡葬管理办法》第五条规定："省民政部门负责全省的殡葬管理工作。市（地）、县（区）民政部门依照职权分工，负责本行政区域内的殡葬管理工作。民政部门所属的殡葬管理机构负责殡葬管理的具体工作。"第三十八条规定："违反本办法，具有下列行为之一的，由民政部门责令限期改正；拒不改正的，可以强制执行，所需费用由丧事承办人承担。强制执行时，当地街道办事处、乡（镇）人民政府和死者生前所在单位应当协同处理：（一）将应当火化的遗体土葬的；……"由上述规定，我们可以看出，对将应当火化的遗体土葬的违法行为有权实施行政处罚的行政主体是民政部门。本案中，市民政局所属的殡葬管理所以自己的名义作〔2003〕第 1 号行政处罚决定书的行为，显然违反了上述法律法规，其处罚决定应属无效决定。《省殡葬管理办法》中的确有"民政部门所属的殡葬管理机构负责殡葬管理的具体工作"的规定，但这一规定并不是说殡葬管理机构可以取代民政部门以自己的名义行事，其本意只是说它可以实施对违反殡葬管理行为实施调查、核实、取证等行为。法律法规一旦出台，所有组织和个人都必须严格执行，不允许有任何通融之处，否则，依法行事，依法行政也就成了一句空话。

第二，民政部门无权对应当火化而土葬的遗体当场起尸火化。行政案件当事人逾期拒不履行生效的诉讼文书，人民法院和有关行政机关可以运用国家强制力量，依法按照一定程序采取强制措施，促使当事人履行义务，从而使生效诉讼文书的内容得以实现。本案中，民政局具备执法主体资格，又拥有强制执行根据，但为什么其当场起尸火化行为不符合法律法规呢?《殡葬管理条例》第十三条规定："遗体处理必须遵守下列规定：（一）运输遗体必须进行必要的技术处理，确保卫生，防止污染环境；（二）火化遗体必须凭公安机关或者国务院卫生行政部门规定的医疗机构出具的死亡证明。"《省殡葬管理办法》第十八条规定："遗体的运送、火化等殡仪服务，应当由殡仪馆、火葬场或殡仪服务站承办，其他任何单位和个人不得从事上述经营性的殡仪服务活动。"市人民政府 2002 年 8 月 28 日发布的《关于大力推进殡葬改革的通知》规定："全市的火化任务由本市殡仪馆承担。"由上述法规和政策可以看出，承担遗体火化任务的部门是殡仪馆、火葬场或殡仪服务站，而不是其他组织或个人。民政部门也自然没有这一权利。本案中，市民政局执法人员可以依法将原告尹某之母刘某的坟墓挖开并开棺起尸，但无权用汽油和柴油混合物将刘某的遗体当场火化。因此，市民政局将刘某遗体当场火化的行为显属不当。那么，民政部门对违法土葬的遗体起尸火化的法定程序是什么呢？简单说来主要有以下三点：（1）具有行政主体资格的民政部门对违法土葬行为的丧事承办人出具行政处罚决定书，令其限期将尸体火化；（2）丧事承办人对处罚决定在法定期限内不申请行政复议，也不提起行政诉讼，行政处罚决定书生效后，民政部门可自行组织执法人员强制执行或申请人民法院强制执行；（3）民政部门在把遗体强制起尸后，将遗体交付殡仪馆、火葬场或殡仪服务站火化。强制执行所需费用由丧事承办人承担。

"依法治国"要求每一个机关、组织、团体或个人都必须在法律规定的范围内活动，无论是谁，违法或犯法就应当承担相应的责任。因此，所有行政部门要以这起并不复杂的案件为教训，吃透吃准有关法律法规，消除"权大于法"的错误观念，更加及时、细致、准确、有力地依法行政，让法治的阳光照耀到人们生活的每一个角落。

二、守法及其质量提升

（一）守法的概念及其规则

1. 守法的概念与内容

（1）守法的概念。守法，又称遵守法律，主要是指社会主体，包括国家机关、社会组织和公民个人等，依照法的规定行使权利（权力）和履行义务（职责）的活动。

守法是法的实施的一种基本形式。立法者制定法的目的，就是要使法在社会生活中得到实施。如果法制定出来了，却不能在社会生活中得到遵守和执行，那么必将失去立法的目的，也就失去了法的权威和尊严。正如清末著名法学家、法制改革家沈家本所言："法立而不行，与无法等，世未有无法治国而长治久安也。"

守法意味着一个国家和社会的各类主体严格依照法律办事的活动和状态。依照法律办事，就自然包含着两层含义：其一，依照法律享有权利并行使权利；其二，依照法律承当义务并履行义务。因此，我们不能仅仅将守法理解为承担和履行义务。

（2）守法的内容。包括履行法律义务和行使法律权利，两者密切联系，不可分割，守法是履行法律义务和行使法律权利的有机统一。

一是履行法律义务是人们按照法的要求做出或不做出一定的行为，以保障权利；人的合法利益。履行法律义务可分为履行积极的法律义务和履行消极的法律义务。履行积极的法律义务是指人们遵守法律规范中的命令性规范，做出一定的行为。人们只有依法做出一定的行为才能构成守法，反之，如果无视法所规定的积极义务，拒不做出一定的行为，或者虽然做出了一定的行为却不符合法的要求，都不是守法行为，而是违法行为。履行消极的法律义务是指人们遵守法律规范中的禁止性规范，不做出一定的行为。人们只要依法不做出一定的行为，便是履行了相应的法律义务，即为守法。

二是行使法律权利。行使法律权利是指人们通过自己做出一定的行为或者要求他人做出或不做出一定的行为来保证自己的合法权利得以实现。行使法律权利是指人们遵守法律规范中的授权性规范。它既可以是权利享有者自己做出一定的行为，也可以是权利享有者要求他人做出或不做出一定的行为。人们只有依法行使权利才是守法。具体地说，人们所行使的权利必须是法所授予的权利，即合法的权利；行使权利时必须采取正当、合法的方式和手段；不得滥用权力，不得在行使自己的权利时损害他人的合法权利。我们将守法的内容理解为不仅包括履行法律义务，还包括行使法律权利，具有积极的意义。首先，这有助于增强人们守法的积极性和自觉性。如果我们把守法说成只是履行法律义务，那么就很容易使人们只看到法限制和束缚人的一面，进而损害人们守法的积极性和自觉性，使他们不守法或者只是被动地守法。反之，如果守法的内容不仅包括履行义务，还包括行使权利，人们意识到守法还直接关系到自己合法权利的实现，那么人们就会变被动为主动，积极地自觉地去守法。其次，这有利于法的全面实现。权利和义务是法律调整的完整机制，是一切法的内容和核心，法是通过权利和义务的设定和运行来调整人的行为，实现对社会关系的调整的。要使法得以全面的实现，无论是权利还是义务，都是不可或缺的，因此，在守法上我们必须强调履行法律义务和行使法律权利的有机统一。

2. 守法的主体与客体

（1）守法的主体。从法学理论的一般角度来说，守法的主体通常分为个人、组织和国家三类。在具体理解守法主体的时候，要注意以下几个问题：

第一，个人是守法的最终载体。我们通常使用“守法”或者“遵守法律”词句时，一般容易首先想到“个人”。这是一个世界性的思维定式，它归因于法的最初起源，当时法的义务规定，一般都是指向个人的。在社会中，个人是最为广泛的行为主体。即使是组织和国家，都要通过“个人”概念（如“个人活动”）来予以说明和展现的。换言之，即使是组织或国家，最终也都是由个人构成的。

第二，守法与法的效力密切联系。一个国家的法律，肯定不能对世界所有的个人具有约束力。任何国家的法律，总是具有地域界限的。因此，虽常有某种例外，但一国的守法主体往往只限于本国公民与在其境内的外国组织、外国人和无国籍人。

第三，人人都要遵守法律。依据现代法治的精神，任何人都没有特权凌驾于法律之上，因此任何社会主体，包括一切国家机关、武装力量、政党、社会团体、企事业组织以及所有社会个体，都必须严格守法。由于某种行为表率的作用以及职责的重要性，执政党、国家领导人、国家机关及其工作人员更是需要带头严格守法，自觉维护法的尊严和权威。

（2）守法的客体。守法的客体是指国家机关制定的规范性法律文件和非规范性法律文件。具体包括宪法、法律、行政法规、地方性法规、民族区域自治地区法规、特别行政区的法律，我国参加或同外国缔结国际条约和我国承认的国际条例以及执法、司法机关所制定的非规范性文件等。

3. 守法的范围与条件

（1）守法的范围。守法的范围直接决定于一个国家法的渊源。不同历史类型法的渊源不同，守法范围也不一样。在奴隶制社会和封建制社会，君主的命令属于守法的范围之列。在宗教法律文化中，宗教教规和教义是守法范围的组成部分。从历史上看，守法范围发展变化的一条基本规律是从单一化走向多样化。制定法、习惯法、判例法、国家条约、教会法等都属于守法的范围。在我国，守法的范围主要是各类制定法，包括我国的宪法、法律、行政法规、部门规章、地方性法规、地方政府规章、民族自治地方的自治条例和单行条例、特别行政区法、经济特区的规范性法律文件等。

（2）守法的条件。守法的条件包括主观条件和客观条件：

一是主观条件。守法的主观条件是守法主体的主观心理状态和法律意识水平。通常人们的政治意识、法律意识、道德意识、文化教育程度等都对其守法行为产生潜移默化的影响和支配。政治意识是指人们关于政治现象的思想、观点和心理的总和，是一种重要的社会意识。作为一种社会意识，政治意识处于社会意识诸形式的核心地位，它往往渗透到其他社会意识中，成为其中起指导作用的部分。每个阶级、每个人都有自己所特有的政治意识，人们政治意识的高或低、先进或落后、发达或不发达，都会强烈地影响到人们对法的遵守。法律观念是人们对法所持的态度和信念，是一种法律意识形态，它较之政治意识对人们的守法有着更为直接的影响。法律观念的形成，既可来自人们内心对法的认同，也可来自外部的传导灌输。法律观念的地域性很强，传统思想往往通过“文化沉淀”的途径影响人们。道德观念是人们关于善与恶、公正与偏私、诚实与虚伪、荣誉与耻辱、正义与非正义等的观念。不同的道德观念会形成不同的善恶、是非、荣辱标准，对符合或违反法律的行为会给予不同的评价，从而使人们实施不同的行为。因此，道德观念对人们的守法行为也有着重大的影响作用。人们的文化教育程度也在一定程度上影响着人们守法的状态。知识常常同文明相伴，而文明是守法的强化剂。人们文化的高低，知识的多寡，受教育的多少，直接影响到人们能否有效地学习法、准确地理解法和充分地掌握法，影响到人们能否对法建立正确的态度和信念，影响到人们能否正确履行法律义务和行驶法律权利。

二是客观条件。守法的客观条件是守法主体所处的客观社会环境，如法制状况、政治状况、经济状况、民族传统、国际形势、科学技术的发展等都会对守法行为产生不同程度的影响。法制状况包括立法、执法、司法和法律监督等状况，这些都与守法有着密切的联系。首先就立法而言，守法的一个前提条件就是法自身必须具有优良品质。其次就执法和司法而言，国家行政机关和司法机关适用法的活动也影响着人们的守法。国家行政机关及其工作人员如能依法行政，严格执法，国家司法机关及其工作人员如能以事实为依据，以法律为准绳，公正司法，树立起良好的执法、司法和守法形象，必能带动和促进其他社会组织和公民的守法。政治状况主要包括一个国家的社会制度、政治制度、各社会力量对比、社会秩序等方面的状况。不同的社会制度具有不同性质的法，对人们的守法会产生不同的影响。在社会主义国家，法反映的是广大人民的意志和利益，在正常的情况下，大多数人都会自觉地守法。国家的政治制度对守法也会产生一定的影响。在民主制，公民具有平等的基本法律地位，人民是终极的统治者，政府与公民的关系表现为双向的互控关系，政府的职能活动以保障人的权利为根本方向，由此，行使权利在人们的守法活动中占的比重较大。此外，在一个国家中，如果各种社会力量相对平衡，政局比较稳定，社会秩序较好，国泰民安，法就会有较高的权威，人们也就会更加自觉地去遵守它。经济状况主要包括一个国家的经济制度、经济体制和经济发展水平等，也在不同程度上影响着法的遵守。就经济体制来说，市场经济是法治经济，在实行市场经济的国家，国家和政府都十分注意把市场经济纳入法制的轨道，用法律的手段对市场经济进行调整，这就为守法营造了一个良好的法治环境，促使人们运用法律手段来维护公平的竞争，维护自己的合法权益。人们能否依法行使权利和履行义务，并不只是取决于人们主观上的愿望和选择，社会能否为他们提供必要的物质条件也是相当重要的，而这与社会经济的发展水平是密切相关的。

4. 守法的原则与状态

（1）守法的原则。普遍守法原则，是指法律所调整的一定社会关系的一切参加者，都无例外地成为守法主体，普遍地受法律规范约束。法律本身就有普遍约束力的要求，普遍守法原则也是基于此产生的。不守法现象的存在是法律普遍约束力的实现和法律实施的重要障碍。因此立法上应当穷尽守法的主体，赋予他们守法的权利和义务；在执法上也要穷尽执法对象，严格执法，使所有违法者无一例外地受到应有制裁，使社会关系的一切参加者都处于守法状态中。守法需遵循普遍和平等原则，两者相辅相成。平等守法原则，是指守法主体在具体法律关系中既享有一定的权利，同时又必须履行相应的义务。不允许只享有权利不履行义务的特权的存在，不得转嫁法律义务于他人。平等守法原则来源于法律面前人人平等这一基本原则。因此，守法中权利义务不可分离，特权不应存在于守法中。公民在不触犯或不超越法律航道外侧“警戒线”（禁止性法律规范）的前提下可以自由生活、谋求发展，这是公民（包括法人）守法的原则，做法律未明文禁止的行为。而政府的每一行为应有明确的法律依据，这便是政府守法的原则，为法律明文许可之行为。从客体上看，守法原则是宪法至上。

（2）守法的状态。守法状态是指守法主体行为的合法程度。守法状态包括守法的最低状态、守法的中层状态和守法的高级状态三种类型：

一是守法的最低状态。守法的最低状态是不违法犯罪。在这种状态中，从守法的心理来说，守法主体对法的态度是否定的或模糊的，往往把法看成是异己之物，以消极的心理去守法，虽为守法主体，却不是法的主人，法并没有自我内化。其之所以守法是因为法具有强制性，是为了避罪远罚。从守法的内容来说，守法者仅仅是或者主要是履行法律义务，没有充分行使法律权利。

二是守法的中层状态。守法的中层状态是依法办事，形成统一的法律秩序。在这种状态中，从守法的心理来说，守法主体对法的态度是基本肯定的，但并未完全实现法的自我内化，守法主体还不是严格意义上的法的主人。从守法的内容来说，守法主体既履行法律义务，又行使法律权利。

三是守法的高级状态。守法的高级状态是守法主体不论是外在的行为，还是内在动机都符合法的精神和要求。在这种状态中，从守法心理来说，守法主体对法的态度是完全肯定的，守法主体是以法的主人的姿态自觉地、积极地、主动地去守法，已完全实现了法的自我内化。从守法内容来说，守法主体严格履行法律义务，充分行使法律权利，从而真正实现法律调整的目的。

（二）制约守法的障碍因素

1. 政府守法主体的弱化

守法的主体包括公民、政府及社会组织。但目前，守法似乎更多的是公民的事，政府与社会组织的守法主体的角色似乎被弱化了，特别是政府守法被忽视，但政府守法对法治又是至关重要，政府首先是守法的表率。政府干部掌握了一定的权力，其影响力远远大于手中无权的老百姓，他们带头守法，以身作则能更好地要求和带动群众守法。如果政府都无法严格守法，那么政府又凭什么去管老百姓是否守法呢？一个优秀的政府首先应当是一个守法的政府，应当是一个守法的楷模。因此，政府与社会组织的守法主体的地位应当强化。

2. 公民守法意识的消极

现阶段我国公民的守法意识既具有现代色彩，又受传统因素的制约。“文革”的“人治”的社会大灾难结束后，人们把对现实的期盼和对未来的憧憬统统都汇集在对法治的向往上。从这点上来说，人们的守法意识在一定程度上是积极的，但中国人在守法时缺乏西方式的激情，这使得他们常常规避法律。这导致了守法中消极成分常大于积极成分，人们对守法的理解也限制在不违法上，而对守法中权利的利用往往意识淡薄。主体只有具有法律积极性，守法才能达到最高的境界。所谓主体的法律积极性，是指社会关系参加者主动关心法制建设，在社会活动中遵守和运用法律的积极态度和精神。主体的法律积极性主要表现在积极获取和掌握法律知识；关心和积极参与法律制定、修改方面的活动；在法的实现过程中的积极活动。而守法的积极性对法的实现而言有着极大的实践意义，保证法作为社会管理工具的各项职能的实现。

因此说，守法主体守法意识的强弱对法的实现具有重要意义。

3. 守法客体范围的扩大

亚里士多德说过，法治有两大条件，人们普遍守法，所遵守的应当是良法。在现代社会这种良法的出现寄希望于完备的、科学的立法。随着科学现代化的发展，守法的客体（既存法律）的范围不断扩大，涉及人们生活的方方面面。立法者在立法时如果所立之法是违背人们的价值观念或是人们现有能力所难以遵守的，即便它是形式合理的法，它的实现是相当困难的。例如，高速公路的限速路标的设置在某种意义上来说是存在不合理性的。当司机在高速公路的某个路段内正常行驶时，突然在拐弯处出现降速路标，由于惯性等因素，汽车在限定的距离和时间内是很难达到限速要求的。于是人们想遵守规则却力不从心，罚款总是不断。这种情形长久下去人们对规则的遵守产生了厌恶，也使政府的形象遭到了破坏，似乎设置此种路标的目的就是为了罚款，而非道路安全。守法客体的这种不合理性使守法又多了一层障碍。另外，人们在我国长期的重刑轻民的法治环境中形成了只要不违反刑法的规定就是守法的错误意识。在人们的认识中，守法的客体范围变小了，这些都形成了守法的障碍。

4. 积极守法与消极守法

守法应当由两方面组成，即积极守法与消极守法。“积极守法”指守法主体对授权性法律规范的主动适用以及对社会不法行为或意向的合法抑制和反对。“消极守法”则指守法主体对法律规范的被动服从以及对合法权利的正当放弃。因此，守法不是“不犯法”，其中还包括“用法”和“护法”。但人们的守法意识中消极守法所占的比例通常大于积极守法，再加上显示中的法律常常是规定义务的篇幅较大，而对权利的赋予并不像义务那么明确，守法的内容便出现了偏颇。另外在过多提倡国家、集体利益高于个人利益的社会氛围中，奉献的意识在一定程度上也打击了守法的积极性，成为守法的一大障碍。

（三）提高守法质量的对策

虽然我们不可能将守法的所有障碍都一一清除干净，但我们可以针对这些障碍制定一些对策，有针对性地适当减轻减少这些障碍的冲击性，使守法的程度得到提高。

1. 提高立法质量

立法的好坏直接影响着守法的状况，因为守法所守的正是所立之法。所立之法是良法，守法才有意义，才有必要。因此，立法环节对守法很重要，立法应当更科学，并且应当考虑人们的承受能力，否则应然的法律始终无法转化为实然的法律效力。另外，立法应当注重系统分析，要向整体性、有序性、相关性、动态性发展。好的立法是守法提高的前提。法治绝非静态的立法，而是一个动态的法的运动过程。法治要体现在法的制定、实施、监督的过程中。法律法规制定出来，没有得到一体遵行，就是尚未获得生命。因此，要严格保证所立之法的严格实施。

2. 加强严格执法

执法，是法律走向实然的一个中间环节。执法的力度关系着人们守法的态度。像“寄生执法”这种执法将使人们的守法意识大大减弱。执法应当依法定程序进行，对违反法定程序者必须予以追究。特别是要加强行政执法的力度，避免执法与金钱权势挂钩。政府守法是实现民主的关键所在。国家机关及其工作人员在其活动中应当切实贯彻法治原则，严格依法办事，运用法律保证人民利益的实现，使一切不法行为都受到应有的法律制裁，使群众真正看到“活的法”正是他们的利益所在。一方面，各地在实施行政法方面的努力也取得了一定的成果，简化审批程序、公开政务，方便了公众。另一方面，有法不依、执法不严、违法不究的现象在我们的生活中并非鲜见，少数官员的贪污腐化更是践踏了行政法规的尊严。依法行政是依法治国的关键。政府法制工作的创新显示我们对法治理解正逐步深入。“提高立法质量，确保严格实施”，不仅是对法律的精神、内容的要求，也是对法律的实施和监督的要求。这无疑表明了法治的真谛，我们正走向更为理性的法治。

3. 提高业务素质

在“三个代表”重要思想和科学发展观指导下，我们党逐步建立健全了干部选拔任用机制和监督机制，加快了干部队伍建设向科学化、民主化和制度化的过程，为我们全面建设小康社会，培养高素质干部队伍指出了明确的方向。努力提高政法干部队伍的素质，是时代发展的需要，也是改变政法干部队伍现状的现实需要。少数官员的贪污腐化正是他们政治、业务素质不合格的表现，这种现状急待改善。

首先，提高政法干部队伍素质，必须加强学习。学好理论知识和专业文化知识，是提高政法干部队伍素质的基础工作，也是提高其业务素质的关键。

其次，提高政法干部队伍素质，必须加强世界观、人生观和价值观教育。树立正确的世界观、人生观和价值观，就会懂得我为人人，人人为我，才能有利于国家，有利于人民。要树立正确的世界观、人生观和价值观，除了认真学习理论外，还要增强自觉性，增强反腐倡廉的能力，慎独，慎微、慎事，己正才能正人。

最后，提高政法干部队伍素质，必须加强干部的实践锻炼。实践是检验真理的唯一标准。实践出真知，干部要带头。要明确不同层次、不同类型的干部实践锻炼的具体目标。因人而异，有目的地抓好干部的实践锻炼。总之，通过实践发现干部，考察干部，锻炼培养干部，应该是我们提高干部队伍素质的重要手段之一。

4. 加强普法宣传

守法是公民的基本法律义务，这是不言而喻的。我国的传统、理论和社会实践都证明了这一点，但同时，守法也是人类的美德。过多地强调守法是义务会减弱群众的积极性，人们的心理情感也会受到损伤。“消极守法”是人们对他们正当权益和社会公共福利的尊重，也是对自我不良行为约束，而“积极守法”则既是对自我正当权益和幸福生活的追求，更是对他人正当权益与社会公共幸福的维护。因此，“消极守法”与“积极守法”在守法中缺一不可。全面地看，“守法”于伦理而言既是道德的要求，亦是道义的壮举，于法律而言则既是主体的义务，又是主体的权利。现代公民应当以守法的权利感替代其义务感，并从道德、心理、情感等各个方面积极培养尚法信法的观念和自觉守法的习惯。

第三节　殡葬管理

一、殡葬管理的概念及其规律

（一）殡葬管理的概念

殡葬管理工作是政府行政管理工作的组成部分之一，即运用行政手段贯彻落实国家殡葬法律法规，制定殡葬管理的政策制度，推进我国殡葬管理现代化。这种管理是运用行政、法律、经济等手段，对人们的殡葬活动进行规范、监督和指导。人民政府对殡葬事宜进行管理的出发点和落脚点是使殡葬有利于国家、社会和公众的当前利益及其长远利益。

我国现行效力最高的殡葬管理法规是国务院1997年7月发布实施的《殡葬管理条例》。该条例明确规定了殡葬管理的方针是：积极地、有步骤地实行火葬，改革土葬，节约殡葬用地，革除丧葬陋俗，提倡文明节俭办丧事。这既是我国政府倡导的殡葬改革的具体内容，也是我国殡葬管理工作的基本依据。

（二）殡葬管理的内容

主持一项事务为管。按照国务院的规定，殡葬工作由各级民政部门负责。

也就是说，殡葬工作由各级人民政府的民政部门负责管理，即民政部，省、直辖市、自治区的民政厅（局），地、县、市的民政局和乡、镇政府的民政所、民政办公室等。

处治一项事务为理。就是说要对主管的事务进行规范，并将规范变为公众的自觉行动。如果主管一项工作，但又不去制定规范，不去实施规范，那就是只管而不理了，事实上也不能称之为管理。多年来，我国政府大力进行殡葬改革，积极推动兴办殡葬企、事业单位，就是实施殡葬管理的具体行为及其成果。

根据我国《殡葬管理条例》的规定，殡葬管理包括殡葬设施管理、遗体处理和丧事活动管理、殡葬设备和殡葬用品管理三方面内容。目前，民政部正在修订《殡葬管理条例》，其中一个重要的目标就是改革殡葬管理机制，规范政府行为，实现殡葬活动的社会化和市场化。殡葬管理的主要措施包括：殡葬设施规划管理制度、殡葬行业的市场准入制度、殡葬行业标准制度以及殡葬环境保护法律制度等。

（三）殡葬管理的规律

殡葬管理与经济管理一样也有其内在的规律。殡葬工作者只有熟悉殡葬管理，深刻认识和准确把握殡葬管理基本规律，才能为建立新型殡葬管理体系提供科学参照。概括起来，殡葬管理规律主要有以下五个方面：

1. 殡葬管理的指导思想

以邓小平理论和“三个代表”重要思想为指导，深入贯彻落实科学发展观，坚持“以民为本，为民解困，为民服务”的民政宗旨，全面落实国务院《殡葬管理条例》和民政部《关于进一步深化殡葬改革促进殡葬事业科学发展的指导意见》文件精神，进一步解放思想、改革创新，深化殡葬管理体制改革，转变政府职能，理顺职责关系，改革管理方式，做到权责一致、分工合理、决策科学、执行顺畅、监督有力，建立一套与我国市场经济相适应的现代化殡葬管理体系。

2. 殡葬管理的根本目的

人民既是殡葬管理的主体，是殡葬管理的参与者和实践者，同时又是殡葬管理为之服务的目标和对象。现代殡葬管理的根本目标和出发点正是保障公众基本殡葬权益，促进社会公正。从殡葬管理效益的观点而言，殡葬业的使命是“在完成非营利性质的文化与社会功能下，用最有效率的方式提供安顿亡者之服务，及使亡者之家属及亲友得到最大的安慰及最大的满意”。因此，安顿亡者与安慰生者，让公众“逝有所葬”是殡葬管理的关键成功因素。

3. 有限政府的管理范畴

过去传统的社会主义计划经济时代，我国政府充当“全能政府”，政府集殡葬管理与服务于一身，这种方式对于分配有限社会资源、维护社会稳定等起到过一定的作用，但也有很多弊端，近年来对殡葬暴利的诟病根源于无所不包的殡葬管理模式。深化殡葬管理改革的关键，在于政府职能的改变，建立正确的导向。在更新观念、统一认识的基础上，调整机构，转变职能，由对殡葬的直接行政管理转变为运用立法、拨款、规划、信息服务、政策指导等必要手段进行宏观管理，逐步建立起一种运转灵活、效率较高、功能较强，既适应市场经济需要，又可稳步持续发展的殡葬管理体系。

4. 殡葬管理的基本框架

现代殡葬管理格局是政府、社会、民间组织和公民等多元主体对殡葬的合作管理。政府在现代殡葬管理中的角色不可替代，但它只是多元主体中的一元，它主要发挥“掌舵”和“导航”的作用，而大量“划桨”的具体事务则主要交由其他殡葬管理主体通过市场化、社会化的机制去承担。通过培育更多的殡葬管理主体，并在相互之间构建完善的社会协商与互动合作机制，不断满足公众日益多样化的实际需求，有效解决殡葬业存在的问题。

5. 殡葬管理的基本方式

在计划经济时代，殡葬管理主要是以行政管理方式为主，这种管理更多显示的是人治式、强制式、刚性的方式。真正的和谐社会是一个国家权力与公共权利良性互动的社会，是国家的行政管理与公民个人的自主管理相统一的社会。现代殡葬管理在管理方式上表现出从命令——服从的单向度控制行为转向各个主体之间的协商决策、合作、透明化、法制化管理的趋势。

二、我国殡葬管理的基本特征

我国殡葬管理体制的历史沿革同殡葬法律制度的历史沿革分不开。从新中国成立到1985年以前，我国的殡葬管理基本处于没有法律法规的状态，殡葬管理主要依据国家政策。1985年《关于殡葬管理的暂行规定》颁布，开启了我国殡葬管理的法制化进程。

随着市场经济体制的建立，殡葬行业的资本来源更加多元化，民营和外资的殡葬服务机构逐渐增加。在这种经济体制下，继续保持原有的殡葬管理体制已经不能适应经济发展的需要，殡葬业期待着更为公平的市场竞争环境。

（一）我国殡葬管理机构的职能

1. 中央殡葬管理机构及其职能

民政部是国务院管理全国殡葬工作的部门。民政部社会事务司作为我国殡葬管理的主管业务部门，处于战略决策层位置。它的职能是负责确定全国殡葬管理和殡葬改革的总目标及制定有关方针、政策，监督与指导地方贯彻落实，保证殡葬改革和殡葬事业发展总目标的实现。

2. 地方殡葬管理机构及其职能

地方各级民政部门是同级政府殡葬工作的主管部门。地方殡葬主管部门的职责主要有：贯彻执行国家殡葬法规和当地人民政府制定的殡葬法规和规定；检查、监督殡葬法规的执行情况，会同有关部门处理殡葬违法案件；管理本地区的殡仪馆、火葬场、经营性公墓、骨灰安放处、殡葬服务站；管理、监督本地区殡葬用品的生产、经营；规划和指导公益性公墓、骨灰安放处的建设；指导社会组织，搞好殡葬活动；做好殡葬的宣传工作。

3. 基层殡葬管理机构及其职能

基层殡葬管理机构很不统一，有的是乡镇民政所或民政助理员，有的则设置殡葬管理站（所）或殡葬管理员，处于建设和有待完善的阶段。其职责主要是贯彻落实上级主管部门制定的殡葬法律法规和各项政策，推进殡葬改革，倡导殡葬文明，实现规定的火化率指标等。

我国的殡葬管理体制经历了从严格的计划管理到适当放宽部分殡葬活动的过程。我国现行的殡葬管理体制存在很多问题，其中最为突出的是殡葬管理中政企不分、政事不分、管办合一、职责不清。基于这种情况，有学者将殡葬管理机构定义为“各级人民政府为加强殡葬管理，推进殡葬改革，由民政部门和经民政部门批准成立与兴建的各种殡葬管理与殡葬服务机构和殡葬科研、教育、宣传等单位”。这种殡葬管理体制的设定是为了适应特定的历史使命。由于推行殡葬改革的任务艰巨，各地在改革之初基本都采取了殡葬管理处（所）与殡葬服务机构合一，两块牌子、一个班子，甚至是处、馆、墓三块牌子、一套人马的体制。殡葬管理部门既是政府实现行政管理的机构，又是提供殡葬服务的主体。这种做法与当时的计划经济体制相适应，在殡葬行业初创时期和推行殡葬改革的过程中发挥了不可替代的作用。但是随着社会主义市场经济体制的建立，殡葬管理政企不分的体制受到越来越多现实问题的挑战，暴露出很多弊端。裁判员和运动员双重身份，可能使得裁判不公，管理不力，也可能使得运动员承担管理费用的同时享有某些特权。一方面殡葬管理机构不能集中力量推进殡葬改革，加强规范管理；另一方面没有有效的管理，殡葬服务机构缺乏改善经营、改进技术、提高服务质量的动力，公众权益难以保障。

（二）殡葬管理发展的历程回顾

从新中国成立至今，我国的殡葬管理运行模式主要经历了以下几个发展阶段：

1. 改革起始阶段

此阶段自20世纪50年代到70年代末。1956年，在中央工作会议上毛泽东同志首先提议，人死后实行火化，拉开了我国近现代殡葬方式从传统土葬到遗体火化改革的序幕。移风易俗，推行火化是该时期的主要任务。为推行从遗体土葬到火化的殡葬新风尚，殡葬管理强调火化服务，由政府出资兴办并经营殡葬设施是该时期的重要特征之一。政府扫除了旧时代的传统殡葬形式，提倡火葬，以革命的形式树立殡葬新风。但是，一些传统的殡葬仪式也被当作迷信而受到破坏，政府对殡葬管理采取的是刚性的行政管理。

2. 改革发展阶段

此阶段自20世纪80年代到20世纪末。随着中国改革开放的步伐，殡葬事业进入一个新的发展阶段，国家制定和颁布实施了一系列殡葬事业政策法规，使殡葬事业单位实行了从行政管理型向经营服务型，由单项服务向系列化服务，由封闭式向开放式，由粗放型向集约型的转变。在大部分地区，由于国家不再向殡葬事业单位投资，殡葬事业单位逐步走向自收自支的发展模式。殡葬管理与服务仍集于一体，但与以前偏重行政管理不一样，殡葬事业单位将行政管理和经营服务并重，同时把殡葬管理的功能和殡葬改革的任务寓于服务中。

国家实行了丧葬补贴政策，但政府对殡葬救助保障机制的管理范围较小，涉及的面较窄，保障力度较弱。我国的殡葬保障在此阶段只限于救助特定对象，如五保对象、城乡低保对象和生活困难的优抚对象以及城市“三无”人员，由政府免费提供殡葬基本服务。有条件的地区按照保基本、广覆盖、可持续的原则，适当扩大免费提供殡葬基本服务对象范围，逐步实现殡葬基本服务均等化。

3. 深化改革阶段

此阶段自21世纪初至今。21世纪初，政府大力深化殡葬改革，发展殡葬科技，改善殡葬服务环境，提高了殡葬服务水平。1997年国务院出台的《殡葬管理条例》中规定：“任何单位和个人未经批准，不得擅自兴建殡葬设施。”但是，在市场经济的框架下，管理与服务为一体的体制弊端日益凸显，殡葬业开展了大规模的政事分开运动，私营殡仪馆、公墓等形式的殡葬经营单位逐渐增多，形成了事业性质和私营性质的经营型殡仪服务单位共同构成殡葬服务主体的格局。

殡葬行业实行政事分开，一定程度上改变了管理与服务于一身的弊病，但实质上并没有达到预期的目标。由于大部分地区殡葬管理部门没有得到政府财政支持，很多支出依然依附于殡葬服务单位，所以殡葬管理与服务没有真正分开，很多殡葬事业单位依然承担着政府的职能。这一时期，政府继续推行惠民殡葬政策，完善多元化的殡葬救助机制，免除低收入居民的基本殡葬费，逐步实现由政府公共财政保障的公益殡葬目标。

（三）殡葬管理的历史经验总结

我国的殡葬改革事业在党和政府的重视和领导下，经过不懈努力和实践，取得了辉煌的成绩，积累了许多宝贵的经验。

1. 领导高度重视，加强政府主导

殡葬管理工作是一项社会事务性工作，只有领导重视、加强领导、齐抓共管，建立政府主导、民政牵头、部门协作、社会参与的殡葬管理长效机制和联动机制，完善纵横交错的殡葬管理网络，推进殡葬管理工作社会化，殡葬管理工作才能开创新局面。殡葬工作只有把殡葬事业发展纳入我国经济社会发展总体规划和精神文明、和谐社会建设中去，把领导的带头和发动群众结合起来，把行政措施和宣传教育结合起来，把行政管理和社会组织（红白事理事会等）自我管理结合起来，把改革葬法、葬礼和搞好殡仪服务结合起来，实行综合治理，殡葬管理才会取得不断进步。社会各部门、各单位及城乡基层组织把殡葬改革工作纳入重要议事日程，制定规章制度或村规民约，加强对公众的教育、引导和约束，使殡葬改革工作从点到面，形成社会齐抓共管的新局面。

2. 坚持依法行政，强化规范管理

加强法制建设是推动殡葬改革的有效措施。只有依法强化管理，加强殡葬法制建设，做到依法行政，规范管理，才能使殡葬改革沿着健康的道路顺利推进。1994 年以来，内容涉及殡葬改革、殡仪服务、公墓管理与建设、殡葬设备的生产与销售各方面的部门规章和规范性文件的出台，初步形成了从中央到地方完整配套的殡葬管理政策法规体系，法制化和规范化建设取得了巨大成绩。为推动殡葬改革，倡导移风易俗，促进社会文明，国务院于 1997 年颁布了《殡葬管理条例》，强化了国家对殡葬行为和习俗的行政干预，标志着殡葬管理工作纳入了依法管理的轨道，为规范我国的殡葬管理提供了法规保障，对于依法加强殡葬管理，大力推进殡葬改革，促进社会主义两个文明建设都具有十分重要的意义。国务院《殡葬管理条例》和省、自治区、直辖市及其以下地方权力机关、人民政府颁布的相应办法、规定和实施细则等，内容涵盖了殡葬改革政策法规，公墓管理政策法规，遗体运输管理政策法规，殡葬事业单位管理政策法规，对少数民族、华侨、港澳台居民的殡葬事务管理的政策法规，殡葬习俗改革方面的政策法规等。为进一步推动殡葬改革，

2009年民政部出台了《关于进一步深化殡葬改革促进殡葬事业科学发展的指导意见》，2012年国家发改委会同民政部发布了《关于进一步加强殡葬服务收费管理有关问题的指导意见》，为依法开展殡葬管理工作提供了法律保障。

3. 重视宣传教育，倡导文明新风

殡葬改革需要有利的内外部环境，宣传是取得公众支持殡葬改革的重要手段。加大宣传教育的力度，营造良好的舆论氛围是推动殡葬改革的又一重要经验。只有深入宣传和发动群众，用典型教育和引导公众，才能逐步克服公众的传统阻力，提高公众对实行殡葬改革的认识，促进殡葬改革的深入发展。很多地区积极宣传殡葬法规政策，倡导海葬、树葬、花葬等生态葬法，大力推行鲜花祭奠、网上祭祀、社区公祭、集体追思等文明低碳的祭扫方式，并组织开展文明祭扫万人签名、菊花撒河、植树追思等多种文明时尚的追思活动，营造了良好的文明殡葬氛围。各地殡葬改革经验证明，只要做好公众的宣传教育工作，就能调动其实行殡葬改革的自觉性；只要公众积极支持参与殡葬改革，殡葬工作就有了公众基础，就能取得巨大成绩。

殡葬改革的关键是让多数公众转变观念，要最大限度地利用公众的力量，把对人民有利的事业变为人民自觉的行动。政府职能部门要通过指导使公众自治组织建章立制，走向规范化的发展道路。充分发挥红白理事会一类的公众自治组织的作用，依靠公众，加强引导，完善制度，使自我管理、自我教育、自我服务的功能在自治组织中尽量释放出来，政府职能部门通过公众自治组织来发挥作用，要远远超过单纯的行政命令的效果。

4. 推动政策创制，实现惠民利国

民政部门不断研究制定公益殡葬、绿色殡葬、人文殡葬等政策，开创了殡葬改革新局面。公益殡葬坚持殡葬事业的公益性，加大公共财政投入力度，将基本殡葬服务纳入政府公共服务范畴，完善政府在殡葬领域的公共服务职能，逐步形成基本殡葬服务政府供给、选择性服务社会化运作的殡葬服务格局。公益殡葬理念广泛普及，公益殡葬事业蓬勃发展；绿色殡葬因地制宜地推广花葬、树葬、草坪葬、壁葬等少占地或不占地的新葬法，绿色殡葬以“魂系生态、叶落归根、回归自然、绿荫后人”的环保理念得到了越来越多公众的认可，目前全国实行绿色生态安葬的人数正在逐年上升；人文殡葬坚持以人为本，提倡慎终追远，全面满足人的尊严、关怀和个性需求，充分体现礼仪、亲情和文化内涵，在继承和创新中提供完美的殡葬服务，成为殡葬改革的发展趋势。

5. 完善殡葬设施，创新殡葬服务

加强殡葬设施的基本建设，殡葬设施实现环境公园化、设施现代化、管理规范化、服务优质化，强化了殡葬改革的主要载体功能。殡葬服务单位在有关部门的管理下，殡葬服务体系日益形成，管理和服务水平显著提高。依据殡葬管理政策，给丧户提供文明的、科学的、优质的服务，丧户在得到安慰、满意的同时就是对殡葬改革的认可和赞同。由此，必然对其他更多丧户产生吸引力，使殡仪服务在满足公众需要的同时，走上与殡葬改革相适应的良性发展道路。

我国地域辽阔，民族众多，经济发展不平衡。在推行殡葬改革方面，应坚持从实际出发，尊重客观规律，采用循序渐进、分步实施、逐步推行的方法，根据人口、地理、交通和耕地情况将全国划分为火葬区和土葬改革区，逐步扩大火葬区，及时巩固改革成果，做到因地制宜，区别情况，分类指导。各地在探索实现骨灰处理多样化的基础上，因地制宜，进一步推行骨灰处理的多样化，通过建立骨灰堂、墙、廊、塔、楼、亭等设施寄存骨灰，使骨灰寄存成为骨灰处理的主要形式的同时，各地进一步扩大了骨灰撒海（河、湖）、骨灰植树、以树代墓等不保留骨灰或一次性处理骨灰的新形式。少占或不占土地的骨灰处理方式逐步为越来越多的公众所接受。只有不断加强和创新殡葬服务项目，不断满足人们的殡葬消费需求，才能使殡葬服务之路愈走愈宽。近年来，各级民政部门不断强化殡葬事业单位管理，制定了《公墓管理暂行办法》《国家等级殡仪馆评定标准》《殡仪馆建筑设计规范》等，使殡葬服务组织的面貌焕然一新，出现一批环境优美、服务优质、管理优化的一流殡仪服务单位。各殡葬服务机构紧跟市场发展步伐，适时增设服务项目，及时提供热情服务，不断满足日益增长的殡葬消费需求，使殡葬服务单位成为我国社会服务业中的特殊行业之一。

6. 依靠科技进步，实现持续发展

殡葬行业是高科技含行业，必须有相应的标准化体系来规范和制约。我国殡葬行业的标准化工作处在起步阶段，标准的制定取得了较大进展，研究制定了殡仪馆建筑设计规范、燃油式火化机通用技术条件、殡葬服务标准、殡葬服务术语等相应的服务规范和技术标准，为实现殡葬规范化管理和优质化服务奠定了基础。

民政部1997年发布了《关于加快科学技术进步的决定》，集中殡葬行业的科技力量，协同攻关，抓紧研制成本低、耗资少、污染小、自动化程度高的火化设备和开发实用新型的殡葬用品；同时加强对殡仪馆和公墓建设的科学论证，进一步强化行业管理，提高认识，落实“科教兴国”和“科技兴业”战略，依靠科技进步，提高殡葬职工的技术水平，促进我国殡葬事业的发展。

加强殡葬人力资源建设是落实人才强国战略、全面建设小康社会的需要，是殡葬事业发展的需要，同时也是殡葬从业者主动适应社会，提高自身素质和竞争力的需要。近年来，通过开展殡葬职业教育和培训以及实施殡葬行业职业技能鉴定，殡葬人力资源建设取得了显著的成就，殡葬从业人员队伍不断壮大，素质不断提高，殡葬技能人才建设体制机制逐步建立健全。只有依靠科技进步和高素质人才，加强队伍建设，提高殡葬职工和殡葬管理人员的服务和管理水平，殡葬事业才能增强自我发展能力，走向良性发展。殡葬事业的发展需要依靠科技进步和高素质的人才来保障。要保证殡葬改革政策法规的贯彻执行，必须有一支作风正派、业务精良、素质较高的服务和管理队伍来实现；而服务和管理队伍素质的提高，则需要依靠教育培训来完成。因此，殡葬队伍建设、殡葬科学技术、殡葬教育培训和殡葬政策法规是一个互为影响的整体，是殡葬改革和殡葬管理工作顺利实施的基础和保障。随着教育培训体系的逐步完善，职工队伍素质明显提高，殡葬管理干部和职工的结构趋于合理，大学生、研究生比例不断增加。殡葬行业职业技能鉴定工作的启动，标志着殡葬行业 7 万多名职工将要持职业资格证书上岗，这一系列政策和标准的实施，对改变殡葬行业人才结构，提高殡葬职工的文化素质和整体水平发挥了巨大作用。

三、我国殡葬管理的主要问题

我国是一个受儒家伦理道德观念长期影响且资源相对短缺、经济和社会发展不平衡的国家。新中国成立后，在社会殡葬习俗领域逐步推行了以火葬为核心的一系列的殡葬改革政策，各级民政部门在改造旧的殡葬业、制定社会主义基本殡葬制度、培育殡葬管理和服务两大工作体系、革除殡葬陋习等方面，取得了显著的成就。实践证明，推行殡葬改革的决策符合我国国情，殡葬改革有利于节约资源、保护生态环境，有利于促进社会主义物质文明、精神文明和生态文明建设。

1997 年第三次全国殡葬工作会议后，全国的殡葬改革和殡葬事业发展取得了令人瞩目的成就，为移风易俗、改造社会，促进社会主义精神文明、物质文明和生态文明建设作出了重要贡献。1997 年 7 月发布实施的《殡葬管理条例》使我国的殡葬管理工作步入了法制化、规范化管理的轨道。近年来，推行火葬、改革土葬取得了突破性进展；殡葬事业蓬勃发展，管理和服务水平显著提高；丧俗改革不断深化，文明节俭办丧事逐步成为社会风尚。

改革开放以前，与计划经济体制相适应，殡葬事务行政管理的内容比较简单、明确，主要依靠行政命令和群众运动推行殡葬改革。改革开放以后，随着市场经济体制的建立和完善及殡葬消费需求的多样化发展，殡葬事务行政管理的内容开始扩大，管理方式也由直接管理、微观管理逐步向间接管理、宏观管理转变。但是，随着我国改革开放步伐的加大和社会主义市场经济体制的建立，现行殡葬管理在体制、职能、目的、对象、手段等方面存在着诸多不适应的地方，殡葬管理工作领域也出现了一些急需解决的问题。

（一）政事不分，职能不清

目前，我国各级民政部门负责殡葬管理工作。随着我国行政管理体制的不断深化，虽然我国大部分地方的民政部门已设立殡葬管理机构专门负责殡葬管理的具体工作，但是在一些中小城市却并未实行政事分开、管办分离，殡葬管理机构与殡葬服务单位合署办公，殡葬管理机构在人员编制、办公经费等方面上依然依赖于殡葬服务单位的支持。殡葬管理机构集管理者与服务提供者于一身，造成政府职能不断扩大，政府在市场参与者、服务供给者和市场监督者三者之间角色定位不清，导致政府职能错位、越位和缺位，削弱了政府的公信力，又严重干扰了经济秩序，影响了资源的有效配置，无法满足公众对殡葬公共服务的需求。

殡葬行业普遍存在政企（事）不分现象，民政部门的行政效能没有得到充分发挥。很多地方的民政部门并未严格按照国务院《殡葬管理条例》的明确要求，直接履行殡葬管理职责，而是按计划经济时代的体制继续委托其所属的殡葬管理处（所）管理殡葬事业。这些殡葬管理处（所）属于“自收自支型”的事业单位，既直接行使行政管理职能，又直接参与投资，经营殡葬服务。这种角色的错位，必然导致不公正行政的问题发生。

经过30多年的经济体制改革和政治体制改革，社会结构和利益关系发生了深刻的变化，社会主义市场经济已成为不可逆转的发展方向，有关部门却一再强调殡葬事务的“特殊性”，不愿改革原有的体制和机制，长期在“放”与“不放”及“如何放”等问题上徘徊。由于主观认识与客观形势脱节，管理政策与法规存在冲突。国务院《殡葬管理条例》并未对殡葬设施的设置主体作出限制，实践中各地也已存在不少由社会资金甚至外国资本投入、经营的殡葬服务机构，有的地方却一再强调殡葬服务设施是推行殡葬改革的载体，只能由政府或殡葬事业单位设置、经营。

“实行火葬，改革土葬，节约殡葬用地，革除丧葬陋俗”已被确立为殡葬管理的方针，但实际上却推行了“以墓（公墓）养馆（火葬殡仪馆）”的政策，设立了一定数量的公墓，导致节约土地、木材和丧事简办的殡葬改革目标没有完全实现。

一方面强调殡葬服务是“特殊的社会公益事业”，殡葬服务单位是国家事业单位，应当享受财政支持和减免税收等优惠政策；另一方面，政府财政又不能足额保证殡葬服务单位日常运转经费开支和大型项目的改造、更新，迫使殡葬服务单位利用“特殊”，不断拓展经营性服务项目，甚至垄断有些殡葬用品的销售，扩大收入，规避税收。

（二）机构不全，队伍薄弱

机构设置不健全，工作人员短缺，殡葬管理机构和管理队伍比较薄弱，影响了殡葬管理工作的正常开展，无法适应日益繁杂的殡葬事务管理。民政部门是殡葬管理的主管部门，全国大多数地方民政部门没有一个专业的管理机构，虽然一些地方也成立殡葬管理处等专门管理机构，但全国绝大多数地方政府还是由社会事务管理部门兼管，而承担大量社会事务管理职能的机构，往往难以抽出更多的精力管理殡葬工作，以致出现管理不到位的现象。全国已建设1729个殡仪馆，但总量却只占了全国2860个县级行政区域的60%，至少尚有40%的县域没有，迫切需要尽快建设殡仪馆以及其他殡葬设施，改变部分地区没有殡葬管理专门机构的现状。殡葬执法必须有专门机构，配备专门人员，否则执法就很难落到实处。成立了殡葬管理所（处）的县市，大多是事业单位，但依法行政要求执法人员必须是国家公务人员，法规及实际不配套，致使机构改革人员无法落实，使执法监察成为殡葬管理工作中的一个非常薄弱的环节。

（三）协作不力，缺乏配合

《殡葬管理条例》中关于法律责任的规定除民政部门外，还涉及公安、工商、建设、国土、卫生、价格、环保等多个部门。殡葬执法需要各有关部门的密切协作和配合，只有各有关部门在各自职能范围内充分发挥作用，殡葬执法才能取得实效。如对于墓位和骨灰存放格位的预售问题，就需要工商部门严格公墓代理销售机构、分支机构的审批，清理虚假销售广告，制止非法销售活动；也需要公安部门对涉嫌违法犯罪的销售者和组织者及时采取刑事措施，避免事态扩大。但是殡葬执法中长期存在民政一家执法，缺乏有关部门配合的情况，导致执法效果不理想，损害了殡葬事业的健康、有序发展。

（四）立法不足，监管失灵

行政立法是行政执法的前提和基础。近几年来，殡葬工作逐步步入依法行政、依法管理的法制化管理轨道，殡葬事业迅速发展，取得了很大的成绩，但与社会主义市场经济发展要求、社会主义现代文明相适应的殡葬管理法规体系还不完备，相应的殡葬管理和殡葬服务关系还未得到有效规范和调整。由于目前缺乏一部层次高、操作性强的殡葬法，我国殡葬立法层次不高，法律效力低，地方人大及政府缺少权威的上位法作为下级立法的基础，地方性立法难度大，加之《殡葬管理条例》出台10多年，具有明显的滞后性，操作性较差，已无法适应当前殡葬管理及殡葬市场的发展。在法律、法规不健全的情况下，政府部门对殡葬违规行为的执法难度大，极其容易造成行政管理上的“真空”。

殡葬管理法制建设比较滞后，尚未建立符合市场经济规律和现代公共行政要求的殡葬管理法规体系。社会主义市场经济体制之后，民政部门没有及时、准确地把握经济和社会迅速发展对殡葬改革事业所产生的重大影响，没有及时调整殡葬法律制度和政策指导原则。《殡葬管理条例》比较原则，出现了相应法律和政策缺乏、不适用或不完全适用的“制度缺失”现象，导致殡葬改革在一些地方出现倒退，甚至出现了非法经营、损害公众利益的纠纷，殡葬服务市场秩序较为混乱。

形成上述问题的原因是多方面的，完全解决这些问题需要一定的时间，有些还有赖于国家改革政策的整体推进。但尽快厘清行业发展思路、完善管理制度、调整工作重点，是当前我国殡葬管理中必须进行研究并加以解决的重要问题。

四、重构殡葬管理体系的对策

社会主义和谐社会的内涵之一就是人与自然和谐相处，科学发展观亦强调全面、协调、可持续发展，强调人与自然和谐发展。推动殡葬改革，规范殡葬管理的目标就是为了倡导文明的殡葬习俗，节约土地、保护资源、保护环境、达到人与自然的和谐相处。和谐社会背景下殡葬管理体系的建立是落实科学发展观、构建和谐社会的客观要求和应有之义。温家宝总理在2012年政府工作报告中指出，当前和今后一段时期，改革的重点领域和关键环节是：进一步转变政府职能，完善宏观调控体系，理顺政府与市场的关系，更好地发挥市场配置资源的基础性作用。殡葬管理作为社会管理的一环，要抓住机遇，加快改革，构建完善的殡葬管理体系，推进殡葬事业科学发展。

随着殡葬改革的不断深入，殡葬事业取得了长足进步，“十二五”时期是经济社会转型发展的关键时期，但也面临着诸多问题与挑战。适应社会主义市场经济体制要求的新型殡葬管理体系还没有形成，是其中一个突出问题。因此，深刻认识和把握社会殡葬管理规律，加快推进具有中国特色的新型殡葬管理体系建设，成为构建“和谐殡葬”的一项重大战略任务。

（一）完善殡葬管理组织体系

1. 厘清关系，明确权属，理顺殡葬管理体制

深化殡葬行政管理体制改革，转变管理观念，正确处理好殡葬管理中政府、社会、市场之间的关系。殡葬管理是政府社会事务行政管理的重要组成部分，是民政部门一项重要职能。随着市场经济体制的不断完善，市场经济的资源配置自我调节的功能也日益显现，而相应的，政府的经济管理职能也会日益弱化，更主要的职能将转为保障公共利益的实现和对市场的监管，为市场主体提供公平的竞争环境，改变“无限政府”的状况，实现“小政府、大市场”。要改变政府既当运动员又当裁判员的角色，实现政事、政企分离，各级殡葬管理机构不再直接参与实体经营。殡仪馆、公墓等服务经营实体要与殡葬行政管理机构分设，实现行政管理机构与服务经营机构利益彻底分开，理顺殡葬事业单位管理权与经营权的关系，确保殡葬管理和殡葬服务能够在新的形势下健康发展。

2. 明确分工，高效合作，履行殡葬管理职责

按照“政事分开、管办分离”的原则，加快推进殡葬事业改革，建立完善“政府主导、部门协作、社会参与”的殡葬管理体系和工作运行机制。

（1）民政行政管理部门职能定位。民政部门与殡葬管理部门、殡葬服务机构分离，实现各司其职，各负其责。民政部门主要承担推进殡葬改革、加强殡葬管理、监督殡葬服务等方面的职能，做好政策研究制定和组织实施工作，做好殡葬舆论导向工作。各级民政行政机关要逐步与经营性公墓和其他殡葬服务企业脱钩，民政行政机关不再作为发起人或投资人，参与经营性公墓和其他殡葬服务企业的建设经营，机关工作人员不得在经营性公墓和其他殡葬服务企业任职或兼职，不得以任何形式从中获取利益。

（2）殡葬管理事业单位职能定位。殡葬管理事业单位要切实履行殡葬管理职能，认真严格开展殡葬执法，做到有法必依，执法必严。加强对殡葬服务单位监督检查，规范服务标准，控制选择性殡葬服务价格，杜绝殡葬暴利，协调配合有关部门制止乱埋乱葬。不得从事殡葬经营活动，不应向殡葬服务单位和企业收取任何管理费用，在人、财、物等方面逐步与殡葬服务单位和企业脱钩。

（3）殡葬服务事业单位职能定位。殡葬服务事业单位要将基本殡葬服务和选择性殡葬服务项目逐步分离，选择性殡葬服务项目实行市场化运作，基本殡葬服务满足人民基本殡葬需求，选择性殡葬服务满足人民多样性需求。

殡葬经营要严格遵守殡葬法规，诚实守信，殡葬用品价格实现公开透明，强化殡葬职工职业道德，提升殡葬服务质量，努力营造追忆逝者、慰藉生者的服务环境。

3. 健全机构，构建网络，覆盖城乡殡葬工作

加强殡葬工作的基层组织建设，建立管理网络，进一步强化县、乡、村三级管理职能，充分发挥在新农村建设中涌现出农村红白理事会和城市社区殡仪服务站等新生组织的作用。强化乡一级殡葬管理的职能，进一步明确和理顺县乡两级殡葬管理部门在管理殡葬上的职责、任务，切实解决好在有些方面"越位"、有些方面"空当"的现象。加强纵横网络建设，纵是指各级殡葬管理部门（民政部门），直线式层层落实责任。横是指各级公安、工商、城管等行政管理部门各司其职。从而形成全社会齐抓共管的殡葬改革局面，使殡葬改革从点到线进而形成面。

深入推进殡葬制度改革，各级党委政府必须明确执法主体，明确各级殡葬管理的机构、人员编制、执法主体资格，成立殡改执法大队或稽查大队，解决好办公场所、办公用具、办公车辆等实际问题，充分发挥高校人才培养方面的优势，选聘素质高、能力强、法律知识精通、热衷殡葬事业的人员进入执法队伍，加强对他们业务知识和执法能力的培训，提高其执法水平，培养出一批具有行政执法资格和较强执法能力的民政执法专（兼）职人才，真正担负起殡葬执法、行政诉讼、行政复议、执法监督等工作任务，公开、公正、公平执法，使殡葬管理做到有法可依、执法必严、违法必究。要加强殡葬信息网络建设，在基层设立殡改信息员，及时掌握并反馈违反殡改政策的事件，为殡葬执法提供必要可靠的信息支持。

4. 注重培育，稳步发展，发挥社会组织作用

社会组织作为政府与市场的沟通桥梁，其首要职能就是为社会、政府、市场提供信息、咨询等服务。对政府，为政府宏观调控提供信息咨询，为发展规划、政策、方向提供建议和参考。对市场，现代企业制度的建立使企业摆脱政府而独立自主进行经营，政府的宏观调控则通过社会组织对市场进行规范和引导。殡葬行政管理单位要将行业规范、文化研究、行业培训与考核、殡葬行业发展调研、行业动态信息统计资料等职能委托殡葬协会承担，进一步理顺殡葬管理体制，充分发挥殡葬行业协会自律管理作用，加强行业自律制度建设、服务承诺制度建设，加强殡葬服务行业监管和行风建设，进一步提高殡葬管理服务质量和水平，更好地促进殡葬行业的健康发展。

（二）完善殡葬管理法规体系

殡葬行业相对其他行业来说，法律法规和市场发展相对落后。面对诸多

困难，必须加强立法，规范殡葬管理法规，建立起从中央到地方完整配套的殡葬管理法规体系，使殡葬管理与法规体系相适应。把建立健全殡葬管理法规体系作为政府促进、干预、管理和监控殡葬业的一个重要手段，在明确殡葬管理部门责任的基础上，加强宏观调控和政策引导，减少对殡葬市场的干预，为市场主体提供公平竞争的环境。

完善的法律是依法行政的必要前提，解决好殡葬事业科学发展的基础是建立殡葬法。我国殡葬行业的立法工作相对比较滞后，目前的《殡葬管理条例》由国务院于1997年制定，自条例制定至今，殡葬行业出现了许多新的现象和问题，条例未及时进行修订，虽然民政部出台了一些新的规范性文件，但并不能适应殡葬行业发展的需要，对于殡葬事务的管理以及殡葬业的发展非常不利。为了保障殡葬事业的健康发展，加强殡葬立法至关重要，亟须及时立法，加快殡葬法规制度建设步伐，尽快建立科学完整的殡葬管理法规体系，特别是在管理部门责权、行政许可的设立、殡葬服务的规范、公墓的管理、执法监督的加强以及操作性强的实施细则等方面需要作出新的明确规定，推动《殡葬管理条例》修订，并为殡葬法的制定提供必要的基础和准备，提升殡葬管理的法定地位，规范和强制殡葬单位和个人的殡葬行为，保障殡葬改革深入推行，为殡葬事业科学发展提供法律法规依据。

法律意志的实现关键在于政府依法行政。殡葬监管部门作为殡葬法规执行机构，应切实履行起监管执法的职责。一要充分履行各自职责，加强协调，杜绝互相推诿、消极作为甚至不作为。二要公正执法，政事、政企分离的体制改革将为政府的依法行政提供良好的前提条件，使政府可以作为纯粹的裁判员角色出现，可以从根本上保障执法的公正。三要严格执法，保护公平竞争，严厉打击违法违规行为，做到违法必究。

（三）完善殡葬市场服务体系

随着民营殡葬服务机构的不断壮大，要合理界定政府基本殡葬服务和市场选择性殡葬服务范围，强化政府的宏观管理职能，弱化其微观管理职能，加强对市场的引导，减少对企业经营的干预，强化服务功能，为市场竞争主体创造良好的发展环境。殡葬公共服务中政府的主导作用体现在：投入资金建设公益性火化机构和设施，为遗体火化提供人员、设施和费用保障；做好公墓或公益性墓地建设的规划，引导社会力量依法从事殡葬活动的各项服务工作。按照保本微利的原则，在确保尸体接运、存放、火化等基本殡葬服务项目收费与当地生活水平相适应的前提下，对政府公共服务之外的其他选择性殡葬服务，如放开骨灰盒的经营，特殊遗体的冷藏，遗体美容，悼念事务，经营性公墓的出售、建设与管理，公墓骨灰入葬等服务项目，允许社会力量依法经营，获取合理的经营收入，注重发挥市场调节作用，实行市场运作、价格竞争、自愿选择、公平交易、政府监管，建立规范的选择性服务殡葬市场供给体系，满足殡葬服务多层次、多样化的殡葬需求，逐步形成以基本公益性殡葬服务为主体、市场经营性服务为补充的服务格局。同时还应支持和引导社会资本进入选择性殡葬服务领域，通过立法，规范社会资本举办殡葬服务机构的准入条件和监管制度，建立投资主体多元化、投资方式多样化的殡葬事业投入机制，营造公平、公正的行业政策环境。

（四）完善殡葬监管评估体系

加大殡葬执法监督力度，强化对殡葬服务行业的监管和引导，建立社会监督的长效机制。

1. 构建评价体系

殡葬管理评价体系的科学构建，主要包括评价体系的科学化、指标选取的科学化和指标量化的科学化。评价体系包括服务项目、服务内容、服务覆盖面、需投入人力物力财力、预期社会效益、可能遇到的困难等。可用如下指标作为衡量的标准：一是殡葬服务受益率。包括受益对象的群体范围、受益对象的比例多少、受益对象的地域范围等，既包括殡葬服务的直接受益率，也包括其间接受益率。二是被服务群体满意度。被服务群体对一定区域内所接受到的公益性殡葬服务与自身需求相比较的吻合度，该指标的提高可有效促进被服务群体的认同感和归属感。制订殡葬事业的科学化评价体系，加强对数据信息的综合统计和采集，制定有效的检查评估办法，定期对规划实施情况进行检查和评估，不仅能使殡葬事业走向正常化，并向高层次发展，更重要的是有利于监督，从而使服务真正落到实处。

2. 完善监管体系

建立健全殡葬监管体系，是巩固殡葬改革成果，促进殡葬管理建设的重要举措。一要牢固树立现代殡葬管理理念，把殡葬管理纳入政府工作的重要议事日程和干部绩效考核体系，加强组织领导和实施。二要创新和理顺殡葬监管执法体制。要按照“政事分开、政企分开、管办分离”的原则，将现有的殡葬监管执法机构与殡仪馆、公墓等殡葬单位彻底分开，确保殡葬监管执法的公开、公正、透明。三要加大殡葬监管执法工作力度。建立健全殡葬监管执法制度，强化执法责任，完善执法手段，切实加大殡葬监管执法工作力度。要针对公墓违法违规建造和销售墓穴，公益性墓地违法从事经营活动，殡仪服务市场不规范等问题，开展殡葬法规政策宣传，加强监督检查和执法，严肃查处殡葬违法违规行为，全面规范殡葬经营服务活动。四要创新殡葬市场监管。完善殡葬市场监管立法，推动殡葬立法早日出台；积极探索民政部门与其他相关部门合作的方式，理顺民政部门与其他相关部门的关系，科学划分执法权限，提高殡葬市场监管效率；政府应从主管型向监管型转变，政府监管从行政本位向市场取向转变。

3. 健全惩戒机制

实行必要的退出与惩戒机制，着力解决公众反映强烈的服务收费问题，对于一些服务不规范、收费不合理、顾客投诉率高、不正当竞争、侵害顾客权益等行为的个人或组织实行对应的处罚，对造成严重后果的个人或组织吊销执业资格或营业执照；对于殡葬服务水平高、收费合理、管理规范的殡葬机构，应给予奖励。

（五）完善殡葬管理改革体系

殡葬管理、殡葬改革要着眼于我国实际，重视理论研究，发挥殡葬研究机构的职能。同时加强国际交流，借鉴国外先进殡葬管理经验，提出加强和创新我国殡葬管理的思路与对策，为政府完善殡葬管理体制、制定殡葬政策，推进殡葬管理，提供科学决策的参考依据，以殡葬理论创新成果推动殡葬改革的实践。殡葬需要文化，而且是高层次、全方位的文化，随着时间推移和社会发展，殡葬文化对殡葬业越来越起决定性作用。通过开展殡葬方式、殡葬管理方式等理论研究，继承优良的传统殡葬习俗，革除与自然、社会主义精神文明相悖的殡葬陋习，推行“绿色殡葬”“人文殡葬”，起到文明殡葬方式的文化引领作用。通过开展临终关怀、生命教育研究，宣传先进的生死哲学，推动人文关怀事业发展，为推动殡葬管理改革奠定思想基础。通过完善殡葬管理改革体系，殡葬理论工作者深入开展殡葬管理理论研究，殡葬管理者不断深化殡葬管理实践改革，形成具有指导意义的殡葬管理理论成果，积累丰富的殡葬管理实践经验。

为尽快扭转殡葬管理法制建设滞后的局面，解决殡葬领域出现的一些新情况和新问题，早在2002年，民政部就已开始进行《殡葬管理条例》修订的调研工作。2005年，国务院法制办将修订该条例正式列入当年立法计划。2007年，《殡葬管理条例（修订草案征求意见稿）》全文公布并向社会征求意见，其中明确殡仪馆为非营利性机构、严禁任何人炒买炒卖公墓，因而一度被舆论寄予“终结殡葬暴利”的期待。然而，由于对修订草案征求意见稿争议较大，历经数年，《殡葬管理条例》修订仍处于“难产”状态。争论的焦点主要有：是否仍以强制的手段推行火葬、墓穴是否作为人的基本服务需求由政府提供保证、经营性公墓的发展走向等。对于是修订《殡葬管理条例》，还是制定殡葬法，也存有争议。目前《殡葬管理条例》修订自2010年从国务院一档立法计划退为二档后，2011年又再退为三档，2012年再次成为一档立法计划。

民政部在积极组织修订《殡葬管理条例》的同时，于2009年12月3日下发了《进一步深化殡葬改革　促进殡葬事业科学发展的指导意见》（民发〔2009〕170号，以下简称《指导意见》），对新时期重要问题提出了见解和处理办法，属于业务指导范畴，具有原则性、针对性、指导性、前瞻性的特点。

1. 明确《指导意见》的总体思路

《指导意见》对殡葬改革和殡葬事业发展的原则、任务、目标作了高度凝练，提出"坚定不移地推动殡葬改革，强化政府责任和投入，完善殡葬服务体系，建立殡葬保障制度，理顺殡葬管理体制，促进殡葬科技进步，树立殡葬改革新风，加强殡葬行业监管"的总体思路，旨在逐步扩展殡葬改革成果并全面推进。

2. 把握《指导意见》的基本内容

（1）坚持四个原则。一是以人为本，科学发展。殡葬改革和管理要服务于需求者、提供者、管理者、管理对象，重点是特定人群乃至全体公民，要兼顾历史、立足现实、展望未来，确定总路径，建立科学的殡葬行为体系。科学发展的目标是使人际和谐、代际和谐、人与自然和谐、历史与未来和谐。二是政府主导，市场参与。要引领社会习俗变革，承担公共服务责任。政府要积极地制定制度和规划，筹措资金、增加投入，提供均等化的基本服务，加强监管。发挥市场参与的作用，丰富产品、满足需求，平等竞争、调节价格，共同进步、提升水平。三是政事分开，管办分离。认真分析殡葬改革与管理的历史过程，适应国家总体改革的大潮，做到政事分开、管办分离。行政单位的职责在于制定和执行政策、协调与监管，管理单位的职能在于管理与执法，服务单位的职责在于提供优质服务。四是统筹兼顾，分类指导。要"立足当前，着眼长远；协调城乡，区域发展；实事求是，因地制宜；突出重点，分步实施"，以期顺应和谐社会的发展。

（2）承担六项任务。要尽快遏制一些地区火化率下滑和乱埋乱葬的问题，通过积极推动和倡导，使节地葬法和不保留骨灰逐步被公众接受，建立起比较完善的殡葬服务网络、殡葬救助保障制度、殡葬管理体制和运行机制。一是坚持推行火葬，创新环保安葬方式。科学确定和逐步扩大火葬区，巩固提高火化率，推广节地葬法，着力治理"装棺二次葬"，倡导不保留骨灰，实现骨灰安葬多样化，降低占地安葬比例。二是积极改革土葬，依法管理殡葬活动。加大宣传力度，引导移风易俗，治理乱埋乱葬，逐步缩小土葬区，严格限制墓葬用地，推广在荒山瘠地相对集中安葬、深埋不留坟头的遗体安葬方式。三是改善殡葬设施，提高公共服务能力。建立和强化政府对殡葬事业的投入机制，完善殡葬服务设施，编织殡葬服务网络，加强公益性骨灰存放设施建设，实现节地和减负目标，更新改造落后火化设施设备，实现节能减排目标。四是规范公墓管理，切实保护生态环境。制订公墓建设规划，从严审批经营性公墓，积极协调有关部门，取缔非法公墓，纠正违规建设公墓，加强监管，防止炒买炒卖，治理豪华大墓。五是减轻公众负担，推行惠民殡葬政策。合理界定基本服务和选择性服务，严格执行价格政策，平抑服务和商品价格，大力推行惠民殡葬政策，建立均等化保障制度。六是树立文明新风，促进殡葬事业发展。倡导新观念、新风尚、新文化，加强理论和文化研究，推进科技创新和人才队伍建设，加强行风建设和纠风工作。

（3）采取九条措施。制订完善的殡葬事业发展规划，提高殡葬服务水平，加强殡葬设施管理，推行惠民殡葬政策，理顺殡葬管理体制，树立移风易俗新风尚，促进殡葬改革创新，加强殡葬监管和行风建设。

3. 理解《指导意见》的全新提法

《指导意见》紧紧围绕和谐社会建设，通过一些全新的提法，体现了新思路和殡葬改革的方向。如，骨灰安葬备案制，绿色殡葬，基本服务为主体、选择性服务为补充的服务格局，公益性殡葬服务单位的责任与义务，火葬场、殡仪馆的业务范围，经营性公墓的控制机制，公益性公墓不得转为经营性，加大殡葬资源循环利用率，墓碑小型化、艺术化，一站式殡葬服务，多层次殡葬救助保障体系，公共投入和稳定增长机制，新农村建设规划和村级公益事业建设规划，福利彩票公益金使用，政府赎买，环保殡葬产品，资格准入和行业准入制度，考评体系，示范活动等。

4. 突出《指导意见》的实施要点

一是突出以人为本。确认公共服务边界，减轻公众治丧负担，积极采取便民、利民、惠民措施，提高殡葬服务水平。

二是推行惠民政策。明确责任主体，结合需要与可能，小范围、低标准起步，从分步实施到全面推进。

三是理顺管理体制。明确民政部门的任务和定位，实现政事分开、管办分离。

四是促进改革创新。解决理论、技术、机制问题，健全监督机制，建立公墓控制机制，建立从业人员职业资格证书制度和行业准入制度。

（六）实现殡葬管理四个转型

构建科学的现代殡葬管理体系，实现殡葬管理工作的有效转变，成为新时期殡葬管理工作的发展方向。民政部副部长窦玉沛在2012年全国清明节工作视频会议上要求："各地要加快政策创制步伐，研究制定完善相关规章、制度、规划、标准，争取在殡葬行政管理、殡葬公共服务、惠民绿色殡葬、殡葬市场准入等方面开展有益的制度性探索和尝试。要在有法可依的基础上不断创新管理理念、管理制度、管理方式，实现从行政管理向依法管理与人性化管理并重转变，从运动式管理向制度化管理转变，从问题管理向预防管理转变，真正做到依法行政、规范管理、文明执法。"在深入总结殡葬管理经验、深刻认识殡葬管理规律、明确殡葬管理体系框架的基础上，力求在殡葬管理过程中加快实现以下四个方面的转变。

1. 从管控型行政管理向服务型管理转型

推进管理理念转型。要坚持把促进和维护公众基本殡葬权益作为各级政府的执政理念和管理目标。建立健全基本殡葬救助体系，满足公众基本殡葬需求。大力推进殡葬事业发展，促进基本公共服务均等化，改善重点群体的殡葬公共服务供给，逐步缩小城乡之间、群体之间的基本殡葬服务差距。推行惠民殡葬政策，殡葬事业经费纳入财政预算，建立完善殡葬事业公共投入和稳定增长机制，建立健全殡葬救助保障制度为突破口，进一步强化基本殡葬服务公共属性，积极加大公共财政投入，把基本殡葬服务项目纳入政府公共产品，尤其要加大对农村公共殡葬服务的建设力度，切实解决公共投入不足和城乡失衡的问题，不断增强政府提供基本殡葬服务的能力，切实减轻公众治丧负担。

2. 从政府包揽式管理向政社协同式转型

推进管理主体转型。建立健全"政府主管、社会协同、公众参与"的"一核多元"管理格局，推动殡葬管理从完全依靠政府向政府、社会、公民多主体协商、合作共治转变，进一步理顺政府与社会的关系。积极推进以城市社区和农村集体为主要载体的基层殡葬管理体制改革，充分发挥社区服务中心、村党组织、村民委员会、经济合作社、基层民间组织等基层管理体制，在基层政府的领导下，明确分工，各司其职，紧密配合，互联互补，以提高自治管理能力为重点，不断提升基层殡葬管理水平。

3. 从行政管理为主向依法管理为主转型

推进管理方式转型。要适应建立现代法治社会要求，实现从依靠行政权力强制管理为主和防范型管理为主向依靠法律制度管理和协商服务为主的平等型、协商型、服务型管理转变，从“堵、防、控”为主向“疏、导、解”为主转变。健全殡葬管理制度，实现长效化、常态化、制度化管理。改变原先更多是事后处置、被动应付、头痛医头、脚痛医脚的被动型管理方式。把殡葬管理纳入法制化、民主化的轨道，实现从“人治”到“法治”的根本转变。

4. 从防范管理向依靠公众监督管理转型

殡葬改革的推进离不开公众的理解、支持和参与。要形成社会公共政策制定的公众参与机制，建立健全公众参与的表达机制，进一步畅通社情民意的反映渠道，向公众宣传殡葬政策法规和服务规范，探索构建合理的公众参与架构，让公众参与成为理性决策的力量，使公众了解、理解、支持和参与殡葬改革，促进我国殡葬改革的深化和发展。强化殡葬政策法规的舆论引导功能，使公众加快转变传统殡葬观念，自觉摒弃传统殡葬陋俗，做到依法火化，文明节俭治丧；鼓励和支持公众采用多种形式解决公益性墓地用地和建设资金问题；支持公众通过村规民约自觉实施火化，遵守安葬公墓化的规定，杜绝乱埋乱葬现象；鼓励村民成立红白理事会主持操办文明节俭的农村殡葬事务，牵头实施公益性墓地的建设与管理。

【思考题】

1. 谈谈实现殡葬法治的基本途径。

2. 选择一个乡（镇）或社区进行殡葬调研，提出提高守法质量的具体措施。

3. 如何完善新时期的殡葬管理体制？

\

主要参考文献

[1] 张树义. 行政法与行政诉讼法学[M]. 北京：高等教育出版社，2002.

[2] 姜明安. 行政法与行政诉讼法[M]. 北京：北京大学出版社，2005.

[3] 舒国滢. 法理学导论[M]. 北京：北京大学出版社，2006.

[4] 李健，陈茂福. 殡葬法律基础[M]. 北京：中国社会出版社，2008.

[5] 靳尔刚. 国外殡葬法规汇编[M]. 北京：中国社会出版社，2008.

[6] 杨宝祥. 殡葬设施建设与管理[M]. 北京：中国社会出版社，2010.

[7] 杨宝祥. 殡葬环境保护概论[M]. 北京：中国社会出版社，2010.

[8] 杨宝祥，章林. 殡葬学概论[M]. 北京：中国社会出版社，2011.

[9] 杨宝祥. 殡葬设施规划设计[M]. 北京：中国社会出版社，2011.